李飞（1984—），男，陕西宝鸡人。深圳博物馆副研究馆员，南京大学历史学学士、广东省社会科学院历史与孙中山研究所硕士、中山大学历史学博士，主要研究方向为中国近代博物馆史、文物保护制度史和深圳地方史，点校整理出版《麦积山石窟志》（商务印书馆，2019年），在《东南文化》《西北民族研究》《学术研究》《中国国家博物馆馆刊》《红楼梦学刊》《文史知识》等发表文章30余篇。

市场、观念与国家

近代中国文物保护制度的形成(1840—1934)

李 飞 著

科学出版社
北 京

内 容 简 介

文物保护制度是当代中国重要国家制度之一,更是现代民族国家普遍施行的制度。本书探讨了近代中国文物保护制度创建和变迁的历史,主要从清季以来传统国内古物市场和国际古物市场的接轨、传统古物观念变迁和新式研究机构兴起三方面入手,通过梳理史实,分析市场、观念、学者群体和国家制度之间的互动关系,揭示了隐藏在文物保护制度形成过程背后的丰富历史面相,对于中国近代社会文化史研究、近代制度史研究和文物与博物馆学研究等领域具有较大的学术参考价值。

本书适合中国近代史研究者、文物和博物馆学专业及文博行业从业者参考、阅读。

图书在版编目(CIP)数据

市场、观念与国家:近代中国文物保护制度的形成:1840—1934/李飞著. —北京:科学出版社,2021.6
ISBN 978-7-03-069231-3

Ⅰ. ①市⋯ Ⅱ. ①李⋯ Ⅲ. ①文物保护-研究-中国-1840-1934
Ⅳ. ①K87

中国版本图书馆CIP数据核字(2021)第115861号

责任编辑:张亚娜 / 责任校对:邹慧卿
责任印制:肖 兴 / 封面设计:美光设计

科学出版社 出版
北京东黄城根北街16号
邮政编码:100717
http://www.sciencep.com

中国科学院印刷厂 印刷
科学出版社发行 各地新华书店经销
*
2021年6月第 一 版 开本:720×1000 1/16
2021年6月第一次印刷 印张:20 1/2 插页:1
字数:386 000

定价:108.00元
(如有印装质量问题,我社负责调换)

序 一

在当今社会,"文物"是寻常百姓均能观摩欣赏的文化遗存,与之相关的"文物保护"亦为众所周知的公德和善政。国家层面持续进行法律和制度建设,为文物保护工作提供了强有力的保障。公众对文物的珍爱和保护意识亦愈益增强,任何对文物的亵渎或破坏,几乎都会立刻引起公愤和群体谴责。然而,国家、社会和公众在文物保护方面如此程度的共识,乃是经历了颇为曲折的过程后逐渐形成的。李飞博士的《市场、观念与国家:近代中国文物保护制度的形成(1840—1934)》,即以近代中国文物保护制度之形成为研究对象。

本书是从多层面和多角度研究近代中国文物保护制度的专著,其主体部分按历史时段考察这一制度的缘起与形成,对史实进行了相当全面而细致的梳理,从而勾勒出一条清晰的历史线索。据我所知,李飞为此进行了十分艰辛的史料收集和研读工作,在考辨史实的基础上重建历史演变脉络,形成自己的观点和结论。他在每一个环节都下了一番实在的功夫。他的努力使我们得以了解,晚清时期人们关于文化遗产的观念,既受到"西学东渐"的影响,亦承传前人关于"古物"的认知,在近代中国的历史环境中逐渐演变为"文物"观念,本书第二章及其他章节对此进行了专门考察;晚清民国时期文物保护意识,在此环境下逐渐演进而走向制度化,本书第四章和第五章对这一过程进行了重点论述。基于踏实而细致的研究,作者对近代文物保护制度的形成进行了如下概括:"历史久远运作成熟的文物市场、内涵复杂面相多歧的文物收藏传统和文物观念、新兴的民族国家文物保护职能及强调来源可靠、埋藏信息充分的现代学科之间,在近代转型过程中发生了冲突与调适。各级政府、专家群体、民间收藏者、古董商人乃至外国势力等依托各自的知识观念,为不同目的进行博弈,从而促成文物保护制度的形成与运作。"我认为这样的结论是经得住检验的。

近代文物保护制度的发展演变是既往历史的重要一页,也在多个方面对当代文物事业具有影响,故学界、文物界关注者不乏其人,研究者从不同角度阐述相关问题的论著也时有刊布。如何在前人成果的基础上做进一步推进?如何在这样的题目上写出新意?这显然并非易事,但却是李飞在从事这项研究时需要面对的首要问题。本书所呈现的结构和内容是他在此期间反复思考的结果,其间我也和他进行过多次讨论、分析。他认为应该避免简单的史实陈述和制度条文呈现，而应将制度史置于更为广阔的背景中观察，将其还原成近代社会文化演变的一个部分。他的问题意识在于：中国近代由传统王朝国家向现代民族国家的转型过程中，作为国家治理制度之一的文物保护制度如何发生和确立？他围绕这个基本问题展开思路，首先考察晚清以来文物流失的状况，揭示不断扩大的市场因素如何唤醒国人的保护意识；继而从清代金石学的发展和国粹派的思想来呈现文物保护问题的本土文化环境，再从民初新知识群体兴起的角度呈现外来学术文化因素之影响，这就为从1909年《保存古迹推广办法》到1934年的《古物保存法》的法律和制度建设提供了较广泛的学术文化背景。正因为采取了这样的学术视角和研究路径，本书才能较以往研究更为立体地呈现市场、观念与制度之间互动如何导致了近代的文物保护制度的诞生。这对于更全面地认识近代学术文化史，也具有相当的价值和意义。

一般涉及近代中国长时段现象的研究，都会面对如何处理具体问题的研究与宏观历史框架的关系问题。本书同样需要回答近代中国的文物保护制度之形成与近代历史发展的基本趋势如何相关。具体而言，对于近代史上于交互呈现的"西学东渐"和"西力东侵"的双重因素，如何结合文物保护制度的形成来加以认识？从本书可见，中国近代文物保护的观念，一方面，在相当大的程度上肇始于有识之士对文物大规模流失到海外的忧虑，第二章之所以专门考察"琉璃厂的外国人"，就是因为从琉璃厂这一代表性文物市场向海外流落的文物成为不可忽视的现象；而持续百年的外人对中国文物的贩卖乃至掠夺，则与其在华特权密切相关。另一方面，文物保护的理念与实践，也明显与域外传入的知识与制度体系相关。无论是晚清时期古物保存观念的萌发，还是民国时期新知识群体关于古物保存的呼吁与实践，都与这种"西学东渐"的大背景相关。作者在此问题上秉持的实事求是的态度，使本书的历史叙述能以史实为依归，而非偏于一端。多年来，中国近代史研究者还需要回答，如何衡估近代历史变迁的本土因素和外来因素的推动作用。这个问题曾经被概括为如何对待"冲击与回应"和"中国中心观"两种研究"范式"问题。李飞的研究需要面对的问题是：中国近代文物保护制度的肇始和建立，与本土文化资源及域外理念、制度的关系如何？从本书的内容（特别是第三、四章）来看，他的论述也主要是通过史实的梳理，力图复原具体的历史场景，而非从"范式"出发来条理史料。李飞也认识到自己的研究需要与对近代历史宏观走向的认识相结合，故未把这项研究仅仅作为文博行业中的一个普通课题，而是将其"视作近代中国市场、知识、观念、制度、国家与社会权力结构整体变迁中的一个侧影"。的确，我认为本书对近代制度史、社会文化史和考古博物馆学史等领域的研究，也很有参考价值。

李飞本科时期学习考古学，硕士阶段转而攻读中国近代史，毕业后在博物馆工作。自2013年起，他在我的指导下在职攻读博士学位，到2017年完成博士论文答辩。他曾对其他选题产生兴趣，但几经考虑，还是选择了与自己的学业背景和工作内容都相关的题目。现在看来，这个选题对他来说是合适的。毕业后他继续在博士论文的基础上深耕，进行认真的修订，至今又过了四年，也就是说，他为这项研究耗费了整整八年的心血。由于这种勤勉认真的工作，本书现在终于可以付梓面世了。这是一件很值得庆贺的事。本书的刊行对有关文物保护的学术研究，无疑将会产生积极的推动作用。当然，我们也不能指望一部著作对所有相关问题都能面面俱到地论述，有些方面尚待进一步完善。例如，对近代文物市场和文物流落海外的情况，还可进行更全面的叙述；又如，还可以结合新的学术理论和方法对相关议题进行更多的批判性分析。希望李飞今后能在已取得成绩的基础上，继续保持探索的热情和毅力，开阔视野，提升学养和水平，完善自己的研究，开拓新的领域，在未来的学术道路上收获更多的成果。

吴义雄*

2021年5月12日于中山大学

---

* 作者系中山大学历史学系教授、博士生导师。

序　二

十年磨一剑，砥砺见功夫。

李飞的新著《市场、观念与国家：近代中国文物保护制度的形成（1840—1934）》，旨在清晰梳理近代中国文物保护制度发生、变迁和最终确立的过程，揭示市场、观念与国家关于文物制度的历史走向。这个选题，在近代史研究领域因过于"专门"而少有学者关注。李飞情有所钟切入本题，乃是寻因有自：他本科系南京大学考古专业出身，应届毕业转投广东省社会科学院历史与孙中山研究所（海洋史研究中心）攻读中国近现代史硕士学位；由考古而涉足史学，经三年研修，选题切入《重建"中国"：近代博物馆的变迁》，对近代华夏博物馆的发展史做了初步耙梳。供职博物馆未久，旋入中山大学历史学系师从吴义雄教授攻读博士学位，选取文物保护制度作为研究对象，聚焦近代文物保护制度产生及流变的探索，可以说延续了他的考古情怀，一脉相承。学人贵于一以贯之。

如众熟知，文物保护制度是国家的重要治理制度之一，也是现代民族国家普遍施行的一项国家制度。在人类历史上，定义文物、保护文物，从而启动国家的行政力量建立文物保护制度，都是近代才出现的现象，这说明文物保护制度的出现并不是一个偶然事件，背后有着一整套观念意识在支撑。本书研究阐明：今天通用的文物概念、文物保护理念和文物保护制度，是晚清民国时期从域外移植到中土的，在观念、知识和制度层面，带有明显的中国与西方、传统与现代交融的印迹。有如作者提出"文物保护制度既是近代中国由传统王朝向现代民族国家转变过程中重新构造新式国家制度中的重要一环，也在深层次上反映近代传统古物观念和知识的变迁"。可见，李飞的研究方向虽然表现于文物保护制度，背后却明显蕴涵着一个深沉的人文关怀，即对中国近代史特征的全面理解和思考。

平实看来，本书基本代表了目前阶段作者的治学特色，即力求把小问题做大、做深，于真功夫占有详尽材料的基础上进行严密考据，尝试走入"历史现场"，准确复原史实，在这一过程中，既注意到历史的整体性，又试图在宏大叙事的背景下对具体问题进行把握理解，从而合理地估定其历史意义与价值。通过缜密考据和整体史眼光的结合，确实能够发前人未发之覆，提出诸多较有说服力的新观点。如作者通过考据，提出1909年9月出台的《保存古迹推广办法》作为近代中国首个文物保护法规，其起因并非是针对敦煌文书流失而制定，而是晚清以来古物市场的国际化加深与古物观念变迁的结果，这就改变了以往的惯性认知。由此起步，作者从市场、观念、现代国家建设和社会转型等几个维度，揭示了晚清以来和文物保护制度密切相关的古物市场、古物观念、古物保护理念、古物保护群体等丰富的历史面相，大大拓深了对这一问题的认知。

宋人苏轼《临皋闲题》曰："江山风月，本无常主，闲者便是主人。"换言之，江山风月，本来是没有主人的，谁能筚路蓝缕，以启山林，便可以成为"地主"。同理，学问的殿堂，从来向着甘愿在崎岖的小路上敢于攀登的人敞开。然则，历史学要求严谨，考古学钟爱冷僻，它苛求入门治学者坐得冷板、耐住清贫、专心考辨、守望真知、敬畏受众，于辟除榛莽与上穷碧落下黄泉的磨砺中，步步修成正果……

在我的印象中，李飞求学恭谦为本，灵性有加，不事张扬，审慎严谨，很早便以学术为志业，于读书、查档、问疑、作文，惯是孜孜以求，废寝忘食，他的自励与自觉，比常人来得浓烈与深沉。令人羡慕者，他不喜人云亦云，无论他的观点正确与否（学生时代往往受制于阅读、见识及阅历），总能讲出些"新意"来。他的"新见"，当与不耻下问、宽容海纳、乐于思考、善于思辨所使然。或云："秀才人情纸半张"——尤为感念者，本人也是李飞的受益者，我们结缘师友，互师互友，他时常赐来"半"纸人情，胜似一字之师！

宝剑锋从磨砺出，梅花香自苦寒来。新著付梓在即，乃李飞学术专著人之初开篇也，可喜可贺同声，感奋感言共鸣，谨祈作者云程发轫，海阔天空。

王 杰[*]
5月16日于广州龙洞广东省广府文化研究会

---

[*] 作者系广东省社会科学院二级研究员、历史学博士，现任中国现代文化学会副会长、广东省广府文化研究会会长。

目　录

第一章　导言……………………………………………………………… 1

第二章　琉璃厂的外国人：晚清古物市场与国际古物市场

　　　　（1840—1909）…………………………………………………… 17

第三章　旧物维新：晚清古物观念变化及古物保存意识的产生

　　　　（1840—1909）…………………………………………………… 84

第四章　从"国粹"到"国权"：新知识群体与古物保存理念变迁

　　　　（1909—1927）…………………………………………………… 158

第五章　《古物保存法》：近代中国文物保护制度的形成

　　　　（1928—1934）…………………………………………………… 235

第六章　结语……………………………………………………………… 295

征引文献…………………………………………………………………… 300

后记………………………………………………………………………… 315

第一章 导　　言

第一节　选题旨趣

　　文物保护制度是当代中国重要国家制度之一，更是现代民族国家普遍施行的一项国家制度。然而从人类历史来看，定义文物、保护文物的意识起源甚晚，国家采用规章法律等手段，对与本国有关的古代物品进行维护保存，限制出口，甚至运用国家力量强制对古代遗迹遗物乃至承载于实物中的非物质文化遗产予以保护，亦是一种后起现象。就中国历史而言，当下通行的文物概念、文物保护观念及文物保护制度，皆是晚清民国时期自域外移植中土，故在观念、知识、制度层面，不可避免地带有中国与西方、传统与现代激荡交融的印记。文物保护制度既是近代中国由传统王朝向现代民族国家转变过程中重新构造新式国家制度中的重要一环，亦在深层次上反映近代传统古物观念和知识的变迁。通过考察文物保护观念和文物保护制度在近代中国的发生发展，或能为深入理解中国近代国家的形成提供参考。

　　吴义雄先生曾指出"清末民初时期，尽管中国社会依然处在新旧代谢的阵痛之中，知识体系的革命却未遭到难以逾越的障碍。进入20世纪后，反而是传统的知识体系需要设法'维护'和'保存'"[1]。传统的知识体系自然包括关于古物的知识，它们或以金石之学，或以器物谱录和赏鉴指南的形式出现，被归入经、史、子三部当中。然而在近代西潮冲击下，无论是古物的定义、范围、类别，还是古物的价值标准，都已发生较大改变。而"文物"一词亦被置换了传统

---

[1]　吴义雄：《晚清时期西方人体生理知识在华传播与本土化》，《中山大学学报》（社会科学版）2009年第3期。

含义，成为具有新内涵的"古物"的代称[1]。顾颉刚1926年曾言"说到古物，真觉得我们一辈人与其他的人站在两个世界"[2]，径直道出了时人观感。

早在传统古物知识与观念变迁之前，国内古物市场即与外国资本和国际古物市场发生关联。受19世纪中期欧美艺术品市场一度泡沫化和西方新兴博物馆、美术馆建设潮流刺激，19世纪晚期以后欧美对中国古代艺术品（古物）需求激增，大量中国古物通过市场渠道流失海外。除传统知识体系之外，"古物"也成为时人力求维护和保存的对象。1909年，罗振玉发现当时中国出土古物几乎被外国人迅速买走，不由叹道："我国若不定古物保存律，恐不数十年，古物荡尽矣。可不惧哉？"[3]

晚清以来，西方列强或直接军事劫掠，或依靠雄厚资本搜刮，造成大量中国古物流失。在此过程中同时受西方思潮影响，现代古物（文物）保护意识在中国萌芽发展，传统古物观念与知识体系亦发生变迁。在借鉴西方国家经验基础上，保存古物古迹在清末成为一项新的国家职能。从1909年清廷《保存古迹推广办法》到1930年国民政府《古物保存法》，都试图行使"保存古物"的国家职能，然而前者为"办法"，乃王朝时代以法令形式行使政府权力；后者则是以现代国家立法程序制定的专项法律，并配套有《古物保存法实施细则》《采掘古物规则》《古物奖励规则》等补充法规，且依法成立专司全国古物保护事宜的专门机构，从法律制度、专门机构和专业人员三方面，创建了一套完整的现代治理体

---

[1] 关于概念，孙江提出"一定的社会、政治经验和意义积淀在特定的词语里并被表述出来后，该词语就成为概念"［孙江、刘建辉主编：《亚洲概念史研究（第一辑）》，北京：生活·读书·新知三联书店，2013年，第7页］；朴根甲指出"概念作为语言之果，涵盖了过去的经验和对未来的期待。尤其应该注意的是，社会性、政治性概念不仅象征时代的变化，同时还引领着时代"（前揭书第11页）。从这个意义出发，讨论"文物"与"古物"概念的转换和重构，或能揭示中国近代社会文化变迁的某些面相。

[2] 顾颉刚：《西行日记序三》，陈万里：《西行日记》，北京：朴社，1926年，第3页。

[3] 罗振玉：《俑庐日札》，《国粹学报》第50期，1909年2月。

系,成为后世典范〔1〕。张荫麟曾提出判别史事重要程度的五个标准:"新异性的标准"、"实效的标准"、"文化价值的标准"、"训诲功用的标准"和"现状渊源的标准"〔2〕,以此衡之近代中国文物保护制度,可说既是中国史上从无到有的创设(新异性),亦开启了后世先河(现状渊源),不可谓不重要。故考察该制度的确立与变迁,结合晚清民国时期具体社会背景,分析在国际古物市场和西方观念影响下,传统古物观念和国家文物保护职能的演变,探讨市场、知识和国家权力的互动,或能对今日中国文物保护制度有深入理解,同时为此制度之改良提供若干历史借鉴。

2016年,中国完成历史上第一次全国可移动文物普查,统计出截至2016年10月31日,全国公立机构中按照普查统一标准登录信息的文物藏品约有2661万件(套)〔3〕。作为对比,中国文物学会统计自1840年以来因战争、不正当贸易等原因,有"超过1000万件中国文物流失到欧美、日本和东南亚国家及地区,其中国家一、二级文物达100余万件"〔4〕;而据联合国教育、科学及文化组织早先的数字,散落在世界47个国家的200家博物馆中的中国文物数量为167万件,民间收藏的数量将是馆藏数量的10倍之多,两者合计,则有近2000万件之多〔5〕。流失海外的中国文物数量竟然和当前中国国家机关按照普查标准登录的馆藏文物数量级别相当,可见流失规模之巨。1840年后尤其20世纪初至1949年间,中国文物流失惨状可谓空前绝后,绝无仅有。20世纪30年代袁同礼称"挽近以来,西方学者,竞尚东方艺术,每成立大规模之组织,为系统之搜集,又不惜重资,百方购求,奸商渔利,助其盗窃,而荒山辟寺,废墟野冢,亦遭洗劫,我国文物之

---

〔1〕 如谢辰生回忆1950年他负责起草的新中国古物保护制度就是按《古物保存法》"照猫画虎写出来了"(谢辰生口述,李晓东、彭蕾整理:《新中国文物保护史记忆》,北京:文物出版社,2016年,第20页)。

〔2〕 张荫麟:《中国史纲》,上海:上海古籍出版社,1999年,第3—7页。

〔3〕 国务院第一次全国可移动文物普查领导小组办公室、国家文物局:《第一次全国可移动文物普查工作报告》,《中国文物报》2017年4月8日第2版。

〔4〕 闻哲:《1000万?中国文物流失海外知多少》,《人民日报》(海外版)2007年1月29日第4版。

〔5〕 李慧竹:《中国博物馆与海外流失文物的回归》,《中国博物馆》2010年第4期。

损失,以最近二十年为尤甚,良可慨也"[1]。1950年陈梦家亦言"自从清末以来,五十年间中国古代铜器出国的,真是不计其数"[2]。在今人论述中,更常以"国宝流失"来表达[3]。

  近代文物之所以大规模流失海外,袁同礼认为是西方学者"成立大规模之组织,为系统之搜集,又不惜重资,百方购求,奸商渔利,助其盗窃",提示如仅将原因仅归结于帝国主义军事掠夺,而忽视大量古物乃通过西方学者、民间组织系统搜求,国内"奸商渔利",里应外合的市场途径流失,则似过于简化历史[4]。故而本书首拟考察晚清中国传统古物市场在中西交流日益频密的背景下发生了何等变迁,又如何与国际古物市场发生关联?通过市场渠道流失的古物到底何等规模?在古物流失的同时,西方艺术品收藏鉴赏传统如何作用于传统观念,保存古物的意识、古物的新定义与新价值标准如何在晚清民初萌芽发展?"古物"在晚清何以与"国富""国体""国粹"相关,成为朝野上下呼吁保存的对象?在近代政治变革和社会变迁的同时,保存古物的国家职能又如何在近代中国逐步确立,最终以1930年《古物保存法》的颁布为创建标志?对于社会而言,虽然国家通过法律订立了文物保护制度,并设立各级机构进行管理,但移植于域外的文物保护制度又如何与基层传统社会互动调适,制度在实地运作效果如

---

[1] 袁同礼:《我国艺术品流落欧美之情况》,滕固编:《中国艺术论丛》,上海:商务印书馆,1938年,第149页。

[2] 陈梦家:《中国古代铜器怎样到美国去的?》,《文物参考资料》1950年第11期。

[3] 张健:《国宝劫难备忘录》,北京:文物出版社,2000年;刘金库:《国宝流失录》,沈阳:辽海出版社,1999年;杨仁恺:《国宝沉浮录:故宫散佚书画见闻考略》,上海:上海古籍出版社,1991年;王冀青:《国宝流散:藏经洞纪事》,兰州:甘肃教育出版社,2007年等。葛剑雄曾撰文指出当下对"国宝"一词的滥用,将流失海外的文物一概称为"国宝",常常是商业炒作、"爱国"情节、感情因素和资讯不全的影响,反而会给奸商、骗子以可乘之机,不利于真正流失海外的"国宝"回家。见葛剑雄:《国宝如何回家》,《时事报告》2003年第10期。

[4] 王开玺亦提出当下认为的圆明园流失海外文物达150万件数字并不可靠,所以将巨量中国文物流失海外的主要原因归结为帝国主义武力劫掠这一单一途径并不符合历史实际。参王开玺:《圆明园收藏及流失海外文物数量别论》,《北京师范大学学报》(社会科学版)2016年第4期。

何？推动制度创建和变迁的深层因素又是什么？

具体而言，本书拟解决以下问题。

（1）19世纪中期以来，中西物品与知识交流日益密切，欧美社会一度兴起东方艺术品收藏热潮，导致中国古物作为"商品"漂洋过海，通过古物市场大量流失。因此本书将从古物市场切入，考察晚清民初中国传统古物市场如何与国际古物市场关联，域外资本对传统古物市场有何影响，古物究竟以何种途径流失海外，其数量与规模又是何等级别？清末传统古物市场与国际古物市场的接轨导致巨量中国古物外流，这是中国文物保护制度创设的逻辑起点，更是时间上的重要开端。

（2）中西交通大开后，无论商品、知识、观念等，中国与西方处在交流互动状态，彼此互相影响。正如研究者指出域外中国文物改写了美国东亚艺术史研究[1]，或塑造了欧美对中国艺术史的新知识[2]。同样，源于西方的古物保存观念及鉴赏研究方式亦深刻影响到中国传统古物观念。如古物保存，传统古物收藏鉴赏多以私人收藏为主，"或秘于一家，或私于一姓，一经兵火，散失焚弃，瓦砾之不如"，而随着西方博物馆、图书馆、美术馆等公共文化设施及观念的传播，与私相对的"公藏"，逐渐成为最优选择，甚至清廷自己都批评"中国历来无一公共贮藏之所"[3]。又如古物鉴赏研究，传统时期的古物或是士大夫风雅相尚的道具，带有较为丰富的社会学内涵[4]；或在注重文字的金石学脉络中，古物仅是古代文字的载体，故而无字古物，如瓷器、唐三彩、汉唐明器、历代造像等，多疏离于传统古物鉴赏研究主流。然而在西方观念影响下，通过"美术""工艺"等价值，古物开始成为重要的经济资源，与"国家贫富"相关；同样在晚清参加的历届世界博览会中，中国常以"古物"作为代表自身的展品，

---

[1] 如孔华润著，段勇译：《东亚艺术与美国文化》，上海：上海书画出版社，2014年。

[2] 如Kin-Yee Ian Shin. Making "Chinese Art": Knowledge and Authority in the Transpacific Progressive Era. Ph. D Dissertation: Columbia University, 2016等。

[3] 《民政部奏保存古迹推广办法另行酌拟章程折并清单》（宣统元年八月初七），上海商务印书馆编译所编纂：《大清新法令（1901—1911）（第六卷）》，北京：商务印书馆，2011年，第186—188页。

[4] 可参［英］柯律格著，高昕丹、陈恒译，洪再新校：《长物：早期现代中国的物质文化与社会状况》，北京：生活·读书·新知三联书店，2015年。

"古物"和"国家"亦发生联系，成为国家的某种象征。伴随中国近代新式"国家"观念的兴起，保存古物成为新的国家职能。正是在各种观念更新下，已持续多年的"古物流失"才会在20世纪初忽然凸显，成为重要时代问题，最终在中外相关人士推动下，清季文物保护事业由此肇端。通过对上述问题梳理，或能揭示近代中西在不同领域互动交流的复杂面相。

（3）传统制度史研究常倾向于对制度文本解读，从而忽略对制度实际运作的考察，20世纪70年代后兴起的新制度主义分析范式则为再思近代文物保护制度提供了新视角。新制度主义通常将制度理解为"社会中个人遵守的一套行为规则"，而"一套规则要成为一个制度，相关团体和社会的各个成员都必须了解这些规则"，故而国家制定的制度必须在得到社会认可的基础之上才能作为社会通行的制度。对于近代中国而言，"近代中国各项制度的创立多源于清末官制改革和法规移植"，而移植来的法律"仅仅是一种'正式制度'，缺乏一种深厚的、源于本土文化的'非正式制度'作为其支撑"[1]。在新制度主义视角之下，一些非正式规则如习俗惯例、意识形态乃至文化等亦被纳入制度范畴，并且强调制度与个人的互动及制度对个体行为的实际效果。对本研究来说，明清以来的古物鉴赏风气与金石学思维养成之下的诸多观念[2]，及发达的传统古物市场产生的知识习惯，均可视作从外部移植的"文物保护制度"的本土文化环境，从而对制度实地运作产生重要影响。从1909年清季《保存古迹推广办法》到1916年北洋政府《保存古物暂行办法》，再至1928年《名胜古迹古物保存条例》和1930年《古物保存法》，文本层面的文物保护制度似乎逐步健全，并且完整细致，但在实际运作中，受传统古物观念和地方社会权力结构影响，又呈现出何种面相？是否实现了制度定立之初预期的效果？据1928年《名胜古迹古物保存条例》规定，各地应在民政部下成立"名胜古迹古物保存会"，专司文物保护之责，然而在实际运作中，如"淮阳保存古迹委员会""彰德古物古迹保存委员会"等机构，却被认为是"几个没有正业的人，联合城厢几位重要士绅组织起来的，他们的目的是在

---

[1] 杜丽红：《制度与日常生活：近代北京的公共卫生》，北京：中国社会科学出版社，2015年，第6页。

[2] 如刘毅：《从金石学到考古学——清代学术管窥之一》，《华夏考古》1998年第4期；谭红兵：《金石学与中国博物馆》，《四川文物》2004年第2期等。

发财揩油，不过选了这么一个好听的名词，以蒙蔽社会罢了"[1]。更有甚者，专司文物保护职责的地方机构甚至和古董商表现出异乎寻常的密切关系。在制度条文与机构逐渐完备的条件下，近代文物保护制度究竟在地方社会如何运作，是否真正发挥了效力，亦是本书拟解决的问题。

总之，本书力求将中国文物保护制度的形成与变迁置放于晚清民国的具体社会背景中讨论，探讨古物市场、古物观念、文物保护制度和学术建置之间的互动，考察社会群体与国家权力之间的复杂关系，并在近代中西交通的大潮流下，把握西方观念、知识和权力如何与中国政治社会联动。

第二节 学 术 史

自1909年清廷颁布《保存古迹推广办法》始，直至今日，保护文物已成为近代国家重要职能，康有为甚至于1913年撰文称能否保存古器和古迹，当"视为文明野蛮之别"[2]。长期以来，对中国近代文物保护制度的研究集中于考古和博物馆学界，这一方面源于文博系统与文物的天然亲近，但另一方面也限制了从近代制度史和社会文化史的角度对其进行整体把握。根据研究方法和研究主题，大体将既有成果分为以下三类。

第一类：以历史时期为序，依据1916年《保存古物暂行办法》、1928年《名胜古迹古物保存条例》和1930年《古物保存法》等节点性文献，试图概括中国近代文物保护事业的历史进程。如马树华《中华民国政府的文物保护》（2000）认为"至清末，民政部已开始咨行各省进行文物古迹的调查工作。但直至民国时期，在政府的介入与努力下，中国真正现代意义的文物保护事业才逐渐兴起"[3]，文章首先罗列制度条文，进而简述相关文物保护管理机构之设置，再分别叙述有关之历史事件，如1912年山东惠民雕漆围屏案、1916年龙门石窟毁坏

---

[1] 李文海主编：《民国时期社会调查丛编：宗教民俗卷》，福州：福建教育出版社，2004年，第291页。

[2] 康有为：《保存中国名迹古器说》，汤志均编：《康有为政论集》，北京：中华书局，1981年，第859页。

[3] 马树华：《中华民国政府的文物保护》，山东师范大学历史学系硕士学位论文，2000年。

案等，其行文构架基本源于《中华民国史档案资料汇编》第三辑、第五辑"文化"部分相关档案的编排和《中央古物保管委员会议事录》（1935—1936）的工作总结。与此类似，尚有赵杰《中国历代文物保护制度述略》[1]（2003）、马树华《民国政府文物保护评析》[2]（2004）、鲜乔蓥《民国初期的文物保护政策与措施》[3]（2008）和《简论北京政府（1912—1927年）防止文物外流的措施》[4]（2009）、郑滨《1860—2009中国文物保护历程研究》[5]（2010）、李守义《民国初期文物保护工作的历史考察》[6]（2011）、徐苏斌《近代中国文化遗产保护史纲（1906—1936）》[7]（2012）、李晓东《民国文物法规史评》[8]（2013）等，均先罗列条文，再简叙相关事件，所用资料多来自《中华民国史档案资料汇编》第三辑、第五辑"文化"部分。这些研究大体勾勒了近代文物保护制度的轮廓，但制度如何在一个动态的历史情境中创设、变迁，仍需深入探讨。李建在《我国近代文物保护法制化进程研究》[9]（2015）中讨论了近代文物保护意识的萌芽、民国初年文物公有意识的发展和文物主权意识的兴起，并使用相关档案材料予以论述，极大拓展了研究深度，不过在近代古物观念和制度变迁研究方面，仍有可拓展之处。

除此以外，因《古物保存法》相关资料较多，研究者往往聚焦于1930年的

---

[1] 赵杰：《中国历代文物保护制度述略》，《考古与文物》2003年第3期。
[2] 马树华：《民国政府文物保护评析》，《文博》2004年第4期。
[3] 鲜乔蓥：《民国初期的文物保护政策与措施》，《西华大学学报》（哲学社会科学版）2008年第2期。
[4] 鲜乔蓥：《简论北京政府（1912—1927年）防止文物外流的措施》，《成都大学学报》（社科版）2009年第2期。
[5] 郑滨：《1860—2009中国文物保护历程研究》，山东大学历史文化学院硕士学位论文，2010年。
[6] 李守义：《民国初期文物保护工作的历史考察》，《中国国家博物馆馆刊》2011年第2期。
[7] 徐苏斌：《近代中国文化遗产保护史纲（1906—1936）》，中国紫禁城学会编：《中国紫禁城学会论文集（第7辑）》，北京：故宫出版社，2012年，第422—438页。
[8] 李晓东：《民国文物法规史评》，北京：文物出版社，2013年。
[9] 李建：《我国近代文物保护法制化进程研究》，山东大学历史文化学院博士学位论文，2015年。

《古物保存法》，习惯性忽略1909年《保存古迹推广办法》、1928年《名胜古迹古物保存条例》等规章制度，不过参酌史实可知1930年《古物保存法》的实际效力，未必如研究者所叙述的如此之大，而1909年《保存古迹推广办法》和1928年《名胜古迹古物保存条例》，也并非一纸空文，不能仅作为研究者在"拉直历史"过程中的助力点。不可否认，中国近代文物保护制度的建设，与其他制度类似，既有传承，但更有断裂，若只依靠制度条文和源于官方的"工作总结"，就试图建立起中国近代文物保护制度的历史进程，对于研究者而言固然便利快捷，但对读者而言"重返历史现场"的体会则大打折扣。徐苏斌在《近代中国文化遗产保护史纲（1906—1936）》中指出，中国文化遗产保护事业可以追溯到1906年清末新政时期的民政部和学部，清末到民国时期的保护行政有两条线索，"一条是民政部—内政部—民政部"，一条是"学部—教育部"，从机构设置的分合上提供了新的观察视角，这是对关晓红在《晚清学部研究》（2000）中观点的引申[1]，并提出应将中国近代文物保护事业放在东亚地区文物保护事业中观察，具有一定的启发性。

第二类：针对个别法规与机构的专题研究，如关于《保存古迹推广办法》，李建在《我国文物保护法制化的发端——论清末〈保存古迹推广办法〉及其历史作用》[2]中认为"清政府决定以法规形式对文物实施强制性保护"一个推动因素是"敦煌文书"的流失。如果考明史实，便会发现《保存古迹推广办法》颁行时间（1909年9月）早在罗振玉等人获知伯希和获得敦煌文书之前（1909年10月），《保存古迹推广办法》的出台实则有着更为丰富的内涵。刘文华则通过档案资料，考证出《保存古迹推广办法》可能由民政部营缮司存古科拟具，"其拟稿者很可能就是尚秉和"[3]。

再如围绕中央古物保管委员会，苏勇《论国民政府时期的文物法令与文物

---

[1] 关晓红早在2000年即提出教育与内政机关关于古物保护的权限纠葛，参见《晚清学部研究》，广州：广东教育出版社，2000年，第477—479页。

[2] 李建：《我国文物保护法制化的发端——论清末〈保存古迹推广办法〉及其历史作用》，《山东大学学报》（哲学社会科学版）2015年第6期。

[3] 刘文华：《清末民政部与近代文物保护事业——兼及主事尚秉和之功迹》，《中国国家博物馆馆刊》2020年第3期。

保护》〔1〕（1991）以中央古物保管会为对象，认为该会制定的有关文物保护和管理的法令，"在我国法制史和文物政策史上都属首创"，"并办了几件保护文物的实事"，但该文关于中央古物保管委员会和大学院古物保管委员会的关系似乎判断有误。《中国大百科全书·文物·博物馆卷》、罗桂环《试论20世纪前期"中央古物保管委员会"的成立及意义》〔2〕（2006）、陈盼诚《中央古物保管委员会及其文物保护工作》（2013）〔3〕均延续了此一判断，直至2007年马树华《中央古物保管委员会小考》〔4〕方才辨清了大学院古物保管委员会与中央古物保管委员会的关系。2014年陈世局硕士学位论文《中央古物保管委员会之研究（1934—1937）》以台湾"国史馆"典藏的中央古物保管委员会档案为核心，基本厘清了中央古物保管委员会概貌，学术贡献很大，然在对中央古物保管委员会的整体历史地位把握上，尚有商榷余地，如作者言"民国建立以来仅有古物保存机关，无古物行政机关。清末民初以来，各地对古物古迹的保护工作皆是各自发展，直至中央古物会成立，才有中央级的古物行政机关"〔5〕，显然将内务部和教育部两大系统的古物行政机关如大学院古物保管委员会等剔除在历史脉络之外，使得中央古物保管委员会有横空出世之感。

又如针对《古物保存法》亦有集中关注，如鲜乔蓥《中国文物法制化管理的开端——简析南京国民政府的〈古物保存法〉》〔6〕（2010）和霍云峰《〈古物保存法〉立法始末探析》〔7〕（2014）均认为《古物保存法》及其《实施细则》"在我国法制史和文物政策史上都属首创，是国家实施文物保护与管理

---

〔1〕 苏勇：《论国民政府时期的文物法令与文物保护》，《文博》1991年第2期。

〔2〕 罗桂环：《试论20世纪前期"中央古物保管委员会"的成立及意义》，《中国科技史杂志》2006年第2期。

〔3〕 陈盼诚：《中央古物保管委员会及其文物保护工作》，中山大学历史学系硕士学位论文，2013年。

〔4〕 马树华：《中央古物保管委员会小考》，《文博》2007年第5期。

〔5〕 陈世局：《中央古物保管委员会之研究（1934—1937）》，台湾政治大学历史学系硕士学位论文，2014年。

〔6〕 鲜乔蓥：《中国文物法制化管理的开端——简析南京国民政府的〈古物保存法〉》，《中华文化论坛》2010年第2期。

〔7〕 霍云峰：《〈古物保存法〉立法始末探析》，《档案》2014年第4期。

的滥觞",则似乎忽略了清末政府的努力。黄翔瑜《古物保存法的制定及其施行困境》[1]（2012）和《民国以来古物保存法制之诞生背景试析（1911—1930）》[2]（2012）两文很是新颖,属难得的用心之作,其着力探讨了《古物保存法》的诞生背景和制定过程,发现该法"是以考古出土物件为法制核心,又以中央古物保管委员会为法制推动的机关,再以中国现代考古学做为该项法制的维护及备援角色"[3],通过对其诞生历史背景的考察,可以发现"中国现代文化保存法制之确立,不仅曲折,而且复杂"。具体而言"不仅有时代潮流的潜移默化,亦有突发事件的激化,再有外部性西方考古势力的侵逼,更有内部性古物偷盗破坏的激发","再透过民族主义的隐然推波,终造成国家文化保存意识的觉醒"[4]。黄翔瑜的研究首次将《古物保存法》置于制度史的研究领域,而非以往的简单介绍与粗略点评,体现出较强的专业性,然而亦有可商榷之处。如作者认为1929年10月在河南安阳爆发的"何日章案",使"国民政府眼见若不妥善处理,无疑割裂国家文化保存的事权,日后将重生难以弥补的伤害,于是火速制订'古物法',期藉由国家法律的形式,并采中央集权的形式,确立各地考古出土物件之事权归属,用以规范中央与地方在文化保存事权上的权责"[5],如果通读相关史料,即会发现此一推论似可修正。因为早在1929年上半年《古物保存法》雏形就已确定并采用中央集权,反倒可能是在"何日章案"促动下,立法院进行了修订,才给予了地方在古物保存上的事权。总之,在各类专题研究中,无论对具体史实考订或史事间的关联及总体脉络把握上均有可深化之处。

第三类：虽未直接以近代文物保护制度为研究对象,但对此问题亦有论述。

---

[1] 黄翔瑜：《古物保存法的制定及其施行困境》,《"国史馆"馆刊》第32期,2012年6月。

[2] 黄翔瑜：《民国以来古物保存法制之诞生背景试析（1911—1930）》,《"国史馆"馆刊》第34期,2012年12月。

[3] 黄翔瑜：《古物保存法的制定及其施行困境》,《"国史馆"馆刊》第32期,2012年6月。

[4] 黄翔瑜：《民国以来古物保存法制之诞生背景试析（1911—1930）》,《"国史馆"馆刊》第34期,2012年12月。

[5] 黄翔瑜：《古物保存法的制定及其施行困境》,《"国史馆"馆刊》第32期,2012年6月。

如关晓红《晚清学部研究》(2000)"学部与近代文化事业"一章，叙述了学部在保存古籍、古物与古迹方面所做贡献，点出自晚清以来，"教育与内政机关就古物保护的权限官司，一直到到20世纪20年代"（其实根据内政部档案，可知此官司至少延续到1947年）。史勇《中国近代文物事业简史》[1]（2009）将文物事业划分为文物管理、文物保护（维护）、考古事业、博物馆等几大方面，详细罗列了相关条文和事件，在分析深度上仍可拓展。近年来，已有研究者注意从观念史角度切入，认为近代之所以会有文物保护制度建立，实则是古物由传统"私有"观念走向近代"公有"模式的结果，或是因文物观念的演进，"文物"成了国家主权的重要象征。自这一角度而言，近代的文物保护事业本质上属于近代中国文化建设的重要组成部分，而在这个过程中，充满了歧义和纷争。如鲍小会《中国现代文物保护意识的形成》[2]（2000）、徐玲《关乎主权：民国时期的中西文物权属之争》[3]（2011）和《关乎国体：民初关于清室古物的公私属性之争》[4]（2014）、李建《近代中国文物主权意识的兴起》[5]（2015）、《民族觉醒下近代中国文物保护思想的嬗变》[6]（2020）等。季剑青《"私产"抑或"国宝"：民国初年清室古物的处置与保存》[7]（2013）则从围绕清室古物所有权所发生的争论中，试图展现清室旧藏古物在辛亥革命之后转换成为"现代国家的文化遗产"的过程，进而提示"现代国家话语和观念落实为博物馆这一制度性的机构，绝非一蹴而就，而是在具体的历史过程中，经由一系列复杂和微妙的机制才得以实现"。江琳《从文化建设角度看近代中国的文物保护》[8]

---

[1] 史勇：《中国近代文物事业简史》，兰州：甘肃人民出版社，2009年。

[2] 鲍小会：《中国现代文物保护意识的形成》，《文博》2000年第3期。

[3] 徐玲：《关乎主权：民国时期的中西文物权属之争》，《历史教学》2011年第3期。

[4] 徐玲：《关乎国体：民初关于清室古物的公私属性之争》，朱英主编：《近代史学刊（第12辑）》，北京：社会科学文献出版社，2014年。

[5] 李建：《近代中国文物主权意识的兴起》，《东岳论丛》2015年第4期。

[6] 李建：《民族觉醒下近代中国文物保护思想的嬗变》，《历史教学》2020年第3期。

[7] 季剑青：《"私产"抑或"国宝"：民国初年清室古物的处置与保存》，《近代史研究》2013年第6期。

[8] 江琳：《从文化建设角度看近代中国的文物保护》，《历史教学》（高校版）2009年第18期。

（2009）提出中国近代的文物保护运动"走上以政府直属部门为指导，各博物馆、图书馆、学术研究机构、社会团体、个人收藏等形式相结合的过程"，"是近代中国文化建设的一个重要方面"。而近代文化建设又需要相应的群体与机制，所以其《留学生与近代中国的文物保护》[1]（2008）、《民国时期文物保护事业的体制之争》[2]（2014）和《民国高校学术群体与文物保护事业论析》[3]（2015）诸文，注意从社会史角度出发，探讨制度运行与社会群体之间的关系，具有创新性。

2015年，江琳出版《从"文物保护"到"文化保护"：近代中国文物保护的制度与实践研究（1840—1949）》一书，此书以作者博士论文为基础，主体包括近代中国文物保护事业的开创、近代官方的文物保护制度与实践、图博界对文物事业的参与和贡献及从事文物研究和保护的近代学术群体四章，基本整合了作者从2008年提出的系列观点，可视为将文物保护制度置放在近代社会文化史中整体把握的首次尝试，颇具开创性，具有较强的学术价值。作者在前两章简述了近代文物保护观念在中国的产生和官方的文物保护制度与实践，指出近代文物保护事业兴起的社会文化渊源包括考古学、现代科学、民族主义和专业人才等[4]，如果细致梳理晚清中国文物（古物）保护观念发生的具体社会背景，会发现此一论断或过于聚焦民国时期，而忽略了对晚清"文物"丰富内涵的揭示。在分析框架上亦似对导致近代文物保护意识起源的重要原因之一——古物市场未做充分探讨。总之，无论在大的分析框架抑或小的史事考辨方面，关于近代文物保护制度仍有深入研究之必要和可能。

---

[1] 江琳：《留学生与近代中国的文物保护》，《徐州师范大学学报》（哲学社会科学版）2008年第4期。

[2] 江琳：《民国时期文物保护事业的体制之争》，《江苏师范大学学报》（哲学社会科学版）2014年第3期。

[3] 江琳：《民国高校学术群体与文物保护事业论析》，《商丘师范学院学报》2015年第4期。

[4] 江琳：《从"文物保护"到"文化保护"：近代中国文物保护的制度与实践研究（1840—1949）》，北京：新华出版社，2015年。

第三节 材料方法

既有研究大多以1909年清季《保存古迹推广办法》、1916年《保存古物暂行办法》、1928年《名胜古迹古物保存条例》和1930年《古物保存法》制度条文为基础，就其内容进行评析，而未能结合期刊、报纸、日记、档案等多种文献，将制度出台的渊源和变迁置放在一个动态过程中予以考察。这一方面失去了史事的发展脉络，导致对事件认识不清，同时以主观推论牵连史料所反映出的孤立事件，造成常有附会之论。本书采用历史学的研究方法，在广泛搜集文献资料的基础上，结合文献语境对其予以合理解读。本书并不希望能将近代文物保护制度的创建、实施与变迁过程描述得面面俱到，而仅通过对相关材料的梳理，希冀能在有限材料基础上，大致勾勒出近代文物保护制度创建变迁的脉络，以及在实际运作中的若干面相。

和先行研究相比，本书利用的资料范围有所扩充。一手资料如台湾"国史馆"、台湾"中央研究院"近代史研究所档案馆、中国第二历史档案馆等馆藏档案，在《国粹学报》《大公报》《申报》《晨报》《益世报》《东方杂志》《史地学报》等近代报刊中亦获取大量关键信息，再结合近代文集、日记、手稿、年谱、会议记录等多类型资料，互相比勘，从而在坚实史料基础上梳理史事。本书还运用了《皇家亚洲文会北中国支会会报》（*Journal of the North China Branch of the Royal Asiatic Society*）、《北华捷报》（*The North-China Herald and Supreme Court & Consular Gazette*）、《美国亚洲文会会报》（*Journal of the American Asiatic Association*）等多种在华外文报刊，发掘出尚未被注意到的大量信息。在借鉴当前中西收藏史、艺术品市场研究最新成果基础上，力求将各种史料融会贯通，避免断章取义，但求材料各得其所，在史料梳理过程中自然呈现史事脉络。

本书在论述中频繁使用"文物"与"古物"，在当前语境下，文物指"过去遗留下来的在文化发展史上有价值的建筑、碑刻、器物等"[1]，可视作广义上的"古物"。值得指出，"文物"一词传统含义并不指代历时久远的"古物"，

---

[1] 《新华字典（大字本）》第10版，北京：商务印书馆，2004年，第504页。

而多强调象征政治文化昌明的礼乐制度。如前人多引《左传·桓公二年》所载"夫德，俭而有度，登降有数，文、物以纪之，声、明以发之，以临照百官。百官于是乎戒惧，而不敢易纪律"〔1〕，认为是"文物"在文献中的最早出处，然而这里的"文"和"物"〔2〕，都属于君主"俭、度、数、文、物、声、明"的"德"，"文"由"火、龙、黼、黻"展现，"物"由"五色比象"表示，"文""物"连用，表明君主具有德行，具备礼乐制度文明。从先秦到晚清民国，"文物"皆有指代典章制度之义，如梁启超1899年《爱国论》中称"中国自古一统，环列皆小蛮夷，无有文物，无有政体，不成其为国"〔3〕。他在《东籍月旦》中评论有贺长雄《帝国史略》，称"著者为当世名士，最留意于制度文物之变迁，议论常有特识"〔4〕，这里的"文物"都是传统含义，而非指古代器物。1926年他在《中国历史研究法补编》中讲得更为具体，他说有五种专史，分为"人的专史、事的专史、文物的专史、地方的专史、断代的专史"，这里"文物的专史"包括"政教典章、社会生活、学术文化种种情况"，而"从前的正史里，书志一门也是记载文物的"〔5〕，可见在20世纪20年代梁启超笔下，"文物"一词仍有传统用法。本书的"文物"，则采当前通行的新意，即有价值的古物，和"古物"基本同义。

　　古董、骨董、古玩等概念亦在本书出现。骨董一词，已有学者考其原意为"杂物，杂乱存放的旧物""琐事""用处不大的陈旧事物"等，最早见于唐代，宋时大量涌现，元以后多指古玩，史籍中亦作"古董""谷董""汩

---

〔1〕 李学勤主编：《春秋左传正义》，北京：北京大学出版社，1999年，第148页。
〔2〕 关于"物"，台湾学者有详细研究，可参见《古代物怪之研究——一种心态史与文化史研究（上）（一）》，《大陆杂志》2002年第1期；《古代物怪之研究——一种心态史与文化史研究（上）（二）》，《大陆杂志》2002年第2期；《古代物怪之研究——一种心态史与文化史研究（上）（三）》，《大陆杂志》2002年第3期。
〔3〕 梁启超：《爱国论》（1899年），梁启超：《饮冰室合集》第1册《饮冰室文集之三》，北京：中华书局，1988年，第66页。
〔4〕 梁启超：《东籍月旦》（1899年），梁启超：《饮冰室合集》第1册《饮冰室文集之四》，北京：中华书局，1988年，第101页。
〔5〕 梁启超：《中国历史研究法》，上海：上海古籍出版社，1998年，第267页。

董""骨懂""骨憧""窟撞"等[1]，和"古玩""古物""文物"基本同义，皆指过去遗留的器物。故而本书出现的古物、文物、古董、骨董、古玩、古代艺术品等皆可视为同义词。

---

[1] 杨琳：《"骨董"考源》，《长江学术》2014年第1期。

第二章　琉璃厂的外国人：晚清古物市场与国际古物市场（1840—1909）

晚清之际，通过市场流失的古物规模之大，已引起时人警觉。1909年2月，罗振玉感慨："洛中近治铁道，故古物日出不穷，然欧美人以重价购求，凡古陶器及古造象之金涂者，每年流出海外者不少"，"我国若不定古物保存律，恐不数十年，古物荡尽矣，可不惧哉？"[1]当年9月，清廷便颁布《保存古迹推广办法》，表示要以国家之力调查和保存古物古迹，起因即"海外洋商不惜巨资赴我内地购买古代碑版、石刻、图画、造像之类，运至本国庋藏宝贵，著书、摹印以为夸耀者，络绎不绝，夫我自有之而不自宝之，视同瓦砾任其外流，不惟古代之精神不能浃洽，而于国体之观瞻，实多违碍"[2]。清廷《保存古迹推广办法》的出台未必和罗振玉有直接关系，但古物外流则是两者共同体会。清末《京都新竹枝词》曾描写京城中最大的古物市场——琉璃厂（海王村），"大雅于今已式微，海王村店古书稀。如何碧眼黄须客，卷尽元明板本归"，作者自注曰："东西洋人，不惜重金，购厂肆名人书画载籍，国粹殆将馨尽。"[3]更有"阗肆张罗雀掠门，海王村果静如村。空闻海估尊哥定，待价千年画宋元"[4]，"碧眼黄须客"和"海估"成为古物市场的最大买家。据古玩行从业者回忆："自光

---

[1] 罗振玉：《俑庐日札》，《国粹学报》第50期，1909年2月。
[2] 《民政部奏保存古迹推广办法另行酌拟章程折并清单》，上海商务印书馆编译所编纂：《大清新法令（1901—1911）（第六卷）》，北京：商务印书馆，2011年，第186页。
[3] 老羞：《琉璃厂》，孙殿起辑：《琉璃厂小志》，北京：北京古籍出版社，1982年，第76页。
[4] 戴亮吉：《厂甸古玩业衰落》，孙殿起辑：《琉璃厂小志》，北京：北京古籍出版社，1982年，第93页。

绪二十六年至民国十七年，这二十多年是北京古玩市场的'黄金时期'，而这一时期，我国清室腐败衰亡，民国成立，军阀混战，民不聊生，国难不已，文物外流多矣！"[1] 近代中国古物通过何等途径外流，何以外国人会成为中国古物市场的主角，而借助市场渠道，中国古物又流失多少？本章即拟对上述问题进行梳理，探讨晚清国际古物市场对中国传统古物市场的影响，以深化对近代古物外流现象的认识。

第一节 劫掠与市场：近代文物流失的两种途径

中国文物流失海外，自历史角度而言，既是一个旧现象，同时又是近代以来的新问题。如乾隆年间中日贸易中，便有商人向日本输出古籍、古字画和古玩[2]，同时代赴北京城的朝鲜使者，"除了采购书籍外，搜罗古玩亦为一项重要内容"[3]。同样，美国商人内森·邓恩（Nathan Dunn，1782—1844）亦曾在1832年于广州搜罗中国古玩、艺术品、民俗用品、文具、动植物和矿物标本等近10000件，运回美国，并于1838年在费城开设了"中国博物馆"（Chinese Museum）[4]。同时期十三行和洋行区域，"有两条街道（China Street和Hog Lane）穿过洋行。其中的一条街商铺林立，销售丝绸和古玩"[5]，面向的客

---

[1] 陈重远：《文物话春秋》，北京：北京出版社，1996年，第197页。

[2] [日] 大庭修著，戚印平、王勇、王宝平译：《江户时代中国典籍流播日本之研究》，杭州：杭州大学出版社，1998年，第42页。

[3] 王振忠：《朝鲜燕行使者与十八世纪北京的琉璃厂》，《安徽史学》2011年第5期。

[4] John Haddad. The romantic collector in China: Nathan Dunn's ten thousand Chinese things. Journal of American Culture, 1998, 21 (1): 7-26. 详情可参John Haddad. The Romance of China: Excursions to China in U.S. Culture, 1776—1876. New York: Columbia University Press, 2006, chapter 4; 此书已有中译本，[美] 约翰·海达德著，何道宽译：《中国传奇：美国人眼里的中国》，广州：花城出版社，2015年。

[5] Daniel Nadler. China to Order: Focusing on the XIXth Century and Surveying Polychrome Export Porcelain Produced During the Qing Dynasty, 1644—1908. Paris: Telleri, 2001: 47; 转引自方李莉：《中国陶瓷史（下）》，济南：齐鲁书社，2013年，第853页。

第二章 琉璃厂的外国人:晚清古物市场与国际古物市场(1840—1909)

户正是来华洋商和全体海员,邓恩大约即是重要客户之一。亨特(William C. Hunter)曾提到在新豆栏街(Hog Lane)的店铺中,除卖酒之外,"特别吸引水手们注意力的是下边还写着'上等古玩'"[1]。同时,亨特还记录了一位活跃在广州的北方古玩商,说他至少从1806年开始,就在每年3—10月,到达商馆,贩卖一些"罕见的铜器、陶瓷、美妙的竹雕,还有有通花扇柄的古扇",并只在外国商馆卖东西,亨特就从他手中购得一个很漂亮的花瓶[2]。亨特还了解到"古代的青铜瓶和青铜鼎,是许多富有的中国人着意寻求的东西"[3],因为他曾参观了行商潘启官的住宅,注意到其房间内"各处还点缀着一些古代的青铜器、香炉、昂贵稀有的瓷花瓶",还有"古今中国铜钱""古代兵器和其他引人注目的古物"等[4]。由此可见至迟到乾隆年间,中国文物已有输入外洋的现象,并在通商口岸如广州,已出现专门服务外国人的店铺和商人。不过在五口通商格局下,外国人活动范围狭小,此时以贸易为主的文物输出无论规模还是数量皆受限制,此种情形大约在第二次鸦片战争后得到改变。

随着中西交流的密切及冲突日渐剧烈,中国文物流失方式开始多样化,曾有学者总结近代中国文物流失有四种途径,分为英法联军对圆明园的劫掠,八国联军对北京皇室珍宝的劫掠,在"文化考察""地理考察"名义下对中国西北地区石窟、壁画和古文化遗址的盗窃和非法挖掘,以及20世纪初期出土的甲骨被各国文化掮客以各种名目搜掠[5];或分为西方帝国主义列强在我国西北地区的肆意盗掘盗窃,对北京皇家禁苑收藏的抢劫,日本在战争期间对华北、东北的文物劫

---

[1] [美]亨特著,冯树铁、沈正邦译:《广州番鬼录 旧中国杂记》,广州:广东人民出版社,2009年,第196页。

[2] [美]亨特著,冯树铁、沈正邦译:《广州番鬼录 旧中国杂记》,广州:广东人民出版社,2009年,第392、393页。

[3] [美]亨特著,冯树铁、沈正邦译:《广州番鬼录 旧中国杂记》,广州:广东人民出版社,2009年,第251页。

[4] [美]亨特著,冯树铁、沈正邦译:《广州番鬼录 旧中国杂记》,广州:广东人民出版社,2009年,第283页。

[5] 郑欣淼:《百年中国文物流失备忘录》序,张自成主编:《百年中国文物流失备忘录》,北京:中国旅游出版社,2001年,第1页。

掠，以及19世纪末美国人以金钱为手段"巧取"中国文物[1]。王开玺概括近代文物流失途径分为三种：第一种为"中国人合法带到国外，或外国人合法购得。这些文物在流失海外文物中所占比例不会太大，其文物价值大多较为一般"。第二种为"外国政府通过侵略战争从中国强行劫掠"，具体包括"如1860年英法联军劫掠的北京西北郊五园三山皇家园林内的珠宝文物等，1900年八国联军劫掠北京皇宫、各部院衙门、达官贵人府邸及其他地方的中国文物，1931—1945年日本发动侵华战争期间，从中国沦陷区掠夺的各种文物等等。这些文物在流失海外文物中所占比例虽然不是特别巨大，但多为我国的文物精品、绝品，文物价值极高"。第三种则为"外国文物贩子，或是直接，或是勾结中国的不法分子盗窃、盗掘、盗卖或非法走私出境"，如斯坦因、伯希和等[2]。

综合而言，近代中国文物流失海外的途径无外乎战争劫掠（包括外人私自采掘、盗窃）与贸易输出两种形式，其中贸易输出包括合法输出与非法输出两种，至于合法与非法的界限，当以1914年6月北洋政府发布的《大总统发布限制古物出口令》为断[3]。那么在中国流失海外文物的总体规模上，战争劫掠和贸易输出两种途径分别占据何等地位？

战争劫掠途径造成的古物流失当以1860年英法联军抢掠圆明园为肇始，如向达言"西洋Vandalism之摧残中国文明，此为第一次，庚子之役而又重演"[4]。1860年10月，英法联军进据北京，10月6日晚，法军首入圆明园，在随后的10月

---

[1] 陆建松：《当代中国文物犯罪与防治：文物灾难备忘录》，成都：四川人民出版社，2002年，第51—58页。

[2] 王开玺：《流失海外的圆明园文物怎样才能回归祖国——论流失文物回归的方法和途径与国际法理》，《北京师范大学学报》（社会科学版）2014年第6期。

[3] 《限制古物出口令》（1914年6月14日）（中国第二历史档案馆编：《中华民国史档案资料汇编·第三辑·文化》，南京：江苏古籍出版社，1991年，第185页）在中国历史上第一次禁止商民私售古物，限制古物出口。随后1916年10月，内务部又公布了《保存古物暂行办法》（《中华民国史档案资料汇编·第三辑·文化》，第199页），重申"勿使奸商串卖，运往海外"，且禁止私人收藏"私售外人"。

[4] 向达：《圆明园罹劫七十年纪念述闻》，《中国营造学社汇刊》第2卷第1期，1931年4月。

第二章　琉璃厂的外国人：晚清古物市场与国际古物市场（1840—1909）

7、8日两天，法国和英国先后劫掠了圆明园中黄金珠宝、锦缎珍玩、西洋钟表、古瓷玉器、象牙珐琅等物。圆明园室内之陈设，"皆精美贵重之品"，如古代字画、贵重木器、中日两国所产漆器、古瓷瓶盉、绣缎织锦诸品，"可云无美不备"，甚至庭院廊庑间亦有"文石与磁质铜质之瓶"，阶前石墩之上，"不为浊恶之雕像，而为紫铜或黄铜人像，或为表象之禽物与夫焚香之鼎盂"[1]。然而在战乱中，"凡御园内陈设珍宝书籍字画，御用器物，尽被搜刮全空"，"夷人先之，土匪继之，遂使一丝半缕无遗，遗弃者遍于道路"[2]。参与抢夺的英法士兵偏爱"宝石和贵金属、金子和银子"，而"衣物、丝绸和皮货，还有各种首饰"对英军中的印度锡克兵最有吸引力。劫掠者对瓷器感兴趣的不多，"有心垂顾稀世画卷的人就更少了"[3]，在混乱中，大量的瓷器和"古老的漆器、碎纹瓷、象牙制品、玉器，被砸得碎片满地"[4]。10月11日，英军将劫掠的所谓"战利品"都摆放在大喇嘛寺正殿，包括"白色的和绿色的玉器、珐琅釉古瓷瓶、青铜器、雕塑品以及金的或银的小雕像等"，还有"大批优质皮货"、"宫廷的衣服"和无数"纱布和丝绸布匹"。根据英军传统，这些物品首先集中，然后拍卖，再以现金形式全军均分，根据拍卖数据估算，此批物品约有2.89万英镑、1万件之多[5]，这大概是英军劫掠所得。至于法军，因为人数和马匹均少于英军，所得应当更少[6]。在短短几天时间内，"所有可以带走的贵重物品，包括黄金、白银、钟表、珐琅器、瓷器、玉石、丝绸和刺绣品，以及其他众多的

---

[1] 《圆明园纪事书札》（一），舒牧、申伟、贺万贤编：《圆明园资料集》，北京：书目文献出版社，1984年，第85—87页。

[2] 赘漫野叟：《庚申夷氛纪略》，齐思和、林树惠、田汝康等编：《第二次鸦片战争（二）》，上海：上海人民出版社，1978年，第12页。

[3] ［法］伯纳·布立赛著，高发明、丽泉、李鸿飞译：《1860：圆明园大劫难》，杭州：浙江古籍出版社，2005年，第191页。

[4] ［法］伯纳·布立赛著，高发明、丽泉、李鸿飞译：《1860：圆明园大劫难》，杭州：浙江古籍出版社，2005年，第203页。

[5] ［法］伯纳·布立赛著，高发明、丽泉、李鸿飞译：《1860：圆明园大劫难》，杭州：浙江古籍出版社，2005年，第225—227页。

[6] 汪荣祖著，钟志恒译：《追寻失落的圆明园》，南京：江苏教育出版社，2005年，第201页。

贵重物品都被联军夺走"[1]，圆明园随后被焚。此期间及之后，不乏周边中国人混入园中直接参与抢掠[2]，"奸民乘之，攘敚余物，至挽车以运之，上方珍秘，散无孑遗"[3]。因管理混乱，"闲人出入无禁，附近村民携取珍玩文绮，纷纷出入不定，路旁书籍字画破碎抛弃者甚多，不忍寓目"[4]。其后很长一段时间内，还常有乡人携带簸箕扫帚至圆明园中"筛土"，寻找土中尚存的金银物质和"破珠断钗，遗玉埋铜"，借此谋利，甚至一时谚语"筛土！筛土！一辈不受苦"[5]。

自圆明园劫掠之物，大多流失海外，亦有部分流入国内市场[6]，琉璃厂古玩铺就是一个重要聚集处[7]。在随后几年中，巴黎和伦敦多次出现有关圆明园物品的拍卖，而卖家几乎都是直接参与圆明园劫掠行动的军人。这些物品经过汉学家如儒莲（Stanislas Aignan Julien）等人的鉴赏与品题[8]，对西方社会造成了

---

[1] Allgood. *China War, 1860. Letters and Journals*, p. 85. 转自汪荣祖著，钟志恒译：《追寻失落的圆明园》，南京：江苏教育出版社，2005年，第203页。

[2] 1860年11月10日瑞常等片载"夷人于八月间，扰及园庭，附近土匪，乘间抢夺"。见舒牧、申伟、贺万贤编：《圆明园资料集》，北京：书目文献出版社，1984年，第165页。

[3] 李慈铭：《越缦堂日记补》，齐思和、林树惠、田汝康等编：《第二次鸦片战争（二）》，上海：上海人民出版社，1978年，第126页。

[4] 鲍源深：《补竹轩文集》，齐思和、林树惠、田汝康等编：《第二次鸦片战争（二）》，上海：上海人民出版社，1978年，第113页。

[5] 舒牧、申伟、贺万贤编：《圆明园资料集》，北京：书目文献出版社，1984年，第282页。

[6] 如1860年11月，联军撤军后经过天津时，就有不少士兵"在街头巷尾向中国人兜售丝绸、皮毛、豪华的服装、玉制的花瓶、景泰蓝"（《1860：圆明园大劫难》，杭州：浙江古籍出版社，2005年，第317页）；法国传教士樊国梁回忆说英法联军的士兵急于销赃，在北京就卖掉了很多古玩给中国人，在后来很多年中，北京的商人们不断向收藏者兜售这些文物（《1860：圆明园大劫难》，杭州：浙江古籍出版社，2005年，第343页）。

[7] 石朱：《琉璃厂的古玩业》，北京市政协文史资料委员会选编：《艺林沧桑》，北京：北京出版社，2000年，第460页。

[8] [法]伯纳·布立赛著，高发明、丽泉、李鸿飞译：《1860：圆明园大劫难》，杭州：浙江古籍出版社，2005年，第335、336页。

第二章　琉璃厂的外国人：晚清古物市场与国际古物市场（1840—1909）

较大影响。迄今为止收藏有圆明园文物的海外机构有大英博物馆、法国枫丹白露宫博物馆、巴黎东方博物院、巴黎军事博物馆、巴黎国家图书馆、巴黎集美博物馆等，其中收藏圆明园物品数量最多的为法国枫丹白露宫博物馆，约有550件[1]，其余则较为零散。散落在海外私人藏家手中的圆明园遗物目前尚无精确数字，然而根据英法联军有限的人数和运力估算，可知圆明园损失的文物数字在目前流失海外的一千余万件文物中，所占比重委实不大。

继英法联军之后，1900年庚子之乱使得更多中国文物被劫掠流失。1900年8月，联军攻破京城，据瓦德西回忆"联军占领北京之后，曾特许军队公开抢劫三日（按：即8月16日至18日），其后更继以私人抢劫。北京居民所受之物质损失甚大，但其详细数目，亦复不易调查"[2]。而在此前，由于局势混乱，京城业已经受过一番劫难，如义和团焚烧前门外大栅栏老德记大药房时，不意火势扩大，牵连周边珠宝市、前门大街等繁华之处，尽赴火海，"计其所烧之地，凡天下各国，中华各省，金银珠宝，古玩玉器、绸缎估衣、钟表玩物、饭庄饭馆、烟馆戏园无不毕集其中。京师之精华，尽在于此；热闹繁华，亦莫过于此"[3]。洋兵入城之后，"本地土匪与漏网教民，勾串洋人带往富户搜劫，金银珠宝，洋人所取；衣饰器物，土匪所取"[4]，外国士兵大多"志在金银，攫条子金即插诸靴中，间有取貂服者"，对民间收藏的"珍裘古器锦绣等物"弃而不取[5]，由此亦见外国士兵的喜好。

联军驻兵，分守在三海、颐和园、先农坛、天坛等地，尤其是三海，因乾

---

[1] 据2013年5月21日，法国枫丹白露宫博物馆藏品部主任Salmon的统计数据。源自王开玺：《圆明园收藏及流失海外文物数量别论》，《北京师范大学学报》（社会科学版）2016年第4期。

[2] ［德］瓦德西著，王光祈译，刘鑫宁整理：《瓦德西拳乱笔记》，北京：中华书局，2009年，第55页。

[3] 仲芳氏：《庚子记事》，中国社会科学院近代史研究所近代史资料编辑室编：《庚子记事》，北京：中华书局，1978年，第13、14页。

[4] 仲芳氏：《庚子记事》，中国社会科学院近代史研究所近代史资料编辑室编：《庚子记事》，北京：中华书局，1978年，第36页。

[5] 中国社会科学院近代史研究所编：《义和团史料（上）》，北京：中国社会科学出版社，1982年，第84页。

隆帝喜欢此地，便收藏和陈列了许多重要物品，"凡本朝所收聚之物，大都在是。其中美术、书画、碑册、金石不可以数计"，"颐和园中，则碧犀（玺）、宝石、翡翠、珠宝等件居多。近数十年，各督抚臣工搜剔民间宝物，悉入此中矣"[1]。庚子一役，陈设在这些地方的古物被掠夺一空，"西苑三海各宫殿，均有洋兵驻扎。各处陈设，皆被洋人所掳。三海中，北海作践尤甚，雕梁画栋，蹂躏成墟。颐和园万寿山亦为洋兵所占，天宫景致竟成鬼域之乡"[2]。除宫殿之外，京城中皇城以东各衙门如吏部、兵部、工部、钦天监、鸿胪寺、太医院、詹事府等，以及坛庙如天坛先农坛等处，"殿宇祭器并皆罄尽"，甚至东陵的祭器都成为洋人抢夺目标[3]。这些被劫掠的古物，以"古铜、各代瓷器、玉石为最多。其次则为丝货、绣货、皮货、铜瓶、红漆物品之类"[4]。很多物品在劫掠到手后就被卖到市场，折成金银，所以一时之间，北京的旧货市场和古董市场异常繁华，如"骡马市大街自虎坊桥直至菜市口以西，清晨出卖估衣、珠宝、绸缎、古玩，何止数千摊，皆系上等之物，价值极廉"[5]。类似的地摊各处都有，"售卖金珠、古玩、估衣、绸缎，凡上等精奇之物，无般不有，价值极廉"[6]。这些物品大多来自劫掠或联军士兵售卖，如"印度兵掳掠所得，皆择地布摊售之，金玉宝磁，五光十色。回教人购得者为多"[7]，而买主则是来

---

[1] 狄葆贤：《平等阁笔记》，中国社会科学院近代史研究所编：《义和团史料（上）》，北京：中国社会科学出版社，1982年，第667页。

[2] 仲芳氏：《庚子记事》，中国社会科学院近代史研究所近代史资料编辑室编：《庚子记事》，北京：中华书局，1978年，第45页。

[3] 仲芳氏：《庚子记事》，中国社会科学院近代史研究所近代史资料编辑室编：《庚子记事》，北京：中华书局，1978年，第60—62页。

[4] ［德］瓦德西著，王光祈译，刘鑫宁整理：《瓦德西拳乱笔记》，北京：中华书局，2009年，第76页。

[5] 仲芳氏：《庚子记事》，中国社会科学院近代史研究所近代史资料编辑室编：《庚子记事》，北京：中华书局，1978年，第53页。

[6] 仲芳氏：《庚子记事》，中国社会科学院近代史研究所近代史资料编辑室编：《庚子记事》，北京：中华书局，1978年，第59页。

[7] 中国社会科学院近代史研究所编：《义和团史料（上）》，北京：中国社会科学出版社，1982年，第85页。

第二章 琉璃厂的外国人：晚清古物市场与国际古物市场（1840—1909）

自各处的商人，尤其是美国商人，获得巨利[1]。史载"其时通衢左右，陈列衣服、骨董、家具无算，缘破城之日，当店、大肆、富室被土匪抢劫，都中菁华耗矣、尽矣。上等皮衣、旧磁名画多被外人以贱价购去，华商所得者中下等物耳。京官留都者，无赀不能购，徒眼热耳"[2]。

由此可见，庚子年间流失之文物，除被外人直接劫掠带回或邮寄外洋之外[3]，先流入北京古物市场，外人再"以贱价购去"流失国外，亦是一大途径。限于史料及劫掠情形之混乱，似已无法精确统计庚子年间流失海外的文物数量。不过参与劫掠的联军总数约有两万人，其中日军约占一半，剩余按照人数多寡依次为俄、英、美、法、德、意、奥，缺乏专业眼光的士兵们常常"志在金银"，遂多选择将劫掠所得古玩珍宝就地折现，这些古物于是再通过市场辗转出洋。作为对比，尚有1946年由国民政府教育部清理战时文物损失委员会所编《中国甲午以后流入日本之文物目录》一书，该书搜集了众多日本公、私博物馆所藏中国文物资料，上溯至1894年，下限到抗日战争结束，最终统计出甲午以后因种种原因流入日本的中国文物一万五千二百四十五件[4]。当然，是书参考有限，因为并非所有流失藏品都有公开出版，但也大体反映出甲午后因战争劫掠和非法挖掘导致文物流失日本的规模。作为参考，1949年1月，国民政府公布了《中国战时文物损失数量及估价目录》，经教育部清理战时文物损失委员会"各区各省办事处实地调查"，最终统计出十四年抗日战争期间，中国文物损失为"字画15166幅、碑帖9377件、古物26385件、古迹毁坏705处"[5]等。由此似可推断：

---

[1] ［德］瓦德西著，王光祈译，刘鑫宁整理：《瓦德西拳乱笔记》，北京：中华书局，2009年，第76页。

[2] 陈恒庆：《清季野闻》，中国社会科学院近代史研究所编：《义和团史料》，北京：中国社会科学出版社，1982年，第639页。

[3] ［日］富田升著，赵秀敏译：《近代日本的中国艺术品流转与鉴赏》，上海：上海书画出版社，2014年，第37—40页。日本人将若干古物邮寄回东京。

[4] 徐森玉主编：《中国甲午以后流入日本之文物目录（第1卷）》，上海：中西书局，2012年，第7页。

[5] 《中国战时文物损失数量及估价目录凡例暨总目表》（1949年1月24日），中国第二历史档案馆编：《中华民国史档案资料汇编·第五辑·第三编·文化》，南京：江苏古籍出版社，1991年，第458—460页。

在中国流失海外文物所占比例中，因战争劫掠尤其长达十四年的抗日战争而导致的流失文物比重并不高。

除直接军事劫掠外，1850年后德、俄、英、法、日、瑞典等国等纷纷派出探险队，在中国西北进行探险考古。著名者有英国的斯坦因、法国的伯希和、德国的勒柯克、俄国的科兹洛夫等。这些考古队均以考古调查和发掘为重要目的，搜集品多为古代文书、生活装饰用品及日常器物、壁画和出土古物，就艺术和经济价值而言比较有限[1]，其具体数量限于运输条件推测可能亦不会太多。那么目前海外所藏2000余万件的中国文物，似可推断绝大部分当是以非战争劫掠，即盗掘（凿）、盗买及其他不正当的交易方式输出到海外，似可印证通过市场流失海外的古物规模之惊人。如今1917年《清稗类钞》即载：

> 自中外互市以还，吾国出口之货大抵皆原料也，制造品不经见。而古瓷之销于欧美、书画之销于日本者，良亦不鲜。光、宣间，则欧美人士亦购我国之古画矣[2]。

"古物出洋"条下又载：

> 我国开化最早，为古代五大文明国之一，徒以不求进化，故步自封，为列强所藐视。乃古代之书画典籍一切器物，捆载出洋者，日有所闻。若辈惟利是图，不知保存古物以供学者之参考，再数十年，固有之声名文物恐将荡焉无存。岂若辈别有会心，将以我国古代文明昭示外人耶？[3]

---

[1] 如陈星灿梳理过相关历史，表明这些考古队收集品多为硬币、石制品、经卷、宗教壁画、造像和出土石器等，在西北限于条件亦不大可能接触到众多高质量的书画、瓷器、珐琅、漆器等艺术品。可参陈星灿：《中国史前考古学史研究（1895—1949）》，北京：生活·读书·新知三联书店，1997年，第46—48页。

[2] 徐珂：《清稗类钞（第五册）》，北京：中华书局，2010年，第2353页。

[3] 徐珂：《清稗类钞（第九册）》，北京：中华书局，2010年，第4187页。

第二章 琉璃厂的外国人：晚清古物市场与国际古物市场（1840—1909）

可知民初通过市场的"古物出洋"已引起时人关注。古物多流向欧美与日本，流失速度之快，简直"如水赴壑"。1914年罗振玉提到"异邦人之访古于我河朔，购古刻以去者趾相接，有朝出重泉，夕登市舶，未传拓一纸者"[1]，古物从出土到贩卖海外，速度之快，甚至连拓片也未能留下。鲍鼎谈到晚清因修造铁路，"近日治路者，镕铁造轨，发掘亘数省，河南、陕西所出古器物尤多，昔人所未见，而每岁随市舶流出海外，如水赴壑，并一纸墨拓之文字图象不留，恐不及百年，吾国几如荒野大漠，欲求一见三代文字之迹，岂可得哉？"[2]他在1931年补王国维《国朝金文著录表》说"西方之人，好以善价求创见之古器，吾国西北岁有输出，有朝发黄壤，夕登市舶，并一拓本不可得者"[3]，表达了和罗振玉相同的看法。20世纪20年代北平琉璃厂大古董商黄浚根据自己几十年古物经营编著了经手目录《邺中片羽》，于省吾在序言中估计"近世国内出土器物，国人能保而有之者十无二三……而古器物之联艎兼两，以输之于东西瀛者，不可胜计矣"[4]。日本学者内藤湖南1933年给梅原末治《欧米搜储支那古铜精华》作序时，便说中国近代以来，频年纷扰，"其士大夫与巨商大贾，并乘时无纲纪，争输宝器于海外，以为射利之具。于是地中之宝，日月出世不穷，关洛之郊，椎埋载途"[5]。内藤湖南在这里提到的"巨商大贾"似乎仅指中国人，而"古物流洋"的责任也全部在中国，完全忽略了外国资本与国际古物市场对中国古物市场的影响，其观点有所偏颇。

晚清以来随着中国开放程度加深及中西交流频密，西方收藏鉴赏传统与资本力量逐渐引发中国古物市场的变革。如当下价值昂贵的钧窑瓷器，因胎质厚重，在光绪年间尚被视为"粗物"，"绝无宝贵意"，20世纪初"以欧人最重此瓷，

---

[1] 罗振玉：《芒洛冢墓遗文》序，1914年上虞罗氏日本京都东山侨舍景印本。
[2] 鲍鼎：《抱残守缺斋藏器目》序，桑椹编纂：《历代金石考古要籍序跋集录（卷三）》，杭州：浙江古籍出版社，2010年，第1129、1130页。
[3] 鲍鼎：《附：国朝金文著录表补遗》序，桑椹编纂：《历代金石考古要籍序跋集录（卷三）》，杭州：浙江古籍出版社，2010年，第1285页。
[4] 于省吾：《邺中片羽二集》序，桑椹编纂：《历代金石考古要籍序跋集录（卷三）》，杭州：浙江古籍出版社，2010年，第1141、1142页。
[5] ［日］内藤湖南：《欧米搜储支那古铜精华》序，桑椹编纂：《历代金石考古要籍序跋集录（卷三）》，杭州：浙江古籍出版社，2010年，第1357页。

腾涨至万金以上"[1]。据民国时期北京大古玩商赵汝珍回忆"盖中国今日之古玩，其价值完全操之西洋人之手。西洋人所认识、所收买者即有价值，否则即无价值"[2]。在中国收藏传统中，源于墓葬的陪葬品如汉晋陶俑、唐三彩之类本无人措意，1939年王广庆在《洛阳出土石刻时地记》序言中称墓葬中的陪葬品，"昔人慑于鬼灵，无敢损及丘垄（垅）。自科学倡明，幽明显应之说，无征不信。异域治古史者，喜得中邦古器物，以资考镜。洋场赀郎，亦乐以备陈玩，重金罗致，辈载者多，一器之值，动逾千金……需此者殷，发掘者亦众，前此未尝有也"[3]，正是在西方科学观念和艺术鉴赏传统影响下，墓葬中陪葬品才得到追捧。周肇祥在20世纪20年代就观察到"关洛古家所出土偶，形式颇类欧洲，可见古今人心理不相远。西人喜购之，伪品遂出，然胎松而声黯，釉薄而光浮，极易辨"[4]，西方对无字古代陪葬陶俑的喜好，造成了中土"伪品遂出"，亦反映出西方收藏传统影响中国古物市场的一个侧面。

因西人财力充沛，能出"善价"，中国古物市场中遂出现专门向西人售卖古物的商户，如"（北京）冰窖胡同大吉祥，专售金石古物于西人，每年流出海外者不可以数计，古物之断头台也"[5]，"王府井梁估，专搜求古物售于外人"[6]。此外还有上海的李文清、游筱溪[7]等，都曾为外国人如美国大藏家弗利尔（Charles Lang Freer）服务。

---

[1] 黄濬著，李吉奎整理：《花随人圣庵摭忆（上）》，北京：中华书局，2008年，第38、39页。

[2] 赵汝珍：《古玩指南全编》，北京：北京出版社，1995年，第169、170页。

[3] 王广庆：《洛阳出土石刻时地记》序，桑椹编纂：《历代金石考古要籍序跋集录（卷三）》，杭州：浙江古籍出版社，2010年，第1675页。

[4] 周肇祥：《琉璃厂杂记》，北京：北京燕山出版社，1995年，第172页。

[5] 周肇祥：《琉璃厂杂记》，北京：北京燕山出版社，1995年，第25页。

[6] 周肇祥：《琉璃厂杂记》，北京：北京燕山出版社，1995年，第13页。

[7] Kin-Yee Ian Shin. Making "Chinese Art": Knowledge and Authority in the Transpacific Progressive Era. Ph. D Dissertation: Columbia University, 2016: 106, 107, 146.

总之，在国际古物市场影响下，通过市场流失的古物种类增多，其数量规模之大和流失速度之快，使得时人皆感到沉重压力。结合前文所述，中国流失海外文物的总数量及因战争劫掠造成的文物损失，或可推断通过市场途径流失文物规模之大，此虽早为前人所措意，但尤更引起今人之警觉和重视，而非将文物流失原因简单归结于帝国主义劫掠和巧取豪夺，诉诸民族主义情绪。那么近代通过市场何以会有如此大规模的古物流失现象发生？流失的古物又是通过何种渠道以何种形式漂洋过海呢？首先有必要对晚清古物市场予以考察。

第二节　晚清古物市场研究：以琉璃厂为例

收藏古物之风，于中国起源甚早，见诸史册如《尚书·分器》，便记录了周武王克商之后，将作为战利品的殷商贵族所存之青铜、玉器分给有功贵族，考古学者亦根据西周墓葬出土器物，对此现象予以了证实[1]。同时，妇好墓出土的755件玉器中，发现来自新石器时代"早于妇好几百年或千余年的古玉"[2]，可见中国王室收藏古物风气，至少可推至晚商（BC1200左右）。关于中国收藏

---

[1] 黄铭崇：《从考古发现看西周墓葬的"分器"现象与西周时代礼器制度的类型与阶段》，《"中央研究院"历史语言研究所集刊》，83本第4分，2012年；84本第1分，2013年。

[2] 杨伯达：《夏商出土古玉鉴考——读玉笔记之二》，《故宫学刊》2013年第1期；详参中国社会科学院考古研究所、广东省博物馆编：《妇好墓玉器》，广州：岭南美术出版社，2016年。

史研究，目前多集中于宋明两代，与西方同类研究相比，尚大有空间可为[1]。

---

[1] Peter Berk将收藏史看作实践历史学的形式之一，并以Craig Clunas《长物志》为例，说明关于对古董的分类和鉴别等主题背后隐藏的社会历史背景（[英]彼得·伯克著，蔡玉辉译：《什么是文化史》，北京：北京大学出版社，2009年，第62页）。1950年意大利历史学家Arnaldo Momigliano率先发表Ancient History and the Antiquarian [Journal of the Warburg and Courtauld Institutes, 1950, 13(314): 285-315]，揭开了对欧洲史上收藏古物（Antiquity）、研究古物、研究古物与历史书写等问题的研究。1982年Joseph Alsop 出版 *The Rare Art Traditions: The History of Art Collecting and Its Linked Phenomena Wherever These Have Appeared* (London: Thames and Hudson Ltd., 1982)，致力发掘不同文化传统中艺术品收藏的社会文化意义，如艺术品的定义、鉴赏的标准如何形成，主流和例外的界限又如何把握等。Peter N. Miller倡导把中西收藏古物的现象进行比较，即会发现中国古物学家研究的领域远远超出金石学范畴，并和Francois Louis 编有 *Antiquarianism and Intellectual Life in Europe and China, 1500-1800* (Ann Arbor. The University of Michigan Press, 2012)。此外可供参考的还有Michael Maas. *John Lydus and the Roman Past. Antiquarianism and Politics in the Age of Justinian*, Routledge. 1992; Rama Sundari Mantena. *The Origins of Modern Historiography in India: Antiquarianism and Philology, 1780—1880*. Palgrave Macmillan US, 2012; Angela Byrne. *Geographies of the Romantic North: Science, Antiquarianism, and Travel, 1790—1830*. Palgrave Macmillan US, 2013; Dana Arnold, Stephen Bending. *Tracing Architecture: The Aesthetics of Antiquarianism* (Art History Special Issues), Wiley-Blackwell, 2013; Jamie Williamson. *The Evolution of Modern Fantasy. From Antiquarianism to the Ballantine Adult Fantasy Series*. Palgrave Macmillan US, 2015; Benjamin Elman. *Antiquarianism, Language, and Medical Philology from Early Modern to Modern Sino-Japanese Medical Discourses*, Brill Academic Publishers, 2015；与中国相关的有Yun-Chianhn Chen Sena. *Pursuing antiquity Chinese antiquarianism from the tenth to the thirteenth century*, Chicago. Illinois, 2007.8; Shana J. Brown. *Pastimes. From Art and Antiquarianism to Modern Chinese Historiography*. Honolulu: University of Hawai'i Press, 2011; Jeffery C. Morser. *Recasting Antiquity: Ancient Bronzes and rirual hermeneutics in the Song Dynasty*, Ph. D diss. Harvard University, 2010; Hsu Ya-hwei. *Reshaping Chinese Material Culture: The Revival of Antiquity in The Era of Print (960—1279)*, Ph. D Dissertation: Yale University, 2010; Dieter Kuhn and Helga Stahl eds. *Perceptions and Antiquity in Chinese Civilization*. Edition Forum, 2008；除此之外，Oxford Academic 1989年创办了 *Journal of History of Collection*，专门就世界范围内古物收藏现象进行研究，持续至今，成为收藏史研究一大重镇。

第二章 琉璃厂的外国人：晚清古物市场与国际古物市场（1840—1909）

古物是收藏的重要对象，市场则是古物流通的重要场所。

古物市场离不开古董商，既有研究已揭示古董商不仅是古物流通的推手，更在收藏史和艺术史、考古学史等领域有着深刻影响。徐坚考察甲骨学史后指出"古董商在收藏活动中地位的提升是晚清金石收藏潮流变迁的一个特征"，对于甲骨学而言，"古董商不是金石器物自发掘到流入各个收藏之中的被动环节"，"古董商在一定程度上引导了当时甲骨收藏的形成"，"古董掮客和古董市场因而对诸藏家的收藏结构和规模影响甚大"[1]。Kin-Yee Ian Shin亦指出如美国Duveen兄弟、中国卢芹斋等古董商人在催生美国关于中国艺术的知识方面所起到的破冰作用，他们对中国物质和视觉文化的兴趣影响了美国民族认同的形成，并产生了美国殖民时代以来关于中国艺术的新定义[2]。那么晚清时期的中国古董商与古物市场，又呈现出何等面相？

一、琉璃厂的起源

搜集三代铜器向为中国收藏传统，如清代阮元所论，"钟鼎彝器，三代之所宝贵，故分器赠器皆以是为先，直与土地并重"[3]。龚自珍从三代钟鼎彝器中分出"自造器"和"古人之器"两种，指出古人"于祭、于养、于享、于约剂、于旌"，则用自造器；"于分、于藏、于陈、于好、于献、于赂"，则以古人之器[4]。除王室和官府外，私家亦有类型各异的收藏，包括三代铜器、古书、碑刻、古帖等，其搜集手段多为购买，收藏目的各不相同。如收藏古籍，洪亮吉将古籍收藏者分为五类，为"考订家、校雠家、收藏家、赏鉴家、掠贩家"，目的各不相同[5]。米芾将书画收藏者分为好事家与赏鉴家，好事家"家多资力，贪

---

[1] 徐坚：《发现甲骨：考古学史的视角和写法》，《华夏考古》2014年第4期。

[2] Kin-Yee Ian Shin. Making "Chinese Art": Knowledge and Authority in the Transpacific Progressive Era. Ph. D Dissertation: Columbia University, 2016.

[3] 阮元：《积古斋钟鼎彝器款识》序，《积古斋钟鼎彝器款识》，文选楼丛书本，第1页。

[4] 龚自珍：《说宗彝》，龚自珍：《龚自珍全集》，上海：上海人民出版社，1975年，第262页。

[5] 洪亮吉：《北江诗话》，北京：人民文学出版社，1983年，第46页。

名好胜,遇物收置,不过听声",赏鉴家"则天资高明,多阅传录,或自能画,或深画意,每得一图,终日宝玩,如对古人"[1]。清代钱泳在米芾基础上又增加了"谋利家","收藏书画有三等,一曰赏鉴,二曰好事,三曰谋利。米海岳、赵松雪、文衡山、董思翁等为赏鉴,秦会之、贾秋壑、严分宜、项墨林等为好事。若以此为谋利计,则临模百出,作伪万端,以取他人财物,不过市井之小人而已矣,何足与论书画耶!"[2]之所以有人伪造书画,目的无非"以取他人财物",由此亦反证传统收藏以交易为主的搜集方式。

宋代金石学勃兴,一大特征就是皇家与私人收藏的兴盛[3]。明代以后,收藏古物之风继续发展,如明沈德符言"嘉靖末年,海内宴安,士大夫富厚者,以治园亭、教歌舞之隙,间及古玩"[4]。流风所及,及至明末,甚至"至如极小之户,极贫之弄,住房一间者,必有金漆桌椅,名画古炉,花瓶茶具,而铺设整齐"[5]。对于明末出现的搜集古物风尚,王鸿泰认为明代"这种收藏真正蔚为风潮,且构成一种生活文化,则大抵是在嘉靖年间,才又在上层的士大夫间逐渐开展","这种儒雅的赏玩可能源起富厚士大夫的爱好,但它们发展到一定的程度后,就已不止是依附于富厚大夫,为其兴之所至的风雅之举",而是"形成一套特定的生活文化","普遍流行于社会之中,成为一种特定的社会文化"[6]。明末人吴其贞1639年指出在徽州一带,"雅"和"俗"的区别便在于"古玩之有无",所以无论士商,皆"不惜重值,争而收入"[7]。清初李渔也观察到"崇高古器之风,自汉魏晋唐以来,至今日而极矣",且不论富家,即便

---

[1] 夏文彦纂:《图绘宝鉴》,1914年上虞罗氏宸翰楼据元至正本影刻本,第3页。
[2] 钱泳:《履园丛话》,北京:中华书局,1979年,第261、262页。
[3] 陈芳妹:《青铜器与宋代文化史》,台北:台湾大学出版中心,2016年,第93—138页。
[4] 沈德符:《万历野获编(下)》(卷二十六),北京:中华书局,1959年,第654页。
[5] 姚廷遴:《历年记》,上海人民出版社编:《清代日记汇抄》,上海:上海人民出版社,1982年,第59页。
[6] 王鸿泰:《闲情雅致——明清间文人的生活经营与品赏文化》,《故宫学术季刊》2004年第1期。
[7] 吴其贞撰,邵彦校点:《书画记》(卷二),沈阳:辽宁教育出版社,2000年,第62页。

是贫贱之家，"有八口晨炊不继，犹舍旦夕而问商周，一身活计茫然，宁遣妻孥而不卖古董者"，"人心矫异，讵非世道之忧乎"[1]？

晚明人搜集古物，古物在生活中为人所把玩，与人的触感相接洽，甚至还可能古为今用，成为生活"用品"[2]。柯律格指出"在晚明和有清一代，若不做个'好古之人'，在士绅圈子里是让人难以接受的"[3]。因社会古物需求量激增，尤其在经济发达、士人密集的江南地区，以苏州、杭州为中心，明代以来形成了有固定交易场所的古玩市场，如张岱所记杭州"昭庆寺两廊故无日不市者，三代八朝之骨董，蛮夷闽貊之珍异，皆集焉"[4]。市场化的一大表征，是作为商品的"古物"流动性增强、种类增多和赝品流行[5]。王士性观察到洛阳因周秦汉唐古墓繁多，所以盗墓猖獗，古物频出，"明器多用金、银、铜、铁，今三吴所尚古董皆出于洛阳"[6]。北京是帝都所在，"京师城隍、灯市之骨董"，犹如"苏、杭之币，淮阴之粮，维扬之盐，临清、济宁之货，徐州之车骡，无锡之米，建阳之书，浮梁之瓷，宁台之鲞，香山之番舶，广陵之姬，温州之漆器"[7]一般，竟成为京城的"土特产"。

古物既成为北京的"土特产"，从侧面说明了北京古物市场的发达。城隍庙古物市场"在贯城以西，每月亦三日，陈设甚夥。人生日用所需精粗毕备，羁旅之客但持阿堵入市，顷刻富有完美。以至书画骨董，真伪错陈，北人不能

---

[1] 浙江古籍出版社编：《李渔全集》第三卷《闲情偶寄》，杭州：浙江古籍出版社，1991年，第215、216页。

[2] 王鸿泰：《明清士人的生活经营与雅俗的辩证》，"中国日常生活的论述与实践"学术研讨会论文集，2002年。

[3] ［英］柯律格著，高昕丹、陈恒译，洪再新校：《长物：早期现代中国的物质文化与社会状况》，北京：生活·读书·新知三联出版社，2015年，第98页。

[4] 张岱：《陶庵梦忆 西湖梦寻》，上海：上海古籍出版社，1982年，第61页。

[5] 如王士性《广志绎》言"姑苏人聪慧好古，亦善仿古法为之，书画之临摹，鼎彝之冶淬，能令真赝不辨。又善操海内上下进退之权，苏人以为雅者，则四方随而雅之；俗者，则随而俗之"。（王士性：《广志绎》，北京：中华书局，1981年，第33页）。

[6] 王士性：《广志绎》，北京：中华书局，1981年，第38页。

[7] 王士性：《广志绎》，北京：中华书局，1981年，第5页。

鉴别，往往为吴侬以贱值收之"[1]。灯市的古董市场在城东，于"东华门东亘二里，市之日省直之商旅，夷蛮闽貊之珍异，三代八朝之骨董，五等四民之服用物，皆集衢三行，市四列，所称九市开场"[2]。不过伴随明清鼎革和满汉分城，北京的古物市场一度萧条，但从未禁绝，直至琉璃厂又再度复兴。

  琉璃厂最早设于元代，原为营建京师建筑需要，朝廷所设四座窑厂之一[3]，入明之后，因修建紫禁城，琉璃厂规模有所扩大，并由宫内太监掌管窑厂。"明代的琉璃厂，只是为皇家烧造琉璃瓦件的地方，占地很广。附近人烟似很稀少，树木很多，河流、水池、高阜、下洼，完全是一片郊野的景色。"[4]及至清初，清廷奉行满汉分城政策，要求"汉官非大臣有赐第或值枢廷者，皆居外城，多在宣武门外"[5]，琉璃厂因与宣武门距离颇近，且是外城，所以1644年之后大量人口迁入琉璃厂。与此同时，原来的灯市因地处东华门属于内城，而"内城分住八旗"，遂"将灯市移于灵祐宫前，后又移于琉璃厂"[6]，琉璃厂由故开始兴盛。龚鼎孳以诗文记录了1661年琉璃厂的灯市，"箫鼓千官暇，楼台百戏中""高楼连大道，入夜有香尘"[7]。及至1700年，经过近60年生聚，"所以琉璃厂，衡宇如鱼鳞"，厂内居民来自"秦鲁豫吴越，黔蜀楚粤闽"，且大多在京城中寻觅生活[8]。人口的聚集带来商业繁盛，寓居琉璃厂北园的康熙进士劳之辨作诗"繁华更属琉璃厂"，尤其是岁初的灯市"官署前头作广场，鼎

---

[1] 沈德符：《万历野获编（中）》（卷二十四），北京：中华书局，1959年，第613页。
[2] 刘侗、于奕正：《帝京景物略》（卷二），北京：北京古籍出版社，1983年，第57、58页。
[3] 张涵锐：《琉璃厂沿革考》，孙殿起辑：《琉璃厂小志》，北京：北京古籍出版社，1982年，第2页。
[4] 王冶秋：《琉璃厂史话》，北京：生活·读书·新知生活三联书店，1963年，第6页。
[5] 夏仁虎：《枝巢四述 旧京琐记》，沈阳：辽宁教育出版社，1998年，第118页。
[6] 震钧：《天咫偶闻》（卷七），北京：北京古籍出版社，1982年，第159页。
[7] 龚鼎孳：《初春琉璃厂灯市肇开观者甚盛》，孙殿起辑：《琉璃厂小志》，北京：北京古籍出版社，1982年，第81页。
[8] 汪文柏：《庚辰秋琉璃厂监造屋宇册籍走笔书怀》，孙殿起辑：《琉璃厂小志》，北京：北京古籍出版社，1982年，第73页。

第二章 琉璃厂的外国人：晚清古物市场与国际古物市场（1840—1909）

彝书画布成行"[1]。1740年夏，翰林院庶吉士张尹亦入居此地，此时琉璃厂已是"京师雅游之所"，除岁初灯市售卖古物外，平日之时，厂内东西两门之间，"中去一里许，无杂物，悉列书籍、图画及鼎彝诸古玩器"[2]。1769年夏，乾隆进士李文藻在琉璃厂内观书数月，著《琉璃厂书肆记》，记录了彼时琉璃厂中除22家书肆之外，亦有"古董店及卖法帖、裱字画、雕印章"等店铺[3]，皆足以证明琉璃厂之古玩业并非因为1773年的四库开馆才有了固定的集市和店铺[4]。

到了晚清，琉璃厂已然成为北京甚至全国古物汇集中心。咸丰年间何彤云观察到"京师琉璃厂，列肆如云，骨董居其大半"[5]，陈浏记述"厂者，琉璃厂也，京师古董市场也"[6]。《清稗类钞》亦载"京师琉璃厂为古董、书帖、书画荟萃之地，至乾隆时而始繁盛"，"四方人士之精鉴赏者，至都，辄问津于厂焉"[7]。民国时期"北京为古玩总汇集地"[8]，琉璃厂就是"古玩总汇集地"北京的一大重镇。琉璃厂中的古玩业与清代以来的考据学、金石学关系甚深。如陈康祺记录"乾嘉巨卿魁士，相率为形声、训诂之学，几乎人肆篆籀，家耽苍雅矣。诹经榷史而外，或考尊彝，或访碑碣，又渐而搜及古专（砖），谓可以印证朴学也"[9]，这里的"尊彝""碑碣""古砖"很多就来自以琉璃厂为代表的

---

[1] 劳之辨：《琉璃厂行》，《清代诗文集汇编》编纂委员会编：《清代诗文集汇编》第153册，上海：上海古籍出版社，2010年，第636页。

[2] 张尹：《登厂阜记》，孙殿起辑：《琉璃厂小志》，北京：北京古籍出版社，1982年，第24页。

[3] 李文藻：《琉璃厂书肆记》，孙殿起辑：《琉璃厂小志》，北京：北京古籍出版社，1982年，第101页。

[4] 戴叶君：《民国国内古玩贸易网络探析——以上海古玩市场为研究中心》，《收藏家》2009年第7期。

[5] 何彤云：《赓缦堂杂俎》，《清代诗文集汇编》编纂委员会编：《清代诗文集汇编》第639册，上海：上海古籍出版社，2010年，第92页。

[6] 陈浏：《琉璃厂之别称》，孙殿起辑：《琉璃厂小志》，北京：北京古籍出版社，1982年，第190页。

[7] 徐珂：《清稗类钞（第九册）》，北京：中华书局，2010年，第4189、4190页。

[8] 赵汝珍：《古玩指南全编》，北京：北京出版社，1992年，第276页。

[9] 陈康祺：《郎潜纪闻初笔二笔三笔》，北京：中华书局，1984年，第589页。

古物市场。王国维《国朝金文著录表序》中说乾隆初年"命儒臣录内府藏器为《西清古鉴》，海内士夫，闻风承流，相与购求古器，搜集拓本……数十年来，古器滋出，与其前散在各家未经著录者，又略得著录者之半"〔1〕，乾隆年间士大夫群体崇尚收藏古器，"古器滋出"，从而刺激了古物市场和金石学的发达。

1867年杨守敬写道"金石之学，乾嘉间为最盛，盖自一二硕儒，标厥风旨，承学者遂争趋焉"，金石学家的群体"大抵江、浙、兖、蓟之士为多"〔2〕，来源正是明末以后古物市场发达之地。京师琉璃厂为金石学研究提供了便利，尤其对于寒士而言，如浙江拔贡洪颐煊家境贫贱，"不能备金石之藏，游幕平津，使得尽见海内所有之碑"〔3〕。杨守敬1865年在京之际，常于"每日散学后，徒步到琉璃厂法帖店，物色碑版文字"，虽"无力买精者"〔4〕，但也能"挟数纸踽踽而归"〔5〕。金石学成为京城士林风尚后，金石古物需求量增大，反过来又刺激了古物市场的发达。康有为言"乾嘉之后小学最盛，谈者莫不藉金石以为考经证史之资，专门搜辑著述之人既多，出土之碑亦盛，于是山岩屋壁，荒野穷郊，或拾从耕父之锄，或搜自官厨之石，洗濯而发其光采，摹拓以广其流传……出碑既多，考证亦盛"〔6〕，便说明学术需求和市场供应间的互动关系。

正因为有了市场机制，伪造的金石古物才得以出现并流行。王懿荣1881年指出"道咸间及近年京师各省帖贾伪造石像、小墓志，杜撰人名，袭取年月日

---

〔1〕 王国维：《国朝金文著录表序》，《王国维遗书（十）》，上海：上海古籍书店，1983年，第73页。

〔2〕 杨守敬：《激素飞清阁评碑记》，桑椹编纂：《历代金石考古要籍序跋集录（卷二）》，杭州：浙江古籍出版社，2010年，第615页。

〔3〕 洪颐煊：《平津馆读碑记序》，桑椹编纂：《历代金石考古要籍序跋集录（卷二）》，杭州：浙江古籍出版社，2010年，第614页。

〔4〕 杨守敬：《邻苏老人年谱》，谢承仁主编：《杨守敬集（第一册）》，武汉：湖北人民出版社，1988年，第12页。

〔5〕 杨守敬：《激素飞清阁评碑记》，桑椹编纂：《历代金石考古要籍序跋集录（卷二）》，杭州：浙江古籍出版社，2010年，第616页。

〔6〕 康有为：《广艺舟双楫》，1893年南海康氏万木草堂刊本，第9、10页。

建"[1]，据王国维估计清代"诸家著录之器，往往真赝错出，同光以后鉴别始精"，即便如端方的高质量收藏，"古兵器十伪八九"[2]。赝品横行一方面继承了自晚明以来古玩市场的旧传统，同时王懿荣"京师各省帖贾伪造石像"一语也提示了清代金石学的重镇"京师"在古物市场中的重要地位。下文即以京师琉璃厂为例，探讨晚清时期传统古物市场的规模与特点。

二、以琉璃厂为中心的国内古物市场

随着经济发展、社会稳定及清代金石风气兴起，以琉璃厂为代表的北京古物市场逐渐发展成一个具有区域乃至全国性影响力的贸易网络，下面从流通品物、交易方式和交易网络三方面予以分析。

1. 流通品物

晚清琉璃厂一方面延续明代以来的市场流行品，自乾嘉以后，又带有浓厚金石学色彩。晚明古玩市场中常见有"图籍之曰古今，彝鼎之曰商周，匜镜之曰秦汉，书画之曰唐宋，珠宝象玉，珍错绫锦之曰滇粤闽楚吴越"[3]，其中属于古物的有古籍、三代铜器、秦汉铜镜、唐宋书画等，而宣德炉、永乐剔红、成化窑等瓷器，亦于此时因"江南好事士绅"和新安徽商的推波助澜而进入古玩市场[4]。《万历野获编》载严嵩被查抄时缉获的古玩，主要为书画[5]，而据《天水冰山录》的清单，严嵩父子所蓄古物除了书画，尚有古瓷、古铜器、古琴、古砚等[6]。董其昌曾将古董划为四类，"金玉二品为一类、书画墨迹、石

---

[1] 王懿荣：《南北朝存石目序》，桑椹编纂：《历代金石考古要籍序跋集录（卷二）》，杭州：浙江古籍出版社，2010年，第509页。

[2] 王国维：《国朝金文著录表略例》，《王国维遗书（十）》，上海：上海古籍书店，1983年，第78页。

[3] 刘侗、于奕正：《帝京景物略》（卷二），北京：北京古籍出版社，1983年，第161页。

[4] 沈德符：《万历野获编（下）》（卷二十六），北京：中华书局，1959年，第653页。

[5] 沈德符：《万历野获编（上）》（卷八），北京：中华书局，1959年，第211页。

[6] 《天水冰山录》，《知不足斋丛书》第14集。

印、镌刻三品为一类,窑器漆器二品为一类,琴剑镜砚四品为一类,共四类十一品"[1],由此略见晚明古玩市场的种类。及至清初,释元璟更以诗文记录了当时北京报国寺古玩市场的场景,其诗曰:

> 月之朔望廿有五,报国寺集看贩古。
> 何异东京上巳时,洛阳桥上人织组。
> 青黄朱紫绀黑白,王公士宦兵优竖。
> 薨薨济济蜂户然,也有闲人闲步武。
> 山门以内地稍宽,迷乱云霞旧章甫。
> 零星阁帖残蠹书,依稀冷摊殿两庑。
> 渐由东廊布翠幌,铜雀金鸭傍玉虎。
> 珊瑚朝珠翡翠簪,宋爵唐琴供摸抚。
> 其最夺目楼东角,洋盒洋盆颇媚妩。
> 斗鸡酒缸久已无,何者柴官哥定汝。
> 藕心钱破菱花暗,石黛朱砂剥欲腐。
> 大概瓶炉冒宣德,商彝夏鼎谁能估!
> 西廊迤逦亦可玩,米珠燕石知无数。
> 鱼肠罗睺雕镂带,牛铎匕首摩尼杵。
> 倪黄王李迹模糊,米董苏黄款错迕。
> 凡马皆称松雪翁,顽山尽识仇实父。
> 眼眵意倦两足酸,虚费天光悔何补!
> 从来帝京市若蜃,真者难售假易贾。
> 茫茫谁是赏鉴家,大笑出门日卓午[2]。

由此诗可见,古籍、书画、三代铜器、古钱币、古铜镜、古兵器、古瓷等,俱是清初古物市场流通品,而明代宣德炉、成化窑斗鸡杯,早在晚明就是古物市

---

[1] 董其昌:《骨董十三说》,兰州:金城出版社,2012年,第23页。
[2] 释元璟:《报国寺集》,孙殿起辑:《琉璃厂小志》,北京:北京古籍出版社,1982年,第291页。

场不可多得的奢侈品。明清政治鼎革似乎并未影响到古玩市场中流行的品类，不过乾嘉考据学的兴起，使得以琉璃厂为代表的古玩市场中的品物有了新变化。

清初至乾隆年间，此一时期的"金石学尚未摆脱宋明以来学风"，"尚处于以把玩古董为主时代"[1]。乾隆十四年（1749），清廷"命儒臣录内府藏器为《西清古鉴》，海内士夫，闻风承流，相与购求古器，搜集拓本"[2]。既是"购求"古器，便不能不对古玩市场产生影响。乾隆三十七年（1772），清廷又下令访求各省书籍，备修四库全书。雅好金石之学的安徽学政朱筠上书，建议除"旧刻抄本"外，还应当搜集"金石图谱"，将"现存钟铭碑刻，悉宜拓取"，汇送至四库馆以便考证[3]，此建议获得采纳，如浙江即上交拓片二百六十九道[4]。流风所及，金石文字之学再次兴盛，然而和前代相比，却不免有"重文字而略图像，贵鼎彝而忽任器"的倾向[5]，反映到市场，即是对古碑、碑拓和有铭文的铜器需求大量增加，从而刺激了碑帖铺和古玩铺的繁荣。"嘉道以降，碑学日兴，造成晚清时代石刻碑帖买卖、收藏与交通盛极一时的局面。"[6]根据古玩行人回忆，"1773年至1782年，乾隆开馆纂修《四库全书》长达十年之久，琉璃厂文化街市从此发展起来，书铺、古玩铺、南纸店、湖笔徽墨店等文化商铺，林立街道两旁"，及至嘉庆年间，琉璃厂最多的就是书铺和帖铺，"且大部分是江西人经营，形成帮，外地人进不了这一行"[7]。其中书铺主要经营古

---

[1] ［日］內藤湖南著，马彪译：《中国史学史》，上海：上海古籍出版社，2008年，第330页。

[2] 王国维：《国朝金文著录表序》，《王国维遗书（十）》，上海：上海古籍书店，1983年，第73页。

[3] 《安徽学政朱筠陈购访遗书及校核永乐大典意见折》，中国第一历史档案馆编：《纂修四库全书档案（上）》，上海：上海古籍出版社，1997年，第13页。

[4] 《浙江巡抚三宝奏采辑浙省碑刻情形折》，中国第一历史档案馆编：《纂修四库全书档案（上）》，上海：上海古籍出版社，1997年，第217页。

[5] 罗振玉：《雪堂藏古器物目录序》，《罗振玉学术论著集（第七集）》，上海：上海古籍出版社，2013年，第3页。

[6] 程章灿：《结古欢：晚清集古笺与石刻文献》，《中华文史论丛》2016年第1期。

[7] 陈重远：《京城古玩行》，北京：北京出版社，2015年，第5页。

籍旧书，有的也兼营法帖；帖铺则专门"鉴定、经营古代碑碣法帖"[1]。碑碣法帖即是从金石器物上拓得文字，广为流传，成为金石学家编著书录、证经补史的直接资料。如武忆所藏碑刻拓片中有近三分之一来自京城市场，剩下十之四五则是自己亲手所拓"荒崖废墟，人迹之所不至"之处的碑刻[2]。缪荃孙回忆自己1876年成为翰林供职京师之后，常至琉璃厂搜集拓片，"厂肆所谓帖片者，不甚贵重，当十钱数百即可购得一纸，而旧拓往往杂出其中"[3]，新的拓片价格不甚贵重，从侧面反映出市场供应量大，而旧拓因数量稀少则价值昂贵。因"京师士夫好藏金石，旧本日贵"，所以还发展出一套鉴定"旧拓"的方法[4]。旧拓因价值高昂，催生出不少造伪者，"黠贾亦即因而作伪"[5]，"好事者善欺，嗜奇者轻信"，故而"潘吾人迹，华山博箭之伪，耳食之徒，诧奇愿往"[6]，一面有碑帖商人妄托，一面有好事文人作伪[7]，碑帖旧拓成为清代古物市场中颇受追捧的新品。与此同时，古物市场不仅供应碑拓产品，还提供劳务，如缪荃孙联合潘祖荫、王颂蔚、梁于渭等同好，合资雇用琉璃厂宜古斋经理、打碑名手李云从赴河北易州、宣州、定州、真定等处拓碑，大多"前人所未见，即辽刻得一百六十种，其他可知"[8]。

碑帖在晚清的流行促进了琉璃厂与外地的联系，因为稀见古代碑碣多在京城之外，获取拓片便需前赴实地进行。对碑帖的追捧亦造成了对古碑的某些破坏，如叶昌炽论道自古至今古碑共有七厄，其中第六厄即为古碑所在地之人不

---

[1] 陈重远：《琉璃厂史话》，北京：北京出版社，2015年，第19页。
[2] 武忆：《授堂金石跋》，桑椹编纂：《历代金石考古要籍序跋集录（卷一）》，杭州：浙江古籍出版社，2010年，第324页。
[3] 缪荃孙：《艺风堂金石文字目序》，中国东方文化研究会历史文化分会编：《历代碑志丛书（24）》，南京：江苏古籍出版社，1998年，第193页。
[4] 震钧：《天咫偶闻》卷七，北京：北京古籍出版社，1982，第171页。
[5] 震钧：《天咫偶闻》卷七，北京：北京古籍出版社，1982，第171页。
[6] 陈祖范：《中州金石考序》，桑椹编纂：《历代金石考古要籍序跋集录（卷二）》，杭州：浙江古籍出版社，2010年，第765页。
[7] 陆增祥：《八琼室金石补正》，吴兴刘氏希古楼丛书本，1925年，第3页。
[8] 缪荃孙：《艺风堂金石文字目序》，中国东方文化研究会历史文化分会编：《历代碑志丛书（24）》，南京：江苏古籍出版社，1998年，第193页。

第二章　琉璃厂的外国人：晚清古物市场与国际古物市场（1840—1909）　41

胜索要拓片之苦，"一纸之费，可以倾家，千里之遥，不殊转饷"，索性将碑毁掉，如甘肃、陕西、河南皆有此种情形；第七厄是金石学家或者古玩商人直接将碑买下，再用各种方式运走，"夺人所好，迁地弗良，转辗贸迁，必至失所"，而迁居他处集中存放的古碑常常被毁[1]。罗振玉指出宋代以来的金石学家仅家藏铜器，若是石碑等大型石刻，亦仅收集拓片而已，但清代"乾嘉间，始渐开人家藏石之风，若毕秋帆中丞移关中高延福等四志于吴中，是其肇端"[2]，直接将原石纳为己有，等而下之甚至采取偷窃行径。如《清稗类钞》载汪中曾"以钱五十千募人"将本在宝应县的汉代石阙偷窃回家，并自题"好古探周礼，耆奇窃汉碑"一联以表旷达[3]。

　　除碑帖外，有铭文的铜器亦是金石学家致力搜集的对象。和宋代不同，"赵宋当日，西北用兵，古器物之出土者，恒在齐鲁荆楚间"，而清朝"乾嘉以来，海宇盛平，士大夫所获古器，皆出秦凉境内，西北土燥，铭款完善者多"[4]，如散氏盘、毛公鼎与大盂鼎皆出自陕西，且铭文较多，都被送至琉璃厂售出。毛公鼎由陕西古玩商苏亿年运送至京城琉璃厂德宝斋，1852年售于陈介祺[5]，德宝斋主人李诚甫，"能鉴别古彝器甚精"，潘祖荫与王懿荣收藏的铜器"大半皆出其手"[6]。因晚清金石学以研究文字为特长，且专意于文字，如陈介祺一再强调"天地间惟以字为重，以古为重，时代愈晚愈轻"[7]，"爱文字之心，必须胜爱器之念"[8]，有文字之陶器、砖瓦、玺印、封泥、泉币乃至甲骨等，都成为金石学的研究对象，故而晚清的古物收藏开始突破此前多收三代礼器的传统，品类大大扩充，"乃推衍而至于专（砖）甓瓦当封泥权衡度量之类，亦各为

---

[1]　叶昌炽撰、柯昌泗评：《语石 语石异同评》，北京：中华书局，1994年，第532页。
[2]　罗振玉：《满洲金石志别录》序，中国东方文化研究会历史文化分会编：《历代碑志丛书（23）》，南京：江苏古籍出版社，1998年，第162页。
[3]　徐珂：《清稗类钞（第九册）》，北京：中华书局，2010年，第4440、4441页。
[4]　吴云：《两罍轩彝器图释序》，桑椹编纂：《历代金石考古要籍序跋集录（卷一）》，杭州：浙江古籍出版社，2010年，第416页。
[5]　陈重远：《老古玩铺》，北京：北京出版社，2006年，第61页。
[6]　张祖翼：《清代野记》，北京：中华书局，2007年，第198页。
[7]　罗宏才：《新发现的两通陈介祺书信》，《文物》1995年第1期。
[8]　转引自吴民贵：《陈介祺的金石缘》，《历史教学问题》2000年第1期。

专书,以补前人之阙"[1]。

与此同时,形成于明代的雅好古物、把玩古董的风气与金石学脉络并行发展。如陈介祺批评过当时赏玩古物而不进行金石学研究的现象,"古之好古,唯在致知;今之好古,唯在玩物。今日而好古,唯多收三代吉金文字与三代吉金,是古人文字之真足与古经并重。藏书则次之,藏汉以后碑版,晋以后书画又次之,而皆易近玩物矣"[2],故而晚清的古物市场中,不仅有金石学家乐于搜集的碑帖拓片和有款识文字的铜器、陶器、封泥、泉币等,亦有传统常见的字画、古陶、瓷器等物。《天咫偶闻》记载:"光绪初元,京师士夫以文史、书画、金石、古器相尚,竞扬搉翁大兴、阮仪征之余绪。当时以潘文勤公、翁常熟为一代龙门,而以盛(昱)、王(懿荣)二君为之厨顾。四方豪俊,上计春明,无不首诣之。即京师人士谈艺,下逮贾竖平准,亦无不以诸君为归宿。厂肆所售金石、书画、古铜、瓷玉、古钱、古陶器,下至零星砖甓,无不腾价蜚声。而士夫学业,亦不出考据、鉴赏二家外。"[3]由此可知,晚清古物市场在延续明代传统基础上,因受乾嘉金石文字之学的刺激,市场中增添了碑帖、封泥、泉币、古陶、砖瓦等种类,对文字的重视亦埋下了日后"发现"甲骨文的伏流。

2. 交易方式

琉璃厂古玩商面对的客户群体主要为官僚贵族、文人学者、豪门富户和富商大贾,"因为只有这些人才有钱买古玩,有时间鉴赏古玩,有财力收藏古玩。因而古董商不被平民百姓了解,而其所交易文玩古董的生意又相当秘密,不为外人所知晓"[4]。古玩商同时精于鉴定,各有其收集古物的门路和手段,虽同以求利为目的,但亦有不少人进行古物收藏和研究。而通常以文人学者身份出现的收

---

[1] 罗振玉:《金泥石屑序》,罗振玉《罗雪堂先生全集(初编册一)》,台北:文华出版公司,1968年,第156页。
[2] 陈介祺家藏手稿,转引自孙翊:《〈簠斋尺牍〉研究——以陈介祺的金石购藏及传拓活动为中心》,中国美术学院硕士学位论文,2013年。
[3] 震钧:《天咫偶闻》卷七,北京:北京古籍出版社,1982年,第71页;原书句读作"以盛王二君为之厨,顾四方豪俊……",疑有误,八厨、八顾为专有名词,不宜点断。
[4] 陈重远:《琉璃厂史话》,北京:北京出版社,2015年,第56页。

第二章 琉璃厂的外国人：晚清古物市场与国际古物市场（1840—1909）

藏家，在古玩商看来他们亦买亦卖，简直是不用开店铺不申领营业执照的高级古玩商，如罗振玉、郭葆昌、福开森（John Calvin Ferguson）等。与其他行业相比，古玩商交易方式比较特殊而不为外界所知，大体说来，可分为进货与出货两种。

进货：进货是古玩商收购古玩至自己手中，再待价而沽。琉璃厂中的古玩商大多有店铺，所以最常见的收购方式为门市收购，即卖货者自行到店中售出。除此之外，清代北京尚有一种职业，和当铺功能类似，走街串巷收购旧物，以满足用物典钱的社会需求，"干这一行的，都以左手夹着一个象银元大小的皮鼓，右手拿着一根比筷子长些包着皮头儿的细藤条或竹棍来敲打"，故称为"打鼓儿的"或"打鼓贩"。打鼓贩中有专收古玩字画和珠宝首饰的，称为"打硬鼓"[1]。打鼓贩将收到的古物转卖给琉璃厂古玩商，因打鼓贩眼力与鉴定水平有限，古玩商往往能以低价买到好物品。除此之外，古玩商亦会主动出外进货，近则京城或周边地区，远则赴江苏、浙江、山西、山东、陕西、湖南甚至广东等地淘货。如1889年琉璃厂论古斋听闻广东有大批古书画待售，即派人前往，耗银万两，购买了数百幅吴荣光、叶云谷和冯誉骥等人收藏的珍贵字画[2]，其中就有一幅宋代著名画家董源的山水画，以百金卖给了国子监祭酒王懿荣[3]。除派出人员赴外省收购，或是应买者要求赴外省搜寻之外，北京古玩商还形成自己内部的交易方式——串货。

据陈重远回忆，因清代北京古玩生意兴隆，仅从京城或周边地区收购已无法满足市场需求，所以清中晚期就有从河南、山西、陕西、山东等文物大省收购文物再入京贩卖的古董商。这些人来京就住在距琉璃厂不远的东珠市狗尾巴胡同内的兴隆店，因其常年流动的特点，被称为"行商"。与之对应，如琉璃厂内有店铺的古玩商则被称为"坐商"。"坐商"去兴隆店内和"行商"进行行业内部交易的行为，称为"串货"，所以兴隆店又被称作古玩商的"串货场"[4]。此

---

[1] 刘叶秋、金云臻：《回忆旧北京》，北京：北京燕山出版社，1996年，第49页。
[2] 李葆恂：《海王村所见书画录》，孙殿起辑：《琉璃厂小志》，北京：北京古籍出版社，1982年，第468页。
[3] 陈重远：《琉璃厂史话》，北京：北京出版社，2015年，第25页。
[4] 陈重远：《京城古玩行》，北京：北京出版社，2015年，第7、10、13页。

种交易方式起源时间似不可考,然而根据记载,可知至迟在清光绪年间就已经发展成熟。来自陕、豫、晋、鲁等地的古董商,淘到物品便拿到兴隆店与北京同行交易,交易的方式也极富特色。售卖者先将欲出售之物集中摆在桌上,所有人都可看到并允许仔细观察,有兴趣者再与售卖者议价,同行人议价,采用"袖内拉手"的方式,不可通过语言讨价还价,所以最终的成交价格只有买卖双方知晓。对价值较高,大家都想要的文物,则采用"封货"办法,即有意向的所有买家将自己的估价密封投标,所有人都投完后,当众启封,以出价最高者得标。虽然古董商行内交易,但似乎也允许一些重要藏家参加,如据《徐兆玮日记》记录:"东珠市兴隆店为碑帖、磁器、书籍客人齐集之处。书籍粗重,每到则运至文昌馆定价。碑帖、磁器则即在店中择日知会各铺同往议价,以两手在袖中相揣,暗记其数,尽价大者,在座各不相谋,亦各不相知也。盛伯希在日,每至店观之,见其佳帖即照原得价酌加数金易之。"[1]可知盛昱就参加过这样的行业内活动并买过古物。

出货:古玩商销售货品的方式较为简单,除普通门市销售"等主候客"外,针对往来较多大户,亦会主动带物品上门推销,因熟知买家的喜好品位及财力状况,往往能取得成功。如翁同龢1896年农历十一月十二日在家中,就收到了琉璃厂论古斋送到家中求售的字画和碑帖[2]。在古玩行内,亦有一种有眼力但缺乏资金的人,他们没有固定店铺,而是从别的古玩铺中先看中物品,然后拿块蓝色的包袱皮先"搂货",将货物从店铺中赊走,再去物色买家卖出,待成交后,抽取货物总值的5%作为佣金,其中3%由买方出,2%由卖方即古玩铺出,称"成三破二"[3],很多大古董商最早即由包袱铺起家。乾嘉金石学兴起之后,京城中乃至京外的金石学家几乎都与古董商发生过密切关系,或从古董商处直接购买,或委托古董商远出他省,代为搜寻少见的有字器物或碑刻。如潘祖荫、盛昱就

---

[1] 徐兆玮:《徐兆玮日记(一)》,合肥:黄山书社,2013年,第610页。
[2] 翁同龢:《翁文恭公日记不分卷》,《续修四库全书》第574册,上海:上海古籍出版社,1996年,第205页。
[3] 陈重远:《京城古玩行》,北京:北京出版社,2015年,第11页。

第二章 琉璃厂的外国人：晚清古物市场与国际古物市场（1840—1909） 45

先后委托琉璃厂宜古斋李云从远赴东北，分别于光绪初年〔1〕和1889年〔2〕寻觅到位于今吉林长春的好太王碑，并拓片归来。缪荃孙亦曾委托"厂估"赴顺天、易州、宣化、真定等地拓碑，"大半前人所未见，即辽刻得一百十六种"〔3〕。叶昌炽记道"士大夫既屡有集资拓碑之举，碑贩亦往来奔走，每遇新品，必致都下"〔4〕。久而久之，北京遂成为全国碑拓的集散中心，并能向外地辐射。如1869年叶志诜的收藏散入琉璃厂，古玩商甚至向远在浙江归安的陆心源邮去目录，进行推销，陆心源收到目录后"亟托陈小舫阁学购之，而已不可物色矣"〔5〕，可见京城古玩市场辐射之广。

以碑帖为代表的古物，在晚清已然成为官场和社交圈中的必备品，"疆臣述职而来者，举子之与计吏偕者，选人之赴部者，骚人墨客，游食于兹者，莫不携其乡之名迹，以当羔雁。故有穷荒绝徼、著名难得之碑，厂肆时或见之"〔6〕。需求量激增加速了琉璃厂古物市场的扩张，通过买和卖两种渠道，及至1900年之前，已逐渐形成一个涉及陕西、山西、山东、河南、江浙乃至广东的交易网络，而古玩行业的交易方式、行业风气及行业惯例等，亦为后人所继承，流风遗韵，延续至今。

---

〔1〕 张延厚《〈辽东文献征略〉跋语》：此碑在奉天省辑安县鸭绿江滨，历代金石家未有著录。胜清光绪初，吴县潘郑盦尚书始访得之，命京师李大龙裹粮往拓，历尽艰险，得五十本，一时贵游，争相购玩。大龙颇欲再往，以道远工巨而止。见金毓黻编：《辽东文献征略》[《中国少数民族古籍集成（汉文版）》本]，长春：吉林永衡印书局，1927年，第13页。

〔2〕 此碑同治末年始传入京师，吴县潘文勤公祖荫先得之。海东工人不善拓墨，就石勾勒，才可辨字而已。光绪己丑，宗室伯羲祭酒盛昱始集资，令厂肆碑估李云从裹粮往拓，于是流传稍广。罗振玉：《海东金石苑补遗》一，《罗雪堂合集》，杭州：西泠印社出版社，2005年，第23函第1册，第20页。

〔3〕 叶昌炽撰，柯昌泗评：《语石 语石异同评》，北京：中华书局，1994年，第65页。

〔4〕 叶昌炽撰，柯昌泗评：《语石 语石异同评》，北京：中华书局，1994年，第73页。

〔5〕 陆心源：《续考古图》序，光绪五年十万卷楼丛书本，第7页（单面计数）。

〔6〕 叶昌炽撰，柯昌泗评：《语石 语石异同评》，北京：中华书局，1994年，第71页。

3. 交易网络

分布在全国各地的碑帖由于需求增大，加以市场化运作，古碑与古墓层出不穷，如乾隆年间杭世骏言所谓金石"其精气光怪，虽历千百年，必有婷雅好奇之士，泅渊破冢，出之于荒厓断谷之中摩挲传玩"[1]。在金石学家眼中，将散布在"荒郊野地"的古代碑碣转移到其他场所，更是好事一桩[2]，故而赵绍祖称金石古物"散逸于山巅水涯，荒村邃谷、破家颓垣之下，而莫可收拾"，若能得之"树之学宫，藏之梵宇，嵌之官厅"，反而是件幸事[3]。咸丰七年（1857），樊彬编成《畿辅碑目》，其中并不讳言所收的汉三公山两碑、魏王僧志、隋刘珍、唐王仲堪、王公晟、张氏、贾氏等多方墓志"皆近年出土"[4]，市场化的结果必然造成对古代碑刻与墓葬的破坏。

各地出土的墓志、石刻及碑拓源源不断涌向集散中心——北京，负载其下的正是清代乾嘉以来愈见成熟与发达的古玩市场网络。如叶昌炽在广州都难以求得的东莞《资福寺石塔》及韶关《云门寺南汉碑》，竟然都在琉璃厂觅得；"乡曲好古之士"难以得到的南诏德化碑、西夏感通塔碑等，在琉璃厂中都是"屡见不一见"，故而他感慨道"欲网罗古刻，非至都门，终为坐井观天"[5]。而北京之所以成为古物市场的一大集散地，也与京城的特殊性有关。

首先是京城中金石学的氛围。金石学影响下，晚清朝中士大夫多养成爱古好古、慕古藏古之风气，上至亲王，下至寒士，上行下效，碑帖和古物甚至成为官场当中交往必备的"羔雁"。此风自乾嘉以来的阮元、毕沅、包世臣、翁方纲等人开启，延至光绪年间，"以潘文勤公、翁常熟为一代龙门，而以盛、王二君为

---

[1] 杭世骏：《金石契》序，桑椹编纂：《历代金石考古要籍序跋集录（卷一）》，杭州：浙江古籍出版社，2010年，第248页。

[2] 这和今天通行的"原址保护"原则正好相反。

[3] 赵绍祖：《金石文钞》自序，桑椹编纂：《历代金石考古要籍序跋集录（卷一）》，杭州：浙江古籍出版社，2010年，第280页。

[4] 樊彬：《畿辅碑目》自序，桑椹编纂：《历代金石考古要籍序跋集录（卷二）》，杭州：浙江古籍出版社，2010年，第678页。

[5] 叶昌炽撰，柯昌泗评：《语石 语石异同评》卷二，北京：中华书局，1994年，第71页。

第二章 琉璃厂的外国人：晚清古物市场与国际古物市场（1840—1909）

之厨顾"[1]，涉及人物有张之洞、洪钧、端方、李文田、李慈铭、吴大澂、汪鸣銮、缪荃孙等，"围绕这类核心人物，京城士大夫形成了金石碑版之学的第一层核心圈，而外省士大夫又通过种种人事流徙和碑拓传递，构成第二层核心圈，于是，这种学风和士风不仅覆盖了晚清时代从京城到地方、从上到下的广大空间，又因为声气相通、嘤鸣相求，而构成了细密的网状联结"，这种风气"不仅培育了晚清碑拓流通市场，而且刺激这一市场蓬勃发展"[2]。

其次是京城作为政治中心，官僚云集。古玩商赵汝珍曾坦言古物之宝贵，一在于"古玩之自身者"，一在于"人为者"，前者乃因"古玩本质之精妙，作工之优良，后世所不能仿作"而珍贵；后者则在"专制政体之下"，对文人士大夫而言古玩几为"唯一之消遣妙品"。对于官吏而论，古玩既可隐藏财富，又是一种变相敛财的手段，更为"昔日卖官买缺之媒介，官场中必不可缺者也"。所以古玩商时常得以与朝臣相接，晚清"外省督抚藩臬，对京中一切应酬，完全由古玩商代办"，"全国重要官吏，无不以购买古玩、结纳古玩商为进身保禄之阶"[3]。根据张之洞档案中新发现史料来看，张之洞亦不能免俗，他常电令北京的侄子张检从琉璃厂中采购古物及文玩、古籍进贡慈禧，他用以结交军机大臣荣禄、恭亲王奕劻等朝中大员，乃至英国领事阿里巴士德（Chaloner Alabaster）、日本公使内田康哉、德国公使穆德（Freiherr Mumm von Schwarzenstein）等外国政要的礼物，也以碑帖、字画、古瓷等为主。他想打听朝中消息，也要嘱托张检去琉璃厂，因为"厂中必有所闻"，"琉璃厂的古玩铺此时也成了政治的风向标"[4]。张之洞的礼物与贡品中，"竟有相当部分是书籍与文具"，与其说这是"依旧显露出其书生本色"[5]，倒不如讲此当是乾嘉以来朝中风气使然，因为不以书生起家的袁世凯，1891年选择送给朝中同僚与上司的礼物也是来自朝鲜而不多见的《平百济碑》[6]。古玩行人回忆晚清以来

---

[1] 震钧：《天咫偶闻》，北京：北京古籍出版社，1982年，第71页。
[2] 程章灿：《玩物：晚清士风与碑拓流通》，《学术研究》2015年第12期。
[3] 赵汝珍：《古玩指南全编》，北京：北京出版社，1995年，第7—9页。
[4] 茅海建：《张之洞的别敬、礼物与贡品》，《中华文史论丛》2012年第2期。
[5] 茅海建：《张之洞的别敬、礼物与贡品》，《中华文史论丛》2012年第2期。
[6] 张佩纶著，谢海林整理：《张佩纶日记》，南京：凤凰出版社，2015年，第398、399页。

市场、观念与国家
近代中国文物保护制度的形成（1840—1934）

"每个古玩铺，总得依附一两个当朝权贵，否则就不易开展业务，有的当朝权贵就是某古玩铺的财东"。古玩商对这些权贵毕恭毕敬，权贵之于古玩商，亦以宾礼相待。其间奥妙，自非一般商人所得而知[1]。古玩商与官僚的微妙关系亦导致了北京在古物市场中的地位。

除北京之外，上海、天津、南京、苏州、扬州、杭州、济南、潍坊、西安等地亦有古玩商和古玩行存在，他们或独自进行地域性经营，或彼此牵连，互通声气，进行跨区域的远途交易。在这个过程中，琉璃厂古玩商扮演着中枢角色，他们或派人远赴他处，搜罗收购，或和外地同行保持联系，提供消息，进行商业上的合作。如陕西出土的毛公鼎，1852年经西安古玩商苏亿年运至北京，正是通过琉璃厂古玩商居中联络最终卖给了陈介祺。道光末年开设古玩店的德宝斋掌柜李诚甫，常年"跑陕西买新出土铜器，带到北京来卖"[2]，与此类似，尚有跑陕西的英古斋[3]，跑广东、江浙甚至香港、澳门的论古斋、笔彩斋、铭珍斋[4]，以及就近跑河北、河南搜索古物的多家古玩商。这些京城古玩商在地方上大肆收购，从而加剧了地方掘地寻宝的热情。1871年底，李希霍芬（Ferdinand von Richthofen）就观察到山西太谷县张兰镇和介休县古董商店云集，是古物贸易的中转重镇，"各省不断有古青铜器出土，运到这些市场上"，"北京的商店都从这里进货"[5]。

可见，在玩古的收藏传统、金石学需求、官场风尚和士人习气等多方面刺激下，及至19世纪末已形成一个运作流畅的全国古物交易网络，在这个网络中，北京占据着中枢地位。1900年前后，当外国资本大举进入中国古物市场之际，北京作为首都，也是外国政要和洋商聚集之地，更是来华游历外国人士的首选。故当欧美等国及日本开始认识到中国古物之价值并有意识大肆搜罗之时，以北京作为锁钥，他们只要借助旧有的市场网络和本土古玩商合作，便可通过琉璃厂在全国

---

[1] 石朱：《琉璃厂的古玩业》，中国人民政治协商会议北京市委员会文史资料研究委员会编：《文史资料选编（第45辑）》，北京：北京出版社，1992年，第241页。
[2] 陈重远：《京城古玩行》，北京：北京出版社，2015年，第330页。
[3] 陈重远：《京城古玩行》，北京：北京出版社，2015年，第332页。
[4] 陈重远：《京城古玩行》，北京：北京出版社，2015年，第340、347、351页。
[5] ［德］费迪南德·冯·李希霍芬著，李岩、王彦会译：《李希霍芬中国旅行日记》，北京：商务印书馆，2016年，第580页。

范围内搜购，本已发达的中国古物市场遂迅速融入国际古物市场，从而造成古物源源不断流失海外的现象。

第三节　晚清国内古物市场与国际古物市场

1880年以来，由于新兴发展的美国对国际小麦市场的冲击，英国多数以小麦生产为主的农场经济衰落，再加上彼时英国对税制的改革加大了对遗产税的征收，土地价值迅速下降。英国广大农场主多拥有贵族身份，家中往往藏有祖上所传古玩和艺术品，为应对经济压力，这些绘画、玻璃器、珐琅器、中国瓷器大多被抛售，如汉米尔顿公爵（Duke of Hamilton）就于1882年被迫售出2213件藏品以平衡收支，从而引起一场艺术品市场的繁荣，催生了欧美社会对中国瓷器的追捧[1]。

与此同时，现身于1876年费城和1893年芝加哥世博会的日本与中国艺术品，引起欧美对东亚艺术的再认识。1870年成立的波士顿美术馆（Boston's Museum of Fine Arts）和纽约大都会艺术博物馆（The Metropolitan Museum of Art），亦致力于东亚美术品搜集，及至19世纪末，"波士顿美术馆发展成为美国可能也是整个西方最大的东亚艺术品研究中心"[2]。新兴的美国工业家掌握了巨额财富，如钢铁和金融大亨摩根（John Pierpont Morgan）、铁路巨头弗利尔（Charles Lang Freer）等皆投身艺术品尤其是东亚艺术品收藏，他们活跃在世纪之交的国际古物市场，影响甚至掌控了东亚艺术品市场的流通与价格。

国际古物市场的变化很快影响到中国，如时人所言："清季初叶，西俗以能得吾国之瓷器为荣，相习成风，竞起搜集，久亦渐知考古，遂遍及书画之俦，此端一开，致令大好国粹，悉流入异邦，良可慨也。"[3] 继瓷器之后，书画也成为外国人搜求标的，张伯驹称："综清末民初鉴藏家，其时其境，与项子京、高士奇、安仪周、梁清标不同。彼则楚弓楚得，此则更有外邦之剽夺。亦有因而流

---

[1] Karl E. Meyer, Shareen Blair Brysac. The China Collectors: America's Century-Long Hunt for Asian Art Treasures. New York: St. Martin's Press, 2015: 135-136.

[2] ［美］孔华润著，段勇译：《东亚艺术与美国文化》，上海：上海书画出版社，2014年，第21页。

[3] 陈叔平：《古玩业经营之秘诀》，《商业杂志（上海1926）》1928年第12期。

出者，亦有得以保存者，则此时之书画鉴藏家，功罪各半矣。"[1]在外国资本的觊觎下，大量古物在清末民初流失海外，当时中国鉴藏家处于此特殊时期，或因保存古物，或导致古物流失，从而"功罪各半矣"[2]。

中国古玩出口起源甚早，在1858年中英所订《天津条约》所附《通商章程善后条约：海关税则》中，就详细规定中国出口古玩属于"出口杂货类"，征税比例为"每值百两抽税伍两"[3]。据海关数字统计，光绪初年以来，中国古玩出口贸易额数字如表1所示。

表1 《晚清民初古玩贸易统计表》（1876—1915）

年份	出口古玩价值/两	年份	出口古玩价值/两
光绪二年	49548	光绪十四年	15654
光绪三年	39283	光绪十五年	12043
光绪四年	24066	光绪十六年	11230
光绪五年	33221	光绪十七年	36164
光绪六年	44948	光绪十八年	30838
光绪七年	43364	光绪十九年	16774
光绪八年	37238	光绪二十年	19093
光绪九年	30295	光绪二十一年	61574
光绪十年	18275	光绪二十二年	69925
光绪十一年	7781	光绪二十三年	82779
光绪十二年	21870	光绪二十四年	82488
光绪十三年	24158	光绪二十五年	105695

---

[1] 张伯驹：《春游社琐谈 素月楼联语》，北京：北京出版社，1998年，第10页。

[2] 何伟亚（James L. Hevia）也曾讨论过这一现象，提出19世纪90年代末，"中国艺术品从北京到通商口岸流向欧洲及北美艺术品市场的渠道形成了"，并以此为例，说明英国在华生产的新式知识如何构建帝国主义的新秩序。详参［美］何伟亚著，刘天路、邓红风译：《英国的课业：19世纪中国的帝国主义教程》，北京：社会科学文献出版社，2007年，第143—146页。

[3] 王铁崖编：《中外旧约章汇编（第一册）》，北京：生活·读书·新知三联书店，1957年，第128页。

第二章 琉璃厂的外国人：晚清古物市场与国际古物市场（1840—1909） 51

续表

年份	出口古玩价值/两	年份	出口古玩价值/两
光绪二十六年	55487	光绪三十四年	279499
光绪二十七年	88933	宣统元年	337550
光绪二十八年	139892	宣统二年	478262
光绪二十九年	151475	宣统三年	600426
光绪三十年	283072	民国元年	693801
光绪三十一年	168908	民国二年	910363
光绪三十二年	330564	民国三年	591035
光绪三十三年	349838	民国四年	290448

资料来源：黄炎培、庞淞编纂：《中国商战失败史（1876—1915）》，沈云龙主编：《近代中国史料丛刊续编（第九十三辑）》，台北：文海出版社有限公司，1982年，第162—167页。

通过表1可知，自1876年以来，中国出口古玩价值历年虽有波动，但幅度均不大。1885年古玩出口价值为7781两海关银，创统计最低，此或与中法战争有关，因为当时进口中国古物一大重心就在巴黎。1895年古玩出口价值较前一年几乎翻了两倍，此时正是甲午中日战争后《马关条约》签订以来，外国尤其是日本人在中国广设洋行进行各类商业贸易的开端。自此，中国古玩出口价值逐年攀升，并在1899年突破了十万大关。辛丑之后，古玩出口价值长期稳定在十数万至数十万之间，并在民国二年达到了统计最大值——近一百万。不过该表也仅反映通过正规报关程序申报的古玩出口状况，实际还存在大量走私或将古玩伪装成普通商品以偷逃关税的情形，或者虚报古物出口是为参加博览会或博物院陈设，非为商用而请求免税[1]。鉴于材料有限和实际状况复杂，本书在此无力亦无法探

---

[1] 如1912年5月美驻华公使就致函外交部要求对代表美国波士顿美术馆来华采买古物的两个日本人（其中之一为冈仓天心）免税。（《美馆节略一件》，"中研院"近代史研究所档案馆藏，馆藏号03-19-065-001）；1914年5月美驻华公使芮恩施又要求为美国人费柯（C. A. Flicke）的"中国古器十八箱，计古盉、古甲、铜器、雕漆等件"免税，因为这些物品是运到美国爱德华州（Iowa，今译"爱达荷州"）送与达文波特学院（Davenport Academy）内之陈列（"中研院"近代史研究所档案馆藏，馆藏号03-19-067-02-001）等。除美国外，英国、日本、瑞典、奥地利等国皆提出类似要求，中国海关皆免税放行。

讨晚清以来古物流失海外的实际精确价值，但从表1亦可证自19世纪末至20世纪初尤其1902年后，中国古玩流失海外规模增幅之大与速度之快，这种状况又是通过何等途径发生的呢？

一、外人来华搜求古物

如前所述，至迟在广州贸易时代，就有外人来华购买古物，再越洋携带归国。不过此一时期中国古物大多被视为异文化的珍奇，对于欧美社会而言，仅是普通工艺品而已。如1865年4月，英国外交官后来也是古董收藏家的密福特（Algernon Bertram Freeman-Mitford）去过广州古玩店，认为里面"尽是些毫无价值的东西，还要价奇贵"[1]，而天津古玩店中大量的瓷器，虽然"店主和当地鉴赏家为每件瓷器标明详尽的制作日期，还取了优雅的名称，而在英国则无人会对此感兴趣"[2]。最后引起他购买欲望的，倒是北京古玩店中两个可能从圆明园流出的精致大瓷钵，"背面为玫瑰图案"，"没有一点瑕疵"[3]，可见当时欧洲对中国古物的关注集中在瓷器，并且品评多以外观纹饰为主。然而随着流失到欧美的中国艺术品在市场上的火爆和热炒，如"背衬玫瑰图案的杯盏碟盘在佳士得甚为抢手"，从颐和园被抢掠至欧洲的景泰蓝在"伦敦和巴黎卖出高价"[4]，便有不少外国商人、外交官或学者远赴中国，搜罗古物，再带回欧美或日本。如1886年日本商人林忠正跑遍了香港、上海、天津、北京等地，搜集古物，意图在美国销售。1890年，初出茅庐的山中定次郎到中国淘货，并将买到的东西全部带到海外卖掉，据说他坐着轿子转遍了"琉璃厂和东单牌楼等云集着古董商的地方"[5]。1893年，日本人早崎梗吉在西安宝庆寺购得唐代造像二十五

---

[1] ［英］密福特著，温时幸、陆瑾译：《清末驻京英使信札（1865—1866）》，北京：国家图书馆出版社，2010年，第19页。

[2] ［英］密福特著，温时幸、陆瑾译：《清末驻京英使信札（1865—1866）》，北京：国家图书馆出版社，2010年，第33页。

[3] ［英］密福特著，温时幸、陆瑾译：《清末驻京英使信札（1865—1866）》，北京：国家图书馆出版社，2010年，第84页。

[4] ［英］密福特著，温时幸、陆瑾译：《清末驻京英使信札（1865—1866）》，北京：国家图书馆出版社，2010年，第161页。

[5] ［日］富田升著，赵秀敏译：《近代日本的中国艺术品流转与鉴赏》，上海：上海书画出版社，2014年，第75页。

件，他的叔叔冈仓天心后来更借助早崎梗吉在中国开拓的市场网络[1]，先后于1893年和1906年两次来华，游历北京、天津、开封、洛阳、西安、成都、汉口、上海、咸阳、烟台、临潼等地，为日本帝国博物馆和波士顿美术馆购入大量美术品[2]。除日本外，英国人斯蒂芬·伍顿·卜士礼（Stephen Wootton Bushell）于1868—1899年任英国驻华使馆医师兼任京师同文馆医学教习期间，亦购入不少中国碑拓、古瓷和古物，带回英国，成为早期英国收藏中国文物的重要先驱[3]。

庚子后更有大量外国军人、外交官、商人等来华，广为搜罗珍贵古物，再辗转带至海外，其中尤以美国最为著名[4]。如1902年，美国汉学家劳费尔（Berthold Laufer）在北京搜购碑刻拓本，1909年弗利尔在北京六国饭店停留了一个月，买了不少古物。与此同时，日本商人从未停止对中国古物的贩卖，如1907年，茧山松太郎游历了山西、陕西、河南三省，考察古董买卖，后在中国北京和日本间频繁来往，交易古物[5]。早期活跃在中国古玩市场的外国人，尚有日本人田中庆太郎（Tanaka Keitato，1880—1951）、德国人步夏德（Otto Burchard，1892—1965）、美国人福开森（John Calvin Ferguson，1866—1945）等。据加拿大安大略博物馆首任馆长查尔斯·柯雷利（Charles Trick Currelly）回忆，1907年在埃及还可买到中国流落出去的绿釉陶[6]。

---

〔1〕 ［美］孔华润著，段勇译：《东亚艺术与美国文化》，上海：上海书画出版社，2014年，第37页。

〔2〕 ［日］茂木雅博：《冈仓天心与华尔纳》，段文杰、茂木雅博主编：《敦煌学与中国史研究论集——纪念孙修身先生逝世一周年》，兰州：甘肃人民出版社，2001年，第12页。

〔3〕 Judith Tybil Green: Britain's Chinese Collections, 1842-1943 Private Collecting and the Invention of Chinese Art, Ph. D Dissertation, University of Sussex, December 2002: 97-120.

〔4〕 Lara Jaishree Netting. A Perpetual Fire: John C. Ferguson and His Quest for Chinese Art and Culture. Hong Kong: Hong Kong University Press, 2013: 2, 4.

〔5〕 ［日］富田升著，赵秀敏译：《近代日本的中国艺术品流转与鉴赏》，上海：上海书画出版社，2014年，第78页。

〔6〕 Currelly, Charles Trick: I Brought the Ages Home. Toronto: Ryerson Press, 1956: 174-175. 转引自沈辰：《海外博物馆收藏中国文物的主旨演变及时代挑战》，《中国博物馆》2015年第4期。

市场、观念与国家
近代中国文物保护制度的形成（1840—1934）

日本窃据台湾后，因地利之便，福建成为日本古董商到中国搜求古物的重要地区。据《汉文台湾日日新报》，辛亥革命前后往来台湾和大陆的日本古董商活动甚为活跃。如报载台中、台南、台北的古董商常常联合举行"骨董陈列会"，然后在会上竞卖古物，"其珍器颇多，有自清国购来者"〔1〕。报纸上时常会有古董商的广告，如1910年4月24日载："今次福州运来南清珍器古物甚多。订昨日及本日午后在一丸馆发售。谅有骨董癖者定争先购买也"〔2〕。在福州开店的日本古董商长谷川大次郎，与台南的日本古董商武元正义、若山桂次郎等联合，1910年5月在台北俱乐部进行了一次古物拍卖，就有"骨董四百余件"，数量颇大〔3〕。同年10月，台北弘法寺内召开一次"骨董品陈列会"，"陈货总数五百余件"〔4〕。11月，还是在弘法寺"将陈列古书画及骨董系自对岸厦门携来者，计有四百余件。多有贵重之品，将以实价发售"〔5〕。12月又有一批古物由厦门被贩运到台湾，"顷有骨董商自厦至者，其所赍来，为数颇巨"〔6〕，其古物出口规模可见一斑。一时之间，台南成为中国古物流散地，还吸引了香港的洋行来此交易，如1911年4月报载："香港日华洋行主人，近将多年于香港广东所搜集之骨董百余件携至台南卖却，订廿六、七两日陈列于两广会馆，许人人纵览之"〔7〕。1911年辛亥革命爆发，日本大阪、京都等地的古董商"乘革党事变欲撄巨利者不少，上海汉口各地为数七十余人"〔8〕。古董商的频繁活动与相机行事亦引起社会关注，如报纸曾特意刊出《骨董商》一诗，称"感觉神经锐，机微骨董商。剑寻津海去，玉觅卞和藏。汉沪旧文物，革官新战场。于兹博巨利，利用在仓皇"〔9〕，描述了当时日本古董商趁中国内乱大肆搜集古物贩卖出口以"博巨利"的时代现象。

---

〔1〕 《骨董竞卖》，《汉文台湾日日新报》1909年10月3日第07版。
〔2〕 《骨董发售》，《汉文台湾日日新报》1910年4月24日第07版。
〔3〕 《骨董竞卖》，《汉文台湾日日新报》1910年5月29日第07版。
〔4〕 《杂报》，《汉文台湾日日新报》1910年10月12日第03版。
〔5〕 《杂报 陈列骨董》，《汉文台湾日日新报》1910年11月10日第03版。
〔6〕 《杂报 编辑日录》，《汉文台湾日日新报》1910年12月11日第03版。
〔7〕 《杂报 陈卖骨董》，《汉文台湾日日新报》1911年4月29日第03版。
〔8〕 《湖海访国 骨董商机敏》，《汉文台湾日日新报》1911年11月25日第03版。
〔9〕 《实业汇载》，《汉文台湾日日新报》1911年11月26日第02版。

第二章 琉璃厂的外国人:晚清古物市场与国际古物市场(1840—1909) ▶ 55

目力有限,现根据所见资料,略将晚清时期来华大肆采购的外国人列为表2,因资料来源较多,此不赘录,详情见表2。

表2 清末民初来华购买古物外国人简表

国籍	人名	来华时间	购买物举要	身份	资料来源
美	内森·邓恩(Nathan Dunn)	19世纪20年代至1832	数千件物品,包括塑像、绘画、瓷器、模型、灯笼及古今工艺品	商人	*A Peep at China, in Mr Dunn's Chinese Collection*, by E.C. Wines, Philadelphia, 1839
美	彼得斯(John R. Peters)	1844	中国称之为"古玩"的艺术制造品,如象牙雕刻、木雕、玳瑁、石雕等	外交人员	*Guide to, or Description Catalogue of the Chinese Museum in the Marlboro, Chapel, Boston,* 1845
美	斯奎尔斯(Herbert G. Squiers)	?—1901.9	带走了几火车车厢物品,包括瓷器、铜器和雕刻,得自传教士之手及庚子之乱中的军队拍卖,1912年在美国拍卖	外交官	*The China Collectors*, p38
美	康格(Edwin Conger)夫妇	1898—1905	大量中国艺术品,如瓷器、青铜、黄铜、刺绣、珐琅、武器等,1908年在纽约拍卖	外交官	*The China Collectors*所附A Selective Chronology
美	柔克义(William Woodville Rockhill)	1888—1889、1891—1892、1905—1909	到西藏旅行。1905—1909年出任驻华公使,收藏了衣服、装饰、礼器、武器、乐器和数以千计的图书手稿	外交官	*The China Collectors*所附A Selective Chronology
美	嘉乐恒(William James Calhoun)夫妇	1909—1913	收藏了古代织物、刺绣和艺术品等,说为芝加哥古董商协会在北京采购	外交官	*The China Collectors*, p215

续表

国籍	人名	来华时间	购买物举要	身份	资料来源
美	赫德兰德（Revernd Isaac Taylor Headland）	1890—1914	收藏中国画，曾在1908年于匹兹堡的艺术协会（Art Society）举办过展览，1909年在纽约的世纪俱乐部（Century Club）和布鲁克林的普瑞特艺术学院（Pratt Institution）举行过展览。出版了很多关于中国的画册图书。帮助弗利尔收集中国书画，曾将两幅宋代绘画送到底特律弗利尔处出售	官员	《东亚艺术与美国文化》，第50页
美	劳费尔（Berthold Laufer）	1901—1904	受命于美国自然历史博物馆（American Museum of Natural History），1901年8月到达上海，去了苏州、杭州、北京、河北、武汉、西安，获得305个大箱子及7500余件文物、500多种稀有古籍、500多卷手稿。文物包括铜器、石刻、汉代陶器和许多古代字画	学者	*The China Collectors*所附A Selective Chronology

续表

国籍	人名	来华时间	购买物举要	身份	资料来源
美	劳费尔（Berthold Laufer）	1908—1910、1923	受命于美国菲尔德自然博物馆（Field of natural history），先后受布莱克斯通夫人（Mrs T. B. Blackstone）、马歇尔·菲尔德（Marshall Field）的资助，考察了西藏和周边区域，采集品分为民族学和考古学两类，包括喇嘛教绘画、图像、面具、宗教用具、佛造像和中国铜器、铁器时代的物品。两次考察，共计获得19000件古物和4000多件西藏文物	学者	*Jade: A Study in Chinese Archaeology and Religion, Preface*; The China Collectors, p235
美	福开森（John Calvin Ferguson）	1888—1943	1888年来华，1903年可能受摩根委托，开始买中国古物。1912年后专职在华为美国纽约大都会艺术馆采购物品。据1914年一份资料显示，仅一年之中，福开森就为大都会美术馆采购输出古代书画近百幅。1916年福开森还在纽约进行了一次拍卖会，拍卖他的藏品，包括46件铜器、50件宋元古瓷、52件古玉、27幅书画等	传教士	*A Perpetual Fire: John. C. Ferguson and His Quest for Chinese Art and Culture*; *Special Exhibition of Chinese paintings from the Collection of the Museum*

续表

国籍	人名	来华时间	购买物举要	身份	资料来源
美	弗利尔（Charles Lang Freer）	1895、1907、1909—1911	如1909年他就通过北京Ta Ge Chung的古董店买到23尊佛像，在上海买到观音铜像，花24856美金买了191件古物；整个1909年，他至少买了298件，装满了9个大箱子。通过北京的论古斋、Riu Cheng Chai、Pao Ming Sai和一位Ho先生，1909—1919年，他每年都可收到佛像	企业家、收藏家	Charles Lang Freer and the collecting of Chinese Buddhist art in early-20th-century America
日	冈仓天心（Okakura Tenshin）、早崎梗吉（Hayasaki Kokichi）	1893、1906、1907、1912	1893年在华5个月，为日本东京帝国博物馆搜集艺术品，游历了北京、天津、开封、洛阳、西安等地。1904年冈仓天心受雇于波士顿美术馆，1906年10月到1907年2月、1912年5—6月两度来华，搜买古物。如1906—1907年之行即采购了古物四箱，包括109枚铜镜、汉宋铜器、汉代陶器等	学者	茂木雅博：《冈仓天心与华尔纳》，见段文杰、茂木雅博主编：《敦煌学与中国史研究论集 纪念孙修身先生逝世一周年》，甘肃人民出版社，2001年，第11—22页
日	内藤湖南（Naito Konan）		辛亥革命后大量的书画被内藤湖南介绍卖给日本博文堂，再通过博文堂售出。犬养木堂也参与了这项活动	学者	《近代日本的中国艺术品流转与鉴赏》，第59页

续表

国籍	人名	来华时间	购买物举要	身份	资料来源
日	醉鬼四泽	光绪末年至1943	光绪末年就在北京做古董生意,与古董商打交道,与北京城中的大古董商岳彬交往近20年,直到1943年回到东京	古玩商	《琉璃厂老掌柜》,第170页
日	高田又四郎		山中商会北平分会经理	古玩商	《琉璃厂文物地图》,第180页
日	林忠正		1886年左右到中国采购,跑遍了香港、上海、天津、北京等地,大量购买,在美国销售	古玩商	《近代日本的中国艺术品流转与鉴赏》,第75页
日	中村作次郎		1898年由朝鲜来华,考察了北京、上海、苏州、杭州等多地的古董市场	古玩商	《近代日本的中国艺术品流转与鉴赏》,第75页
日	山中定次郎		1890年左右来到中国搜购,转遍了琉璃厂和东单等古董商云集之地,据说购入大量物品,后来全部销售到海外。经手过恭王府拍卖、端方青铜藏品	古玩商	《近代日本的中国艺术品流转与鉴赏》,第75页
日	滨田耕作	1910	带回了很多出土品	学者	《近代日本的中国艺术品流转与鉴赏》,第195页
日	冈田朝太郎	1910	带回了50—60件俑类	学者	《近代日本的中国艺术品流转与鉴赏》,第195页
日	高桥太华	1907	冈仓天心好友,日本美术院《日本美术》监督,活跃在北方,据说是世界上首个买唐三彩的人	学者	《近代日本的中国艺术品流转与鉴赏》,第195页

续表

国籍	人名	来华时间	购买物举要	身份	资料来源
英	西尔博士，即卜士礼（Dr. S. W. Bushell）	1868—1899	1882年，他替维多利亚阿尔伯特博物馆（Victoria and Albert Museum）购买大量的中国工艺品，其中瓷器最多	医生	叶慈著，汪家正译：《不列颠底中国文化研究》，《东方杂志》第41卷第22号，第36页
英	福钧（Robert Fortune）	1848—1851	受皇家园艺学会派遣赴中国调查茶树，旅途期间搜集到了中国瓷器、青铜器和景泰蓝，后来在1852—1862年拍卖掉	园艺师	*Britain's Chinese Collections, 1842—1943*
英	约翰·亨利·格雷（Hohn Henry Gray）	1852—1878	作为牧师来华，搜集古代钱币、瓷器、古代工艺品、家具数千件	牧师	*Britain's Chinese Collections, 1842—1943*
英	马士（Hosea Ballou Morse, 1855—1934）	1877—1908	收藏了不少中国钱币，大约2000枚，1882年给了大英博物馆	官员	*Britain's Chinese Collections, 1842—1943*
英	骆克（James Haldane Steward Lockhart, 1858—1937）	1878—1927	收藏中国钱币、民俗、绘画和拓片。1890年，他得到了Stephen Bushell的帮助，获得了"中国钱币收藏猎手"的称号。1910年开始收集中国绘画，从一个名叫Ze Zantai的商人手中买了不少书画，后来继续收藏古钱币，同时作为政府顾问、铁路工程师，他也收藏了不少拓片	官员	*Britain's Chinese Collections, 1842—1943*
英	梅乐和（Frederick Maze, 1874—1959）	1891—1943	藏品多样，主要收藏中国的帆船模型	官员	*Britain's Chinese Collections, 1842—1943*

第二章　琉璃厂的外国人：晚清古物市场与国际古物市场（1840—1909）

续表

国籍	人名	来华时间	购买物举要	身份	资料来源
英	Leonard Gow（1859—1936）		收藏清代瓷器，数量不详	商人	*Britain's Chinese Collections, 1842—1943*
英	安东尼·古斯塔夫·罗斯柴尔德（Anthony Gustav de Rothschild, 1887—1961）		收藏中国瓷器	商人	*Britain's Chinese Collections, 1842—1943*
英	布雷尔（William Burrell, 1861—1958）		藏品包括新石器时代葬具、玉器、古瓷、铜礼器、明器和古代造像，1944年捐献给Glasgow Corporation	商人	*Britain's Chinese Collections, 1842—1943*
法	魏武达（P. Veroudart）		法国驻华领事、公使等，常年在北京购买古玩，卸任后在巴黎开设了古董店，专门贩卖中国文物	外交官	《琉璃厂文物地图》，第180页
法	杜伯斯（Jean Pierre Dubosc），（1904—1988）		汉名又名杜伯秋，长期担任法国驻华公使馆汉文秘书，后参与1941年创办的北京中法汉学研究所，为卢芹斋的女婿	外交官	《琉璃厂文物地图》，第180页
法	沙畹（Edouard Chavannes）（1865—1918）	1907年	1889年来华，在法国驻华公使馆任职，主要收藏碑拓。20世纪初就从北京的古董商Wannieck手中买过很多拓片	学者	《沙畹和法国的中国碑铭学》，《法国汉学》（06科技史专号）

续表

国籍	人名	来华时间	购买物举要	身份	资料来源
法	亨利·赛努奇（Henri Cernuschi）	1871—1873	Henri Cernuschi三年间游历了中国和日本，购买了5000多件古物和艺术品，后来捐赠给了巴黎的Cernuschi Museum	银行家	http://www.cernuschi.paris.fr/en/collections/history-of-the-collections/chinese-collection
法	马塞尔·冰（Marcel Bing）（1875—1920）	1900年左右	其父亲Samuel Siegfried Bing（1838—1905）是法国巴黎著名艺术品商人、经营日本艺术品业内的领袖。Bing氏家族也是法国著名的商业机构，在巴黎开有画廊，专门贩卖日本和东亚艺术品。Marcel Bing在20世纪初多次来华，据卢芹斋回忆，他买走了不少石造像	古玩商	*The China Collectors*, p188
法	罗让（当为葛杨，Adolphe Grosjean）		法国人，20世纪初就已活跃在北京，曾帮助法国古董商Paul Mallon和Wannieck在中国搜集文物，曾派人前往陕西，企图盗取昭陵六骏。其店铺在Kuang Mao Hutung 18号	古玩商	*The China Collectors*, p109; *Peking Who's Who*, 1922, p15
挪威	约翰·威廉·诺尔曼·蒙特（Johan Wilhelm Normann Munthe）夫妇		1887年来华，受雇于海关，甲午战争后，受雇于新军，在袁世凯手下做事。庚子事变后，到天津，和俄国军队发生联系，辛亥革命后参与袁世凯政府的北京防务，在此期间搜买了大量的造像和古物，运送回挪威Bergen的博物馆	海关关员	*The China Collectors*, p238—239

第二章 琉璃厂的外国人：晚清古物市场与国际古物市场（1840—1909） 63

续表

国籍	人名	来华时间	购买物举要	身份	资料来源
德	侯时塔（Walter Hochstadter, 1914—2007，犹太人）		20世纪30年代在上海和北平开设店铺，售卖书画和瓷器	商人	*The China Collectors*, p250
德	巴尔（Abel William Bahr）（1877—1959）		出生于上海，德裔家庭，1900年进入Hopkins, Dunn and Company，1905年左右开始收集清康熙瓷器；1908年在上海开办古瓷展览，得到亚洲文会北中国支会的协助；1910年到英国，后来还时常回到中国淘货。收藏了大量的中国古玉、古代书画，其藏品后由大都会美术馆、大英博物馆、弗利尔美术馆等北美及英国很多博物馆、美术馆收藏	商人	*1877—1959 Collector and Dealer in Chinese Art*
瑞典	卡尔贝克（Orvar Karlbeck, 1879—1967）	1906—1926、1928—1935	1906年到中国，作为工程师在津浦线工作，修桥造路20年。在修筑津浦线工程中，开始搜买出土的大量淮式青铜器（包括铜镜、带钩）、陶器等，1926年带回瑞典	工程师	*Treasure Seekers in China*

注：表中资料来源限于篇幅，均只列书名，版本信息详见参考文献，下同。

二、外国人在华开设古玩行

1880年，王韬观察到"自泰西诸国与我中朝通商立约以来，三十余年间，贸易场中前后情形迥尔不同，前日之为洋商者，拥厚货，居奇货……今则争利者日多，趋利者日众，船舶之价日贬，运载之费日减……锥刀之末，无不群焉赴之，如蚁之附膻,蝇之慕腥"[1],随着中国古物在欧美市场价值升高,外国人除零散来华搜集古物外,亦开始在华开设古玩行,专事古物输出。据说早在"光绪年间北京出现了外国人在北京上海天津等地开办的贸易商行,进行古玩、玉器的交易"[2],其中最著名者当为日本古董商人山中定次郎。

山中定次郎原名安达信五郎,后成为大阪古董商山中吉兵卫的养子,改姓山中。他毕生从事古董生意,以日本为中心,发展出一个包括英、法、美、中、日在内的国际性古董贸易公司。山中定次郎1894年在纽约开设分店;1899年在波士顿开设分店;1900年在伦敦开设分店[3];1901年前后在北京开设办事处,地点就在东城麻线胡同三号[4];1905年又在巴黎开设代理店。"他与比嘉罗(Bigelow)、费诺罗萨(Fenollosa)、弗利尔(Freer)、洛克菲勒(Rockefeller)、肯特大公(Kent)、大维德(David)等学者、显贵、富豪结下了深交,为开辟世界市场作了周密的布局"[5],经过他手流落出境的中国文物不计其数,如恭王府所藏2000余件文物和山西天龙山石窟佛造像,都是通过山中商会倒卖转手到了海外。除此之外,还有1905年日本人茧山松太郎在北京设立的茧山龙泉堂,亦专门经营中国古玩,然后出口卖给日本同业者。茧山龙泉堂总经理为茧山松太郎,同时在东京银座开有分店,根据其留存的1905—1909年的账簿,可知经营的种类有"陶瓷器、古铜器、玉器、佛像、漆器、印材、砚台、桌子和书画等","是辛亥革命前后来华的日本古董商的一个典型实例……是日本销售中国鉴赏性陶瓷器的名副其实的开拓者"[6]。

除日本人在华开设洋行外,晚清亦有不少欧美人士从事古玩业,如贩卖古

---

[1] 王韬:《西人渐忌华商》,王韬:《弢园文录外编》,北京:中华书局,1959年,第131页。

[2] 陈重远:《京城古玩行》,北京:北京出版社,2015年,第6页。

[3] [日]富田升著,赵秀敏译:《近代日本的中国艺术品流转与鉴赏》,上海:上海书画出版社,2014年,第92页。

[4] 鲁宁:《瑰宝遗珍:恭王府流失文物寻踪》,北京:北京出版社,2010年,第174页。

[5] [日]富田升著,赵秀敏译:《近代日本的中国艺术品流转与鉴赏》,上海:上海书画出版社,2014年,第92页。

[6] [日]富田升著,赵秀敏译:《近代日本的中国艺术品流转与鉴赏》,上海:上海书画出版社,2014年,第74、82页。

瓷，成书于1910年的《陶雅》记载：

> 西人之贩古瓷者，美曰陆安格，即红客也。英曰大巴，法曰小郎，犹太曰讨饭鬼，皆商贩耳。若法之樊国梁，美之毕德格，则一为教士，一为舌人。庚子后，日本商渐多，亦沪客之流亚耳[1]。

这里的美国陆安格可能指Durand，其余英国大巴、法国小郎、犹太讨饭鬼等人，尚待考证。

早期欧美人士贩卖的中国古物主要是古瓷，随着欧美对中国艺术了解深入，古代书画亦成为他们的搜集对象，继而则是包括汉晋陶俑、唐三彩、先秦铜器等出土品。《清稗类钞》曾载："自中外互市以还，吾国出口之货大抵皆原料也，制造品不经见。而古瓷之销于欧美、书画之销于日本者，良亦不鲜。光、宣间，则欧美人士亦购我国之古画矣。"[2]反映了此种风气变化。中国近代工业不振、制造业落后，古瓷和书画作为"美术品"，竟成为不可多得的能够出口的制造品。现根据所见资料，将晚清民国时期外国人在华所设古玩行情形梳理为表3，由此或可大略推测通过此一渠道流失海外的文物规模。

表3　晚清民国外国人在华经营古玩业简表

国别	名称	概况	资料来源
日	山中商会	1890年到了北京，1894年打入美国市场，开设纽约分店。1901年在北京东城麻线胡同设立办事处，并于1917年购入肃亲王府中的一个四合院作为北京支店，店长高田又四郎。在上海也开设有分店	《近代日本的中国艺术品流转与鉴赏》，第105、106页
日	武斋洋行	1885年开办，以大阪为本店，在上海、北京、北戴河、石家庄、太原、保定、邯郸、彰德及大阪设立分店，经营百货古玩礼品等	《外国在华工商企业辞典》，第387页

---

[1] 寂园叟：《陶雅》，济南：山东画报出版社，2010年，第132页。
[2] 徐珂：《清稗类钞（第五册）》，北京：中华书局，2010年，第2353页。

续表

国别	名称	概况	资料来源
日	茧山龙泉堂	1905年4月茧山松太郎来华,通过日本古董商神通由太郎介绍,在北京立足,1909年在北京崇文门内麻线胡同租借房屋开业,经营得法,很快就聚拢了资金,并在1916年于东京银座开了分店	《近代日本的中国艺术品流转与鉴赏》,第78页
日	三笠号	1903年横滨一家公司开办,初设于南京路,后迁到静安寺,经营日本丝绸、古玩和杂货等	《外国在华工商企业辞典》,第10、11页
日	岸田洋行本店	日本古玩店,1905年岸田家开办,本店在横滨,上海百老汇路开设支店,经营日本古玩,制作和经销日本美术品	《外国在华工商企业辞典》,第414页
日	井泽洋行	1914年由井泽健三家在天津开办,在大连和北京东交民巷都有分店,经营日本丝绸、古玩、中国地毯、美国汽车和零件等	《外国在华工商企业辞典》,第100页
日	村上洋行	1916年村上开办,在上海南京路,后在蚌埠、湖州设立营业所,出口版画、书画、纺织品、金银器、美术杂货、古董等	《外国在华工商企业辞典》,第335页
日	武田兄弟洋行	天津英界中街日商珠宝古玩店,1916年武田氏(K. Takeda)个人开办,1924年改组为兄弟商号,经营金银首饰、珠宝、萨摩陶器、漆器、美术品、铜器、象牙器等	《外国在华工商企业辞典》,第386页
日	加时洋行	1924年,加氏(H. Cadokura Cardzu)兄弟合伙开办于江西路,后往汉口路,出口古董、绣货、青铜器、黄铜器、瓷器、地毯、宝石、茶叶等	《外国在华工商企业辞典》,第231页

第二章　琉璃厂的外国人：晚清古物市场与国际古物市场（1840—1909）

续表

国别	名称	概况	资料来源
日	丸山商店	1925年前由日本丸山氏主持开办，经营首饰、宝石、翡翠等，初设于香港湾仔	《外国在华工商企业辞典》，第70页
英	约翰·史帕克公司（John Sparks Ltd.）	John Sparks（1854—1914）1890年在伦敦开设此店，1901年改名为Oriental Art Gallery，1906年改名为John Sparks Ltd.。同时售卖中日两国文物。入股人后来还有Sydney Ernest Kennedy（1855—1933）、Solomon Mark Franck和Julius Spier（1848—1923，S. M. Frank的经理）。1910年，John的儿子Peter Sparks（1894—1970）接手，并在纽约和上海开了分店。1907年左右S.W. Bushell就曾在北京向Sparks供应过中国文物	*John Sparks Ltd. Active 1890–1992 Dealer in Chinese Art*
英	布鲁特父子商行（Bluett & Sons）	Alfred Ernest Bluett（1853—1917）于1884年开设，总店设于伦敦。其父William Bluett（1817—1883）早在1860年就偶尔经营艺术品行业，正职为保险商和会计师。其子Leonard Buckland Bluett（1884—1963）和Edgar Ernest Bluett（1881—1964）分别于1907、1909年加入生意。其在中国的代理供货人有E. Gordon Lowther、Captain W. F. Collins和Peter Boode等	

续表

国别	名称	概况	资料来源
英	Solomon Mark Franck Ltd.	19世纪80年代由Solomon Mark Franck（1849—1922）建立，主营从印度、中东、中、日进口高品质艺术品，1909年由Spier承担经营。Spier原来据说是纽扣商，后来致力于从中国进口考古出土品、古瓷、造像等，给博物馆和欧洲收藏家供货，包括George Eumorfopoulos、Oscar Raphael、Charles Seligman、the Victoria and Albert Museum、the British Museum、Royal Ontario Museum等	
英	仁记洋行，海宁洋行（Forbes & Co.,William; Henning & Co., A. C.）	1908年在北京开办，为天津仁记洋行的分号，先后在六国饭店、石大人胡同及外交部街营业。20世纪30年代初别立，由合伙人海宁（A. Henning）接办，更名为"Henning&Co.,A. C."，在北京、西安、张家口都设有营业处，经营北京珠宝、古玩和景泰蓝等	《外国在华工商企业辞典》，第141页
英	上海古玩社（Little Shop）	上海英商古玩礼品店，又称古玩社小店，1922年前由庞妮特小姐（Miss Punnet）主持开办，初设于四川路，经营中国古玩、黑檀和其他雕花家具、珠宝、玉器等	《外国在华工商企业辞典》，第44页
英	力古洋行（Pinyamall, L.）	1915年前由英印商力古（Lekhumall Pinyamall）个人开办，位于北京王府井大街，崇（文门）内大街及天津、大连有分号，经营印度丝绸及古玩，兼办汽水厂	《外国在华工商企业辞典》，第5页
英	仁德有限公司McMullan & Co.（Shanghai），Ltd.	1922年，英国人烟台仁德洋行董事默里（D. T. Murray）发起在上海开办，出口古玩、瓷器、黄铜等	《外国在华工商企业辞典》，第143页

第二章 琉璃厂的外国人：晚清古物市场与国际古物市场（1840—1909）

续表

国别	名称	概况	资料来源
英	公和洋行（Gabbott&Co.）	1920年由英国人加博特（F. R. Gabbott）个人开办，在上海四川路、北京崇（文门）内大街设有分号，出口绸缎、古玩、古器、景泰蓝、陶瓷器、骨器、锡器等	《外国在华工商企业辞典》，第149页
英	导铃洋行（Carnels's Bell Gift Shop）	1924年前由布女士（Miss Helen B. Burton）个人开办，位于北京东长安街北京大饭店，经营礼品、古玩、皮货出口等	《外国在华工商企业辞典》，第186页
英	司拜尔洋行（Lindsay, Jean）	1928年前英法贸易公司职员Jean Lindsay个人开办，因代理英国公司（Spirella Co. of Great Britian, Ltd.）得名，经营中国古玩、古器、葛制品和地毯出口等	《外国在华工商企业辞典》，第236页
英	益丰洋行 上海英商犹太贸易行（Abraham, D. E. J.; Abraham, E）	上海英商犹太贸易行，1890年原华丰洋行（Abraham&Co., A. E. J.）伙东亚伯拉罕（D. E. J. Abraham）个人开办，初设于江西路，后来搬到北京路，1910年改为进出口贸易，出口芝麻、地毯和古玩等	《外国在华工商企业辞典》，第600、601页
英	鲁意师摩洋行（Moore&Co.）	1872年前由Lewis Moore个人开办，在汉口，1891年更名为Moore & Co., L.，增添拍卖业务、古瓷器代办业务等	《外国在华工商企业辞典》，第667页
英	祁罗弗洋行（Kierulff, P.）	1874年由西商P. Kierulff个人开办，经营百货和古玩，1901年由职员J. Kruger接盘，更名为Kierulff & Co., P.，经营百货珠宝首饰等	《外国在华工商企业辞典》，第319页

续表

国别	名称	概况	资料来源
英	新利洋行（Kuhn&Co.）	上海英商珠宝首饰行，1902年G. Mason boyes就1860年创办于横滨匈牙利商行公司改组，后在上海江西路出口中日美术品古玩及高档餐厅等，1915年前后与A. E. Bassett合作，出口首饰、金银、古玩、美术杂货等	《外国在华工商企业辞典》，第707页
英印	布好文洋行，卜和莫而洋行（Pohoomull Bros）	1858年由印度布好文（卜和莫而，Pohoomull）兄弟创办，1899年来华，开办上海、广州、香港分号，经营出口绸缎、夏布、绣货、玉器、古玩、珠宝等	《外国在华工商企业辞典》，第186页
英印	佐都文洋行；Chotirmall & Co., K. A. J	印度丝业贸易行，1875年由佐都文（K. A. J. Chotirmall）家开办，1906年前来华经营，在青岛、上海等地方经营印度、中国、日本丝绸古玩	《外国在华工商企业辞典》，第365页
英印	兴隆洋行（Guzdar&Co.）	1913年前由古兹达尔（Dhun H. Guzdar）主持开设，在汉口湖南街，经营印度丝绸和古玩贸易	《外国在华工商企业辞典》，第317页
英印	杜茂洋行 Gidumal &Watumull, O. K.	1926年由L. Gidumal等发起开办，香港和沙面设有分号，经营丝和古玩出口贸易，上海、广州、神户开设有分店。出口生丝、绸缎、乌木家具、景泰蓝、黄铜器、玉器、琥珀、古玩、银器、雕花香盒及夏布等	《外国在华工商企业辞典》，第334页
英印	凯利洋行（Hemlani & Co., P. D.）	天津印商贸易行，1936年赫姆伦尼（P. D. Hemlani）发起开办，在英界狄更生道及中街营业。出口绸缎、棉布、古玩、地毯及其他中国产物	《外国在华工商企业辞典》，第413页

第二章 琉璃厂的外国人：晚清古物市场与国际古物市场（1840—1909）

续表

国别	名称	概况	资料来源
法	W. Leon Wannieck	法国古董商，W. Leon Wannieck（1875—1955）建立，详情待查，他曾给Cernuschi Museum捐赠过古物，并多次举办过中国考古出土物展览，并于1923年率先得到浑源出土的战国青铜器，并在第一时间买至巴黎，公开展览，引起关注。根据1911年Wannieck的一份销售目录，可知他已经得到数以百计的汉唐出土陶俑、陶灶、魂瓶、镇墓兽、武士俑等大量出土品。1907年的时候，该商号在北京已有专门代理人，名为Mantler K	*The Directory & Chronicle for China, Japan*，p1535
法	Adolphe Grosjean	帮助法国古董商Paul Mallon和Wannieck在中国搜集文物，曾派人前往陕西，企图盗取昭陵六骏。自己设有店铺，在Kuang Mao Hutung 18号	*Peking Who's Who*，1922，P15
法	葛扬洋行（Grosjean, A）	北京崇文门内官帽胡同法商古董店。1922年前由汉口法租界公兴洋行业主葛扬（Adolphe Grosjean）个人开办，经营中国古董、珍贵美术品和小工艺品，兼及古董鉴定	《外国在华工商企业辞典》，第653页
法	品德洋行（Painter&Co., D. A.; Painter, D. A）	北京西商洋行，1912年前由品德（D. A. Painter）主持开办，设于崇文门内大街，经营拍卖业，出口中国古玩、美术品、铜器、锡器、珠宝首饰和地毯等	《外国在华工商企业辞典》，第485页

续表

国别	名称	概况	资料来源
法	利喊洋行（Levy, Hermanos; Sennet Freres; Levy, M）	法国珠宝首饰表行，1890年在华开业，上海、香港有分店，1899年由塞内兄弟Ms. Sennet及Mx. Sennet合伙开办，更名为Sennet Freres，哈尔滨、汉口、旅顺、北京、天津、海参崴都有分店，出口古玩，兼营宝石加工和钟表维修等	《外国在华工商企业辞典》，第362、363页
法	柯司禄洋行（Kosloff, L）	1906年由柯司禄个人开办，总部在巴黎，1920年左右来华，舍尔巴科夫（A. I. Scherbakoff）为经理，设分号于上海南京路，出口中国古器、古物及古玩，销往法国	《外国在华工商企业辞典》，第470页
法	倍来亨洋行（Beraha, Matheo; Beraha & Stetten, Ltd.）	上海法商贸易行，1918年前由裴喇哈（M. Beraha）个人开办，天津及巴黎设有分号，经营钻石、珍珠、手表和杂货进出口贸易，后更名为Beraha, D.，主要为古玩出口、准宝石出口等业务	《外国在华工商企业辞典》，第582页
法	利华放款公司（Leopold & Co., Marcel）	1927年，天津英租界中街法国商人贷款公司，由犹太商人Marcel Leopold开办，后来在北京、巴黎开设分号，经营珠宝首饰、古玩和贵重物品	《外国在华工商企业辞典》，第356页
美	毕利洋行（Tientsin Export Co.; Barkovith & Co., H）	1913年由毕科维特（Harry Barkovith）开办，在天津、海拉尔、哈尔滨、洛杉矶、旧金山都有分店，出口地毯、皮货、生皮、铜器、古玩等，进口面粉	《外国在华工商企业辞典》，第269页
美	文达洋行（Devault Co., J.F）	1923年由美国人德沃尔特（J. F. Davault）与芬内尔（F. L. Finnell）在北京煤渣胡同开办，出口项圈、铜器、景泰蓝、古玩、古器、料器和紫铜器等，1940年尚存在	《外国在华工商企业辞典》，第158页

第二章 琉璃厂的外国人：晚清古物市场与国际古物市场（1840—1909） 73

续表

国别	名称	概况	资料来源
美	舒美柯洋行 Shoemaker Art Looms	北京东总布胡同贡院西大街美商洋行，1920年原为清华学校和北京高等师范学校教授舒美柯开设（Dr. Arthur Shoemaker）洋行，经营药材等，后来在上海开设分店，出口中国地毯、古物古器、古瓷、翡翠、漆器、卷轴、牙雕等，还有马尼拉分店	《外国在华工商企业辞典》，第665、666页
美	史天生洋行（Stimpson,W.E.; Stimpson Electric Supply Co.）	1923年由美国人W. E. Stimpson个人开办，经营中国文物、铜器、景泰蓝、料器、玩具娃娃等，在东交民巷及崇（文门）内大街营业。1940年尚在	《外国在华工商企业辞典》，第200页
美	百祥洋行（Patten, Mackenzie & Co.）	美国贸易行，1898年创办，本店在旧金山，日本神户设有分店，1924年来华经营，分号在上海，出口古玩、陶瓷器、铜器、青铜器、景泰蓝、乌木家具、漆器等	《外国在华工商企业辞典》，第265页
美	先宁洋行;Shainin & Co.（Provisions）, Inc., I	1913年前由先宁（I. Shainin）在上海开办，1927年前，在美国旧金山开设进出口总号，经营中国美术品、工艺品、地毯和肠衣等	《外国在华工商企业辞典》，第276页
美	孖梳非劳洋行；忠和洋行（Marshall Field & Co.of Chicage, ill., U. S. A.）	美国公司，总部设在芝加哥，1914年来华，以Chas Reich为代表，后在上海开设分店，华名"忠和"。出口景泰蓝、料器、黄铜器等，销往芝加哥，东方经理为R.V. Swearinggen	《外国在华工商企业辞典》，第323、324页
美	怡元洋行（Yung & Co., Bartlett）	上海美商贸易行，1920年由Bartlett G. Yung个人开办，初在上海河南路，经营出口各式物品和古玩，销往美国和德国	《外国在华工商企业辞典》，第439页

续表

国别	名称	概况	资料来源
美	恒达洋行 Hung The Trading Co.	上海海宁路美商贸易行，1922年恒约翰（John L. Hendry），John与华商某人合伙经营，出口古玩、丝货、绣货、皮货、头发，销往美、德等国	《外国在华工商企业辞典》，第517、518页
美	美商胜艺公司（Caravan Co.）	1930年、前后由美国人吉尔曼夫人Mrs Louise Gilman在上海主持开办，经营古董、睡袍和制品等	《外国在华工商企业辞典》，第555页
德	鲁麟洋行（Reuter, Brockelmann&Co.）	1878年，由罗伊特氏（Reuter）及后任瑞典挪威联盟驻广州副领事伯立曼（F. A. Brockelmann）创设于广州，1885年在上海设分号，1910年左右设立北京、广州、济南等分号，出口古玩、瓷器、锡器、漆器和其他中国土特产，销往欧美澳非各地	《外国在华工商企业辞典》，第667页
德	Burchard（Otto）& Co.	Dr Otto Burchard（1892—1965）在柏林设有美术馆，常年举办各种艺术展览。Dr Otto Burchard在北京设有分号，输出中国古物往欧美，曾指导过史克门20世纪30年代在北京的古物搜集工作，总店在柏林	Altchinesische Malerei（Burchard（Otto）& Co., G. m. B. H., Berlin 1928）
德	侯时塔古玩行（Hochstadter Walter）	Walter Hochstadter（1914—2007，犹太人），20世纪30年代在上海和北京开设店铺，售卖书画和瓷器	The China Collectors, P250
拉脱维亚	史德匿古玩行（Streneek's Gallery of Chinese Art）	1910年由原江海北关二等验货、中国美术品鉴赏家及收藏家史德匿（E. A. Strehlneek）创办，在上海，经营中国古玩字画及美术品等，以及相关的鉴定业务	《外国在华工商企业辞典》，第201页
荷兰	华海洋行Oriental Purchasing Co.	1927年创办，荷兰贸易公司，在上海、名古屋、神户、巴黎、纽约、天津都有分号，出口景泰蓝器、红木家具、乌木家具、石刻器、珠宝等	《外国在华工商企业辞典》，第293页

国别	名称	概况	资料来源
匈牙利	合马公司；康茂洋行（Komor & Komor）	1867年在日本横滨创建，匈牙利洋行，1914年前合马家族（Siegfried Komoer及George Komor）接办，经营日本美术品及古玩珍品，兼营出口贸易。1930年前后设分号于上海江西路，经营中国古玩及美术品，称"康茂"，业主大班为合马夫人Mrs Adele Komor	《外国在华工商企业辞典》，第300页
丹麦	雅利洋行（Augustesen China Trade, H. C.）	上海丹麦贸易行，20世纪10年代末，原烟台德商洋行伙东开办，在天津、汉口、北京、烟台都设立有分号，出口麝香、大黄、五倍子、古玩和兽皮等	《外国在华工商企业辞典》，第659页
拉美	宝德洋行（Pettick, George&Paul）	福州拉美贸易行，1888年由白氏家族（George Pettick及Paul Pettick）开办，1890年改为有限责任公司，出口樟脑、禽毛、漆器、竹器、古玩和其他中国土产	《外国在华工商企业辞典》，第462、463页
捷克	威大洋行；宝克新行（Vajda & Co., G）	1928年宝克洋行职员G. Vajda个人开办，先在上海广东路，后在北京、广州、烟台、汕头、香港等都有分行，出口铜器、漆器、滑石器、珠宝首饰、雕刻品、宝石等	《外国在华工商企业辞典》，第478页
意大利	宝克洋行（Burkhardt, Amidani & Co.）	1915年上海成立，出口生丝、丝绸、古玩、瓷器、桐油等	《外国在华工商企业辞典》，第456页

三、国内洋庄的出现与兴起

国际古物市场与外国资本的介入改变了国内古物市场的结构，表现之一即是洋（外）庄的出现。据古玩行业人回忆"1900年八国联军侵入北京后，北京城里做古玩生意的多起来了，主要是做洋庄生意的多了，卖古玩的几乎遍及四九

市场、观念与国家
近代中国文物保护制度的形成（1840—1934）

城"[1]。做洋庄就是专门向外国人推销中国古物，据说发源地为狗尾巴胡同兴隆店——传统古物市场中"行商"的住地。

据说首先和外国人做古玩生意的是北京人白瑞斋所开的瑞记古玩店，时间大概在同治年间，售卖的古物主要为雕漆、景泰蓝、古玉及杂项，庚子之前瑞记古玩店在法国和英国就拥有了知名度，被称为"大瑞记"[2]。根据交易对象不同，洋庄可细分为法国庄、美国庄、英国庄、日本庄等，大部分都集中在狗尾巴胡同的兴隆店，后来"发展到炭儿胡同、东四椿树胡同那里住的做金石、唐三彩、石雕木刻、冥器、宋元瓷等古玩生意的古董商"[3]。这些店铺采用待客上门、送货上门或按照客户要求搜寻的方式替外国人搜集古物，"琉璃厂的延古斋、大观斋、博韫斋、雅文斋、清和斋"，以及"东琉璃厂炭儿胡同大户彬记、大古山房、王栋庭（店为人名），都经营金石、陶瓷等物，专与外商往来"[4]。时人周肇祥观察到了此种明显的变化：

> 琉璃厂各肆，近年能派伙赴陕洛收货者绝少，仅恃门市外来客贩，及古董商会竞卖。而崇文门、天桥等处各铺，则专以派伙出外收货为事。货之佳者，直接售与外人；其次者，供同行中之转卖，故厂肆鲜有奇物[5]。

洋庄的兴盛直接导致了国内古物市场的萎靡，"货之佳者"多流出国门，国内"厂肆鲜有奇物"。洋庄亦多按照外人的品位采购物品，投其所好，如：

> 王府井梁估，专搜求古物售于外人。近从深州山寺仿得造像，高二尺余，石质莹白。立像三，惟佛光上半残缺，雕刻古雅……卒以三十五

---

[1] 陈重远：《琉璃厂史话》，北京：北京出版社，2015年，第153页。
[2] 陈重远：《京城古玩行》，北京：北京出版社，2015年，第334页。
[3] 陈重远：《琉璃厂文物地图》，北京：北京出版社，2015年，第191页。
[4] 邱震生：《北京古玩行与日本商会》，北京市政协文史资料委员会选编：《艺林沧桑》，北京：北京出版社，2000年，第482页。
[5] 周肇祥：《琉璃厂杂记》，北京：北京燕山出版社，1995年，第80页。

第二章 琉璃厂的外国人：晚清古物市场与国际古物市场（1840—1909）

番得之，暂存该估处，为一德国人所觊觎，屡来商让[1]。

除这位"王府井梁估"外，典型的专做外国人生意的洋庄还有蔡金台、庆宽和冰窖胡同大吉祥等。"蔡金台近数年来，月以搜罗古美术品输诸外人为业，获利甚厚"[2]，"冰窖胡同大吉祥，专售金石古物于西人，每年流出外者不可以数计，古物之断头台也"[3]。

在经济利益的诱导下，除了专业的古董商，亦有不少富有声望的学者加入倒卖文物给外国人的行列，既是学者又做商人，如：

> 搜求古物，输给外人，如庆宽、蔡金台辈不足论矣。乃有汉满积学之士极负时誉者数人，亦秘密作此勾当。将其生平所蓄精品，捆载于扶桑三岛，间以求善价。不知如何落人圈套，尽被日本海关没收，曾不敢稍枝梧为他人说道，真苦煞也[4]。

这里的积学之士、汉族学者可能包括罗振玉，1914年他曾经携带一批古物到长崎，意图售卖，结果被日本海关没收，还罚银四十[5]。总之，在外国资本和国际市场的介入下，传统国内古物市场的结构发生了变化。因外人拥有雄厚资本，遂导致"华人以洋庄盛销，视为无上利薮，继起从事该业者，大不乏人。试环顾各通都大邑，几无不有古玩铺之开设，每岁出口之数，当在千百万元以上，可谓巨矣"[6]。洋庄的出现与兴盛明显反映出传统古物市场的某种国际化转型，然而在这个"国际化"过程中，大量高品质文物如昭陵六骏中的两骏、《帝后礼佛图》、阎立本《历代帝王图》等珍品迅速流失海外，这种不对等的"国际化"，给中国文物保护事业带来极大的负面影响。

---

[1] 周肇祥：《琉璃厂杂记》，北京：北京燕山出版社，1995年，第13页。
[2] 周肇祥：《琉璃厂杂记》，北京：北京燕山出版社，1995年，第69页。
[3] 周肇祥：《琉璃厂杂记》，北京：北京燕山出版社，1995年，第25页。
[4] 周肇祥：《琉璃厂杂记》，北京：北京燕山出版社，1995年，第55页。
[5] 长春市政协文史和学习委员会编：《罗振玉王国维往来书信》，北京：东方出版社，2000年，第28页；除此之外，罗振玉和王国维在上海做过多次与日本有关的古物交易，详参前书第91、145、178页。
[6] 陈叔平：《古玩业经营之秘诀》，《商业杂志（上海1926）》第3卷第12期，1928年。

四、国人海外设立公司运销中国古物

1897年，陈炽言道："中国通商以来，六十年矣。西人尝谓中国出口者皆系生货，生货者，材料土产是也……西洋进口者系熟货，熟货者，货物是也，皆经工作所成，佳美精良，便于行用。"[1]而有限可供出口获利的制造品，也无非刺绣、古器、编织草器、玉器、骨角器等"以人力胜而向为外人所艳称者"[2]。因贩运中国艺术品尤其是古物至外洋利润丰厚，至迟在同治年间欧洲已有中国商人贩卖古玩，如张德彝在巴黎见到了宁波商人王承荣，专做中国和日本的古玩生意[3]。曾纪泽1878年末在巴黎也遇见过"金陵古玩商人马锦章"，并到其在巴黎开设的中国古玩局"纵观极久"[4]。1889年张荫桓在美国听说"津商王世英、杨思铎贩运古磁诸器来鸟约（纽约）售卖"，因不通英语，遂被美国商人哄骗，"亏本三万余金"[5]。

及至光绪末年，出现由中国人在海外所设专门从事中国古玩出口贸易的公司，见诸史册且较早者，当为张静江在巴黎所设之通运公司，冯自由《革命逸史（第二集）》有载：

> 癸卯甲辰间（1903—1904）孙宝琦任驻法国公使，（张）静江夤缘得充使馆商务随员，遂在上海巴黎间经营中国古董贸易，设一店曰通运公司，法人之有中国古董癖者，咸趋之若鹜，以是获利甚丰[6]。

---

[1] 陈炽：《续富国策》（卷1，页39），姚贤镐编：《中国近代对外贸易史资料（1840—1895）》，北京：中华书局，1962年，第1061页。

[2] 钱学嘉：《光绪通商综核表》，西政丛书本光绪丁酉仲夏慎记书庄石印本，第39页。

[3] 张德彝：《航海述奇》，钟叔河主编：《走向世界丛书（Ⅰ）》，长沙：岳麓书社，2008年，第495页；张德彝：《欧美环游记》，钟叔河主编：《走向世界丛书（Ⅰ）》，长沙：岳麓书社，2008年，第732页。

[4] 曾纪泽：《出使英法俄国日记》，钟叔河主编：《走向世界丛书（Ⅴ）》，长沙：岳麓书社，2008年，第525、530页。

[5] 任青、马忠文整理：《张荫桓日记（下）》，北京：中华书局，2015年，第416页。

[6] 冯自由：《革命逸史（第二集）》，北京：中华书局，1981年，第209、210页。

第二章 琉璃厂的外国人：晚清古物市场与国际古物市场（1840—1909）

张静江（1877—1950）1902年随孙宝琦出使法国，后对巴黎商务进行了考察，他认为"中国手工制造之物，本为欧人所喜，今查绣片、画片、雕刻、木器、瓷器、紫砂、刻瓷、刻竹、景泰蓝、羊毛毡之类，皆可畅销"，其中"中国古董最为西人爱重者，如各种古瓷、旧景泰蓝、雕漆器物、旧绣片、古铜器、旧刻竹木等器，获利尤厚，若能不惜成本，兼收并蓄，物愈精美，销场愈旺"。根据他的估算，"古董以古瓷为大宗，进本八万两，加进出税、运费耗损约二万两，共成本十万两，约可获利加倍。如古董在二三百年以上者，进口无税"，所以公司只要以丝绸绣片等纺织品、瓷器景泰蓝、雕刻竹木器等工艺品，以中国古董作为主要商品，必然可获重利[1]。1903年，张静江在巴黎开办了通运公司，资本三十万，主要从国内运销茶丝绸缎、地毯漆竹牙器以及名贵古董字画、玉器瓷器等到法国[2]，第一批运到法国的就有48个集装箱，以致巴黎买家都称张静江为"珍品张"，称他是古玩珍品之王[3]。李煜瀛回忆道：

> 通运公司在马德兰广场的左边，马德兰是一座相当大而著名的天主教堂，面对香永梨大街顶头的公台更为伟大的广场；教堂前面有四棵希腊式坚线大柱，左边斜对着教堂就是通运公司的两间门面，两间之中有一个临街顾客出入的门，门旁左右玻璃窗前陈列许多的中国货物的样品：茶、丝、绸缎、地毯、漆竹牙器，以及其他名贵的古董、字画、金石、玉器、瓷器等等，无所不有。

通运公司各项业务中，唯独"古董业大为发达，推广到伦敦、纽约；马德兰总店也改到圣教场一座古色古香的精舍里，无异于一座中国博物馆"[4]。郑孝胥1909年曾记："通运公司者，在巴黎、伦敦售旧磁、真珠已四五年，颇获

---

[1]《出使法国随员张人杰积赀兴办巴黎商务》，《江西官报》第15期，1904年。
[2] 杨恺龄撰编：《民国张静江先生人杰年谱》，台北：台湾商务印书馆，1985年，第4页。
[3]［法］罗拉：《卢芹斋传》，香港：新世纪出版及传媒有限公司，2013年，第56页。
[4] 李石曾：《谈卧禅》，中国国民党中央委员会党史委员会编：《张静江先生文集》，中国国民党中央委员会党史委员会出版，1982年，第357、358页。

利。"[1]根据档案资料可知，通运公司的古董生意可谓一本万利，如"一只宋代的小白瓷碗从山西以10块大洋进价（约合1.5美元），通运能转手以一万美元高价卖出"，"一尊陶瓷观音以300大洋（约45美元）的价格从和尚手里'请'来，被纽约大都会博物馆以50万美元收购"[2]。"地毯、字画、玉饰、漆器、官窑瓷器和鼻烟壶在巴黎的店里玲琅满目，非常抢手，往往来不及上架就出手了，因此差不多每两个月就要从中国进一批货"[3]。虽然利润惊人，但张静江的心思却在支持孙中山的革命事业上，所以通运公司的收益几乎全部捐献给了同盟会作为起义经费，或是作为支持《新世纪周刊》和《世界画报》的费用。1908年，通运公司资金周转困难，张静江亦举家返回上海[4]。继张静江而起的，则是通运公司中的一位小职员，后成为世界闻名的国际大古董商——卢芹斋。

卢芹斋，生于1880年，原名卢焕文，本是张静江的随从，1902年陪同张静江赴法。通运公司开办后，他作为公司六个雇员之一，很快就表现出商业天分，被张静江提拔为店里的掌柜。1908年张静江离开巴黎后，卢芹斋开设了自己的店铺——来远（Lai-yuan&Co.），专门经营中国古董生意。为建立网络，他专程回国联系了上海"同福绸缎庄"的吴启周，以及北京琉璃厂的两位古董商——祝续斋和缪锡斋，开始合伙经营。1914年，卢芹斋在伦敦开设分店，1915年，在纽约开设分店，因经营得法，交友广阔，结交了众多欧美著名收藏家、学者和博物馆工作人员，如Gieseler、洛克菲勒（Rockefeller Jr.）、弗利尔（Freer）、范德堡（Vanderbilt）、沙畹（Chavannes）、伯希和（Pelliot）、萨尔莫尼（Salmony）、费城大学博物馆馆长乔治·拜伦·戈登（George Byron Gordon）、纽约大都会博物馆霍比（Hobbi）等人。卢芹斋销售有道，同时还注意拓展国内交易网络，在上海和北京都设有办事处，以牢牢控制文物货源。据他

---

[1] 中国历史博物馆编，劳祖德整理：《郑孝胥日记（第一册）》，北京：中华书局，1993年，第1185页。

[2] ［法］罗拉：《卢芹斋传》，香港：新世纪出版及传媒有限公司，2013年，第56页。

[3] ［法］罗拉：《卢芹斋传》，香港：新世纪出版及传媒有限公司，2013年，第56页。

[4] 不过通运公司并未倒闭，在巴黎继续营业。通运公司的美国业务，由张静江内弟姚叔重继续经营，一直延续到1950年左右，其在美国注册名称为Tony.Co. 据《申报》1919年6月6日第16629号第15版广告，可知当时在上海汉口路兆福里四百十号的通运公司依然在进行古玩生意。

第二章 琉璃厂的外国人：晚清古物市场与国际古物市场（1840—1909）

自己回忆说：

> 我们在上海和北京两地的办事处天天都办流水席，准备一大桌子酒菜招待上门的客人。我们吃住全包，于是我们的办事处就成了当地古董买卖的中枢。谁手上有东西，我们都是第一个见到的。这样以来，我们从南到北，可以说控制了整个中国的文物市场。我们的北京办事处接待长江以北的文物商，上海方面则覆盖南方省份。在中国到处都有做古董买卖的人，北京和上海尤其多[1]。

卢芹斋的古董贸易从1908年开始，直至1950年长达近半个世纪。关于其经营的状况与规模，早先限于史料，并不清楚。然而随着2006年巴黎卢芹斋故居大批档案史料的出现，已有相关研究者进行了详细梳理[2]。经卢芹斋之手贩运出境的珍贵古物包括书画、石造像、青铜器、瓷器、玉器等多种类别，如1913年他在伦敦拍卖会上，就卖出过青花釉里红元缸、建窑观音，1915年卖出过钱选花鸟画、水井盖大方瓶[3]，1915年4月他卖给了弗利尔十几幅中国古代名画[4]，12月，又以1600美金的价格向弗利尔出售1913年盗自热河的18世纪康熙年间的丝绒壁毯[5]。1916年，著名的昭陵二骏，也由卢芹斋经手以125000美金的价格卖给了费城宾夕法尼亚大学博物馆[6]。1927年在法国盛流西博物院（Musee Cernuschi）举行了一次中国玉器展览会，卢芹斋拿出了180余件参展，"大半系殉葬之物"，据卢芹斋自己说这些古玉"系豫省新出土，饶有历史上之价值"，据参观过此次展览者描述，"巴黎之业中国古玩者，不下数十家，其中以

---

[1] [法]罗拉：《卢芹斋传》，香港：新世纪出版及传媒有限公司，2013年，第71页。

[2] 如Wang Yiyou. The Louvre from China: A critical study of C. T. Loo and the framing of Chinese Art in the united states, 1915—1950. Ph. D. Ohio University, A dissertation of, 2007；[法]罗拉：《卢芹斋传》，香港：新世纪出版及传媒有限公司，2013年。

[3] 余彦焱：《中国最大古董商卢芹斋与卢吴公司档案》，《档案与史学》2000年第4期。

[4] [法]罗拉：《卢芹斋传》，香港：新世纪出版及传媒有限公司，2013年，第82页。

[5] [法]罗拉：《卢芹斋传》，香港：新世纪出版及传媒有限公司，2013年，第99页。

[6] [法]罗拉：《卢芹斋传》，香港：新世纪出版及传媒有限公司，2013年，第100页。

Waumich、Heliot，与Larcade三家为巨擘。华商之最著者，为通运公司张静江氏之所创也。卢氏公司虽后起，而营业发达则过之，闻此次展览会之发生，即业中国古玩者所主动"[1]，可见至迟到1927年，张静江的通运公司依然营业，卢芹斋的生意也在进行，且公然主动举办展览，意在向外国人推销新近出土的中国文物。1948年陈梦家赴纽约调查流失美国的铜器时拜访了卢芹斋的店铺，他写道：

> 我走了许多（美国）博物馆，首先总是去到库房查问，从来没有比在卢公司看到更多的铜器和古物的，也更没有在他那儿更痛快的让你观摩……我在美国调查古物实际上从卢公司着手，因为中国古物的三十家博物院和七八十个私人收藏几乎都有卢经售的东西[2]。

除此之外，邓之诚在《骨董三记》中提到康有为的保皇会在海外也大做古董生意，康有为、梁启超还因"贩卖古董，买巴西橡胶地皮，屡至内讧"[3]，不过康有为的古董生意似乎不如张静江、卢芹斋影响大，具体情形尚需进一步探讨。

第四节 小 结

流失于海外的2000余万件中国文物，如果仅将流失原因归结于帝国主义明火执仗的劫掠和盗掘，从而忽视另外一只看不见的手——文物市场，那么便容易走向极端，从而一定程度上掩盖了历史真相。通过本章研究可知，明中期以来崇尚"古器"的社会风尚推动了国内古物市场的发展，而清中期盛行的金石学因其对散布在全国各地碑帖的需求大大增加，以琉璃厂为代表的国内古物市场在全国范围内建立成熟网络；晚清以来官场崇尚古董、爱好古玩的习气强化了古物市场的规模和质量。当19世纪后半期欧美艺术品市场对中国古物尤其是古瓷的热捧之际，受经济利益刺激，中国古物商和西方古物商合作，将中国古物通过或明或暗

---

[1] 《纪巴黎之中国玉器展览会》，《东方杂志》第24卷第17号，1927年9月。
[2] 陈梦家：《记纽约五十七街中国古董铺》，《周论》第2卷第6期，1948年。
[3] 邓之诚：《骨董琐记全编（下）》，北京：人民出版社，2012年，第591页。

的渠道输往欧美和日本，从而造成国内古物市场与国际古物市场加速融合，表现之一，便是国内古物市场出现大量陪葬明器、汉晋陶俑、唐三彩等历来不受中国收藏传统重视，却被西方藏家偏爱的"商品"。晚清之时因外国资本介入，再加上国内早已成熟发达的古物市场运作，中国人和外国人都投身此一并不光彩的时代"潮流"，造成不计其数的古物在晚清民初流失外洋，这种现象不仅被时人观察到，亦给他们带来沉重压力。1947年郑振铎在《保存古物刍议》中写道：

> 这四五十年来，陆陆续续被私卖出去的古物、古文献，简直数也数不清。从伦敦到加拿大的托仑托（Toranto），从瑞典的史笃克火尔姆到美国的波士顿，从巴黎到日本占领的旅顺，从柏林到荷兰的莱登，许多的远东博物院或某个博物院的远东部，无不很快的成立起来，也无不日新月异在急骤的扩充着。而私家所藏，亦多富丰异常者。那些古物从哪里来的呢？还不是在这四五十年中，由古董商人们那里陆续得到的。殷墟、周城、汉冢、唐墓，久已在私自发掘着。所发掘出来的东西，有许许多多我们是见不到的。他们都隐秘起来，私自销到"洋庄"去[1]。

如果忽略古董商的角色，势必导致对中国文物流失原因认识的偏颇和误判。只有在掌握近代中外文物市场的结构和特点基础上，才能对今日中国文物走私、文物流失问题有清醒判断，因为和百余年前相比，今天的文物流失几乎都是通过市场渠道非法输出的。古物通过市场流向海外的现象自19世纪中期便是如此，其规模虽在19世纪晚期有所扩大，但何以"古物流失"突然之间会对20世纪初年的中国人造成巨大压力？事实上在国际古物市场和国内古物市场融合的同时，传统古物观念亦受西潮影响而发生变迁，在新观念作用下，"古物"不再是普通商品，而是承载了更多的价值与意义。

---

[1]　郑振铎：《保存古物刍议》，《大学》1947年第6卷第3—4期。

第三章　旧物维新：晚清古物观念变化及古物保存意识的产生（1840—1909）

何谓文物，为何要保护文物？芬兰学者尤嘎·尤基莱托（Dr. Jukka Jokilehto）指出保护古物和古迹的意识最早发源于西欧，"自19世纪开始，就出现了一种将古迹作为遥远过去的遗存加以保护的趋势"，这些意识成功融入现代哲学和政治框架，伴随欧洲在18、19世纪的影响，保护文物的"理念和原则也为世界其他地区所接受和采纳，渐渐成为我们共同遗产观的一部分"[1]。那么保护文物的意识如何在近代中国发生发展，最终形成了由国家主导的文物保护制度？

"文物"一词，传统多指"礼乐制度"，近代则被置换内涵，成为一个新名词[2]，含义与"古物"类似，用来指称历史遗留的古物和古迹，包括金石、书

---

[1] ［芬兰］尤嘎·尤基莱托著，郭旃译：《建筑保护史》，北京：中华书局，2011年，第7、8页；安德森曾在《想象的共同体：民族主义的起源与散布》中指出将古物和古迹博物馆化后，这些"古迹就被改头换面成为一个世俗的殖民地政府统治权威的标志（regalia）"，而后殖民国家则继承了这种形式的政治的博物馆化（political museumizing）的做法（［美］本尼迪克特·安德森著，吴叡人译：《想象的共同体：民族主义的起源与散布》，上海：上海人民出版社，2011年，第175、176页）。

[2] 李晓东：《中国文物学概论》，石家庄：河北人民出版社，1990年，第1页；吕军：《"文物"一词浅析》，《文物春秋》1992年第1期；朱嫦巧：《文物——一个带有时间维度的文化认同物》，《四川文物》2007年第3期。再如乔梁、王乐乐：《相关指代"文物"概念词汇的出现与变化试析》，《文物春秋》2011年第2期；何流：《"文物"、"文化遗产"之术语辨析》，《东南文化》2014年第1期；刘毅：《"文物"的变迁》，《东南文化》2016年第1期等。查晓英：《文物的变迁：现代中国考古学的早期历史》，中山大学历史学系博士学位论文，2006年。

画、陶瓷、竹木器、象牙骨雕乃至和革命、当代政治有关的实物。"文物"的旧词新义实质揭示了"古物"在近代的某种变化，这种变化导致用"古物"一词来指代中国历史上的遗留物并不契合，而除时间表征之外且能彰显文化政治意义的"文物"似乎成为更适合的概括。在名词转换背后，则是古物观念与知识的悄然变迁。

"古物"与"文物"的差别或能在陈训慈的评论中体会一二。1922年陈训慈参观了南京古物保存所，观摩了收藏的金石、陶器、砖瓦和碑拓等古物，认为"庋藏亦殊凌杂，不以时代或性质为分"，并且"搜集不广，分类不审"。之所以会如此，根本原因在于主事者"以古物视古物，而不以历史眼光观古物也"，"古物考征，其可贵在历史之价值；吾国旧见，则大率惟骨董古玩是重"[1]。同样的历史遗留品如果用于历史文化研究，则是可贵的"古物考证"，否则便是无意义的"古董古玩"。顾颉刚在1926年亦表示"说到古物，真觉得我们一辈人与其他的人站在两个世界"[2]，显然表达的意思是"我们一辈人"更加注重古物的文化历史价值。

这种对"古物"的新认识其实早在清末便已露端倪，事实上与顾颉刚、陈训慈等新式学者相较，清末士人对"古物"价值的认识有着更为丰富的内涵，且具时代特色。在探讨近代古物观念变迁之前，有必要先对传统古物观念进行梳理。

第一节　明清以来的古物观念

19世纪中期，发源于北欧的古物学革命逐渐在欧洲扩散，奠定了史前考古学的基础。在新观念中，古物"基本上不再以物论价，而是作为一种了解过去人类行为的信息来源"。根据新的方法，考古材料"结合运用共生发现物、简单的式样排列和地层学背景"，可以脱离文献和文字独立建立相对年代，从而可用于了解人类历史和文化发展[3]。而大约同时的晚清，对古物的认知法依

---

[1] 陈训慈：《南京古物保存所访问记》，《史地学报》1922年第4期。
[2] 顾颉刚：《西行日记序三》，陈万里：《西行日记》，北京：朴社，1926年，第3页。
[3] [加拿大]布鲁斯·G.特里格著，陈淳译：《考古学思想史（第2版）》，北京：中国人民大学出版社，2010年，第108页。

然延续了传统眼光,虽在一定程度上受到西学的某些影响[1],总体而言却未有实质性改变。

和欧洲偏好收集雕像、钱币的风气不同[2],中国古物收藏行为见诸史册虽早,如汉梁孝王、南朝刘之遴收藏古代铜器,但未能形成普遍社会风气。及至宋代,收藏鉴赏和研究古物方蔚然成风,无论皇家或士人,皆预其流[3],如宋代蔡绦在《铁围山丛谈》中称汉代以来,虽有对收集古物的记载,但"在上者初不大以为事,独国朝来浸乃珍重"。宋因刘敞、欧阳修、蔡襄等人提倡,尤其是宋徽宗奖掖,方导致上行下效,收藏古物,由此带来的结果就是"天下冢墓,破伐殆尽矣",不过古物收藏门类单一,"所重者三代之器而已"[4],三代铜礼器才是宋人的追求标的。陈芳妹从文化史角度考察宋代的铜器收藏,认为三代礼器成为宋人的"三代至宝","与北宋新兴'士大夫'阶层所赋予的新价值观有关"[5]。三代礼器和礼乐制度的关联使得宋代古物收藏多偏重先秦铜器,如刘敞就收藏"先秦彝鼎数十","因以考知三代制度",以致后来"朝廷每有礼乐之事,必就其家以取决焉"[6]。朝廷搜集到的铜礼器置于宫殿两侧,昭示百官,直接用于郊庙礼乐[7];翟耆年说三代礼器可使"后世之士,识尊彝牺象之制,瑚琏尊罍之美,发明礼器之所以为用,与六经相为表里,以敷遗后学,可

---

[1] 如Shana J. Brown指出吴大澂的金石学研究受到了西方自然科学影响,故而具有国际立场,见其所著Pastimes. From Art and Antiquarianism to Modern Chinese Historiography, p74.

[2] Joseph Alsop在The Rare Art Traditions: The History Of Art Collecting And Its Linked Phenomena Wherever These Have Appeared (Thames and Hudson Ltd, London, 1982)中回顾了中国和欧洲关于艺术品收藏、利用、鉴赏、研究等的历史,提出艺术品的收藏常常受制于不同的文化背景。

[3] 内藤湖南的"宋代近世说"认为当文明发展到一定程度,人们回顾以往的文明历程会发现古代人的生活与现代人的生活有了很大不同,从而就会将古代作为兴趣来回味欣赏,这种心态使得宋代以后,人们把古器物的发掘与保存作为一种兴趣来对待。可参钱婉约:《内藤湖南研究》,北京:中华书局,2004年,第110页。

[4] 蔡绦:《铁围山丛谈》,北京:中华书局,1983年,第79、80页。

[5] 陈芳妹:《青铜器与宋代文化史》,台北:台湾大学出版中心,2016年,第93页。

[6] 脱脱等:《宋史·刘敞传》,北京:中华书局,1977年,第10386、10387页。

[7] 蔡绦:《铁围山丛谈》,北京:中华书局,1983年,第80页。

第三章　旧物维新：晚清古物观念变化及古物保存意识的产生（1840—1909）

谓丕显文王之谟也"[1]。三代礼器与六经相为表里，在"追寻三代之风"趋势下，三代铜器成为经典政治文化象征。

三代铜器既和六经发生关联，那么也就不再是简单的古代器物。士大夫搜集三代礼器，可"目击先王之器，神驰古人之境，由粗达精，自微观妙，以此成德，以此通性命之理"[2]。张载亦言"古之衣服器皿之类必要知者，以其作之者古人，道古物，故尽物之象，然后经义可也无证不言"[3]，均强调三代礼器有助于通经义和性命之理。士大夫固然可利用三代铜器建构礼乐理想，然而古代礼器的价值并不止于经学，如宋赵希鹄在《洞天清录》称三代古铜器"因入土年久受土气深"，用来养花花色鲜明，同时历史久远，三代铜器还有神秘力量可以防范山精木怪，所谓"古铜器多能辟异祟"，故而号召"人家宜畜之"[4]，提示出当时收藏古代礼器的观念因素。

无字的铜礼器可以和礼乐直接关联，有字的铜礼器更是宝贵，通过其上文字来"证经补史"或"因器求道"，成为宋代金石之学的显著特色，也为后世树立了典范。刘敞提出三代之事虽不可见，但可利用古器使"礼家明其制度，小学正其文字，谱牒次其世谥"[5]。吕大临对"好事者"搜集古物徒为"耳目奇异玩好之具"的态度进行批评，认为士大夫面对古物，当"观其器，诵其言，形容仿佛，以追三代之遗风，如见其人矣"，进而"以意逆志，或探其制作之原，以补经传之阙亡，正诸儒之谬误"[6]。赵明诚认为古物除可供"玩古"外，尚能

---

[1] 翟耆年：《籀史》卷上，《景印文渊阁四库全书》第681册，台北：台湾商务印书馆，1986年，第428页。

[2] 方大琮：《南剑州州学造祭器记》，《宋宝章阁直学士忠惠铁庵方公文集》卷二十九，《宋集珍本丛刊》第79册，北京：线装书局，2004年，第61页。

[3] 张载：《张子语录（上）》，《四部丛刊续编》第316册，上海：商务印书馆，1934年，第8页。

[4] 赵希鹄：《洞天清录》，《景印文渊阁四库全书》第871册，台北：台湾商务印书馆，1986年，第14页。

[5] 刘敞：《先秦古器记》，《景印文渊阁四库全书》第1095册，台北：台湾商务印书馆，1986年，第715页。

[6] 吕大临：《考古图记》，《景印文渊阁四库全书》第840册，台北：台湾商务印书馆，1986年，第95页。

考证"岁月、地理、官爵、世次",以纠正史籍的谬误[1],显然这里的考证和"经传之阙亡"不能脱离文字。南宋高似孙言"古人好事皆极其至,如古钟鼎彝器,尤所爱尚其有识文者。非独其器可玩也,其文犹奇古,其间有关于考订者,所补亦不少"[2],也是把文字摆在首位。虽然吕大临、赵明诚都批评不考证文字仅鉴赏器物的"玩古"态度,说明在宋代不事文字考证仅把玩古物亦不乏有人,但吕大临和赵明诚的观念在后世尤其晚清得到继承,金石学缩微成为"金石文字之学"而受到新式学者批评,如罗振玉就曾说清代金石学"重文字而略图像,贵鼎彝而忽任器"[3]。

重视有字器物,贬低不进行文字考订、仅鉴赏古物的态度,提示出早在宋代围绕古物即产生两种价值观念——鉴赏把玩的"玩古"和用金石文字证经补史的"考古"。后者对前者的批评如前述吕大临,前者对后者的指责如陈振孙在《直斋书录解题》中评论"本朝诸家蓄古器物款式,其考订详洽,如刘原父、吕与叔、黄长睿多矣,大抵好附会古人名字",往往见到器物上的孤立文字,即附会为史籍所载某人所用之器,"惟其附会之过,并与其详洽者,皆不足取信矣"[4]。洪迈更是对《博古图》提出强烈批评,认为"政和、宣和间,蔡京为政,禁士大夫不得读史,而《春秋三传》,真束高阁,故其所引用,绝为乖盾",如将"父癸"即强释为春秋齐癸公之子所作[5],指出金石文字考证的大量附会和错误。及至清代,两种价值观念的分野依然延续,形成了晚清以来的主流古物观念。

乾隆年间钱大昕称"自宋以来,谈金石刻者有两家,或考稽史传,证事迹

---

[1] 赵明诚:《金石录原序》,《景印文渊阁四库全书》第681册,台北:台湾商务印书馆,1986年,第149页。
[2] 高似孙:《纬略》卷十二,王云五主编:《丛书集成初编》,北京:商务印书馆,1939年,第198页。
[3] 罗振玉:《雪堂藏古器物目录序》,罗振玉:《罗振玉学术论集(第七集)》,上海:上海古籍出版社,2013年,第3页。
[4] 陈振孙:《直斋书录解题》,上海:上海古籍出版社,1987年,第233页。
[5] 洪迈:《容斋随笔》,北京:中华书局,2005年,第182、183、578页。

第三章 旧物维新：晚清古物观念变化及古物保存意识的产生（1840—1909）

之异同；或研讨书法，辨源流之升降"[1]，钱泳则称"考订之与词章，固是两途，赏鉴之与考订，亦截然相反，有赏鉴而不知考订者，有考订而不明赏鉴者。宋元人皆不讲考订，故所见书画题跋疏空疏不切，至明之文衡山，都元敬、王弇州诸人，始兼考订。若本朝朱竹垞、何义门、王虚舟辈，则专精考订矣。然物之真伪，恐未免疏略"[2]。王鸣盛说："夫金石之学，青主虽并称有益经史，实惟考史为要，盖汉碑或间足证经，亦须精识慎择，若魏晋以下碑，何必作经证哉？故知当专取考史也，乃七家[3]中最佳者，能考史十之三四，其次一二而已，下者至但评词章之美恶，点画波磔之工拙，何裨实学乎？"[4] 言下之意只有进行文字考订才是实学，点评鉴赏之类都属"虚学"。在这样的观念下，有字的古物得到极端重视，如钱泳即言"余生平所见商、周之物，如鼎、钟、彝、卣、壶、爵、盘、觚、觯、敦、匜、鬲，以及戈、剑、弩机之属甚多，以有款识者为上品，无款识者次之，亦如看书画，作云烟过眼可也"[5]，有款识为上品，无款识则"云烟过眼"。

这种对文字的极端重视在晚清陈介祺处得到加强。如他认为"古之好古，唯在致知，今之好古，唯在玩物。今日而好古，唯多收三代吉金文字与三代吉金，是古人文字之真足与古经并重"[6]，直接以是否考据三代吉金文字作为好古和玩物的区别，并一再强调"我辈好古，皆有真性情真精神与古人相契，方非玩物丧志。夸多斗靡，与玩珠玉无异，故必重在文字，尤重有真知有思古获心之喻也"，并且"吾辈爱文字之心，必须胜爱器之念，方不致丧志而与珠玉

---

[1] 钱大昕：《郭允伯金石史序》，钱大昕：《潜研堂文集》卷二十五，光绪十年长沙龙氏家塾重刊本，第2页。
[2] 钱泳：《履园丛话》，北京：中华书局，1979年，第261页。
[3] 七家，指欧阳修、赵明诚、都穆、赵崡、顾炎武、王澍斯、朱彝尊。
[4] 王鸣盛：《潜研堂金石文跋尾》，中国东方文化研究会历史文化分会编：《历代碑志丛书（3）》，南京：江苏古籍出版社，1998年，127页。
[5] 钱泳：《履园丛话》，北京：中华书局，1979年，第31页。
[6] 陈育丞：《簠斋轶事》，《文物》1964年第4期。

等"[1]。在强调用金石文字考证经史的标准下，诸如《集古录》《隶释》《古刻丛钞》等仅著录金石文字著作的重要性也被贬低，如1873年左右张德容在《二铭草堂金石聚》自序中，认为《集古录》《隶释》等虽是金石学，但都是遗编，只能"以饷后学"，只有清朝才"以金石佐经术，于是金石之学日盛"[2]。1876年潘祖荫为赵绍祖《金石文钞》作序称："金有裨于经，石有裨于史，固实学也，而自赏鉴家出，乃同于醋瓶画匣之好，自玩物丧志之言出，乃益屏弃之，以便其空腹高心，欺世盗名之举，而文其空疏不学之陋。甚矣！晚近尚欺心之学也。"[3] 潘祖荫认为金石古物的价值在于用其文字证经补史，而脱离文字考订，仅对古物的所谓"鉴赏"则是"乃同于醋瓶画匣之好"，是欺世盗名，空疏不学。这种极端重视金石文字而忽略对金石古物本身进行鉴赏研究的倾向，一度延续到民国，如陆和九就定义"金石学"是"以文字为主干"[4]。也正因为金石学存在这种内部分歧，晚清民国以来学者虽一再努力试图在新式学科体制下构建一门独立的"金石学"学科，不过在分科之学的观念下，始终不能对既往的金石之学达成共识[5]，这种游走在"玩古"与"好古"、"实学"与"虚学"之间的焦灼，用李济的话总结，或可称为自宋代以来中国针对古器物研究"半艺术"的治学态度[6]。

当然，在晚清强调金石文字的氛围下，鉴赏古物一派亦未消歇。道光年间李

---

[1] 同治十三年甲戌二月廿二日致陈介祺吴云函，转引自孙翊：《〈簠斋尺牍〉研究——陈介祺的金石购藏及传拓活动为中心》，中国美术学院硕士学位论文，2013年。

[2] 张德容：《二铭草堂金石聚》自序，桑椹编纂：《历代金石考古要籍序跋集录（卷一）》，杭州：浙江古籍出版社，2010年，第263页。

[3] 潘祖荫：《金石文钞》序，桑椹编纂：《历代金石考古要籍序跋集录（卷一）》，杭州：浙江古籍出版社，2010年，第280页。

[4] 陆和九编：《中国金石学》序，《民国丛书》第五编86册，上海：上海书店，1989年。

[5] 查晓英：《"金石学"在现代学科体制下的重塑》，《中山大学学报（社会科学版）》2008年第3期。

[6] 李济：《中国古器物学的新基础》，李济：《李济文集（卷一）》，上海：上海人民出版社，2006年，第335页。

遇孙编写《金石学录》，内中不仅收录了吕大临、欧阳修、赵明诚等考订金石文字之人，亦包括曹昭、王佐、项元汴等鉴赏金石器物的学者[1]，可见在李遇孙观念中，金石之学并不仅限于文字。晚清同光年间，"京师士夫以文史、书画、金石、古器相尚"，"而士夫学业亦不出考据、赏鉴二家外"[2]，缪荃孙详述了两派区别，"国朝谈金石者有二派。一曰覃溪派，精购旧拓，讲求笔意，赏鉴家也，原出宋人法帖考异、兰亭考等书。一曰兰泉派，搜采幽僻，援引宏富，考据家也"[3]。鉴赏把玩的"玩古"和用金石文字证经补史的"考古"的分野也从宋至清一直延续，不过在崇尚考据注重小学文字的清代，无疑后者占据了主流。但如果跳出以金石文字为中心的古物学系谱，改由鉴赏派眼光出发，那么被清代学者低估的元明两代的古物鉴赏之学则是另一番面貌[4]。王国维就曾做出这样的判断，他称宋代金石学之所以进步，正是"当时的哲学、科学、史学和美术各有相当的进步，士大夫有素养，赏鉴之趣味与研究之趣味，思古之情与求新之念，互相错综"，"一面赏鉴的，一面研究的"，"故宋人于金石、书画之学，乃陵跨百代"[5]，可能受西学影响，王国维认为对古物的鉴赏态度恰恰是宋代金石学进步的前提。

宋明以来，伴随商品经济发达和庶民阶层兴起，"玩古"开始超出士人阶层，成为社会普遍风尚。如前所言，17世纪中叶的徽州，士商阶层区分"雅"和"俗"的标准，就在于"古玩之有无"。"今世之人，志在崇饰者，奇葩异卉，

---

[1] 李遇孙：《金石学录》，《续修四库全书》894，史部，金石类，上海：上海古籍出版社，2002年。

[2] 震钧：《天咫偶闻》卷七，北京：北京古籍出版社，1982年，第71页。

[3] 缪荃孙：《王仙舟同年金石文钞序》，《艺风堂文续集》卷5，《近代中国史料丛刊》第945册，第9页。

[4] 如柯律格就集中研究过晚明的古物鉴赏与流通，认为在晚明，古物被用来"赋予延续感以具体的社会形式"，"在这个物的世界里……占据了特殊的地位"。见[英]柯律格著，高昕丹、陈恒译，洪再新校：《长物：早期现代中国的物质文化与社会状况》，北京：生活·读书·新知三联书店，2015年，第87页。

[5] 王国维：《宋代之金石学》（1926年11月27日），《王国维全集》整理出版工作委员会：《王国维全集（第十四卷）》，杭州：浙江教育出版社，2009年，第321页。

古物珍器之类可供耳目之玩者，靡不聚而有之。"[1]沈长卿曾批评"近世蓄古物者自夸曰我有宋板书"，然而宋版书的用处本在于供"博学之士精研而抱疑以备考订"，不读书人将宋版书视为"古董"，恰如文人将武夫所用八十斤大刀放在案头，不仅无用，且不相宜[2]。因社会上下皆崇尚"古物"，董其昌对"玩古者"又进行区分，"拘谨之人视为无用之物，斥去不蓄，恐人耽于玩好，废时失事"，"贪戾者视为货殖之物，见有可居为奇者，竭蹶以图。唯恐不得，得之保重之过于性命，或至争夺，怨尤皆归咎骨董"，而唯有"贤者能好之而无敝"。他将当时流行的古物分为四类十一品，为"金玉二品为一类，书画墨迹石印镌刻三品为一类，窑器漆器二品为一类，琴剑镜砚四品为一类"，其古物范围较宋代明显有所扩大。他认为古董虽是"玩物"，却能"舒郁结之气，可以敛放纵之习"，有助于却病延年。玩赏三代礼器，可以进德，玩赏字画旧刻，可以精艺，所以古物可使今人与古人"相见在此"，从而助士人"进德成艺"，故而古董之为"目前大用也"[3]。元明两朝以品鉴为主的古物收藏，将古物范围扩大到三代铜器、玉器、字画、瓷器、漆器、琴剑镜砚等，虽未产生大量类似宋代以著录考释文字为主的著作，但鉴赏古物的风气逐渐扩散至士人阶层以外，并且产生了诸如《格古要论》《长物志》《清秘藏》等专门讨论古器物分类、辨伪和鉴赏之书。

及至清初，社会蓄藏古物的风气依然，康熙年间李渔曾言"崇高古器之风，自汉魏晋唐以来，至今日而极矣。百金贸一卮，数百金购一鼎，犹有病其价廉工俭而不足用者"，古物还是判定品位高低的标准，甚至"有八口晨炊不继，犹舍旦夕而问商周，一身活计茫然，宁遣妻孥而不卖古董者"[4]，他对此现象表示不解，提出若将买古物看作是富贵人家的"缩金之术"犹可，对于普通人家，实在不用效颦。不过在古物收藏之风盛行上下之际，总会有收藏者通过新的标准将

---

[1] 查铎：《毅斋查先生阐道集》，《四库未收书辑刊》编纂委员会：《四库未收书辑刊（第7辑）》16册，北京：北京出版社，2000年，第543页。

[2] 沈长卿：《沈氏日旦》，《续修四库全书》第1131册，上海：上海古籍出版社，1995年，第412页。

[3] 董其昌：《骨董十三说》，兰州：金城出版社，2012年。

[4] 浙江古籍出版社编：《李渔全集（第三卷）》《闲情偶寄》，杭州：浙江古籍出版社，1991年，第215、216页。

第三章　旧物维新：晚清古物观念变化及古物保存意识的产生（1840—1909）

自己与世俗区隔开[1]，如徐乾学批评当世所谓好古之人收藏古器，古物并不能直接"益神智，治身心，广学识，精义理"，所以好古而收藏古物，还不如读古籍[2]。阮元也有类似看法，他自己也蓄藏古物，但却讥讽世俗收藏者常常眼力不好，甘受人欺，收藏普通古器甚至赝品，与其如此，还不若赏玩《周易》《尚书》《诗经》这些上古之物，花费小且能"养德行"[3]。然而在以考据为主的"实学"压力下，能否识别金石文字和用金石文字进行考证成了新的"雅"与"俗"的标准。陈浏曾言晚清士林风尚之中，"不通训诂难言识字，不娴碑版则俗尘污人"[4]。在这样的风气下，难免就会有末流取巧，仅通过金石文字就想进入"雅"的行列，如时人批评，"末流弃书不读，而独考金石文字希望可以通经史大义"。俞樾也批评过"欲读古书，当识古字，而非博考古金石文字及古砖古瓦之类，未免少见而多怪矣"[5]。在新的雅俗标准下，不仅拥有金石古物，还能识别金石文字且用金石文字考据经史，才能称之为"雅"，这无疑将古物范围缩小到金石文字类。崇尚文字也使士人缺少对文字之外诸如形体、材质、工艺、纹饰等的兴趣，以及与古物相关的古代社会文化研究。在19世纪后半期北欧古物学革命的同时，晚清士人却将目光局限在有字古物的追求和对古文字的研究上。

综上可知，明清以来的古物收藏和宋代自有脉络可承。宋代首开士林普遍收藏金石古物的风气，此当源自宋人试图通过三代礼器重现三代之治的政治理想。鉴赏古物的"玩古"和考订古物文字的"考古"两种不同价值观念亦在宋

---

[1] 皮埃尔·布尔迪厄（Pierre Bourdieu）在《区分：判断力的社会批判》（北京：商务印书馆，2015年）中对"趣味"进行了研究，指出了分类系统（即趣味）与生活条件（社会阶级）之间的关系，认为趣味可以"预先作为等级的特别标志"。

[2] 徐乾学：《憺园文集》，《续修四库全书》第1412册，上海：上海古籍出版社，1996年，第798页。

[3] 阮元：《淮海英灵集》，《续修四库全书》第1682册，上海：上海古籍出版社，1996年，第173页。

[4] 陈浏：《定山印史自序》，李兴盛、齐书深、赵桂荣主编：《陈浏集》，哈尔滨：黑龙江人民出版社，2001年，第61页。

[5] 俞樾：《陆星农观察百砖砚斋砚谱序》，俞樾：《春在堂全书（第4册）》，南京：凤凰出版社，2010年，第79页。

代出现，宋后及至元明，"考古"倾向一度衰弱，"玩古"风气渐出士林之外。随着明代商品经济的发展，商人的崛起与士人规模的扩大，"藏古"与"玩古"的范围和规模日渐增长，不仅可供收藏把玩的古物种类增多，"古物"作为区分"雅"和"俗"的标准，亦在社会中扮演了独特的角色，具备社会学意义[1]。清初延续了明代的"玩古"风气，然而在学术转型下，对考据"实学"日渐重视，宋代的金石文字之学遂成远祧之祖，而斥元明两代金石之学为空疏。其实元明两代的古物学何尝自限于金石之学？此种风气发展到极致，便是在晚清之际，因尊崇乾嘉考据，金石碑版得到空前重视，且影响到了官场习气，是否精通"金石文字"成了新的雅俗之分的标准。金石古物的收藏者虽众，著录亦多，但也导致伪器和赝品流行，从而未能建立起一套可以脱离文字，与文献并行，利用多种类型古物来描述古代历史文化的古物研究模式，最终在西方知识观念的冲击下，这套传统的古物观念发生变迁，首先便是新概念"美术"的引进。

第二节　古物与"美术"

1905年，王国维指出言语与思想的关系，"夫言语者，代表国民之思想者也。思想之精粗广狭，视言语之精粗广狭以为准。观其言语，而其国民之思想可知矣"[2]。晚清由西洋与日本输入的新观念、新知识，促成了传统知识观念转型，在这个浪潮中，传统古物观念亦发生变迁，表现之一就是古物与新概念"美术"的联系。

"美术"一词，传统有之。如宋代刘敞《春秋意林》"仁义礼智信五者，天下之通道美术也，在君子则治，在小人则乱"[3]，"美术"在这里指"优良的方法"。明叶向高《苍霞草》中评论赵广汉、张敞、龚遂、虞诩、张纲等人的

---

[1] 柯律格即借用皮埃尔·布尔迪厄的区隔理论（Distinction），指出明代中国和早期现代欧洲都出现过"品味之发明"。中国16世纪中叶开始，"好古"才从一种个人喜好、一种潜在的特权文化活动，转变成一种维系士绅身份的重要消费行为。见[英]柯律格著，高昕丹、陈恒译，洪再新校：《长物：早期现代中国的物质文化与社会状况》，北京：生活·读书·新知三联书店，2015年，第97页。

[2] 王国维：《论新学语之输入》，《教育世界》1905年第96期。

[3] 刘敞：《春秋意林（下）》，北京：北京图书馆出版社，2006年，第26页。

第三章　旧物维新：晚清古物观念变化及古物保存意识的产生（1840—1909）　95

施政之方，称"此数子者，其设施方略虽有不同，然皆能因时达务，导窾解纷，固制变之良材，而销萌之美术也"[1]。清初王夫之《四书训义》"唯至于柔以文诈，诈以成柔者，则自失其本心而无以立于天地之间，彼方自以为得处乱世全躯，保妻子之美术，而君子见之，念其均是人也，而何以至于此有代为之愧者矣"[2]，批评"柔以文诈，诈以成柔"之辈自以为用诈术是"处乱世全躯，保妻子"的"美术"。清中期弘昼《稽古斋全集》，亦说吃西瓜是"御暑之良方，消烦之美术"[3]，甚至1906年刘师培《国学发微》笔下，"元代以蒙古宅中夏，用美术导民，不复以实学导民，然元代之学术，亦彬蔚可观"[4]。以上的"美术"都是传统含义，即"好的方法与手段"。

不过在清末，受日本影响，"美术"含义发生较大变化[5]。"先是日本未尝有'美术'以名目，惟贵绘画以为高尚艺术而已……明治六年，日本人与于奥国维也纳万国博览会得工艺新知识而还，其报告书始用'美术'之语，且知绘画雕塑之可尊重，踰于他工技。"[6]1921年大村西崖谓明治初年"因参与奥国维也那博览会之报告书而有'美术'二字之新译语，每回内国劝业博览会亦设美术部，绘画遂视为重要，官家特开绘画共进会"，后因来日美国人如费那罗沙（Ernest Francesco Fenollosa）等对日本浮世绘与传统绘画的"简拔推奖，甚称日本美术于其朝野"，于是日本"夙所崇拜欧美之新学，心醉功利视自家之宝玉如

---

[1]　叶向高：《苍霞草》，《四库禁毁书丛刊》第124册，北京：北京出版社，1998年，第316页。

[2]　王夫之：《四书训义》，王夫之：《船山全书（第7册）》，长沙：岳麓书社，1996年，第430页。

[3]　弘昼：《七品》，《稽古斋全集》卷五，《四库未收书辑刊》编纂委员会：《四库未收书辑刊（第九辑）》第21册，北京：北京出版社，1998年，第327页。

[4]　刘师培：《国学发微续十四期》，《国粹学报》第17期，1906年6月。

[5]　陈振濂、林晓照都已有了很好的研究，指出了"美术"观念清末入华的早期历史。具体可参陈振濂：《"美术"语源考——"美术"译语引进史研究》，《美术研究》2003年第4期；林晓照：《近代中国的"美术"：观念与学科的纠葛（1880—1927）》，中山大学博士学位论文，2008年。

[6]　[日]大隈重信等著：《日本开国五十年史》第9册，王云五总编纂：《万有文库》本，北京：商务印书馆，1929年，第54页。

土苴之昏梦忽醒，民间乃有龙池会、鉴画会、日本美术学会之创设"[1]。在新的"美术"观念和美国人费诺罗萨等影响下，日本对传统绘画、雕塑及其余工艺品有了新的理解，美术事关工艺新知识，所以当日本新"美术"观念入华之后，传统古物观念有了变化[2]。

1880年，李筱圃游览了日本东京的上野博物院，观察到博物院中收藏了很多中国古物，"上野博物院又名美术会"，存有如宋徽宗《白鸽》、仇十洲《璇玑图》、唐伯虎、祝枝山《仙女》《钓翁》等，"此外山水、人物各件甚多，皆出中国名人之笔"[3]，这里的"美术"和绘画之事联系在一起，"是一个近代意义上的'美术'"[4]。1887年傅云龙于阴历十月二十又游览了此地，观"美术协会，言术美也。先是会曰'龙池'，新法竞起，古物半徙而西，寻悔。岁一大会，月一常会，保旧物也"。如前述大村西崖所言，龙池会（即美术会、美术协会）是日本民间成立以提倡保存古物而促进工艺美术的组织，"其美术品，曰书画、曰建筑、曰雕刻、曰陶磁、金器、曰漆器、绣工，难更仆数"，"记稍古者，有黑磁狮二寸许，据言千年物……有茶壶，谓之水注，一百五十年前物。其墨迹名册二百五十余叶……距今六百余年"[5]。在傅云龙笔下，日本"美术"范围已超出绘画，包括了书法、建筑、雕刻、陶瓷、金器、漆器、绣工等。而黑瓷狮、茶壶、书法册页等古物，亦被划入"美术"范畴而被保护，目的是以此促

---

[1] 大村西崖：《文人画之复兴》，陈师曾：《中国文人画之研究》，北京：中华书局，1922年。

[2] 福开森1918年也指出："近代以来，一个新名词'美术'被引入中文，用来表述'Fine arts'观念。如今这个词已经被普遍接受了。它遵从我们西方的观念，将音乐、诗歌、雕塑、建筑与绘画一道作为'美术'。这当然是个很有用的术语，但是我们必须明白，这是一个用于解读西方艺术的近代词汇，与古代中国人的观念多少有些差异"。见［美］福开森著，张郁乎译：《中国艺术讲演录》，北京：北京大学出版社，2015年，第11页。

[3] 李筱圃：《日本纪游》，钟叔河主编：《走向世界丛书（Ⅲ）》，长沙：岳麓书社，2008年，第174页。

[4] 林晓照：《晚清"美术"概念的早期输入》，《学术研究》2009年第12期。

[5] 傅云龙：《游历日本图经》，钟叔河主编：《走向世界丛书（Ⅲ）》，长沙：岳麓书社，2008年，第212页。

第三章 旧物维新：晚清古物观念变化及古物保存意识的产生（1840—1909）

进工艺美术进步。

1887年黄遵宪撰成《日本国志》，他在《礼俗志》中记录当时日本成立了很多和古物有关的协会，如"关于术艺者曰书画会、曰名磁会、曰雕刻会"，"有关于玩赏者，曰古钱会，曰观古美术会，曰珍宝会"，这些协会"集陈古人名物及今人巧手，以考其精妙，犹博览会意也"〔1〕。"美术"观念下的古物，成了今人"考其精妙"的对象，目的则和"博览会"一样，成为促进工艺进步的资源和工具。1902年王先谦刊行《日本源流考》，谓日本维新初年，一意模仿西洋工艺，仿制外国制造，然而并不受到海外市场欢迎，"会遭世变，华士族沽却家财，外人爱其精美购之，古器流出焉，众人竞鹜"，维也纳博览会后"工商稍惯外国贸易，良工知存固有之美，参取西洋之长"，在日本政府的扶植下，"工品渐发声价，而古器流出益多，于是美术奖励保存之论起"。对于"美术"，王先谦注曰："美术谓凡技工作观美者，雕绘髹陶之类。"〔2〕按照这个标准，传统的绘画、瓷器、漆器和雕塑皆可入"美术"范围，虽然在彼时古物观念中，漆器与雕塑并非主流的"古物"，但这预示着倘若接受新的"美术"观念，那么有价值的"古物"将不再是仅因负载有文字，换句话，"古物"的范围势必扩大，将虽没有文字但却有"美术"价值的古代陶器、瓷器、漆器、石造像、雕塑等种类涵盖其中。

1904年，王国维在《教育世界》上发表《孔子之美育主义》，感慨"呜呼！我中国非美术之国也，一切学业，以利用之大宗旨贯注之，治一学，必质其有用与否；为一事，必问其有益与否，美之为物，为世人所不顾久矣"，"故我国建筑、雕刻之术无可言者。至图画一技，宋元以后，生面特开，其淡远优雅，实有非西人所能梦见者"。"而世之贱儒辄援'玩物丧志'之说相诋，故一切美术皆不能达完全之域。"〔3〕王国维的美术包括了"建筑、雕刻、图画"等，还当有古画、古代雕刻等以前被"世之贱儒"诋毁为"玩物丧志"的古物。"美术"和"美育"相关，"美育"又和道德相关，故而"美术"的"无用之用"当胜于

---

〔1〕 黄遵宪：《日本国志》卷三十七《礼俗志》四，光绪二十四年浙江书局重刊本，第21、22页。

〔2〕 王先谦：《日本源流考》卷二十一，清光绪二十八年刻本，第9、10页。

〔3〕 王国维：《孔子之美育主义》，《教育世界》第69号，1904年2月。

"有用之用",王国维对"美术"的提倡很快得到了呼应。

1905年左右,国粹保存运动兴起,同年,国学保存会在上海成立。保存会以"研求国学,保存国粹"为宗旨,并设有藏书楼,接受捐赠的古籍和古物[1]。1906年,国学保存会发布公告,除古籍之外,还对外征集"美术品","美术品"种类包括"金石碑版、钟鼎彝器、名人字画、名人画像、印章印谱、宋元旧椠书籍、诗文词曲、音乐各品、绣织各品、磁漆各品"[2],作为古物的"金石碑版""钟鼎彝器""名人字画""磁漆各品"等均已纳入美术范畴。不过在同年公布的《国学保存会报告》第三号中,又称:"中国各学校,教授博物一科,均系从东西书籍翻译,而本国物产转茫然不知……故征求内地物产,所征之物,计分四类,一曰矿物,二曰植物,三曰动物,四曰古器(金石之类)。"[3]古物在这里又成为博物学中的一种,似乎表明对"古物"价值归属判断的多歧。在1907年《拟设国粹学堂启》中,为了"保存国粹阐明实学",国学保存会拟开设国粹学堂,学堂将设经学、文字学、伦理学、心性学、哲学、政法学、实业学、社会学、史学、典制学、考古学、地舆学、历数学、博物学、文章学、音乐学、图画学、书法学、译学、军事学等分科,其中博物学课程包括动物、植物、矿物和古生物学,考古学下设有钟鼎学、石刻学、研究法、金石学史和美术史,其中美术史要上两个学期,剩下的则各占一学期[4]。在《国粹学报》宣传下,金石古物和"美术"联系在一起。

1907年开始,《国粹学报》在每期下增设了"美术篇",专门刊载与金石碑版、书画古物有关的文章。如《国学保存会报告》第五号称"东方文明发生独早,雕刻印刷练染刺缕绘画之术,皆先泰西而精巧,至若诗歌文学之优美,尤为吾国之特长。今撰美术篇,凡金石音乐刻缕图画书法歌词莫不阐其精微,详为论列,以见吾先民高尚优美之风"[5],金石雕刻刺缕如等都属于美术,并且代表了"吾先民高尚优美之风"。其实早在1906年12月,刘师培在《国粹学报》

---

[1] 邓实:《国学保存会小集叙》,《政艺通报》第4卷第1期,1905年。

[2] 《国学保存会报告》第一号,《国粹学报》第19期,1906年8月。

[3] 《国学保存会报告》第三号,《国粹学报》第19期,1906年8月。

[4] 《拟设国粹学堂启》,《国粹学报》第26期,1907年3月。

[5] 《国学保存会报告》第五号,《国粹学报》第24期,1907年1月。

上发表文章,称"金石之学,目录家多附于艺文之末,不知金石之用,非惟有益于学术也。考其工作,稽其度制,可以觇古代之工艺,盖刻镂之学,固美术学之一端也",明确表示旧日仅被认为"有益于学术"的古物,在当下已经有了新的价值,即可作为研究古代工艺的资料,而金石上的"刻镂",也是美术学研究下的分支。金石在"美术"观念下有了新价值。刘师培继而提出"古代吉金乐石,其质各殊,或为偏隅之所产,或为后世之所无,若参互考验,于古代之矿物,亦可互有阐明,则又有资于博物。故金石之学,介于艺文及物产之间者也"[1],甚至认为可以通过金石研究矿物学,从而又和博物学发生沟通,与1906年刊发的《国学保存会报告》第三号观点相近。传统的"金石之学"此时在刘师培笔下,不仅成了美术学可以参考的资料,还与博物学得到了沟通,所以是"介于艺文及物产之间"者。

正因为在"美术"框架下可重新理解金石古物,反过来金石古物亦成为考察中国美术史的重要资料。刘师培在《古代镂金学发微》中提出"古代美术,以刻镂为最著,其镂金之法,刻镂物象,与刻镂文字略同",进而推测"古器之文,均先著漆书,后施刻镂,此古代镂金之法也",并引纪侯钟、楚公钟等传世古器和阮元、程瑶田等藏品图录中的资料,认为"镂金之法,乃古代美术之一端,亦中国工艺之至巧者也",通过这些古器,可知"周代攻金之工,兼擅镂金之技,即美术之发达,亦于斯可睹矣"[2]。这里的"美术"包括了"刻镂"(雕刻),古铜器乃至古玉器、竹器、木器皆成为研究中国古代"美术"的资材。刘师培还发表《论美术与征实之学不同》,说明美术与实学不同,美术以性灵为主,而实学则以考核为凭,若于美术之微而必欲责其证实,则于美术之学,返去之远矣。这里的"美术"包括书法、词章、绘画[3]。不过在《中国美术学变迁论》中,刘师培明确指出,商周以来"钟鼎之属,成于攻金之工;圭璧之属,成于刮摩之工;下逮符节简簠之属,莫不以镂文之同异判爵位之尊卑",所以"古代之时,用美术以表庄严,礼与文合,而美术以生,非礼文之外别有所

---

[1] 刘师培:《编辑乡土记序例》"文学志"后附"金石志",《国粹学报》第23期,1906年12月。

[2] 刘师培:《古代镂金学发微》,《国粹学报》第27期,1907年4月。

[3] 刘师培:《论美术与征实之学不同》,《国粹学报》第33期,1907年9月。

谓美术也"[1]。及至南朝，时人对于古物美术品"由鉴赏而兼考古"，著录有《碑英》《鼎录》《刀剑谱》等书；唐代的美术则因佛教传入和君主提倡，"雕琢建筑之术，浸以发明"；宋代的美术却"偏于赏鉴，笃于好古，耻于求新，故真赝杂糅之蔽由之而生"，由欧阳修、赵明诚等人所开的风气，"以吉金乐石，考古所资"，"上至泉币鼎彝，下至品书论画，均以小慧自矜"，最终"玩物丧志，浸以丧邦，则又美术之害也"[2]。可见，三代礼器、雕塑建筑以及泉币书画，皆被纳入中国美术学的范围。

  刘师培的"美术"观念从多角度和"古物"发生关联，他在同期还发表《论美术援地而区》一文，指出"古代之美术，或成于一人，或萃于一地。成于一人者，则其器以人为名（如垂之弓，叔之磬、和氏之璧、随侯之珠），萃于一地者，则其器亦以地为名，《考工记》言郑之刀，宋之斤，鲁之削，吴越之剑"等。"古代之制器，工巧由于材美，材美视乎土宜，故美术以地为区分，一国一邑之中，有特殊之物产，即有特殊之美术，而所成之器，即以所产之地为名"，垂之弓、和氏之璧、宋之斤等古器物，皆成了美术品。因为"古人于产物之区，山师川师辨其名，职方辨其利，因其物材之美，施以工作之勤，故为工之人，精于一艺，安习而不迁，萃聚群居，以精其器，此美术所由必系以地也"[3]，所以古代器物一方面是精品，一方面也受地域环境的影响和促进。在《论考古学莫备于金石》中，刘师培区分出古物所承载的"美术"与"考古"两个价值，即"审美"和"考古"的区别。他认为专制之朝，学士大夫往往需要"借物兴怀"，所以赏鉴古器，"亦何不独然？""自北朝隋唐之士，以翰墨自娱，锺王书翰，珍若拱璧，遂启好古之风，然彼之所以珍书翰者，以其美而珍之，非以其古物而珍之也"，到了北宋，"欧阳永叔以集古自诩，逞收藏之富，以矜赏鉴之精，是为考订古器之始"，"然彼之所谓考古者，特以鉴赏之余力及之耳"，"元人虽事美术，然赏鉴考古之学，均逊于两宋"，"惟有明末东南巨族，其财力足以自殖，若常熟毛氏、山阴祁氏，均侈收藏之博，收藏既富，则鉴别真伪，考订后先，于赏鉴之中，未尝不间寓考古之意"。而清代金石文字之学，本以古

---

[1] 刘师培：《中国美术学变迁论》，《国粹学报》第30期，1907年6月。
[2] 刘师培：《中国美术学变迁论（续）》，《国粹学报》第31期，1907年7月。
[3] 刘师培：《论美术援地而区》，《国粹学报》第31期，1907年7月。

第三章　旧物维新：晚清古物观念变化及古物保存意识的产生（1840—1909）

碑和钟鼎铭文考证史事，"旁及历术地舆官制"，不过到了翁方纲及桂馥等，利用金石材料"兼考书法之变迁，则又于考古之中，兼寓鉴赏之意，可谓实征之学矣"[1]。对古器物"赏鉴"和"考古"的不同态度，影响着金石之学是否符合刘师培心中的"考古学"标准。他在《中国古用石器考》中称中国用石之风，"至今未革命"。又考之美术一端，所该甚广，试考之中国之历史凡建筑刻镂绘画练染之事，咸以用石为最先。上古之时，酋长多宅居于山，或因石为屋……彼关于中国之石器时代，岂无证乎？"[2]一方面利用新兴"美术"观念概括古代建筑、刻镂、绘画等事，同时又用古代建筑中"上古之时……或因石为屋"的现象论证中国的石器时代，古物既是美术品，又成为历史的证据。作为《国粹学报》尤其是"美术篇"的撰稿人，刘师培的"美术"观念赋予了古物新的价值，并且扩大了古物的范围。对比前引1906年刘师培"元代以蒙古宅中夏，用美术导民，不复以实学导民"之语，可知1907年之时，刘师培笔下的美术已然有了新的含义。1910年《国粹学报》明言将"金石不入史学而入美术篇"，理由则"金石在美术类雕刻中"[3]，事实上早在1907年左右，《国粹学报》便大力构建了"美术"和"古物"的关联。

除专题论文外，《国粹学报》还以报道的形式潜移默化地宣扬"古物"的"美术"价值。如1907年《巴黎博物院之东方美术品》一文称"巴黎路布尔地方之博物院中，于八年前曾添设远东美术部"，当时美术部派人来远东搜集，最终"携往巴黎之美术品中，有中日两国之画二十种，日本佛陀雕像两种，及地藏观音等画像数种。日本天平时代之诸名作，及圣达太子之遗物等，亦皆罗列在内"，古代画像和古人遗物成为欧洲博物馆中珍贵的"美术品"[4]。1907年第3号开始，《国粹学报》每期增设"美术篇"直至1911年停刊。美术篇初时以篆刻绘画为主，后来加入金石跋尾，金石不入史门而入美术篇。"美术篇"的撰稿人先后有刘师培、罗振玉、王国维、孙诒让、黄节等，内容涉及金石碑版、古代书画、古铜器和古代造像等。1907年，《国粹学报》还刊发简章，表示要征集博物

---

[1]　刘师培：《论考古学莫备于金石》，《国粹学报》第35期，1907年11月。
[2]　刘师培：《中国古用石器考》，《国粹学报》第27期，1907年4月。
[3]　《第六年国粹学报更定例目》，《国粹学报》第63期，1910年3月。
[4]　《巴黎博物院之东方美术品》，《国粹学报》第33期，1907年8月。

物产和美术品书目志,并将征集到的物品储藏在藏书楼博物美术室中[1]。美术室将设于国学保存会总部,储藏捐助或者借展的金石彝器、琴书图画等物[2]。在1908年的"图画篇"中"中国美术品"条下,《国粹学报》先后以镂金器、七宝烧腊、漆器、绣品、雕刻、白蜡等标题,配发了商爵、周犀爵、七宝烧腊象负瓶、七宝烧腊水匜、汉镜、元梵文镜、彩漆屏风、明万历蓝白瓷器碟、养蚕图、织丝图、象牙雕刻亭台、白蜡圆碟等照片[3],1909年刊登的风雨楼藏张希黄刻竹筒,称张希黄的作品"色泽古润,而山石重叠,树木葱郁,直宋元人大家笔墨,真吾国美术也"[4]。而1908年许啸庐投给《国粹学报》的《海州美术书目志》刊发在第三十八期,其"美术志"下就包括了金石碑板、钟鼎彝器、名人字画、名人画像、印章印谱、古籍、诗文词曲、绣织各品、瓷器九个部分[5]。可见,当时的普遍风气已有变化,金石碑版、历代字画、古印章印谱和钟鼎彝器等这些传统古物都被置放在"美术"中,并且受西方鉴赏传统影响,古代瓷器、绣织、漆器等疏离于传统古物收藏之外的品类也成为"美术"。在"美术"观念框架下,古物的价值和种类均发生了变迁。

1906年6月1日《大公报》刊登《论官场保存国粹之热心》,称:"夫我国旧日所珍贵者,曰考据,曰词章,曰书画,曰金石碑版,至今日已成陈列之品。考东西各国,未尝不收录美术,然视之为玩物,非视为紧要之学问也。兹以学界所公认为陈列之物品,而概视为身心性命事业,学问之所关,与夫国家兴衰存亡之所系,直若吾头可断而此志不可移时仰首而长鸣曰:吾保存国粹,吾保存国粹!虽然,吾恐粹保而国不存,其将乃之何哉?"[6]作者反对保存无用的"国粹",细究文义,可知作者认为考据、词章、书画和金石碑版虽都属于"东西各国"收录的"美术",但"视之为玩物,非视为紧要之学问",可见古物和

---

〔1〕《征求内地博物物产及美术品书目志简章》,《国学保存会报告》第七号,《国粹学报》第27期,1907年4月。

〔2〕 王中秀:《黄宾虹年谱》,上海:上海书画出版社,2005年,第52页。

〔3〕 邓实、黄节主编:《国粹学报》图画,第二册,扬州:广陵书社,2006年,第357—367页。

〔4〕 邓实、黄节主编:《国粹学报》图画,第二册,扬州:广陵书社,2006年,第552页。

〔5〕 许啸庐:《海州美术书目志美术志》,《国粹学报》第38期,1908年2月。

〔6〕 言论:《论官场保存国粹之热心》,《大公报》1906年6月1日第1401号。

第三章　旧物维新：晚清古物观念变化及古物保存意识的产生（1840—1909）

"美术"的关系，对于保存国粹提倡者或反对者而言已成为两者共识。无用的"美术"固然能赋予古物新的意义，有用的"工艺"则将古物保存提高到实际应用层面。

第三节　古物与"工艺"

在"美术"观念刺激下，古物有了新"价值"。早期"美术"常和"工艺"相关，"'美术'一词自在日本诞生之日起，便与近代赛会结下至深因缘，由于追求实利实效，'美术'成了殖产的一种重要手段，技术的一面压倒艺术的一面。在日本的误导之下，中国对'美术'的认识出现了明显的偏差和局限，或等同于'精技'，或将'美术'仅仅作为工业的一种"[1]。作为近代"美术"一词发源地的日本，其保存"古物"等古代"美术品"的目的也在"存固有之美参取西洋之长"，以发展近代工艺，使古物成为增长经济的资助。所以"美术"视角下的"古物"有了"殖产"功能。不过在"美术"观念入华之前，受西方社会直接启示，在一些域外游记中，"古物"已开始出现和传统有别的微妙功能。

1866年，斌椿、志刚、张德彝等一行人首次远洋赴欧美进行考察，开启"走向世界"阶段。当时欧洲亦经历着一波博物馆建设热潮，博物馆收集的藏品，大量来自埃及、中亚和远东地区。如斌椿记载，他在英国的温莎行宫看到了"列国宝器各藏一间，内有恽寿平花卉册页一本，又一扇，书《留香集》古意七律三首，皆中国物也"[2]。同行的志刚注意到刚刚对外开放的意大利那不勒斯庞贝古城，出土的古物都存于"古器库"，"巨细不一，铜与瓦器为多，而已不适用"。显然，志刚是本着"适用"的角度去看待这些物品，并推测庞贝城中的"窖金藏钱，谅已瓜分矣"[3]，似乎并未了解到庞贝古城作为考古发掘工作的流程和意义。张德彝则在日记中留下了一段关于中国古物的记录：

---

[1] 林晓照：《"美术"殖产：清末的"美术"形象》，《学术研究》2012年第1期。
[2] 斌椿：《乘槎笔记》，钟叔河主编：《走向世界丛书（Ⅰ）》，长沙：岳麓书社，2008年，第115页。
[3] 志刚：《初使泰西记》，钟叔河主编：《走向世界丛书（Ⅰ）》，长沙：岳麓书社，2008年，第359页。

市场、观念与国家
近代中国文物保护制度的形成（1840—1934）

　　（1866年，四月初四）早有突姓者来拜、约游。遂乘车行数十里，至一处，内极广阔洁净，见上下罗列者，皆中国圆明园失去之物，置此赁卖。见有龙袍、貂褂，朝珠、太后朝珠、珠翠、玉石、古玩、诸般画轴、神像、金鸡。中天马、银鼠等衣，皆御用之物。睹之不胜恨恨，乃辞出。该官又与彝等每人一簿，乃诸物价值，意欲将诸物买回。同人乃操詈语，而兔（突）姓等不懂，尚欢笑如常[1]。

　　张德彝初到伦敦，即被带入一个拍卖圆明园物品的拍卖场，使得他"不胜恨恨"，同行的中国人亦"乃操詈语"，刺痛他们的，当是会场中的圆明园古物代表着1860年王朝战败之耻，而非古物流失海外的文化之痛。

　　在早期中国官方出访记录中，收藏于欧洲博物馆或皇室行宫的中国古物，对于使臣而言，似乎未表现出额外的意义，如志刚还是以是否"适用"的角度来看待庞贝出土的生活用品。而张德彝等人在伦敦拍卖会场的遭遇，刺激他们的亦不是古物本身，而是皇宫大内物品流失到海外象征着战败失利的耻辱，"古物"尚未与"国家"建立某种关联。

　　在随后出访中，张德彝留下大量海外收藏中国古物的记录，既包括官方博物院，也有一些在海外以贩卖中国古物为业的商人。不过在日记中，张德彝并未就古物抒发大量议论，这一方面可能受制于当时的观念和知识并未赋予古物太多额外意义和价值，也有可能因为他的出洋日记将作为上报朝廷的材料，故在其中没有表达太多个人意见。1868年四月十二，张德彝到达华盛顿，前往美国总理各国事务大臣（即国务卿）徐尔德家中，观察到其家"屋内铺陈古董，供养鲜花"，"外有中土历代古钱，如半两、五铢、嘉祐、建兴等暨大清'同福临东江'二十字之制钱，皆钉于纸板之上，放于玻璃罩内"[2]。四月二十四，他还独自来到可能是位于华盛顿的史密森博物院，"石楼内储各国古董与鸟兽鱼虫之

---

[1] 张德彝：《航海述奇》，钟叔河主编：《走向世界丛书（Ⅰ）》，长沙：岳麓书社，2008年，第506页。

[2] 张德彝：《欧美环游记（Ⅰ）》，钟叔河主编：《走向世界丛书（Ⅰ）》，长沙：岳麓书社，2008年，第655页。

第三章 旧物维新：晚清古物观念变化及古物保存意识的产生（1840—1909） 105

骨"〔1〕。六月二十九，参观了布法罗"集古院，存贮各种鸟兽昆虫之皮骨。有埃及四尸，缠以白布，盛于棺材，而棺无盖"〔2〕，九月初一，参观了卜立地集新院，"其中新增者，有《大清律》一部，古铜二，仙鹤花瓷帽筒一对，坤履一双。又有古麦西十二死尸，印度贝叶经三卷"〔3〕。十二月初七，张德彝在巴黎拜访了"它朗晒巷第六号华货铺"的宁波商人王承荣，王承荣字子显，在巴黎经营中国和日本的各色器皿，其中就很可能包括古瓷等，所以"近年获利，倍徙往日"〔4〕。

作为对比，流亡士人王韬亦在1868年左右到达伦敦和巴黎，在王韬笔下，珍藏在博物院中的古物似乎多了些许深意。比如王韬参观了大英博物馆（即张德彝所谓卜立地集新院），发现博物院中有一所"储各国图画珍玩。历代玺印之式，玺圆如璧，金石为之，各肖其君貌于上，印以红蜡，周约五寸"，"罗列古迹，零铜断瓦，杂遝兼收。其大者如石碑、石柱、石像、石棺，皆麦西犹太、罗马、希腊诸国二千年前之物"，之所以要收集这些古物，则是"盖人限于方域，阻于时代，足迹不能遍历五洲，见闻不能追及千古，虽读书知有是物，究未得一睹形象，故有遇之于目而仍不知为何名者。今博采旁搜，综括万汇，悉备一庐，于礼拜一、三、五日启门，纵令士庶往观，所以佐读书之不逮而广其识也，用意不亦深哉"〔5〕。1870年王韬回到香港，1879年又东游日本，此时日本正在明治维新初期，参加奥地利博览会后正举国大兴博览事业以发展"美术"工艺。王韬到了长崎，发现正在举办的长崎博览会"会中陈设，光怪陆离"，除"物产之外，书

---

〔1〕 张德彝：《欧美环游记（Ⅰ）》，钟叔河主编：《走向世界丛书（Ⅰ）》，长沙：岳麓书社，2008年，第662页。

〔2〕 张德彝：《欧美环游记（Ⅰ）》，钟叔河主编：《走向世界丛书（Ⅰ）》，长沙：岳麓书社，2008年，第686页。

〔3〕 张德彝：《欧美环游记（Ⅰ）》，钟叔河主编：《走向世界丛书（Ⅰ）》，长沙：岳麓书社，2008年，第703页。

〔4〕 张德彝：《欧美环游记（Ⅰ）》，钟叔河主编：《走向世界丛书（Ⅰ）》，长沙：岳麓书社，2008年，第732页。

〔5〕 王韬：《漫游随录》，钟叔河主编：《走向世界丛书（第Ⅵ）》，长沙：岳麓书社，2008年，第102、103页。

画古玩杂陈"[1]，显然这里的"书画古玩"成为日本试图发展美术的资助。王韬还先后游览了大阪和京都的博览会[2]，情况和长崎类似。黄遵宪亦提到日本的博览会中杂陈玩物，他在《日本国志·工艺志序》中写道，中国上古古人重工艺，所以历世钟鼎奉为宗彝，而"后世士夫喜言空理"，所以工艺实学荒废，中国"所作器物，不过依样葫芦，沿袭旧式。徵独不能胜古人，即汉唐之后，若五代之纸墨、宋之锦、明之铜炉，责之今人，亦不能为"[3]，可见古物已经成为古人工艺水平的直接体现。在把"美术"和"工艺"极力相关的日本，古物成了发展工艺的重要资源。

　　大约同时，作为外交官的郭嵩焘亦出访英、法两国。1874年，郭嵩焘到达伦敦，参观了布利来斯妙西阿姆书馆（大英博物馆）。在博物馆中，他发现不仅有藏书，还有"藏皮古器数十院"，包括来自麦西、罗马、希腊的古代石刻石像，"古磁瓦器，罗列数万种"，"中国玉器、磁器及古剑之属，亦多至数百件"，还有很多古代官窑瓷器，可使"博文稽古之士，亦可于所藏各古器，考知其年代远近，与其物流传本末，以知其所出之地"[4]。可见，郭嵩焘此时对古物的理解依然仅是考其"年代远近"和"流传本末"，然而他通过观察却发现国家收藏古画名迹，可以"使习画者相就为模本，以各尽所长。人才之盛，有自来矣"[5]，似乎观察到古画与改良现实技艺，造就绘画人才的关系。浸染晚清士习的郭嵩焘，亦对古物和金石充满兴趣，比如他在英国就注意结交了当时"能通知金石之学，所得古碑碣，能辨知其为何代"的德国石利曼（即发掘特洛伊古城

---

[1] 王韬：《扶桑游记》，钟叔河主编：《走向世界丛书（Ⅲ）》，长沙：岳麓书社，2008年，第394页。

[2] 王韬：《扶桑游记》，钟叔河主编：《走向世界丛书（Ⅲ）》，长沙：岳麓书社，2008年，第398、402页。

[3] 黄遵宪：《日本杂事诗》，钟叔河主编：《走向世界丛书（Ⅲ）》，长沙：岳麓书社，2008年，第775、776页。

[4] 郭嵩焘：《伦敦与巴黎日记》，钟叔河主编：《走向世界丛书（Ⅳ）》，长沙：岳麓书社，2008年，第137—140页。

[5] 郭嵩焘：《伦敦与巴黎日记》，钟叔河主编：《走向世界丛书（Ⅳ）》，长沙：岳麓书社，2008年，第151页。

的谢里曼Heinrich Schilemann）[1]，并在日记中多次留下了和谢里曼这位早期近代考古学开创者交往的记录[2]。

1878年郭嵩焘到达巴黎，在"妙舍达谛亥"中看到了制造于咸丰九年的中国万二千斤铜炮二尊，圆明园所得铠甲一副，以及其余因圆明园之役被法国劫掠回的武器和旗帜，不由"见此未尝不咎当时诸臣误国之深也"[3]。可能是受到英国学问的刺激，郭嵩焘还对古化石产生兴趣，嘱托张德彝专门去购买[4]。在参观过众多英法博物院收藏的古物藏品，以及和英国人士接触后，郭嵩焘写道：英国"凡派充各国参赞者皆有专司，或考察商情，或查访民情土俗、古迹及金石碑板之文"，"各口领事官亦皆有月报，见闻所及，必详录之。而教士及绅民之游历各国者，又各以所见闻著录成书"，故而英国对于"中国山川道里、人情风俗无不周知，中国官吏于所辖地情形有不能知者矣"[5]。总体而言，郭嵩焘对于古物，除以为国家可以用收藏古画的手段来使"习画者"模仿学习，造就人才之外，古迹和金石碑版之文，亦是可以了解山川道里、人情风俗的资料来源。

1877年左右，与郭嵩焘同赴欧洲的刘锡鸿到英国南肯辛顿观看最新的印刷术，发现"英国人最好古，零铜碎瓦，破履敝冠，无不珍之。字则虽市易借欠之券，凡数百年上者，咸视若拱璧，匣以玻璃，供人玩览，亦汉鼎晋砖、盘古卉衣、羲皇幞头之类也"[6]。同年随郭嵩焘一同赴此的张德彝亦发现南堪兴坦印书处旁有集古阁，"内列大桌四行，满置玻璃罩匣，存储古时图书……英人最

---

[1] 郭嵩焘：《伦敦与巴黎日记》，钟叔河主编：《走向世界丛书（Ⅳ）》，长沙：岳麓书社，2008年，第190页。

[2] 郭嵩焘：《伦敦与巴黎日记》，钟叔河主编：《走向世界丛书（Ⅳ）》，长沙：岳麓书社，2008年，第220、391页。

[3] 郭嵩焘：《伦敦与巴黎日记》，钟叔河主编：《走向世界丛书（Ⅳ）》，长沙：岳麓书社，2008年，第568、569页。

[4] 张德彝：《随使英俄记》，钟叔河主编：《走向世界丛书（Ⅶ）》，长沙：岳麓书社，2008年，第635页。

[5] 郭嵩焘：《伦敦与巴黎日记》，钟叔河主编：《走向世界丛书（Ⅳ）》，长沙：岳麓书社，2008年，第802、803页。

[6] 刘锡鸿：《英轺私记》，钟叔河主编：《走向世界丛书（Ⅶ）》，长沙：岳麓书社，2008年，第179、180页。

市场、观念与国家
近代中国文物保护制度的形成（1840—1934）

好古，凡前代断铜碎瓦、破履敝冠，无不珍惜，甚至数百年前之借券，亦视如拱璧，什袭藏之，供人玩赏。嗜古成癖，与我华人有同好焉"[1]。在描述性的语言上，两人表现出惊人的相似，以至于朱维铮认为刘锡鸿抄袭[2]，但在对英国人"好古"这一点上，刘锡鸿认为英国人的好古类似于"盘古卉衣、羲皇幞头"，有些荒诞不经，而张德彝则认为英国人"与我华人有同好焉"，但均未表现出特别的议论。

稍后接替郭、刘二人的曾纪泽，开始表现出不同眼光，在他眼里，这些古物和工艺乃至"富民"都有关系。1879年曾纪泽在巴黎参观了一次"小赛会"，发现"法国磁器、丝绣，日精一日，而家家皆酷嗜中国古磁、顾绣，其理不甚可解"，继而他思考中国的古瓷和顾绣，对于中国而言似无新奇，不过对于法国而言，却正可以做参考以提高自身工艺，"人方欣羡吾之所有，自愧弗如而日事探讨，盖不独民间好之，国之官长亦留意经理，为政务之一大端，颇有周官考工之遗意。盖中国有留心时事者，于此等细微器物，亦肯整理而精进焉，或亦富民通商之一助也"[3]。整理诸如古瓷和刺绣等物品，可以精进工艺，成为富民通商之一助。关于中国古物，他亦有自己的看法，他认为当时的欧洲"至于家常日用之器物，无一不刻镂绘画，务求精美"，当是因为欧洲风俗文物来源于亚细亚，和中国上古接近，故而中国上古遗留下的"尊、罍、斝、盏、柈、禁、坫、洗"等物品，亦是如此，所以中国上古工艺发达，可能还有不少机器，只是后来财货渐绌，机器之法失传，故而"观今日之泰西，可以知上古之中华"，"观今日之中华，亦可以知后世之泰西"[4]，中华上古的古物便是中国工艺先进的象征。正因为曾纪泽对于古物工艺价值的体悟和重视，他在巴黎期间，很是留心流落到法国的古物状况，比如他与古玩商人马锦章交往，还经常去马锦章、哈庆堂所开

---

[1] 张德彝：《随使英俄记》，钟叔河主编：《走向世界丛书（Ⅶ）》，长沙：岳麓书社，2008年，第454页。

[2] 参看朱维铮：《使臣的实录与非实录》，朱维铮：《求索真文明》，上海：上海古籍出版社，1996年，第148页。

[3] 曾纪泽：《出使英法俄国日记》，钟叔河主编：《走向世界丛书（Ⅴ）》，长沙：岳麓书社，2008年，第168页。

[4] 曾纪泽：《出使英法俄国日记》，钟叔河主编：《走向世界丛书（Ⅴ）》，长沙：岳麓书社，2008年，第177、178页。

第三章　旧物维新：晚清古物观念变化及古物保存意识的产生（1840—1909）

的中国古玩局"纵观极久"[1]。古物因为事关工艺，工艺进步又有助于富民通商，所以在曾纪泽思想中，表现出与此前不甚一致的古物观念。

　　古物和工艺的关系在近代以来的博览会（赛会）中亦得到体现。1876年受托赴美国费城考察博览会的李圭便详细记录了自己的观察。无论是李鸿章为李圭《环游地球新录》所撰的序言，还是李圭在书中本身，均谈到1876年美国在费城召开"百年大会"或"赛奇会"，是"广集各国珍玩古器、日用服御、生潜动植诸物"[2]，"广集天下宝物、古器、奇技、异材，互相比赛，以志其开国百年之庆"[3]。李圭观察到中国赴会之物有七百二十箱，包括各省绸缎、雕牙、玩物、银器和贵重之物，"左列武林胡观察景泰窑器；右列粤省漆器、绣货、镜屏；后列各式乌木椅榻；再后为宁波雕木器，海关经办的瓷器，及粤人何幹臣各种古玩"[4]，而最受欢迎的便是瓷器、雕花器、景泰器、铜器、漆器等，洋人之所以赛会，"盖皆为有用之品，可以增见识，得实益，非若玩好，仅图悦目者也"[5]，所以质地优良的古物当有实际的益处。几个月后，李圭游览了英国的大英博物馆和南肯新登博物院，他发现"根性登、百利替施两博物院，古物居多，盖知古乃能通今，援古乃可证今"。收藏古物的两个英国博物院，"皆准博物之士及塾中生徒，随意进内考察学习。司事多文人，不仅详告游人，而尤加意博访，以广识见，以益智巧。非有所矜侈也，其广识见、益智巧，亦正欲与众共之，制甚善也"[6]，收藏在博物院内的古物不仅对公众开放，还有专人进行讲

---

[1] 曾纪泽：《出使英法俄国日记》，钟叔河主编：《走向世界丛书（Ⅴ）》，长沙：岳麓书社，2008年，第530页。

[2] 李鸿章：《环游地球新录》序，钟叔河主编：《走向世界丛书（Ⅵ）》，长沙：岳麓书社，2008年，第191页。

[3] 李圭：《环游地球新录》，钟叔河主编：《走向世界丛书（Ⅵ）》，长沙：岳麓书社，2008年，第201页。

[4] 李圭：《环游地球新录》，钟叔河主编：《走向世界丛书（Ⅵ）》，长沙：岳麓书社，2008年，第206页。

[5] 李圭：《环游地球新录》，钟叔河主编：《走向世界丛书（Ⅵ）》，长沙：岳麓书社，2008年，第207页。

[6] 李圭：《环游地球新录》，钟叔河主编：《走向世界丛书（Ⅵ）》，长沙：岳麓书社，2008年，第287页。

解，不仅增长见识，还可"益智巧"，并且能与社会共享，李圭认为这是很好的做法。

后来李圭又前往日本，参观了日本大阪的博物院，发现大阪博物院"仿西法开办，广人见识"，陈列品除了各国货物机器外，还有"各种化石，有枯木成石、骨殖成石，皆历久所变化者。又有历代君后冠服、刀剑器皿及男女骸骨胎胚、鸟兽虫鱼皮骨，即中华之金石碑帖字画亦有之。如见宋徽宗白鹰、朱文公墨迹，宋元板书籍，皆世所宝贵者"[1]，此时的日本正处在奥地利博览会之后举国利用博览会形式发展美术工艺的阶段，所以李圭在大阪所见的博览会，正和前述王韬在京都与长崎看到的博览会类似，博览会中的书画古物，成为推动美术工艺进步的工具。

随着1890年以来中国经济的恶化，发展实业，进行商战，物质竞争成为此一时期的主题。此时出使域外的薛福成便认为金石古物，无论是考究历史，还是作为商品进行商战，均有其价值。他听说"欧洲好古之人有掘得古碑者，读其文为番汉合璧"，据此碑考证出"今之土耳其文，实以突厥文为根源；而详考土耳其之先，乃突厥之苗裔也"，"史册失于纪载，乃一二千年后，考古之士能求得之，亦奇矣"[2]，"西人好古如性命""俄罗斯之东部，如西伯利亚等省……自古未闻有著名大国也。然闻其地多古迹，西人之往游历者，极意搜罗，或于地中挖得最古金石，设法携出"[3]。1892年他知道"中国古瓷器向为西人所爱玩"，遂准备了一些景泰蓝赠送给英皇次孙瑶克（York）公，被称为"第一上等礼物"[4]。古物同时更是商品，如他写道"西人尝谓谋国之要有三，曰安民、曰养民、曰教民"，其中养民第九法，便是设博物院，陈列古今中外物品，

---

[1] 李圭：《环游地球新录》，钟叔河主编：《走向世界丛书（Ⅵ）》，长沙：岳麓书社，2008年，第321页。

[2] 薛福成：《出使日记续刻》，钟叔河主编：《走向世界丛书（Ⅷ）》，长沙：岳麓书社，2008年，第470、471页。

[3] 薛福成：《出使日记续刻》，钟叔河主编：《走向世界丛书（Ⅷ）》，长沙：岳麓书社，2008年，第524页。

[4] 薛福成：《出使日记续刻》，钟叔河主编：《走向世界丛书（Ⅷ）》，长沙：岳麓书社，2008年，第792页。

第三章　旧物维新：晚清古物观念变化及古物保存意识的产生（1840—1909）　　111

以备考究，发展实业[1]，而中国若想发展经济，振兴商务，则必须讲求工艺。扩充商务有八法，其中第六为"设赛会，仿英、法、德、美、日本办法，建设会场，罗列珍奇，所以广见闻、资则效，开风气，旺贸易，法至良也"[2]，"日本自设工艺学塾以来，仅十有七年，其工艺大学院之设仅十年，造就人才已不少，大学院中董劝之人，皆贵官爵绅，有二西人赞襄其间。而其工艺之精进，有出人意料之外者"[3]，这里的日本工艺学塾，当指日本东京上野的美术学校。1892年，薛福成从驻英税务司金登干处得到了《光绪十七年通商各关华洋贸易总册》，看到福州出口土货本当"首重茶务，近有江河日下之势"，而如竹竿、鸭毛、古玩、水果等，不过是出口的小宗[4]，可见当时作为出口的正规货物"古玩"，一方面既是普通的礼物和出口商品，同时也是振兴商务，提高工艺的参考。1898年，《万国公报》称："西国之所谓美艺者，乐以宣天籁，诗以道人情，穷目力以范山模水，练手法以追金琢玉。虽仅可观之小道，实亦致富之奇谋。西国知之，兼设保护之法，以培植心清骨秀之才。反是以观，则知中国之贫，良缘于美艺之劣。"[5]这里的"美艺"，包括音乐、诗歌、绘画和金玉雕刻，而古代绘画和古代金玉工艺品，无疑当属于"美艺"，虽然承载着古物的"美艺"是"小道"，但一国的贫富，也常常和它有关系。

庚子之后，面临内外窘迫的形势，海外旅行者如梁启超在异国看到中国古物时，依然延续了此前用工艺救国的思路，他认为西方的学术根源于绘画，所以倡导除诗界革命之外，在画界也要革命，"西方学艺盛希腊，实以绘画为本支"，而郑秋蕃画"君画家法兼中外，蹊径未许前贤窥"，可以说已经开启了画

---

[1] 薛福成：《出使日记续刻》，钟叔河主编：《走向世界丛书（Ⅷ）》，长沙：岳麓书社，2008年，第589页。

[2] 薛福成：《出使日记续刻》，钟叔河主编：《走向世界丛书（Ⅷ）》，长沙：岳麓书社，2008年，第599页。

[3] 薛福成：《出使日记续刻》，钟叔河主编：《走向世界丛书（Ⅷ）》，长沙：岳麓书社，2008年，第441页。

[4] 薛福成：《出使日记续刻》，钟叔河主编：《走向世界丛书（Ⅷ）》，长沙：岳麓书社，2008年，第652页。

[5] 《富强新策第七章论诚实》，《万国公报》第117册，1898年，第18004、18005页。

界革命[1]。1903年5月在波士顿美术馆（Boston Museum of Fine Arts）中，梁启超看到"其中陈设之璀璨瑰玮，吾固数见不鲜，不复缕述。所最令余不能忘者，则内藏吾中国宫内器物最多是也。大率得自圆明园之役者半，得自义和团之役者半。内有文宗所用之表，云是俄罗斯皇室所赠者，其雕镂之精巧，殆无伦比……其余雕玉物品、雕金物品、古近磁器凡数百事，并庋一龛，不遑枚举。余观其标签，汗颜而已"[2]，这些古物正陈列在波士顿美术馆中，不过梁启超亦并未指明"美术"和"古物"的关系，然而约在同时，夏曾佑却指出"民权、国会、革命、流血为欧人富强所本，而艺术为末"[3]，将"艺术"即制造和欧人的富强联系在一起。"美术殖产"虽早在曾纪泽已表露苗头，但借助源自日本的"美术"观念，康有为明确论述了"古物"和制造的直接关系，并在"国家"观念的背景下提出要保存"古物"，他在1904年参观了罗马城之后写道：

> 二千年之颓宫古庙，至今犹存者无数……今都人士皆知爱护，皆知叹美，皆知效法，无有取一砖者，拾其一泥者，而公保守之，以为国荣……夫以（罗马）诸巨富者之讲求土木，不惜巨赀。其玲珑窈窕，花样新奇，皆几经匠心，乃创新构。若如日本之日光庙及奈良庙，游者收赀，岁入数十万。而所存美术精品，后人得由此益加改良进步，则其美术岂不更精焉？乃不知为公众之宝，而一旦扫除，后人再欲讲求，亦不过仅至其域，谈何容易胜之乎？[4]

虽然康有为这里的"美术"依然指"精技"，但日本日光庙和奈良庙中所存的"美术精品"，无疑可为后人用来改良工艺达到进步的资源，使得美术更"精"。具有"美术"性质的古物，能成为推动工艺进步的资本；而中国不保存

---

[1] 梁启超：《新大陆游记及其他》，钟叔河主编：《走向世界丛书（X）》，长沙：岳麓书社，2008年，第634页。

[2] 梁启超：《新大陆游记及其他》，钟叔河主编：《走向世界丛书（X）》，长沙：岳麓书社，2008年，第480页。

[3] 夏曾佑：《论中国自治之难》，《中外日报》1903年12月4日。

[4] 康有为：《欧洲十一国游记二种》，钟叔河主编：《走向世界丛书（X）》，长沙：岳麓书社，2008年，第115、116页。

第三章　旧物维新：晚清古物观念变化及古物保存意识的产生（1840—1909）

古物，便会导致古代精技工艺失传，从而在与欧美的竞争中处于下风，从这个逻辑出发，康有为写道：

> 故中国数千年美术精技，一出旋废，后人或且不能再传其法。若宋偃师之演剧木人，公输、墨翟之天上斗鸢，张衡之地动仪，诸葛之木牛流马，南齐祖冲之轮船，隋炀之图书馆能开门掩门、开帐垂帐之金人，宇文恺之行城，元顺帝之钟表，皆不能传于后，致使欧美今以工艺盛强于地球。此则我国人不知崇敬英雄，不知保存古物之大罪也。然不知崇敬英雄，不知保存古物，则真野蛮人之行，而我国人乃不幸有之。则虽有千万文明之具，而为二者之扫除，亦可耗然尽矣……至令中国文明，不得追埃及、印度、雅典、罗马之后，真可愤也[1]。

在参观了罗马首王罗慕路之故宫后，康有为认为"其古工之朴厚坚致以遗后人，而后人之能敬礼英雄保存古物，二者交美，皆令中国人深愧者也"[2]。古迹不仅关乎工艺，1904年康有为游览庞贝古城后写道："火山之上覆移尽，则墙园、道路、室阶、像设、器物、食品、玩具、图画、字迹一一具存，班（斑）驳壮丽。游之如在二千年前罗马古国中，见其人物风俗也。此为地球第一之大古玩。而所关于政治、文化、风俗之法戒，以为进化退化比较之具，亦莫大之鉴矣。"[3]和三十余年前的志刚相较，康有为眼中庞贝城出土的各类古器物，可成为后世考究进化退化的资料，这既说明了康有为的学养视角和志刚等人的差别，而"进化退化"的观念，亦提示出古物观念的更新。康有为笔下的古物，不仅关乎工艺，更有关文明，"足感动人心，或增益民智"[4]，当他先后在欹规

---

[1] 康有为：《欧洲十一国游记二种》，钟叔河主编：《走向世界丛书（X）》，长沙：岳麓书社，2008年，第116、117页。

[2] 康有为：《欧洲十一国游记二种》，钟叔河主编：《走向世界丛书（X）》，长沙：岳麓书社，2008年，第110页。

[3] 康有为：《欧洲十一国游记二种》，钟叔河主编：《走向世界丛书（X）》，长沙：岳麓书社，2008年，第77页。

[4] 康有为：《欧洲十一国游记二种》，钟叔河主编：《走向世界丛书（X）》，长沙：岳麓书社，2008年，第118页。

味博物院和乾那花利博物院中看到自圆明园和庚子年间从大内流落出来的"中国内府图器珍物在此无数"时，慨叹道"中国几亡，黄种几灭绝"[1]，这些"内府珍器，陈列满数架，凡百余品，皆人间未见之瑰宝，精光射溢，刻籀精工"，"皆中国积年积世之精华，一旦流出，可痛甚哉？"[2]古物背后的"国家"观念亦表露无遗。正因为中国不能保存古物，使得精良工艺失传，"至令中国文明，不得追埃及、印度、雅典、罗马之后，真可愤也"。"古物"通过"工艺"的渠道和"国家文明"发生联系，由此折射出19世纪末20世纪初中国士人的物质救国心理。正因为古物重要，而法国大革命恰恰"以革命故，流血断头，殃及善良，祸贻古物"，"毁全国寺院，崇塔巨刹皆烬"，"穷天地古今之凶残，未有比之"[3]，所以此或成为康有为反对革命的理由之一。

1906年，出洋考察宪政五大臣之一的戴鸿慈，与端方一起参观了美国纽约的大都会美术馆，在戴鸿慈笔下准确记录了"美术院"。"与午帅带参随等观美术院"，戴鸿慈发现美术院中"藏瓷器、铜器、油画、塑像、泥器、古物及甲胄兵器至夥，而我国珍宝玉玩厕其间者亦不少"[4]，古物、塑像、甲胄兵器和珍宝玉玩等都属于"美术品"而被收藏。与此作为对比的是"博物院"，博物院中"备列禽兽鱼虫，种类万殊；并列五洲蛮俗器物，以考其生活之程度"[5]，中国古物不在"博物院"而在"美术院"中，反映了当时美国对中国艺术的认识。在伦敦，戴鸿慈参观了大英博物馆，他评论道"各国博物院，大都以搜罗古物为最多，故凡历史上有关系之器物、文字，与夫野蛮时代饮食日用之具，皆宝贵庋

---

[1] 康有为：《欧洲十一国游记二种》，钟叔河主编：《走向世界丛书（Ⅹ）》，长沙：岳麓书社，2008年，第215页。

[2] 康有为：《欧洲十一国游记二种》，钟叔河主编：《走向世界丛书（Ⅹ）》，长沙：岳麓书社，2008年，第220页。

[3] 康有为：《欧洲十一国游记二种》，钟叔河主编：《走向世界丛书（Ⅹ）》，长沙：岳麓书社，2008年，第316页。

[4] 戴鸿慈：《出使九国日记》，钟叔河主编：《走向世界丛书（Ⅸ）》，长沙：岳麓书社，2008年，第358页。

[5] 戴鸿慈：《出使九国日记》，钟叔河主编：《走向世界丛书（Ⅸ）》，长沙：岳麓书社，2008年，第358页。

第三章　旧物维新：晚清古物观念变化及古物保存意识的产生（1840—1909）

藏之，所以觇人民进化之程度，与夫美术、工艺之沿革也"[1]，"古物"显然成为考察人民进化程度和"美术""工艺"沿革的尺度。在这里戴鸿慈见到有来自清宫大内的"内廷两方玉玺"，发现"吾国宫内宝物流传外间者不少，此其一矣。若叩所从来，固亦凡国民所铭心刻骨、永不能忘之一纪念物也"[2]。同年他在德国柏林参观了"古器博物院"，"此院多存古物及各国器具，大抵十六七世纪之物为多，如牙器、骨器、漆器、木器、铜铁金石器、瓷器、钿器、药器，大都古制"，"中国瓷器，有十七世纪所造者，一则本国所购，一则得之波斯"，"中国铜器尊壶数事，古色斑斓，最为可宝"，"所陈多多益善，盖陈列器皿，原所以考其进化之沿革"[3]，这里的进化，当指"工艺"由低到高的发展。他在挪威参观了"那京公家博物院"，看到"所藏石、铁、木、陶诸器，悉按次序列"，从而感悟到中国"吾民生活程度日以退减，即一器物，莫不受其影响"[4]，在参观完德国人类博物院后，亦感慨"观此，可知吾国内地人民进化之缓矣"[5]。在戴鸿慈的笔下，"美术"和"博物"两个词亦有明确的区分，如奥地利贵胄学堂"美术室列古像、古器、古钱、古尸等，为历史考证之用"，"博物室，备列动植矿物，又附小园，杂种花木，以供植物之研究"[6]，戴鸿慈观察到的欧美国家，将古物视为"美术"，陈列在美术院或博物馆中，用来展示"人民进化程度，与夫美术、工艺之沿革"，若将戴鸿慈与稍前的梁启超相比，两者都参观了美国的著名美术馆，然而戴鸿慈就明确指明"美术"和"古

---

[1] 戴鸿慈：《出使九国日记》，钟叔河主编：《走向世界丛书（Ⅸ）》，长沙：岳麓书社，2008年，第378页。

[2] 戴鸿慈：《出使九国日记》，钟叔河主编：《走向世界丛书（Ⅸ）》，长沙：岳麓书社，2008年，第378页。

[3] 戴鸿慈：《出使九国日记》，钟叔河主编：《走向世界丛书（Ⅸ）》，长沙：岳麓书社，2008年，第400页。

[4] 戴鸿慈：《出使九国日记》，钟叔河主编：《走向世界丛书（Ⅸ）》，长沙：岳麓书社，2008年，第460、461页。

[5] 戴鸿慈：《出使九国日记》，钟叔河主编：《走向世界丛书（Ⅸ）》，长沙：岳麓书社，2008年，第401页。

[6] 戴鸿慈：《出使九国日记》，钟叔河主编：《走向世界丛书（Ⅸ）》，长沙：岳麓书社，2008年，第471页。

物"的关系，进而意识到"古物"和"工艺"水平相关，而梁启超似乎显得较为懵懂，或是戴鸿慈作为五大臣出使，他的幕僚团中当有精通西学之人。

外洋游记中的古物，展示了"美术"观念和"国家意识"兴起前对古物的朴素认识，在传统观念中，古物或为鉴赏玩好之物，或是用古文字考证经史的评价，但当国人踏出国门发现外人会将古物珍藏在公共机构之时，便会揣测其用意。在晚清物质至上的思想环境下，"古物"和工艺、商业开始相关，伴随古物"新价值"的发现，古物的保存遂迫在眉睫。1901年梁启超在《中国史绪论》中写道"德国哲学家埃猛挐济氏曰，人间之发达凡有五种相：一曰智力（理学及智识之进步，皆归此门），二曰产业，三曰美术（凡高等技术之进步，皆归此门），四曰宗教，五曰政治。凡作史、读史者，于此五端忽一不可焉"[1]，美术包括高等技术进步，是历史著作不可缺少的部分。1902年他在《论民族竞争之大势》中又写道，"近四百年来，民族主义，日渐发达……此主义既行，于是各民族咸汲汲然务养其特性，发挥而广大之，自风俗习惯法律文学美术，皆自尊其本族所固有，而与他族相竞争，如群虎互睨，莫肯相下"[2]"美术"既然成为民族竞争的重要场域，那么承载了"美术"的古物亦当与"民族"联系。庚子之后，伴随民族主义的高涨，古物衍变为民族和国家的象征。

第四节 赛会中的古物

1906年，戴鸿慈在《出使九国日记》自序中称"立于地圜之上，华离剖析，分合错峙，而名之曰国。国不能以虚名寄也，则必有与之而并立者矣。政事也、风俗也、言语也、文物也、宗教也、人种也，永永存在不可磨灭，如是者然后得谓之国"[3]，认为"国"不是一个虚名，需要落实在"政事""风俗""言语""文物"等上，细究文义，此处的"文物"当是传统用法，指代（礼乐）制

---

[1] 梁启超：《中国史绪论》（1901），梁启超：《梁启超全集（第二卷）》，北京：北京出版社，1999年，第448页。

[2] 梁启超：《论民族竞争之大势》（1902），梁启超：《梁启超全集（第四册）》，北京：北京出版社，1999年，第887页。

[3] 戴鸿慈：《出使九国日记》，钟叔河主编：《走向世界丛书（Ⅸ）》，长沙：岳麓书社，2008年，第295页。

第三章　旧物维新：晚清古物观念变化及古物保存意识的产生（1840—1909）

度，而非今天惯称的"古物"。不过"古物"最终还是和"国家"发生了联系，才会有晚清及当代利用国家力量保存本国古物的制度。古物与国家，尤其是古物与中国，在近代几乎成为同义词。如1906年即有报纸评论中国就是古董，并且是"世界最大之骨董也"，"其光泽虽足以照万世之后，然其死既久，故毫不见有生气之存"，"实为世界之玩赏骨董也"[1]。季剑青指出："在20世纪初年的语境中，'古物'这个旧词似乎被赋予了某种新的内涵……在这一特定的语境中，'古物'一方面指示着所在国家的悠久的历史，另一方面又暗示着这些国家可悲的现代境遇；'古物'的命运也是国家命运的隐喻：无力自主，任人掠夺和摆布。"[2]以民族国家为单位的近代赛会（博览会）中，中国常以古物作为自己的代表物品，这无疑也强化了中国"大古董"的国际形象。

中国参加博览会历史虽晚，但与博览会接触却早，作为世博会滥觞的1851年伦敦万国博览会（水晶宫博览会，Great Exhibition of the Works of Industry of All Nations），当时就有中国人参与并获得了奖牌。1866年，张德彝又游览了此地，他在游记中写道水晶宫"左有仿埃及、希腊、罗马、回回、土耳其、意大利各国之王宫庙宇"，"惟埃及国庙内，有其先圣先贤之像"，"再有鱼池、鸟架、假兽、鲜花，暨前四五百年英国人物之形象"[3]，虽然不能确知这里的"先贤之像"是古物还是仿古品，但对于张德彝而言，似乎未有实质性差别。1866年王韬游览了法国巴黎博览会，他在《漫游随录》中记道："法驻京公使伯君，于其中创设聚珍大会，凡中外士商有瑰奇珍异之物，皆可入会，过关许免其税。于是怀宝者自远麇至，美不胜收"[4]。19世纪中期，正是欧洲考古学初创之际，史前新发现层出不穷，所以巴黎博览会专门设置了史前工具部分，由著名考古学家莫

---

[1] 大东生：《支那杂观（一）》，《台湾日日新报》1906年9月13日，杂报03。

[2] 季剑青：《"私产"抑或"国宝"：民国初年清室古物的处置与保存》，《近代史研究》2013年第6期。

[3] 张德彝：《航海述奇》，钟叔河主编：《走向世界丛书（Ⅰ）》，长沙：岳麓书社，2008年，第502页。

[4] 王韬：《漫游随录》，钟叔河主编：《走向世界丛书（Ⅵ）》，长沙：岳麓书社，2008年，第93页。

尔蒂耶（Louis Laurent Gabriel de Mortillet）负责布置[1]，遗憾的是并未给王韬留下任何印象，这也说明王韬眼中"罩以玻璃"的古物还属于"宝器"之类，博览会亦不外乎是"聚珍大会"。

把博览会看作"聚珍会""赛宝会"，事实正是晚清至20世纪初期国人的普遍认识[2]，"吾国旧时赛会二字，不求本意，谬译曰赛珍，遂若赛会为炫奇斗异之举者"[3]。1866年总理衙门首度受邀参加法国巴黎博览会，即将此译为"聚珍大会"，"各国希奇货物无不集显"[4]，和王韬翻译如出一辙。1876年美国费城召开博览会，亦被译为"赛奇公会"，美驻华公使卫廉士致恭亲王奕䜣的照会中，要求中国选送"天生妙品土产、奇珍、制造精巧之物、博雅古董之类"[5]，总理衙门遂晓谕商民将"土产奇珍""妙品奇珍"送到费城参展[6]，于是在亲临费城现场的李圭眼中，中国参会物品虽有七百二十箱，但大多为"各省绸缎、雕牙、玩物、银器及贵重之品"，展厅"左列武林胡观察景泰窑器，右列粤省漆器、绣货、镜屏；后列各式乌木椅榻；再后为宁波雕木器、海关经办瓷

---

[1] 格林·丹尼尔著，黄其煦译：《考古学一百五十年》，北京：文物出版社，2009年，第94页。

[2] 古伟瀛：《从"炫奇"、"赛珍"到"交流"、"商战"：中国近代对外关系的一个侧面》，《思与言》1986年第3期。

[3] 《外交档》，《各国赛会公会》，02-20-18-2，《参加比国里黎业斯万国各种赛会》，光绪三十一年十月十七日收留欧美学生禀文，转引自赵佑志：《跃上国际舞台：清季中国参加万国博览会之研究》，马敏编：《博览会与近代中国》，武汉：华中师范大学出版社，2010年。

[4] 《外交档》，《各国赛会公会》，01-27-9-1，《法英等国聚珍聚宝会》，同治五年七月初九日法国照会，转引自赵佑志：《跃上国际舞台：清季中国参加万国博览会之研究（1866—1911）》，马敏编：《博览会与近代中国》，武汉：华中师范大学出版社，2010年。

[5] 《美驻华公使卫廉士致恭亲王奕䜣照会》，中国第一历史档案馆编：《清宫万国博览会档案》（第1册），扬州：广陵书社，2007年，第40页。

[6] 《外交档》，《各国赛会公会》，01-27-2-1，《美比邀请参与有关法制集会》，十二月二十五日给总税务司赫德札；八月二十二日美国公使卫廉士照会，转引自赵佑志：《跃上国际舞台：清季中国参加万国博览会之研究》，马敏编：《博览会与近代中国》，武汉：华中师范大学出版社，2010年。

器及粤人何斡臣各种古玩"[1]。除中国馆外，博览会的展品"所列之物，生成者为各种矿块、珠玉宝石、草木药料、男女骸骨、鸟兽虫鱼之质，以及海底各物，无所不有。人工所成者：古玩、五金器、石器、瓷器、木器、雕刻像、书画、图籍、呢、羽、丝、布，下至草履、竹筐、亦无所不有"[2]，总之"广集天下宝物、古器、奇技、异才，互相比赛"[3]。

正因将博览会理解成赛珍会，故而传统的古玩、字画等古物皆作为"奇珍"走进海外会场，成为博览会里中国的常规展品。1878年在法国巴黎召开"法国各国炫奇会"，因之前在奥地利和美国"所立赛奇公会均曾由总税务司斟酌办理"[4]，所以此次中国参会事宜还是交给了总税务司。总税务司按照赛会章程，准备了"新旧瓷器、瓦器、铜器、法金里蓝器、金银器……古玩字画……古钱、古砚、各色金石矿质"[5]等赴会。郭嵩焘亲临会场，他观察到1878年巴黎开设万国珍奇会，"百物罗列，奇光异彩，焜耀夺目"[6]。博览会又称会厂，"因阅埃及会厂，便于法人所设中国古磁及铜器玉器，日本铜器，及柬埔寨石刻"，"中国磁器凡数千品，大小具备，并精美，为近时所无。亦陈列古钱刀数百品，起周秦、迄明"[7]。黎庶昌记述展会中的中华公所，"售磁器、茶叶、

---

[1] 李圭：《环游地球新录》，钟叔河主编：《走向世界丛书（Ⅵ）》，长沙：岳麓书社，2008年，第206页。

[2] 李圭：《环游地球新录》，钟叔河主编：《走向世界丛书（Ⅵ）》，长沙：岳麓书社，2008年，第205页。

[3] 李圭：《环游地球新录》，钟叔河主编：《走向世界丛书（Ⅵ）》，长沙：岳麓书社，2008年，第201页。

[4] Inspector General's Circular（总税务司通令），Vol. Ⅱ, Second Series, 1876—1882. No. 12, Enclosure。转引自李爱丽：《中国参加1878年巴黎博览会述略》，《中国社会经济史研究》2003年第2期。

[5] 徐宗亮等编：《通商约章类纂》，《近代中国史料丛刊续编（第47辑）》，台北：文海出版社，1977年，第470册，第3483、3484页。

[6] 郭嵩焘：《伦敦与巴黎日记》，钟叔河主编：《走向世界丛书（Ⅳ）》，长沙：岳麓书社，2008年，第558页。

[7] 郭嵩焘：《伦敦与巴黎日记》，钟叔河主编：《走向世界丛书（Ⅳ）》，长沙：岳麓书社，2008年，第715页。

古铜器、雕刻象牙折扇独多"[1],可见参加展会的古物不仅是展品,更是商品。马建忠也到此"炫奇会"游览,观察到"炫奇会所以陈各国新得之法,令人细玩,会终标奖其最优者,原以激励智谋之士","中国赛会之物挂一漏万,中华以丝茶为大宗,而各省所出之䌷未见铺陈,各山所产之茶未见罗列,至磁器之不古,顾绣之不精,无一可取"[2],甚至认为中国选取的瓷器还不够古,不足以代表中国的水平。

以古物参加"赛珍会",并且追求愈古来体现中国的工艺水平,遂与实质上要求"赛新"的博览会产生了一种认识上的偏差。"赛珍"意识下的博览会,虽然1890年前后总署(海关总税务司署)已渐将"珍""宝""奇"字取消,多仅称赛会[3],然而如"风气转换之际之通人"薛福成所言,所谓开设赛会,当"仿英、法、德、美、日本办法,建设会场,罗列珍奇,所以广见闻、资则效,开风气,旺贸易,法至良也"[4],最终还是要罗列"珍奇"。在这样的认识下,中国参加历次博览会参展的商品,多以"江西的磁器,北京的景泰蓝,闽、赣的茶业,苏、杭的丝绸,苏、粤的绣货,广东的牙雕,福建的漆器为大宗",其他则是"古董、字画、玩物、桌椅、玉石"等[5]。古物作为晚清以来参加历次博览会的重要展品,不仅体现时人用传统"赛会"思维对于博览会"赛奇"性质的认知,并且在不经意之间塑造了一个"大古董"的中国形象。

1903年在日本大阪召开第五次内国劝业博览会,会中特设"参考馆一所,凡

---

[1] 黎庶昌:《西洋杂志》,钟叔河主编:《走向世界丛书(Ⅵ)》,长沙:岳麓书社,2008年,第481页。

[2] 马建忠:《上李伯相言出洋工课书》,陈占彪编:《清末民初万国博览会亲历记》,北京:商务印书馆,2010年,第103、104页。

[3] 赵佑志:《跃上国际舞台:清季中国参加万国博览会之研究》,马敏编:《博览会与近代中国》,武汉:华中师范大学出版社,2010年,第24页。

[4] 薛福成:《出使英法义比四国日记》,钟叔河主编:《走向世界丛书(Ⅷ)》,长沙:岳麓书社,2008年,第599页。

[5] 赵佑志:《跃上国际舞台:清季中国参加万国博览会之研究》,马敏编:《博览会与近代中国》,武汉:华中师范大学出版社,2010年,第56页。

第三章 旧物维新：晚清古物观念变化及古物保存意识的产生（1840—1909）

各外国出产制造品物货样足资参考裨益工业者，无不陈设馆中备众观览"[1]，清政府亦受到邀请，选派人员，择物参展。据《政艺通报》报道，大阪博览会"出品为二区，第一教育学术技艺门，即美术品古董学术上之器具；第二天产门及工艺门，即农业诸器具航海铁道蒸汽及电气用等之诸机械类"[2]，故而中国选送的物品当中，亦少不了古物，具体有"宜兴之陶器，景德镇之磁器、湖州杭州盛泽南京等处之绸缎……广东之象牙器、安徽之笔墨、汉口之铜器等"，以及"湖北制台送陈古玩数十件"[3]。1903年3月，钱单士厘游览了日本大阪博览会，参观了其中"主中之主"的"工艺馆"，发现其中陈列的物品"无一非本国人工所成"，其目的在于使览者"了然于其发达状况，用意全在工商"，而"华人向译此种会曰'赛珍'，曰'赛奇'，皆与会意相刺谬"[4]。4月，赴日本考察学务的缪荃孙也参观了大阪劝业会，他发现中国参展的展品被放在参考馆，多为古瓷、漆器和传统的丝绸等，"均用旧式，未能推陈出新，较之各国之物，均觉瞠乎其后"，"至机械教育，则并不能以一物争胜，可慨也"[5]。对比十余年前郭嵩焘、薛福成等人在博览会中对于中国古物的观感，可见20世纪初中国面临"机械"与"教育"的压力，使得不再认为"古物"可以代表中国的理想形象，取而代之的则是新式机械和教育，"古物"反而成为国家技术落后的象征。

在其余国家以新式机械、工业、农业产品参展的同时，中国选择以古物参展的做法在1904年美国圣路易斯博览会上发展到极致。1904年，美国召开圣路易斯博览会，清廷派送参展的物品有城市景观照片、中国各地地图、古铜器、古瓷

---

[1] 《日本第五次内国劝业博览会通知及章程》，中国第一历史档案馆：《晚清中国参加日本大阪第五届劝业博览会史料》，《历史档案》2005年第4期。

[2] 《日本第五次赛工艺章程（续前完）》，《政艺通报》1902年第13期。

[3] 《日本博览会评论中国物品》，《政艺通报》1903年第17期。

[4] 钱单士厘：《癸卯旅行记·归潜记》，钟叔河主编：《走向世界丛书（X）》，长沙：岳麓书社，2008年，第686页。

[5] 缪荃孙：《日游汇编》，王保平主编：《晚清中国人日本考察记集成：教育考察记（下册）》，杭州：杭州大学出版社，1999年，第534页。

器、古钱币、度量衡器具和各种古籍等[1]。在会场上，景泰蓝与"古代陶瓷、青铜珐琅等并置"，"古器中以盛清宫廷中的桃花红球瓶最受瞩目"，除此之外，还有玉器、汉砖、刺绣和武梁祠拓片等，而湖北参展的二百件古物和端方借出的所藏古铜器、瓷器，均引起参观者注意，"无论就种类或数量而言，圣路易博览会中的中国古代文物十分突出"[2]，但这些古物往往只被看作是精美的工艺品，物物标有价格，且皆为商品，似乎并未被看作是中国文化传统的象征物。在会场上仅陈列古物，有时候竟成为亡国的象征。如时人观察"至于与会各国，若英、若法、若德，穷精极巧，各有其强大不可摧折之慨。后进入日本、澳大利、比利时等，皆各有骎骎日上之势。其外已亡之国，如埃及、波兰、印度、安南等，入其室则古物一二件，色败尘封，凄凉满目"[3]，故而中国的参展物品亦受到指责，被认为是有辱国体。"海关承办之物，不外古董、玉器、丝绸、瓷器、苏杭扇箑、宁波木器、笔墨等类"，如美国段内之中国物"有中国黄龙、绣幔、商鼎、汉砖、古瓷等类。云是在北京所得，其外又有旧金山海口圈禁华人木屋"，英国段内之中国物，"有中国瓷器多品，云是在某处战胜时得"[4]。只陈列古物而缺乏现代工业制造品，甚者更以鸦片烟具、小脚弓鞋、城隍庙塑像置于中国馆展出，以至于时评认为圣路易会场中国的展示实为"国耻"，归因则是将展览策划全委托于海关所致。"吾外务部以搜罗物品之任授之于客员之税务司，彼辈外人，宁有为吾国保全国体之心？"海关洋员"罗致各物，往往杂以吾国极野蛮之器具，如窄小之弓鞋、黑狱之烟具，皆置于吾国出品内，外人过者，

---

[1] *China: Catalogue of the collection of Chinese Exhibits at the Louisiana Purchase Exposition St. Louis, 1904*, Published By Order of the Inspector General of Customs, Shallcross Print, St, Louis.

[2] 王正华：《呈现"中国"：晚清参与1904年美国圣路易万国博览会之研究》，马敏主编：《博览会与近代中国》，武汉：华中师范大学出版社，2010年，第97、98页。

[3] 张继业：《记散鲁伊斯博览会中国入赛情形》，陈占彪编：《清末民初万国博览会亲历记》，北京：商务印书馆，2010年，第121、122页；《政艺通报》第7期，1905年。

[4] 张继业：《记散鲁伊斯博览会中国入赛情形》，陈占彪编：《清末民初万国博览会亲历记》，北京：商务印书馆，2010年，第124、125页。

第三章　旧物维新：晚清古物观念变化及古物保存意识的产生（1840—1909）

无不嗤之以鼻"，"此次出品，名曰陈赛，实无异于献丑也"[1]。

世博会上屡次用古物代表中国的做法在1904年圣路易博览会后日益引起开明官吏、留学生及商人的不满。直隶总督袁世凯在1905年径道"前年日本之会，中国内地七省未明劝业宗旨，或羼古器，或杂凡品。上年美国之会场中设中国村，罗列广东庙宇、酒店、戏园、茶寮、烟馆暨卜星相之肆，为人讥讽，见于报章"[2]，表明以"古物"参加博览会，实在有悖"劝业"宗旨。留欧学生及商人亦联名给外务部禀文，称"赛会以劝工商为大旨"，而中国展品"除商人绣磁扇子银饰外，佳者如古铜旧瓷，恶者如泥神木怪，皆不合于赛会之用"[3]。其实早在1900年中国参加巴黎万国博览会之际，中国便因展品多为古物而遭受"多属古物之讥评"[4]。不过在紧接圣路易博览会之后1905年比利时黎业斯（Liege）博览会上，中国展区"建中国博物院两间，市房十余间，宝塔一座，以便分设官货，安置浙商"，"所售有茶叶、瓷器、景泰蓝、绣货、绸缎、古玩、玉器、雕刻、木石诸种"，还是将古物作为工艺品和商品出售，延续了在圣路易的做法[5]。

自中国首次参加世博会以来，"古物"便是重要展品，不过及至1908年，此种意识逐渐改变，如留英学生林汝耀首先指出：

> 各国之设博览会，本为推广制造，振兴商务起见。是以入会者

---

[1]《圣路易会之国耻》，《东方杂志》第1卷第7号，1904年。

[2] 袁世凯：《为详陈筹办米兰渔业赛会事》（光绪三十一年八月二十九日），中国第一历史档案馆编：《清宫万国博览会档案》（第4册），扬州：广陵书社，2007年，第1853页。

[3]《为详陈赛会利害请归商部自办极力整顿事》（光绪三十一年八月十五日），中国第一历史档案馆编：《清宫万国博览会档案》（第1册），扬州：广陵书社，2007年，第917页。

[4]《苏州关为比利时赛会事照会苏商总会》（光绪三十四年二月初六日），华中师范大学历史研究所、苏州市档案馆合编：《苏州商会档案丛编（第一辑）》，武汉：华中师范大学出版社，1991年，第498页。

[5] 杨兆鋆：《恭报附会并称会场情形疏》（1905年4月11日），陈占彪编：《清末民初万国博览会亲历记》，北京：商务印书馆，2010年，第150页。

必择其国之名产，或陈或新，争奇斗巧，以取胜于一时。或加功而效法。故他国每与一会，必得无数上赏，且其制造亦日有进步。而吾国赛品，则仍梏劣如初，一若无甚感觉也者，或尚未明赛会之本意耳。使竟长此不改，窃恐否与百会，亦终无用，非云取胜，徒见绌耳〔1〕。

博览会本意是推广制造，振兴商务，而中国却屡用古物等"梏劣"之物赴会，结果"人皆赛新，而我独赛旧，亦属耻事"，所以他号召参加1908年爱尔兰都柏林博览会之时，"凡粗笨器皿，以及古董珍品之类，切勿多带"，因为值此国与国商战剧烈之际，"当先讲求工艺，然后可以振兴商业"，然而"跋涉重洋，运赛古董窳器，欲与外国新巧之物，争奇斗胜，扩充商业，是犹缘木求鱼，多见其不自量也"〔2〕。在强调"制造"和"商战"的思路下，作为商品的"古董"并不能和国外的"新巧之物"竞争，也不能成为"扩充商业"的依靠。

1909年5月，农工商部亦就中国出展货品办法之事咨行各省，指出"各国比赛工艺，所以求新，非所以考古"，主张"中国旧有一切古玩均可不比往赛"〔3〕，自此，古物才逐渐淡出世博会上的中国舞台。在1866—1911年的46年间，中国共收到至少80次世博会邀请，"清廷组团参加13次，寄物参展6次，派员莅会11次"〔4〕，据学者统计，中国在博览会上的展品总体而论，可分为五类："一是农渔牧及其副产品，如五谷杂粮、棉花、茶、烟草、渔品、狩猎品、药材等；二是矿产品及其初级制品，如铜、铁、金、玉、银等；三是手工制品，如绸缎、绣货、漆器、磁器、雕器、木竹制品、蜡、扇子等；四是体现中国文化的物品，如古玩、文房器用；五是体现中国人情风俗的物品，如烟具、拐杖、祭器、草舍、刑具、衙门模型等。"这五类展品中，"参展频率较高的主要是景泰蓝、丝绸、绣品、茶、雕器、磁器、玉器、竹器、古董，得奖的也大多是这些展

---

〔1〕 林汝耀：《谨告华商之与赛博览会者》，钟叔河主编：《走向世界丛书（Ⅱ）》，长沙：岳麓书社，2008年，第695页。

〔2〕 林汝耀：《谨告华商之与赛博览会者》，钟叔河主编：《走向世界丛书（Ⅱ）》，长沙：岳麓书社，2008年，第697、708页。

〔3〕 《古玩不列赛品》，《大公报》1909年5月14日第2446号第4版。

〔4〕 赵佑志：《跃上国际舞台：清季中国参加万国博览会之研究》，马敏编：《博览会与近代中国》，武汉：华中师范大学出版社，2010年，第60页。

第三章 旧物维新：晚清古物观念变化及古物保存意识的产生（1840—1909）

品"，所以"从1851年到1910年近60年时间里，中国展品几乎没有什么变化，更无质性变革，基本是'传统型'物品，很少'开创性'，近代机器及其制品几乎没有"[1]。而古物之所以会成为晚清中国参展世博会的重要物品，一则是早期世博会常被翻译为"赛珍会""赛奇会"，在传统语境和观念中，古物和古玩恰恰扮演"珍奇"的角色；再者富有中国文化特色的古瓷、古铜器、玉器、漆器等物品，亦成为负有实际筹展任务的海关洋员的首选。

在19世纪末20世纪初强调商战和制造的时代背景下，"古物"既是体现古代中国制造水平的"美术品"，又是在世界工艺制造水平快速发展潮流中体现中国工艺落后的"旧物"，这种"古"与"今"的内在矛盾造成了"古物"的吊诡内涵。因古物观念变迁、国粹运动兴起和新式国家观念的发轫，古物流失海外渐成"事关国体"的重要问题，世博会上亦少见了代表中国的古物陈列，然而新的"国耻"又接踵而来，在1915年巴拿马博览会上，屠坤华记道：

（世博会）原订十年以前之物，概不给奖且不准陈列。惟中日则以东亚古邦，美术迥异，可以古物陈列。然吾国古物，寥落无几。此为事前之遗误。外人见我无古，不胜骇异。予尝询其故，咸曰尔之今，不如古。予闻其言，不觉芒刺在背也。痛夫吾国之美术物，向皆藏于深山，度之私邸，既无公家博物院处，可以展览，而一般珍藏家，复以不轻示人为尚。于是美术之功能，不克普及。加以历朝天灾人患，环起迭乘。故家陵夷。商人嗜利流入外洋。尤不可胜数。尝闻美国摩尔根所收藏。纽约古玩店所购买。且倍蓰于我宫府也[2]。

古物参加博览会不能体现中国的工艺制造水平，是国耻；古物不能参加博览会，又遭到外国讥讽中国人不能保古，亦是"芒刺在背"的国耻。其实古物从来都是古物，实体意义上的古物从未发生过变化，之所以围绕"古物"会有如此矛盾的内在冲突，折射出近代中国在文化观念转型中的两难和尴尬，即如何安置传

---

[1] 洪振强：《国际博览会与晚清中国"国家"之形塑》，《历史研究》2011年第6期。
[2] 屠坤华：《1915万国博览会游记》，陈占彪编：《清末民初万国博览会亲历记》，北京：商务印书馆，2010年，第230页。

统文化。自西方而来以博物馆、美术馆为代表的古物"公藏",遂为晚清人提供了另一种思路。

第五节 从私藏到公藏

传统时期的古物收藏,见诸史册者,无外乎私人收藏与内府收藏,范围包括陶瓷、玉器、铜器、钱币、书法、绘画、碑帖、文具、石玩、印章、古籍、漆器等,这些收藏,"无论公家私人,都是为少数人的兴趣而收藏"[1],而收藏主体"一般是朝廷官宦、文人雅士,目的在于秘阁珍庋,书房清供,研究侧重证经补史,文字考订"[2]。晚清以来,对比西方国家和东邻日本的古物收藏模式——设立机构进行公藏后,清季士人遂对此一传统模式提出批评,指出私藏存在种种不足,从而倡议建立公藏机构——博物馆来对古物进行保存,并首次在国家层面,开启创设博物馆机构的努力。

中国人接触博物馆的最早实践似可追溯到1847年左右的福建人林鍼,他在游记中记述参观了美国纽约的某个博物院[3],"博古院明灯幻影,彩焕云霄(有一院集天下珍奇,任人游玩,楼上悬灯,运用机括,变幻可观)"[4],林鍼还牵连进一起英国商人将26名潮州人骗至纽约以举办人类学展示的事件,与卫三畏(Samuel Wells Williams)一道解救了被骗的潮州人[5]。1866年首次使西的斌椿、张德彝、志刚等人游览了欧洲的多处博物院,但仅是描述,未有评论。时隔不久亦游历英、法的王韬则对博物馆这种新式机构留下深刻印象,如他

---

[1] 李济:《古物》,《东南文化》2010年第1期。
[2] 李学勤:《中国收藏和西方收藏的异同》,《美术观察》1995年第6期。
[3] 林鍼参观的"博古院",当是纽约由娱乐界大亨菲尼亚斯·泰勒·尼纳姆(Phineas Taylor Barnum)开办、以休闲娱乐为主要特色的巴纳姆美国博物馆(Barnum's American Museum)。详情可参拙作:《中国近代早期博物馆史研究三题》,《博物院》2018年第2期。
[4] 林鍼:《西海纪游草》,钟叔河主编:《走向世界丛书(Ⅰ)》,长沙:岳麓书社,2008年,第36页。
[5] 详情可参The Romance of China: Excursions to China in U.S. Culture: 1776—1876一书中第5章。

第三章 旧物维新：晚清古物观念变化及古物保存意识的产生（1840—1909）

1868年游览了香港，发现这里"最近为博物院，中藏西国书籍甚夥，许人入内翻阅"[1]。他在法国去了访古院，访古院又名"缪齐英"，"院中专储古器，凡木石金玉、书画物玩，远至三千年，近亦数百载。其规模制度，俱可因是想见，故足资考鉴者之一助也"[2]，博物院中收藏的古物"足资考鉴"，并且"资"的对象也是"人人"。这层意思，他在游览完大英博物馆后讲得非常透彻：

> 英之为此，非徒令人炫奇好异、悦目怡情也。盖人限于方域，阻于时代，足迹不能遍历五洲，见闻不能追及千古；虽读书知有是物，究未得一睹形象，故有遇之于目而仍不知为何名者。今博采旁搜，综括万汇，悉备一庐，于礼拜一、三、五日启门，纵令士庶往观，所以佐读书之不逮而广其识也，用意不亦深哉？[3]

然而这段文字见著于报刊当在1887年，时间远在刘锡鸿《英轺私记》、张德彝《随使英俄记》之后。1877年，郭嵩焘、刘锡鸿、张德彝等出使英国，对于大英博物馆，张德彝记道：

> 夫英之为此，非徒令人观看以悦目怡情也。盖人限于方域，阻于时代，足迹不能遍历五洲，见闻不能追及千古，虽读书知有是物，究未得一睹形象，故遇之于目而仍不知为何名者，往往皆然。今博采旁搜，综括万汇，悉备一庐，每于礼拜一、三、五等日开门，纵令士庶往观，所以佐读书之不逮而广其识也[4]。

---

[1] 王韬：《漫游随录》，钟叔河主编：《走向世界丛书（Ⅵ）》，长沙：岳麓书社，2008年，第68页。

[2] 王韬：《漫游随录》，钟叔河主编：《走向世界丛书（Ⅵ）》，长沙：岳麓书社，2008年，第87页。

[3] 王韬：《漫游随录》，钟叔河主编：《走向世界丛书（Ⅵ）》，长沙：岳麓书社，2008年，第103页。

[4] 张德彝：《随使英俄记》，钟叔河主编：《走向世界丛书（Ⅶ）》，长沙：岳麓书社，2008年，第361页。

刘锡鸿则记录：

> 夫英之为此，非徒夸其富有也。凡人限于方域，阻于时代，足迹不能遍历五洲，耳目不能追及前古，虽读书知有是物是名，究未得一睹形象，知之非真。故既遇是物而仍不知为何者，往往皆然。今博采旁搜，综万汇而悉备之一庐。每礼拜一、三、五等日，放门纵令百姓男女往观，所以佐读书知不逮，而广其识也。英人之多方求洗荒陋如此[1]。

对比以上王韬、张德彝、刘锡鸿的记录，如出一辙，至于谁是原创，似可首先排除刘锡鸿。从时间先后来讲，出自张德彝之手的可能性较大。但无论此文出于张德彝还是王韬，大英博物馆"博采旁搜，综万汇而悉备之一庐"，"纵令士庶往观，所以佐读书之不逮而广其识也"的特点，显然已是他们的共识。郭嵩焘发现大英博物馆收藏了诸多古器，"古磁瓦器，罗列数万种，各分数院贮之。中国玉器、磁器及古剑之属，亦多至数百件"，"古铜、古器，碎片亦收贮之"，"其地礼拜二、礼拜四两日禁止游人，余日纵民人入观，以资其考览。博文稽古之士，亦可于所藏各古器，考知其年代远近，与其物流传本末，以知其所出之地"[2]，在博物馆普通民众都可考证所藏的各古器，"西洋各国究心古学，中国百不逮也"[3]。

1876年，李圭也注意到大英博物馆和南肯辛顿博物馆中的古物，他写道：

> 按根性登、百利替施两博物院，古物居多。盖知古乃能通今，援古乃可证今。故英人于此两院，惟书楼观书者须领凭而进，余皆准

---

[1] 刘锡鸿：《英轺私记》，钟叔河主编：《走向世界丛书（Ⅶ）》，长沙：岳麓书社，2008年，第113页。

[2] 郭嵩焘：《伦敦与巴黎日记》，钟叔河主编：《走向世界丛书（Ⅳ）》，长沙：岳麓书社，2008年，第137—140页。

[3] 郭嵩焘：《伦敦与巴黎日记》，钟叔河主编：《走向世界丛书（Ⅳ）》，长沙：岳麓书社，2008年，第565页。

第三章　旧物维新：晚清古物观念变化及古物保存意识的产生（1840—1909）　　129

博物之士及塾中生徒，随意进内考察学习。司事多文人，不仅详告游人，而尤加意博访，以广识见，以益智巧，非有所矜侉也，其广识见、益智巧，亦正欲与众共之，制甚善也[1]。

李圭认为博物院之所以收藏古物，是"知古乃能通今，援古乃可证今"，这种收藏形式可以广普通游人的识见，提高民众智巧，"与众共之"，是一种很好的制度。稍后一些的薛福成亦表达了类似的认识，他1890年认为"西洋诸国武备日新，文教亦蒸蒸日上"，其中一个重要原因就是大英博物馆［伦敦又有播犁地土（士）毋（母）席庵者］"为最大书院，中国经史子集无不收藏。男女看书者三百余人，早入暮归，且于中国圣人之道，无不悉心体会。英之文教盖如此"[2]。

如果说之前中国人对西方博物馆收藏古物的现象以"知古乃能通今，援古乃可证今"来理解，认为此种方式可以令民众"广识见"，有益于学问，那么1904年在康有为眼中，西方保存古物的目的并不在于发展古学，能否"保存古物"竟是区分"文明"与"野蛮"的一大标准。比如他说"不知尊崇英雄，不知保存古物，则真野蛮人之行，而我国人乃不幸有之"[3]，"入欧人之宅，其厅必遍挂古董异物以相争耀。亚洲人亦有名士故家藏古董者，然不悬于外，且若是之家亦甚渺，郡邑不易一二见也。故观室庐古物之多少，而其人民文野之高下可判矣"[4]。不过康有为抨击中国不知保存古物，且名士故家家中的古董不悬于外，其实和晚清以来的士林风气并不相符。康有为的用意或在于仿效欧洲，督促清廷用国家的力量来保存古物古迹，他径言：

---

[1] 李圭：《环游地球新录》，钟叔河主编：《走向世界丛书（Ⅵ）》，长沙：岳麓书社，2008年，第287页。

[2] 薛福成：《出使英法义比四国日记》，钟叔河主编：《走向世界丛书（Ⅷ）》，长沙：岳麓书社，2008年，第775页。

[3] 康有为：《欧洲十一国游记二种》，钟叔河主编：《走向世界丛书（Ⅹ）》，长沙：岳麓书社，2008年，第116页。

[4] 康有为：《欧洲十一国游记二种》，钟叔河主编：《走向世界丛书（Ⅹ）》，长沙：岳麓书社，2008年，第119、120页。

今吾为国人文明计,盖有二者:一曰保存古物。考之各国风俗,皆有保全古物会。士大夫好古者,皆列名于中,而有官监焉。凡一国之古物,大之土木,小之什器,皆有司存。部录之,监视之,以时示人而启闭之。郡邑皆有博物院,小物可移者,则移而陈之于院中。巨石丰屋不可移者则守护之,过坏者则扶持之,畏风雨之剥蚀者则屋盖之,洁扫而慎保之。其地皆有影像与传记以发明之。有游观者,则引视指告其原委,莫不详尽周悉焉,而薄收其费[1]。

康有为建议中国学习欧洲,设立古物会,并且由国家调查保管古物,设立博物院,对观众进行讲解,并且略收费用,古物陈列在博物院内,自然是"公之于众",这就是"文明"的表现之一。

博物院公藏古物的形式给晚清游览域外的中国人留下深刻印象,其实早在1874年,英国驻华使馆汉文正使梅辉立(William Frederick Mayers)[2]在《中西闻见录》上就指出西方社会此一特色,他说"泰西各国京都大城,均有藏书及万物之院,以便详考者易于观览,其周备整足,以各国论之,未有过于英国之书籍博物院者也",英国博物院中收藏"书籍图画以及物产各类,专设巍峨堂所贮之,以助博物之学。嗣后尝有增益,四方古迹、金石山川鸟兽,大至犀象,小及雀鼠,无不去质存革,装以棉绪,使其立卧宛然如生",可知博物院中既收藏有古物,还有许多标本。"无论何人欲如此堂读书,均不禁止",这是因为:

国家不惜巨款,建此高堂大厦,购求经史典籍,珍禽奇兽天下万物,以扩充人之耳目之所不能及,思虑之所不能到者,且犹岁费数十万银,以济所用之需。任人入堂读书,使其多见多闻,实于教育人材之法,尽善尽美,且泰西本多好学之士,再入此院博览群书,详察万物,其后致知格物之学始有厚望者焉[3]。

---

[1] 康有为:《欧洲十一国游记二种》,钟叔河主编:《走向世界丛书(X)》,长沙:岳麓书社,2008年,第118页。
[2] 邬国义:《映堂居士究竟是何人?》,《近代史研究》2009年第6期。
[3] 映堂居士:《英京书籍博物院论》,《中西闻见录》第21号,1874年4月。

第三章　旧物维新：晚清古物观念变化及古物保存意识的产生（1840—1909）　　131

梅辉立直接指出博物院中收藏的物品对外开放，"任人入堂读书，使其多见多闻"，这是西方"教育人材之法，尽善尽美"，虽然他没有对中国提出批评，但已蕴含了西方此法胜于中土的意思。1883年，德国人花之安（Ernst Faber）则毫不留情地对中国人"私藏"的风气提出批评，他首先承认中西学问都在追求广博，"学务其博，而博必有方"，不过中国却缺少可以达到"博学"的方法，理由之一，便是：

> 中国博学之难，缘有数端，其在贫寒之士无力以备典籍……藏书之家虽连云叠架，不肯公之同人，无人诵读，亦徒饱蠹鱼之腹耳。纵有三两家渊博之士，留心考究物类，然禽兽草木鱼虫金石器物等项，未必备齐，即诗书中绘有图形，亦不过得其此大略，此中国博学之所以难也。

贫寒之士无力买书，而藏书之家虽然典籍众多，但不肯"公之同人，无人诵读"，作为对比的西方，则：

> 泰西不然，建有藏书楼，以备国人之博览，无论贫富，皆得入其中以考求……人更欲博物，则又有博物院，其地虽与藏书楼两不相属，亦可互相访求，即其所贮天下各国古今之物，汇而聚之，足以资人学问者，无乎不有？即如禽兽鱼虫树木花草金石机器土产玩器图画等项各分其类，以广人识见。

西方有图书馆、博物院，尤其是博物院，收藏了天下古今之物，可以"资人学问""广人识见"。博物院中的古物来源，很多来自私人捐助，这是很重要的一点，可以保证博物院藏品不断增多，而社会对图书馆和博物院的资助也是根本前提。不过在中国，"华人溺爱性成，每狃于骨肉之见，如以善事捐资，则多方推却，即身后无儿，亦必勉强择继，不肯将余财以行善举"，花之安认为中国人没有捐助社会的习惯，故而难有图书馆、博物院这样的机构，而"西国多以公为善"，所以：

> （西方）至家有奇书玩器，不自隐藏，或作客他邦，买得美书古

物,俱纳之院中,以备参考……中国非无喜藏书博物之辈,试观朝廷四库之内所藏,亦甚宏富也,即在缙绅先生之家,亦多有藏书者,就其全书目录而会计之……亦属不少。尝于赛会建醮之辰,每陈于庙宇祠坛之内,任人观瞻以夸其美,可知藏书博物华人亦有是心,无如势利萦怀,不肯公之同好,此贫寒之士多有不得而考究耳。以视泰西藏书楼博物院,其利益于人不大相径庭耶?

西方和中国都有收藏书籍与古物的行为,不过西方人能将私人的书籍和古物存放在博物院"公之同好",中国则缺乏这样的意识,仅是在"赛会建醮之辰,每陈于庙宇祠坛之内",目的也只是夸耀,故而他的结论为:

> 西国博学之有方,无地不可增其学问也。惜中国未能设博物院,凡器物固鲜人究心,即有古物玩器,则深藏诸家中,以为先祖留遗,吉祥之物,不肯公诸人,以博识见,即西国人到中国见店铺中古物玩器欲买之,以资博考,彼中国人则以为宝器,便高其价,岂不大谬哉?不知西国到处搜求古器异物,皆置博物院,以资考察,其识见与中国人大相悬殊耳。吾谓中国欲学者博物,宜每县每郡皆设一博物院,省会更设一大博物院,各省如是,则博物便不难[1]。

花之安1883年的批评与王韬、张德彝、李圭的认识相似,只是后者在称赞西方博物院的同时并未对中国进行反思。花之安指出中国人即有"古物玩器",也是私藏家中,秘不示人,而西国"到处搜求古器异物,皆置博物院",所以西方人的见识远在中国人之上。不过花之安的批评似乎未得到当时中国人的回应,及至清末新政之时,朝野上下方才意识到此一问题,决意效法西方,在古物保存上,化私为公。

1904年,《万国公报》刊登了一则关于美国纽约博物院的报道,称博物院"装饰精美,尤为艳丽夺目",编者评论"今中国骨董家多藏古物,秘不示人,

---

[1] 花之安:《自西徂东 博学有方》,《万国公报》第731期,1883年3月10日。

闻博物院之风，可以愧矣"[1]，显然延续了花之安的批评眼光。不过此时，已有中国士人接受了这样的批评，比如张謇，他1905年东游日本大阪博览会后，就分别上书学部与湖广总督张之洞，呈请朝廷设立图书馆与博物馆合一的博览馆，试图推动朝廷将内府秘藏的典籍和古物公开化，化"私藏"为"公藏"，"公于国人"。张謇认为中国历史悠久，经籍、图绘和金石之属的"古物"，"皇古迄今，不可胜计"，中国传统的古物收藏模式，"聚于上者，有朝廷之征求；聚于下者，有私家之搜辑"，而"朝廷之征求，尊为中秘之藏"，"私家之搜辑，则囿于方隅，限于财力"，本质上皆"私于其家"，而不能"公诸天下"[2]。私人收藏限于地域和财力，数量、质量均有限，而清廷内府的皇室藏品，则"足以垂一代之典谟，震万方之观听"[3]，若能仿效日本建立帝室博览馆，朝廷将"历代内府所藏"的古物公开，同时鼓励国人将私藏的古物在博览馆陈列，那么必能使莘莘学子"得有所观摩研究以辅益于学校"，同时收到"宣上德而扬国光"的效果。在筹建南通博物苑的实践中，张謇更指出利用博物馆公藏古物，可凭借《万国公法》获得保护，古物保存事业方"可大可久"，而传统官藏古物模式，代表如兰台石室，"徒秘于一姓之宫廷，帏盖滕囊，终泯于异时"，更遑论民间私藏古物的命运，所以"私藏"与"公藏"的差别，真是"相去不可同日语矣"[4]。

张謇创建博览馆与南通博物苑希冀化"私藏"为"公藏"的努力，在朝廷中也得到了回应。1907年考察欧美政治归来的端方和戴鸿慈，亦联名上折，叙述了欧美国家的"导民事业"，包括图书馆、博物院、万牲园和公园，这些"导民事业"是"国家竭力经营，绵历岁月，特设专司之职守，备呈美善之大观，而觇国者，即可于入境之时考其国之程度，良法美意，为中国所宜行"。其中欧美的博物院"有依国分列者，如英法诸国，分五洲群岛以一国为一区，所以验风俗之

---

[1]　《僵石奇观》，《万国公报》第191期，1904年11月。

[2]　张謇：《上南皮相国请京师建设帝室博览馆议》（1905），南通博物苑编：《南通博物苑文献集（1905—2015）》，南京：译林出版社，2015年，第23页。

[3]　张謇：《上学部请设博览馆议》，南通博物苑编：《南通博物苑文献集（1905—2015）》，南京：译林出版社，2015年，第29页。

[4]　张謇：《通州博物馆敬征通属先辈诗文集书画及所藏金石古器启》，南通博物苑编：《南通博物苑文献集（1905—2015）》，南京：译林出版社，2015年，第30页。

各殊也。有以时为次者,如丹瑞那诸国分用石用铜用铁时代,率一时为一类,所以验人民之进化也。有因事而设者,如德国之军器农物动物古器人类匈牙利之工厂,皆一事为一名,所以验专门之科学也。推之美术院、油画院,则具技艺陈列以为效法观感之资,王宫博物院则就服御搜罗以为瞻视尊崇之地",不论是何种类型,"其大意不外保全古物,其裨益则在考见源流"[1]。博物院成为最佳的保全古物之所,言外之意,便是古物的"公藏"显然比"私藏"更有裨益。

晚清之际,"古物"不再是单纯的"玩物"或是承担具有证经补史功用古文字的载体。受西方观念刺激和日本的影响,"古物"成为民族美术的表征、促进工艺进步的资源和国家形象的代表,而传统古物的"私藏"模式阻碍了古物效用的发挥,取而代之的,当是以国家力量为主导的古物"公藏"。在这个思路下,近代中国的文物保护制度由此肇端,然而在起始之际,却带有鲜明的传统色彩。

第六节　清季《保存古迹推广办法》的颁行

如前所述,传统中国尤其明清以来,古物多被视为商品。以朝廷之力对古物进行保护,也取决于具体当政者的喜好,似乎并未形成一套明确机制。如孙星衍自己喜好金石,便尝言"吾如官御史,拟请旨着地方官吏保护天下碑刻",钱泳评"此癖于金石者也"[2],可见保护古迹如碑刻等在清代就非朝廷常规职能。《大明律》及《大清律》中提到"古器钟鼎符印异常之物,限三十日内送官,违者,杖八十,其物入官"[3],这里的"古器钟鼎符印异常之物"虽是古物,但在传统政治观念中因属于"异常之物"关系到权力来源,故而朝廷才会重视并要求"其物入官",并非从保护古物本身出发。及至晚清尤其庚子以后,伴随西力东渐,几乎在中国各地都能见到来华考察搜集古迹古物的外国学者、商人或游客,他们或在中国发掘、购买古物,从而初步激发了国人关于"古物"归属的

---

[1]　《出洋考察政治大臣今法部尚书戴两江总督端会奏各国导民善法请次第举办折》,《东方杂志》第4卷第1期,1907年3月9日。

[2]　钱泳:《履园丛话》,北京:中华书局,1979年,第612页。

[3]　《大明律集解附例》第九卷,修订法律馆藏,1908年重刊,第7—9页;张荣铮、刘勇强、金懋初点校:《大清律例》,天津:天津古籍出版社,1993年,第271页。

"国家"意识；同时在国际古物市场影响下，中国古物流失状况加剧，开始出现盗卖古物给外国人的现象，刺激朝廷官员从传统金石学的思维出发，发布禁令，保护有字的碑碣。来华外国人的增多亦伴随着外国人破坏污损中国古迹的现象，从而引起在华美国人的不满，他们组织了中国碑碣协会，倡导保护中国古迹，抵制这种汪达尔主义（Vandalism）的破坏行为。

20世纪初伴随"美术""工艺""公存"等观念传播，尤其在《国粹学报》学人群体呼吁下，清廷意识到不但古迹，包括金石、陶瓷、石幢、雕塑、造像等在内的古物因"美术所关，较之字迹，尤可珍贵"，并且保存古迹是"各国民政应行"的职能，属于新式国家职权构造中的组成部分，故而1909年民政部上奏颁行《保存古迹推广办法》，中国文物保护制度由此肇端。在《保存古迹推广办法》出台背后，涉及传统古迹古物保存观念转型、古物定义变化、在华外人势力对中国古物资源的角逐竞争，以及新式观念与传媒如何与国家权力相互作用等丰富内涵。

1902年《新民丛报》刊文指出西方的学术事业常设有学会，并且得到政府支持，所以进步很快，如"学士会、测地学会、学问卫生会、土木会、农学会、商学会、动物学会、植物学会、社寺保存会、古物保存会……皆合众力，备器用，搜物质，以究物理"，"寺社保存会"和"古物保存会"都是由政府"重官以领之，贵绅以辅之，多官人焉，故权大而事易举"。而"中国名胜古物多不能存者，令民无所观感损益，以害文明，所关非细"[1]，很明显是以当时日本作为参照[2]，并认为"古物"可以使国民"观感损益"，从而和文明有关。伴随近代考古学知识的传播，如《万国公报》对巴比伦和埃及考古新发现的宣传，以及西方"考求古物会"组织的概况介绍[3]，古物开始成为"历史"研究的重要资料。正因为价值凸显，此前大量流失却并未被时人察觉的古物在庚子后逐渐引起关注。如1903年《新民丛报》指出"日本东京帝国博物馆开特别展览会，周汉古物，累累满架"，"十之七八皆从北清义和团事变以后从中国渡来"，因为中

---

[1] 明夷：《政治：析疆增吏篇（续第十三号）》，《新民丛报》第16号，1902年。

[2] 当时的日本1871年已颁布《古器旧物保存方》，1897年又推行了《古寺社保存法》。

[3] 《古物沉埋》，《万国公报》第171册，1903年4月；《考求古物会》，《万国公报》第173册，1903年6月。

市场、观念与国家
近代中国文物保护制度的形成（1840—1934）

国的动荡不安，所以国民"不能信其国家之平安，使其再罹兵燹，与瓦砾一同其运命，何如于平时，易相当之货币，宁非计之得者？"[1] 政局的混乱固然是导致古物流失的直接原因，但"国民性"此时似乎亦成为根本因素。1906年《新民丛报》刊发署名为遇虎《英国民之特性》一文，其中提到"英国民又富于保存之特性者也"，所以"英国实一尚保存之岛国，其国民实皆好古家之胎卵，且英人非独喜保存其一己所有也，亦且尽全力搜罗世界故物，广设规模宏大之美术馆图书馆，故贮蓄至多"，而翻译者则反思中国人"最乏保存性，近世新说流行，古先道德要旨，群有唾弃不顾之势，观于此，亦可以自反矣"[2]。康有为约在此时受意大利罗马之行的刺激，提出中国"不知崇敬英雄，不知保存古物，则真野蛮人之行"[3]。欧美和日本列强广为搜集和保存中国古物，在民族意识逐渐滋生的20世纪初年，他们的行为在传媒舆论中屡屡出现，刺激国人意识到古物和古迹价值所在，同时注意到保存中国古物是刻不容缓的时代责任。自然，观念上的变迁多从传统出发，所以首先从金石学的脉络，山东提学使罗正钧即提出相应的"金石"保存之道。

一、金石学脉络的保存之道

其实早在1907年3—5月，第二次来华的斯坦因（Aurel Stein）在敦煌一带进行发掘，并从道士王圆箓处偷买到大量敦煌遗书，此一行为，引起当地民众警觉。1907年5月20日《申报》载"电请阻止洋人挖考古物"的消息，其文为：

> 外交录：电请阻止洋人挖考古物（北京）陕甘总督升允日前电致外部，略称肃州柴镇禀英人秀诺在敦煌擅挖土地，获有罐签各物件，查游历章程并无挖考古迹之条设，致居民惊骇，恐酿事端，除电阻外，请照会英使转电止挖以符条约，而免别生枝节云云。刻外部已照

---

[1]　《丛录门　华年阁杂谈》，《新民丛报》第31号，1903年。
[2]　遇虎：《英国民之特性》，《新民丛报》第88号，1906年。
[3]　康有为：《欧洲十一国游记二种》，钟叔河主编：《走向世界丛书（X）》，长沙：岳麓书社，2008年，第116页。

第三章　旧物维新：晚清古物观念变化及古物保存意识的产生（1840—1909）　　137

会英使矣[1]。

之所以要禁止斯坦因"挖考古物"，是因为发掘工作会使当地民众认为是掘墓翻尸，从而引起恐慌和不满，可能会酿成外交事端[2]，而非出于保护古物目的。斯坦因虽停止发掘，但还是带着几十箱敦煌文书与出土古物安然离开了敦煌。几乎同时，法国汉学家沙畹也于1907年5月第二次进入中国，考察了山东、河南和陕西[3]。同年11月，日本人关野贞到达山东，到处采访中国名胜古迹。他到了山东嘉祥县武梁祠，对其中东汉画像石很感兴趣，在祠内"悉心研究者久之"，他后来发现"嘉祥县某民人家壁间有后汉时画像石"，于是出资购买。嘉祥县县令闻讯后认为"稀世之珍，不宜沦入异域"，试图阻止其交易，但在关野贞一再交涉和坚持下，最终让关野贞得逞。关野贞将买到的几方汉画像石通过汽车运送到胶州湾，再通过海运入藏日本东京文科大学。与此同时，据说侨居在济南的日本人藏田信吉亦在山东肥城得到县令许可，发掘孝堂山麓，得到三方汉画像石，他还在山东济宁晋阳山慈云寺从主持手中买到一方嵌在天王壁内的画像石，以及从鱼台民家购买的两方，共计六方画像石，全部转手卖给了东京工科大学[4]。日本人在山东购买汉画像石并运送出境的行为被时任山东提学使的罗正钧获知，罗正钧震怒，1908年初，他特作《保存古碑碣》一札，通饬山东各地注意保存古代碑碣，并将此札刊于《直隶教育杂志》。为方便分析，今赘录如下：

> 为通饬事：照得山东为古文献之邦，秦碑汉碣代有留遗，璀璨琳琅，照耀四域。读寰宇访碑之录，稽山左金石之编，慕古流连，辄为神往。官斯土者，宜如何郑重护惜，以永法物之流传。乃访闻近日各属古碑竟有展转售与外人者，亦有豪贵用重金购去者，似此不加保

---

[1]　《外交录：电请阻止洋人挖考古物》，《申报》1907年5月20日第12240号第10版。
[2]　Aurel Stein. Ruins of Desert Cathay. Vol. II, p. 232；可参王冀青：《1907年斯坦因与王圆禄及敦煌官员之间的交往》，《敦煌学辑刊》2007年第3期。
[3]　Alexeieff V. Archeological Survey of the Environs of China's Ancient Captials. Journal of the North China Branch of the Royal Asiatic Society, VXL.
[4]　关野贞撰，姚振华本社译稿：《后汉画像石说》，《东方杂志》第5卷第10号，1908年11月18日。

护,任人取携,势必摧残散佚,尽至沦亡,闻之骇然,言之慨叹。夫金石文字,远证经籍,可通国文形声训诂,可稽前史事迹纪述之异,可见历代政俗制作之遗,故凡考订名家文学博士往往搜求,撷拾不遗余力,为其有所关系,不仅以难得而贵爱之,不特此也。一国之粹美,一国之人当共保而有之,如此前贤墨妙,先朝石刻,绵历久远,国粹攸关,宝之既以发思古之幽情,亦足启爱国之观念。泰西各邦最好搜访古物,如埃及之残碑遗塔,希腊罗马之刻像以及巴比伦之书库,意大利之古城,或传禅于累朝,或发见于近代,彼都人士,属目倾情,至乃公家护持,互相夸耀。中国为开化数千年之国,惟此山崖屋壁,大书深刻,风霜剥蚀,犹有存者,顾听其零落毁弃,而不加之意,实地方官之咎也。本署司职司文化,与各守土牧令共有保守之责,为此通行札饬,扎到仰该府州县立即遵照,访查境内所有著名碑碣搨(拓)送来辕,并将见有多寡有无具册申报存案,随时责令里长村董稽察照料,毋任遗失。岁时一加查考,并饬劝学员将境内金石采入乡土志,以资教授,于以昭我邦文明之旧,寄全国爱护之思。本署司实有厚望焉,切切札此〔1〕。

罗正钧1907年特授天津府知府,调署保定府,兼管全省学务,1908年,任山东提学使〔2〕。庚子以来,伴随欧美汉学研究模式的转向,汉学家越来越重视来华实地考察,搜集实物资料,然后著书立说,1908年之前来华进行考察的知名学者已知有斯文·赫定、斯坦因、关野贞、沙畹、克兹洛夫、勒柯克、橘瑞超等,几乎都从中国发掘或购买大量古物出境。然而似乎只有关野贞在山东的购买行为引起了罗正钧的重视。罗正钧随后惩处了相关的官员和人员,如他给嘉祥县县令章文华"记大过一次",并将私自出售汉画像石的县民郭西屏传唤到案严惩,责令里长村董每年看护一次,如果有私自倒卖或者损毁的,按照盗窃论罪严

---

〔1〕《文牍:山东提学司罗通饬各属保存古碑碣札文》,《直隶教育杂志》戊申年第3期,1908年4月1日。

〔2〕 钱基博、李肖聃:《近百年湖南学风·湘学略》,长沙:岳麓书社,1985年。

第三章　旧物维新：晚清古物观念变化及古物保存意识的产生（1840—1909）

惩[1]。分析罗正钧的札文，可知他要保护的对象，正是"秦碑汉碣"这些载有文字的古碑刻。"金石文字，远证经籍，可通国文形声训诂，可稽前史事迹纪述之异，可见历代政俗制作之遗"，这些古代碑刻的价值正是因载有文字可以证经籍、通训诂才重要，明显是从金石学的脉络看待古代碑刻，所以罗正钧并未注意对关野贞携带出境的金石文字以外的古物进行保护。

然而在罗正钧饬文中，亦出现不同于此前的新观念，如他以"国粹"概念包容金石文字，将这些古代碑刻包容到"国粹"的新范畴之中，提出"一国之粹美，一国之人当共保而有之"，试图唤起普通民众对保存金石碑碣的责任感。金石碑碣"国粹攸关，宝之既以发思古之幽情，亦足启爱国之观念"，在"爱国"名义下，为保存金石碑碣找到新的支持，而"国粹"与"爱国"正是1906年清末新政间的重要时代思潮。之所以要保护金石碑碣还有一个重要原因，那就是"泰西各邦最好搜访古物"，"彼都人士，属目倾情，至乃公家护持，互相夸耀"，因为欧美强国皆是如此，以国家为单位"保存古物，互相夸耀"，而反观中国虽号称开化最早，却听任古物古迹零落毁弃，实在是"地方官吏之咎也"。在罗正钧观念中，金石碑碣除承载传统"证经史，通训诂"的功用之外，既成为"国粹"，同时又因"国粹"事关启发民众"爱国心"而尤为重要，金石碑碣与"国"相关联；欧美列强也是以"国"为主体对古物进行搜集和保存，"互相夸耀"，故而保存金石碑碣才成为地方官吏和朝廷新的职责。罗正钧指出提学使的职责是管理文化，与地方官吏同样负有保存古物的职责，事实上已开启民国之后教育部与内务部同时职司古物古迹管理职能的二元格局。

在明确以国家为主体对金石碑碣进行保护的基础上，罗正钧构思出保存之道，如责令地方官首先将"境内所有著名碑碣搨（拓）送来辕，并将见有多寡有无具册申报存案"，进行初步调查，制作清单；然后再"责令里长村董稽察照料，毋任遗失。岁时一加查考"，按照清单令地方社会中"里长村董"巡查保护，进行年度考核。与此同时，还派遣劝学员将古代碑碣这些"境内金石"编入乡土教材，如前节刘师培所言，"金石"成了"乡土志"中的一部分，通过教材进入教育体系，成为塑造"国民"观念的重要凭借。对于保护不力的地方官员和擅自将古代碑碣卖给日本人的县民，则进行相应惩处，如嘉祥县令章文华被"记

---

[1]　《鲁提学饬属保存境内金石》，《四川教育官报》己酉第3册，1909年4月。

大过一次",县民郭西屏被传唤到案进行惩处[1]。

与此同时,在1908年兴建图书馆大潮中,亦出现利用图书馆保存古籍和金石古物的舆论。1907年3月,《东方杂志》刊发端方领衔《出洋考察政治大臣今法部尚书两江总督端会奏各国导民善法请次第举办折》,在奏折中,端方总结欧美各国"由国家竭力经营,绵历岁月,特设专司之职守,备呈美善之大观"的四种"导民善法",分为图书馆、博物院、万牲园和公园。图书馆搜罗典籍,国家"教育已行,不识字之人必少;取求既便,应研考之学方多",博物院搜集古物,或"验风俗之各殊",或"验人民之进化",或"验专门之科学",或"效观感之资",或"瞻视尊崇之地","其大意不外保全古物,其裨益则在考见源流"[2]。1908年1月,《直隶教育杂志》刊登《议设京师大图书馆》和《直隶图书馆暂定章程》,称:"闻政府会同荣中堂提议设立京师大图书馆,仿英伦藏书楼规模,调取各省书籍分类庋藏,以备浏览。"[3] 2月,邓实于《国粹学报》刊载《爱国随笔》,提到安徽巡抚亦上折朝廷,宣称要收集"关于政学之书及金石之已未著录者……旁求精揭其孤行之本,手钞之书",以及"彝器碑版至多种",准备筹建图书馆[4]。在图书馆之下,还准备设置"安徽古学保存会",搜集"先贤遗集","保存国粹"[5]。在这样的热潮之中,1908年底罗正钧亦向山东巡抚袁树勋提议,创建山东图书馆并附设金石保存所,"以开民智而保国粹"。1909年正月十三,袁树勋向朝廷上《奏东省创设图书馆并附设金石保存所折》[6],二月十日获得批准,三月二十日,由罗正钧亲自主持开工建设,当年

---

[1] 《鲁提学饬属保存境内金石》,《四川教育官报》己酉第3册,1909年4月。
[2] 《出洋考察政治大臣今法部尚书两江总督端会奏各国导民善法请次第举办折》,《东方杂志》第4卷第1号(1907年3月9日)。
[3] 1908年1月18日《直隶教育杂志》丁未年第二十期,光绪三十三年十二月十五日。
[4] 邓实:《皖抚采访皖省遗书金石以备设图书馆》,《国粹学报》第38期,1908年2月。
[5] 邓实:《安徽古学保存会之发起》,《国粹学报》第38期,1908年2月。
[6] 山东省地方史志编纂委员会:《山东省志文化志》,济南:山东人民出版社,1995年,第485页。

第三章 旧物维新：晚清古物观念变化及古物保存意识的产生（1840—1909）

九月即告竣工[1]。图书馆经费由提学司衙门开拨，其中附设山东金石保存所，"凡本省新出土之品与旧搨精本，博访兼收，以表山东古文明之特色，免乡氓无识者之摧残，亦存国粹之一端也"[2]。正因为设立了金石保存所这样的官办机构，罗正钧才得以实现要求各地"新出土碑石即时报官，验明将原石运送来省送金石保存所酌给犒赏"的构想[3]。金石保存所成为官办收藏保存金石之地，无论从它的名称还是以收集"出土碑石"的旨趣上看，均体现出明显的金石学特征。

金石保存所设立后，罗正钧从两个方面开始推动金石保存事业。他一面再次发表饬文，要求各地官员"须知碑碣为重要之物，不准毁弃遗失及潜运私卖等情，如敢故违，一经查出，定即从严惩治，绝不宽贷"[4]，同时派遣内课员姚鹏图前往嘉祥和济宁一带，进行调查登记，"将所有碑碣查明有无，现存实数，并每种搨一底本，留存所内，以为陈列之用"[5]。山东兖州府峄县东乡曹马地方有汉永和二年刻石一座，"因恐沉埋荒草，被樵牧损坏"，亦被运往列金石保存所保存，济宁境内"所有学宫寺院等处，以及民间储藏之金石旧刻，均已查有确数"，"妥为安置，加意防护，以存古物矣"[6]。

罗正钧的古物保存理念具有浓厚的金石学色彩，他所注意到的古物仅有金石碑碣，而金石碑碣的价值也在于其上文字可以证经补史，属于国粹范畴，而国粹又可启发爱国心，所以他才动用朝廷之力对金石碑碣进行保护。保护手段除通饬各地方官严加管理之外，还设立专门机构收集碑碣或拓片，既有对官民售卖金石给外国人行为的惩处，又有对将新出土碑碣送至保存所行为的犒赏，他的保存理念，可视为在外部因素刺激下从传统金石学脉络中衍生的结果。同样的画像石对

---

[1] 孙葆田：《山东创建图书馆记》，《山东省图书馆志》编委会：《山东省图书馆志》，北京：中华书局，2004年，第277、278页。

[2] 《山东巡抚袁树勋奏东省创设图书馆并附设金石保存所折》，李希泌、张椒华编：《中国古代藏书与近代图书馆史料（春秋至五四前后）》，北京：中华书局，1982年，第143、144页。

[3] 《鲁提学饬属保存境内金石》，《四川教育官报》己酉第3册，1909年4月。

[4] 《保护碑碣》，《四川官报》1908年第16册。

[5] 邓实：《爱国随笔金石保存一》，《国粹学报》第52期，1909年4月。

[6] 邓实：《爱国随笔金石保存二》，《国粹学报》第52期，1909年4月。

于金石学家而言或许价值不如有字的碑刻，但在关野贞眼中，画像石这种"古代美术"反而对研究中国后世艺术价值犹大，对此1908年底孟森评曰"今世士夫，动称国粹宜保存，或倡言存古，充其一偏之见。欲以抱残守缺之专业，夺语言文字普通之功用，此其人往往而有，至文化之厄，大而陆子鸎书之不孝，小而肥城令辱国以媚外，山东人民盗卖公物以自肥，莫有为之计者"，指出当时以"保存国粹"的名义提倡"保存金石文字"者，常常用"抱残守缺之专业"的眼光看待古物，只看到碑碣上的文字，仅倡导古文字之学"夺语言文字普通之功用"，所以和关野贞的眼光相比，实在低很多。关野贞从美术和艺术的角度出发对古代碑碣的重新理解，"与吾士夫之沾沾癖嗜，致不同也"，且"高出吾士夫之言金石者"〔1〕。孟森的批评在上海并不乏同道，如前文所叙，以《国粹学报》为阵地的邓实等，早已利用"美术"观念重新理解传统古物，包括金石碑碣，还有古代铜器、书画、刺绣、陶瓷等物，皆被纳入"美术"范畴从而获得新的价值。约略在同时，邓实等人亦提出有别于罗正钧金石眼光的古物保存之道。

二、国粹派的古物保存之道

1906年针对朝野上下一片"保存国粹"的呼吁，《大公报》指出："夫我国旧日所珍贵者，曰考据，曰词章，曰书画，曰金石碑版，至今日已成陈列之品。考东西各国，未尝不收录美术。然以之微玩物，非视为紧要之学问也。"〔2〕指出"金石碑版"等美术仅是"之微玩物"，不是紧要的学问，更不能关系到"国家兴衰"。这和孟森观点类似，均将致力于保存"金石碑版"的运动视为迂腐之举，但已然提示出时人将"金石碑版"纳于美术之下的新认识。1907年刊于《国粹学报》署名为金一的《文学上之美术观》，正式表示"金石之所以贵"，是因为能够"历劫而久"，而"金石之文不外箴铭碑志"，却为"文章之极轨"，所以"文章以碑铭为宗"，金石古物便成了"美术"〔3〕。然而邓实却认为金石虽然属于"美术"，并非因为著录于金石上的文字之"美"，而是因其制作工

---

〔1〕 关野贞撰，姚振华本社译稿：《后汉画像石说》，《东方杂志》第5卷第10号，1908年11月18日。

〔2〕 《论官场保存国粹之热心》，《大公报》1906年6月1日。

〔3〕 金一：《文学上之美术观》，《国粹学报》第28期，1907年5月。

第三章　旧物维新：晚清古物观念变化及古物保存意识的产生（1840—1909）　▶ 143

艺物品本身之"美"。他在1908年2月《神州国光集》中表示"美术者，天才之制作，可爱玩而不可用利用者也……美术之为物，其存其美于自身而未尝显乎其外，使人见之但知爱其美而尽忘其利害之念，此其所以尊贵也"，可见美术之美来自物品本身，而非文字。"雄邦胜族政治修明利兵强国之是务，亦必广开博物之院，凡奇碑怪石古物之至不适用者，莫不罗而致之，然后其趣始博……故文明之国，其新得既多，则其宝爱旧物亦愈挚，此西方考古之学立会著书，远游掘地之所由日盛也。"[1]文明之国因新的物品多，对"旧物"也就愈挚爱，所以才广设考古之会，远游掘地，将古代的美术品罗致在博物院中，并且搜罗不少中国古代美术品，这反映出邓实对西方国家为何要保存"美术"的理解。那么何谓中国美术品？邓实认为"如书画雕刻绩绣织练漆塑陶瓷成于人工者是也，而美术品中尚有金石车服礼器之属，归于历史类者"[2]，所以他在1908年2月提出：

> 吾国自汉唐迄今，金石书画名迹宝光亦多为收藏家所珍秘，然真迹流传，世愈久则愈少，物愈少则愈珍，非大有力者不能有。寒家白丁，且欲求一饱眼福而不可得，故虽有珍品在世，亦仅供一二达官贵人所把玩，缄之玉匣，锢之深斋，兵火偶经便尔湮灭，其随瓦砾以俱烬者，不知凡几矣……中原法物日流海外，异日必有国亡而物与之俱亡者，吾不知览之者其感更当如何也？[3]

中国的美术品日益流出海外，故而采用珂罗版新技术将古物摄影后发行《神州国光集》，亦是传统保存古物的方法[4]，这当是从金石文字之学中的延续，重在保存文字而非实物本身。不过受到西方国家启发，邓实亦提出：

---

[1]　邓实：《叙》，《神州国光集（第1集）》，国学保存会精印，1908年。
[2]　邓实：《国学保存会敬征博物美术品启》，《神州国光集（第1集）》，国学保存会精印，1908年，第6页。
[3]　邓实：《叙》，《神州国光集（第1集）》，国学保存会精印，1908年。
[4]　Cheng-hua Wang. New Printing Technology and Heritage Preservation: Collotype Reproduction of Antiquities in Modern China, Circa 1908-1917, in Joshua Fogel, ed. The Role of Japan in Modern Chinese Art. Oakland: University of California Press, 2012: 273-308.

> 一国之立，罔不自有其美粹而自保存之，以为文明之观耀。欧美各国，上自皇家，下迄草野，广在通都僻如乡壤，咸有博物馆储藏品物，以供众览……吾国地大物博，开化最早，其美术至精至博，今欧美人每有搜罗中国美术品著成西文之书以归耀其自国者，惜历代无一公共储藏之所，或秘于一姓，或私于一家，一经兵燹则破坏散失，视同瓦砾，至可伤矣。仝人既立国学保存会于沪上，会中建设藏书楼博物美术室，成立年余，或借或购，仅备百一。时于《国粹学报》中电摄镂铜以公于世，惟征求未广缺漏尤多……[1]

以邓实为核心的国学保存会不仅接受了"美术"新观念，并用此观念超越金石学思维，重新对传统"古物"进行定义。然而这个新定义却源于欧美人士启发，即通过外国人对中国碑刻、造像、陶瓷、漆器、书画等古代美术品的搜集，刺激中国士人不得不更新观念，变换眼光，扩大了关于古物定义的范围，并开始试图模仿西方，采用设立"博物馆"的方式，对实体性的"古物"进行保护。从1907年开始邓实在《国粹学报》上连载《爱国随笔》，相继刊出关于俄国法学博士的《译汉文书为欧文之来书》，关于英属缅甸人类学会在巴冈（音译）的《发现佛教古迹》，关于德国地质学家的《德国学者掘取陕西古器》[2]及《丹麦文学士仿刻大秦景教碑运归欧洲》[3]等消息，这一方面说明在1902年首届国际东方学术大会后大量欧美日本学者来华考察采集实物资料的趋势，同时也反映出中国士人在外来力量刺激之下对中国的古迹、古器、古碑等古物日益重视，进而产生保护意识。

1908年6月18日，亚洲文会北中国支会（The North China Branch of the Royal Asiatic Society）举行会议，决定在秋季于上海举办一个中国古代陶瓷展览会，并成立一个委员会，由Messrs. C. O. Liddell担任主席，成员包括F. E. Wilkinson、G. H. Thomson、Dr. Cox、Dr. Stanley和Mrs. Asycough，指定福开森（J. C.

---

[1] 邓实：《国学保存会敬征博物美术品启》，《神州国光集（第1集）》，国学保存会精印，1908年，第6页。

[2] 邓实：《爱国随笔》，《国粹学报》第29期，1907年5月。

[3] 邓实：《爱国随笔》，《国粹学报》第38期，1908年2月。

第三章　旧物维新：晚清古物观念变化及古物保存意识的产生（1840—1909）　▶ 145

Ferguson）担任出纳，巴尔（A. W. Bahr）担任秘书[1]。这个展会得到了驻华英使朱尔典（John Newell Jordan）的支持，朱尔典照会清廷，称要在上海举办"古玩陈设观览会"[2]，要求清廷协助，两江总督端方，上海道台蔡乃煌、沈敦和等人大力相助，尤其是端方，出借不少珍贵藏品。展览会最后定名为"中国古代瓷器与艺术品展览"（Exhibition of Old Chinese Porcelain and Works of Art in China），于11月12日下午两点在上海江西路电话公司大楼六楼正式开幕，并举办了隆重的揭幕仪式，这大概是在中国首次举办的大规模古物展览[3]。此次展览颇为轰动，本来仅计划展览五天，但因参观者众多，最终持续了两周，每天都有大量中国人与在沪外国人参观[4]，展品既有中国收藏家如端方、沈敦和、黄中慧等收藏的古瓷、古陶，更包括大量外国藏家如Dr. Stafford Cox、Mr. Gulland、Mrs. Craig、Mr. J. N. Jameson、Stanley、Mr. Liddell、Mr. Campbell、巴尔（A. W. Bahr）、G. B Thomson、Chapeanx F. E. Wilkinson、Mrs. Aysough和Mr. D. Landale收藏的中国古代陶瓷、玉器、珐琅、玛瑙、水晶、漆器等[5]。邓实参观了此次展会，并留下深刻印象。他在1909年1月刊出的《记古瓷赛珍会》中详细记录道：

> 沪上中西绅商发起中国古瓷赛珍会……陈设之品，约分三类，古陶器及宋元明清之瓷制为一类，玉晶翡翠珊瑚等之大小玩器为一类，尊釜铜器及宋时之盔甲等为一类。

---

[1] An Exhibition of Porcelain. The North-China Herald and Supreme Court & Consular Gazette. Jun 20 1908, p. 772.

[2] 《为本国拟在沪开办古玩陈设观览会恳请贵国襄助现送广告希酌度施行事》，中国历史第一档案馆编：《清宫万国博览会档案》，扬州：广陵书社，2007年，第2901页。

[3] The Porcelain Exhibition. The North-China Herald and Supreme Court & Consular Gazette, 14 Nov 1908, p. 422.

[4] Exhibition of Old Chinese Porcelain and Works of Art. Journal of the North China Branch of the Royal Asiatic Society, Issue 1908, V39, p. 113.

[5] The Porcelain Exhibition. The North-China Herald and Supreme Court & Consular Gazette, 14 Nov 1908, p. 422.

……第二类则种愈繁，几至目迷五色，以壳件洋行巴氏（A.W.Bahr）所出青玉二十八件尤精……中国素贵玉器，又不必若瓷器之须学识方知宝贵……无怪近日上海之玉类，将尽入番商之手。

　　中国古物，以瓷器最为西人所重，故不惜重价收购，载归其国，每年所值不下百万（据某骨董客所云），几至搜罗净尽。盖古物中惟瓷器一类，为西人所易晓，能辨别其优劣，非同金石彝器，名书法绘，须考订文字，赏鉴最难也。然西人居华日久，考古日精，则其始仅收及瓷器者，异日必收及书画金石，吾恐中原重宝，日流海外，愿世之收藏者，知所保存，勿令数千年之文献无征也〔1〕。

通过这次大型古物展览，邓实体会到西人对中国古物搜罗范围日益扩大，除易于鉴别的古瓷之外，邓实判断在华西人"居华日久，考古日精"，以后必定会收集书画金石。他的担忧并非孤例，罗振玉亦感受到此等压力，如1909年2月罗振玉在刊行的《俑庐日札》中提到河南新出土的有铭文的铜器和铜佛像都被外国人迅速买走，流失海外，不由叹道："我国若不定古物保存律，恐不数十年，古物荡尽矣。可不惧哉？"〔2〕私人藏品日益流散，"若更不设博物馆及历史参考馆等，以国力保存之，恐以后私家所蓄，不至荡然无存不止"〔3〕，而流失的原因，他认为乃"近欧美人之研究东方学者日增，故中国古物航载出疆者亦岁有增益，而我国国学乃日有零落之叹，无识之商民又每以国宝售诸外人以侔一时之利，殊令人叹惋无已"〔4〕。可见自1907年以来，除因日本人关野贞等在山东购买金石碑碣从而引起罗正钧从金石学的脉络提倡保存金石碑碣之外，在上海的《国粹学报》学者群体亦通过报纸报道或目睹外国人对中国古物搜集的力度和规模而感受到某种压力，不过他们提出要保存的古物范围却不限于有字碑碣，而是在"美术"眼光之下倡议保存古代书画、陶瓷、雕刻、刺绣、漆器等诸多门类，并且采用制定古物保存律和设立博物馆等途径"以国力保存之"。邓实和罗振玉

---

〔1〕 邓实：《爱国随笔·记古瓷赛珍会》，《国粹学报》第49期，1909年1月。
〔2〕 罗振玉：《俑庐日札（续）》，《国粹学报》第50期，1909年2月。
〔3〕 罗振玉：《俑庐日札（续）》，《国粹学报》第53期，1909年5月。
〔4〕 罗振玉：《俑庐日札（续）》，《国粹学报》第54期，1909年6月。

等人的主张通过《神州国光集》和《国粹学报》广为传播，从而对1909年9月清廷民政部出台《保存古迹推广办法》产生深刻影响。

三、1909年清廷《保存古迹推广办法》的出台

1908年左右，罗正钧和邓实等人从不同角度提出保存金石碑碣或古代美术品的同时，新政中的清廷自上而下也开始构建国家古物保存职能。如1909年初，清廷颁布了《地方自治章程》，其中关于自治范围部分，即明载"保存古迹"和"救贫事业、恤嫠、保节、育婴、施衣、放粥、义仓积谷、贫民工艺、救生会、救火会、救荒、义棺义冢"一样，都属于地方自治中"本城镇乡之善举"[1]，试图将"保存古迹"纳入地方自治框架。然而在制度设计层面，新成立的学部和民政部都曾出台相关构想或制度，以期用国家之力推行古物保存事业。

可能是受罗正钧的推动，如罗正钧认为提学使"职司文化"，故而学部与地方官员皆有保存古物之责；再则1906年学部参事罗振玉在《京师创设图书馆私议》中提出"保固有之国粹，而进以世界之知识，一举而二善备者，莫如设图书馆"，图书馆中还可征取"古金石刻"，因为"古金石刻在秦汉以前者，大有裨于古文学，秦汉以后者，亦有裨于历史"[2]，所以在1909年4月学部拟定的《学部奏分年筹备事宜》中，便计划在京师开办图书馆，并在京师图书馆下附设古物保存会[3]。讽刺的是这一消息反而大大刺激了北京古玩商人，同年5月10日《大公报》报道：

> 古玩商搜罗古物：学部开办图书馆，并附设古物保存会，闻京中古玩行人现正搜罗古物，以应将来学部之求[4]。

---

[1] 《宪政编查馆奏核议城镇乡地方自治章程并另拟选举章程折》，《东方杂志》第6卷第1期，1909年2月15日。

[2] 罗振玉：《京师创设图书馆私议》，李希泌、张椒华编：《中国古代藏书与近代图书馆史料（春秋至五四前后）》，北京：中华书局，1982年，第123、124页。

[3] 《奏分年筹备事宜折》，《学部官报》第85期，1909年4月30日。

[4] 《古玩商搜罗古物》，《大公报》1905年5月10日。

然而同年9月，学部正式上《筹建京师图书馆折》，其中却再也没有提到古物保存会[1]，在1910年核定下发的《京师及各省图书馆通行章程》中，也未出现有古物保存的字样[2]，究其原因，当为1909年9月20日由民政部尚书善耆署名上奏了《保存古迹推广办法》并获得朝廷通过，最终可能使学部放弃了古物保存职能。而民政部之所以主动上奏《推广保存古迹办法》，一则源于民政部因为接收了工部营缮保护先朝陵寝和祠庙的若干职能，同时亦不能忽视汪康年、汪荣宝、邓实等人直接推动，同时也需考虑1908年在京城由美国人马克密（Frederic McCormick）等人发起成立的中国古碑协会（China's Monuments Society）的努力，以及当时舆论上保护中国古迹的压力。

1905年，清廷设立巡警部，不久即因"巡警为保安行政，实内治之要纲，而清查户口，齐整民风，改正市区，振兴土木，均与保安行政息息相关……故以户、礼、工各部所兼掌之户籍、风教、道路、沟渠等事并入"[3]，1906年9月最终定名为民政部。民政部在巡警部基础上接收原户部、礼部、工部的若干职能，如"工部之营缮，此皆为巡警部原设司科所无者也"，故而民政部下设五司，为民治、警政、疆理、营缮和卫生，其中营缮司掌"督理本部直辖土木工程，稽核京外官办土木工程及经费报销并保存古迹、调查祠庙各事项"[4]。这里的"保存古迹"，1907年民政部解释道以前"保存古迹事项，工部例章向取具各省保固，甘结造册，报部按年汇奏，亦成具文"，合并到民政部之后，"查各国民政应行保存古迹事项，范围颇广"，故而"拟暂饬各省将历来保存前代陵寝各项古迹认真查报，令行酌拟推广办法，妥定章程"[5]，可见源于工部的"古迹"本

---

[1]《筹建京师图书馆折》，《学部官报》第100期，1909年9月24日。

[2]《学部奏拟定京师及各省图书馆通行章程折》，《学部官报》第113期，1910年3月11日。

[3]《庆亲王奕劻等奏厘定中央各衙门官制缮单进呈折副清单二》，故宫博物院明清档案部编：《清末筹备立宪档案史料（上）》，北京：中华书局，1979年，第470页。

[4]《民政部奏部厅官制章程折并章程二》（光绪三十二年十二月十七日），上海商务印书馆编译所编纂：《大清新法令（1901—1911）（第二卷）》，北京：商务印书馆，2011年，第47页。

[5]《民政部奏接收工部划归事宜分别办法折》，《东方杂志》第4卷第5期，1907年7月5日。

第三章　旧物维新：晚清古物观念变化及古物保存意识的产生（1840—1909）

指前代陵寝，但在西方各国内政制度的启示下，"古迹"的范围则应推广。

及至1908年，无论北京还是上海，中文报刊如《国粹学报》《东方杂志》《神州国光集》，英文报纸如《北华捷报》（*The North-China Herald and Supreme Court & Consular Gazette*）和《教务杂志》（*The Chinese Recorder and Missionary Journal*）等，开始刊登文章，出现了一波集中讨论中国古迹古物破坏和流失现状的文章。如1908年1月，《教务杂志》刊登消息声称在西安的"The Nestorian Tablet"（《大秦景教流行中国碑》）出土后一直暴露在外面遭受糟糕的天气破坏，在外国官员的要求下最终被搬到室内[1]；《北华捷报》9月12日刊出一篇《汪达尔主义在中国》（"*Vandalism in China*"）的评论，作者宣称庚子以后，中国的古迹便被破坏得很严重，尤其是古碑和石像，几乎都被破坏。外国人应当推动中国的古物保存活动，并且唤醒中国政府保存古碑的意识和责任，目前在华外国人已经建立了一个组织，旨在阻止这种破坏中国古碑的倾向[2]；1909年3月，《北华捷报》又刊登《中国古碑碣》（"*China's Ancient Monuments*"），文章指出在中国碑碣学会的组织下，保护中国古迹免受汪达尔主义破坏的行动已持续6个月。来华旅游的很多外国游客从古代庙宇或古墓中抢走诸如窗花屏风等建筑构件，或者画像石，甚至用凿子直接破坏，而中国人则喜欢在古墓上刻下自己的名字。中国政府对此尚比较漠视，并没有注意到这些古迹和古物是民族艺术品。而中国碑碣学会则包括了法国、俄国、日本驻华大使，荷兰事务大臣等在华著名外交官，还有很多学者、商人，协会希望能将那些愿意保存中国古物的人组织起来，造成一种社会舆论，在外国人和某些中国人中间散布保护名胜与古迹的思想[3]。

屡屡提及的中国碑碣学会，乃为1908年由美国人马克密发起成立。马克密是美国*East Asia*报的通讯员，1900年常驻中国，直至1922年离开，他报道过庚子之

---

[1] Missionary News. The Chinese Recorder and Missionary Journal, V39, No. 1, Jan, 1908, p. 59.

[2] Vandalism in China. The North-China Herald and Supreme Court & Consular Gazette, V88, No. 2144, 12 Sep 1908, p. 629.

[3] China's Ancient Monuments. The North-China Herald and Supreme Court & Consular Gazette, Mar 20 1909, p. 692.

役、日俄战争等重大历史事件，对亚洲事务颇为精熟[1]。1908年他在北京发起成立中国碑碣学会，旨在消除外国人在中国对古迹的破坏行为，推动保护中国的古物与文化物品，并得到美国考古协会和史密斯研究会的支持。协会的主要活动方式为在外国人中散发传单，宣传保护中国古迹，并在中国各地进行古迹古物调查统计[2]。马克密曾在1914年表示学会自成立之日起，就"竭力劝说中外之人勿将中国之古器毁坏，前清及民国政府，亦均顺该会之呈请，颁有保护古器之命令及章程"[3]，此点亦反映出1909年民政部《保存古迹推广办法》背后的复杂背景。

1909年9月20日（宣统元年八月初七），善耆上奏《民政部奏保存古迹推广办法酌拟章程折》[4]，获得清廷允准，首次将古物古迹保护纳入国家职能范围之内。今为方便分析，特赘录如下：

> 窃臣部职掌原有保存古迹事项，嗣于光绪三十二年（1906年）十二月二十日接收工部划归事宜案卷，各省每于年终，造具古昔陵寝、先贤祠墓防护无误册结报部，原所以景行前哲资人观感也，惟是奉行日久，已成具文。查各国民政应行保存古迹事项，范围颇广，如埃及金字塔之古文、希腊古庙之雕刻、罗马万里古道、邦俾发掘之古城，下至一草一木故庐遗物，或关于历史，或涉于美术，虽至纤悉，亦无不什袭珍藏。**因之上自皇家，下迄草野，广如通都，僻在乡壤，咸有博物馆储藏品物以为文明之观耀**。而其保存通例，凡兵燹时他国不得毁坏，毁坏者可责赔偿。著为万国公法，故其馆历时至久，聚物

---

[1] David Shavit. The United States in Asia: A Historical Dictionary. Greenwood Press New York・Westport, Connecticut・London, 1990, p. 319.

[2] Work of The Chinese Monuments Society. Bulletin of The American Geographical Society, V. 10507, 1915, New York: Publish Monthly By The Society, p. 450.

[3] 《马克密君保存中国古物办法之函件（外交部译发）》，《东方杂志》第11卷第6期，1914年12月1日。

[4] 《民政部奏保存古迹推广办法另行酌拟章程折并清单》，上海商务印书馆编译所编纂：《大清新法令（1901—1911）（第六卷）》，北京：商务印书馆，2011年，第186—188页。

第三章　旧物维新：晚清古物观念变化及古物保存意识的产生（1840—1909）

至伙。我中国文化之开，先于列国，古昔圣哲，联肩接踵，所遗之迹应亦倍蓰于他邦。乃至今而数千年之遗迹，反不如泰西之多者，则以调查不勤保存不力故也。因而海外洋商不惜巨赀赴我内地购买古代碑版、石刻、图画、造像之类，运至本国度藏，宝贵（者）著书摹印，以为夸耀者络绎不绝。夫我自有之而不自宝之，视同瓦砾，任其外流，不惟于古代之精神不能浃洽，而于国体之观瞻实多违碍。臣等公同商酌于陵寝祠墓以外，推广调查保存两项办法，谨拟章程缮单恭呈御览。

对比前文，明显看出此段文字当源于《神州国光集（第1集）》中的《国学保存会敬征博物美术品启》，有些句子（粗体部分）甚至一字未改。《保存古迹推广办法》在叙述完古迹保存的必要性后，提出了调查和保存的两项方法，首先为六条调查事项：

一周秦以来碑碣、石幢石磬、造像及石刻、古画、摩崖字迹之类，现存何县何地及某县某种物共有若干，某物字迹现存若干，有无断折残缺情形，拟令督抚饬属详查咨部存案备核。

一石质古物近年以来每为寺僧及不肖匪徒所盗卖，因之洋商络绎将我碑版诸物贩归本国者时有所闻，国体所关，尤堪痛惜。拟由督抚饬属严禁，如有盗卖碑版于外人者，科以重罚并予州县官以失察之罪。

一古庙名人画壁或雕刻塑像精巧之件，美术所关，较之字迹，尤可珍宝。拟令督抚饬属查明，如有以上所列各件的，系何年遗迹者，咨部备考。

一古代帝王陵寝先贤祠墓，日久湮没，踪迹模糊，一人而数处有墓者有之，此其故由于真墓毁失，不知处所，好事者遂从而作伪。英光浩气，失所凭依，观览兴起，遂难亲切，拟由督抚确查审定咨部立案。

一名人祠庙或非祠庙而为古迹者，临履其地在，在生历史之感情，拟由督抚确查咨部备核。

一金石诸物，时有出土之件，拟由督抚饬属凡由地下掘出金石而有字迹者访查详确，即由督抚于年终时报部备核。

对比此前工部仅对古代帝王陵寝和先贤祠墓进行保存,以及1908年罗正钧《保存古碑碣》札文,可看出《保存古迹推广办法》增加了对"石质古物"、"古庙名人画壁或雕刻塑像精巧之件"和"金石诸物时有出土之件"的重视。此三类古物在传统观念中因与"文字"距离较远而未得到重视,不过在"美术"观念观照之下,和前述1908年左右石质古物如汉画像石或出土古物如铜器等频被盗卖,地面石造像屡被外人或中国人破坏的缘故,开始被纳入"保存古迹"的范围,故而名为《保存古迹**推广**办法》。至于保存,则有五条建议:

一碑碣石幢造像之属,雨淋日炙,石质最易朽。或书肆贾贩任意拓(搨),致使字迹模糊,碑身断折者,在在皆是。拟由督抚饬属于露立之碑或移置廊庑,或由本地筹款建造碑楼棚栏之属。凡书肆贾贩须报官后由官体察石质情形,准其印拓若干者始能印拓,否则从严惩罚。

一古人金石书画并陶瓷各项什物,或宋元精印书籍石搨碑版之属,摩挲之下如对古人,中国历来无一公共储藏之所,或秘于一家,或私于一姓,一经兵火,散失焚弃,瓦砾之不如。故世愈久则(物)愈少,物愈少则愈珍,扃固秘藏,只供一二有力者之把玩,而寒素儒生至求一过目而不得。夫珍贵之品,不能接于人人之耳目,一旦遭遇变故,又岂能邀人人之爱惜?今拟由督抚在省城创设博物馆,随时搜辑分类储藏,其或学士大夫达观旷识,欲将私蓄捐入馆中永远存置,抑或暂时存置,皆听其便。庶世间珍品共之众人,既免幽闭之害,兼得保存之益。

一古代帝王陵寝、先贤祠墓,虽由地方官出具保护无误册结报部,然奉行日久已成具文,拟由督抚于陵寝坟墓之就湮者,务建设标志,俾垂永久。其著名祠庙之完固者,则设法保护,其倾圮者,由地方择要修葺,不得仍前视为具文。

一古庙名人画壁并雕刻塑像精巧之件,务加意保存,不得任其毁坏,亦不得因形迹模糊重行涂饰致失本来面目,于古人美术反无所窥寻。

一非陵寝祠墓而为古迹者,如光武千秋亭、诸葛八阵图、魏武铜雀台之属,或种树株,或立碑记,务使遗迹有所稽考不致渐泯。

第三章　旧物维新：晚清古物观念变化及古物保存意识的产生（1840—1909）　153

其中第一条主要针对金石古物，即有字的碑碣和造像，保存方法是转至室内，防止有人私自肆意揭拓从而导致字迹模糊，可见保存重心依然是文字。第三、五条则延续以往工部保存古迹的传统。第四条则是在"美术"观念下开始对古建筑中的绘画、雕刻、塑像和精巧构建开始重视，并提出保护，认为其是"窥见古人美术"的重要门径。刘文华曾对比了尚秉和在光绪三十三年向民政部堂官呈上的《存古科应行整顿事宜条议说帖》和宣统元年八月初七（1909年9月20日）《民政部奏保存古迹推广办法酌拟章程折》文本，认为后者明显是在前者基础上加以扩展[1]，比如值得注意的第二条，此条文字明显糅合了《神州国光集（第1集）》中的《叙》和《国学保存会敬征博物美术品启》相关语句（粗体部分），提出"古人金石书画并陶瓷各项什物，或宋元精印书籍石揭碑版"皆有保存的价值，但中国向来缺乏公藏的传统，故而要求地方督抚在省城创设博物馆，"随时搜辑分类储藏"，"使世间珍品共之众人，兼得保存之益"。从条文文本来看，《保存古迹推广办法》在尚秉和说帖的基础上，明显整合了罗正钧的金石保存理念和邓实从"美术"出发的古物保存思路，并延续了中国传统对古代陵寝和庙宇的保存方法，同时带有明显的受具体事件刺激的痕迹。在话语表述上，则对《神州国光集》的文本几乎全面接收，体现了邓实等《国粹学报》学人群体对《保存古迹推广办法》的深刻影响。

在《汪康年师友书札》中，收有汪荣宝致汪康年书信二份，其一文曰：

> 手示敬悉，仰见高识远虑，钦佩无似……发掘古物一节，敝署曾屡有电致督抚设法禁止，闻学部亦颇注意于此，容更当与宝、李两侍郎商之。此外如有尊见，有关社会风俗者，务恳时时赐教……[2]

此信未有系年。根据内容推断，汪康年似曾修书给汪荣宝，提出了若干建议，其中便包括禁止"发掘古物"。汪荣宝答复当与学部商酌。第二份则透漏了更

---

[1] 刘文华：《清末民政部与近代文物保护事业——兼及主事尚秉和之功迹》，《中国国家博物馆馆刊》2020年第3期。

[2] 上海图书馆编：《汪康年师友书札（第一册）》，上海：上海古籍出版社，1986年，第1112页。

多信息：

> 顷奉手教，敬悉一切。弟日来以寓中患传染病，幼女殇逝，内子入法国医院，心绪甚劣。未曾到署。刻内子向瘳，胸怀略舒，明后日当以尊示各节面陈邸坐……宗小弟荣顿首，初六日[1]。

汪荣宝幼女过世，夫人生病入院，查《汪荣宝日记》可知是在1910年5月8—14日，此信信末的初六，当为宣统二年四月初六，即1910年5月14日[2]。因为前信撰写时间不明，故不能推断出就是汪康年的建议通过汪荣宝直接影响了掌管民政部的肃亲王善耆，从而出台了1909年9月的《民政部奏保存古迹推广办法酌拟章程折》。但细究《保存古迹推广办法》的文本，可知此折在尚秉和《存古科应行整顿事宜条议说帖》基础上，多取材自邓实编辑的《神州国光集》。汪荣宝酷喜金石，根据他的日记可知汪荣宝时常光顾琉璃厂购买书籍和碑拓，由此似可推断《推广古迹保存办法》的出台和文本编定，除尚秉和外，或与汪荣宝亦有密切关系。

《推广古迹保存办法》颁行后，《东方杂志》《南洋商务报》[3]《政治官报》[4]等报刊相继转载，各地督抚亦按此章程对各处古迹古物进行了调查，如库伦办事大臣接到章程后即刻调查属地碑刻，打听到什业图汗旗下柴达木有"唐开元年御制阙特勤之古碑一座"，"即派差携带纸墨，前往拓印"，将拓片同时呈送给了民政部和学部[5]。地方如山东亦调查编辑了《山东省保存古迹表》，

---

[1] 上海图书馆编：《汪康年师友书札（第一册）》，上海：上海古籍出版社，1986年，第1113页。

[2] 汪荣宝：《汪荣宝日记》，南京：凤凰出版社，2014年，第118页。

[3] 《规章：民政部奏定保存古迹推广办法章程》，《南洋商务报》第78期，1909年12月13日。

[4] 《政治官报》，宣统元年（1909年）八月，第130页。

[5] 《学部咨京师图书馆准库伦办事大臣咨送唐开元御制故阙特勤碑拓片文》，李希泌、张椒华编：《中国古代藏书与近代图书馆史料（春秋至五四前后）》，北京：中华书局，1982年，第136页。

第三章　旧物维新：晚清古物观念变化及古物保存意识的产生（1840—1909）

由成立不久的调查局编印[1]。总之，此办法并非一纸具文，在风雨如晦的清季，艰难开启了中国的近代文物保护事业。

1910年初，广东《广东教育官报》刊载《记敦煌古图书发见事》，其中提到"《立宪筹备事宜》京师开办图书馆附设古物保存会，《城乡镇地方自治章程》又以保存古迹为地方善举之一"，"诚以古物古迹者，国粹所存而国民爱乡爱国心所由发生，不可忽者也"，似乎未注意到《保存古迹推广办法》。不过作者在最后回忆道：

> 官报记者曰：前十年英议员戈登尝语本报译员邓君云：贵国自通商以来，古金古玉古瓷古绣古书古画流入欧美者不可胜数，各国博物院所收即其一班，贵国若不从速规定古物出口之禁令，通饬海关严密查禁，则所有古物必至为欧美嗜古家高值吸尽。既记敦煌事，附述邓君言：吾国民不自爱其古物而外人代我爱之，有志保存国粹者不可不研究此问题也，十余箱之唐前图书，其少焉者也[2]。

这里提到的邓君，可能就是邓实，十余年前即1900年左右，便有英国议员向他指出中国古物流失问题，给邓实留下深刻印象。后来他创办国学保存会，发行《国粹学报》与《神州国光集》，致力于保存国粹，抑或与此有关。1910年，《广东教育官报》刊登《湖北存古学堂》，在文章中明言"古物保存，本今日文明各国之达例也"[3]，19世纪欧美各国纷纷制定古物保存制度，对于中国而言，从"古物保存"意识的发生，再到由传统金石学思维出发颁布临时性饬令，直至以朝廷名义明确制定法规要求地方遵守，在这个过程中，始终贯穿着中外之间物质、观念和人员的刺激与流动，体现出新式观念和传媒对清廷决策的推动作用。通过考察《保存古迹推广办法》出台的背景和过程，可略窥观念、知识、人员和国家制度的互动关系。而《保存古迹推广办法》所反映的两条保存理念脉络，即金石学观念下的保存理念和新式美术观念下的保存理念的差异，不仅体现在文物

---

[1]　《山东省保存古迹表》，宣统二年（1910年）调查局编印。
[2]　《记敦煌古图书发见事》，《广东教育官报》第1号，1910年。
[3]　《湖北存古学堂》，《广东教育官报》第15号，1910年。

保护制度创设之初，同时也深刻影响了中国文博事业的未来走向[1]。

第七节 小 结

中国古物收藏之风起源虽早，但始终未能发展出一套运用无字古物进行古代历史文化研究的方法。明清时期的古物观念延续了宋代以来的传统，即注重金石文字的"考古"和鉴赏器物本身的"玩古"。明代中期伴随商品经济与士人文化发展，"古物"在社会中普遍扮演了"隔离"的角色，成为区分"雅"和"俗"的标准。及至清初，由于士林学风转向和乾嘉考据学兴起，对于金石文字的极端重视导致有字古物的范围扩大，由礼器、碑碣扩展至古陶器、封泥、玺印乃至甲骨，在金石文字范围扩大的同时，也限制了从器物本身出发进行鉴赏研究的方向。

晚清以来，随着西潮东渐，传统古物观念渐受欧美收藏鉴赏风气影响，无字陶瓷、汉晋陶俑、唐三彩等明器进入收藏范围。在新式观念如"美术""工艺"的影响下，古物不再是承载古文字资料的单纯载体，文字以外的器物质地、造型、工艺等，也能成为可资借鉴利用的重要经济资源。在19世纪后半期世界博览会中，古物常作为清廷参会的主要展品，遂与"国家"形象日渐关联。"美术""工艺"关系到"国之贫富"，所以"古物"大量流失海外遂使时人认为有损"国体"，以"国家之力"进行古物保存事业也成为传统金石学者、朝廷官员与口岸新式知识分子的共识。通过博物馆、图书馆等社会公共机构收藏古物的"公藏"模式，亦得到推广和提倡。在古物观念更新、古物收藏模式转换、在华外人组织如中国碑碣学会推动等因素作用下，清廷最终于1909年颁行《保存古迹

---

[1] 谭红兵：《金石学与中国博物馆》，《四川文物》2004年第2期；李济于1929年谈到"现在的中国学者，有好些对于考古学尚有一种很普遍的误会。他们以为考古学不过是金石学的一个别名。这种误会，可以说有两个来源：①因为缺少自然科学的观念，②以为古物本身自有不变的历史价值。由第一种误会就发生一种人人都可考古的观念；由第二种误会就发生了那'唯有有文字才有历史价值'的那种偏见"［李济：《现代考古学与殷墟发掘》，李济：《李济文集（卷五）》，上海：上海人民出版社，2006年，第3页］。关于金石学和考古学，至今混为一谈者亦不乏人。

推广办法》,近代以国家为主体进行文物保护事业由此肇端。不过在国家多故之际,制度条文的出台未必意味着制度能够有效运作,从条文制定到制度"在地化"实现,尚需有人员、财政、组织、机构等多方面保障。

第四章 从"国粹"到"国权":新知识群体与古物保存理念变迁(1909—1927)

1909年9月清廷民政部颁行《保存古迹推广办法》后,虽对地方盗卖古物和破坏古迹行为有所遏制[1],却未能阻止外人屡屡来华采掘古物。《保存古迹推广办法》仅规定地方督抚只需对"由地下掘出金石而有字迹者"详加查访,故而无字的古代砖瓦和铜器,依然会被外人搜购流失。1909年10月至1910年6月,《东方杂志》刊发"法人搜获甘肃古物""日人搜获新疆古物"[2]"俄人搜获蒙古古物""日人搜获满韩古物""英人搜获中国古物"[3]等系列报道,从侧面反映出古物保存事业的起始惟艰。1911年10月,辛亥革命爆发,在动荡的政局中,新生不久的文物保存事业何去何从?

如前所述,以"国家之力"保存古物的观念乃是晚清民初受西潮影响而产生,以"国"作为古物保护的主体,背后蕴含着"古物"与近代民族国家的微妙关系[4]。古物既是古代中国遗留的物质文化遗存,又是国际古物市场中炙手可

---

[1] 如在哈尔滨即扣押了日本人白鸟库吉在上京白城私自掘得的石碑数种,从而引起一番外交交涉。详见《日人搜获满韩古物》,《东方杂志》第7卷第4号,1910年6月2日。

[2] 《东方杂志》第6卷第9期,1909年10月8日。

[3] 《东方杂志》第7卷第4期,1910年6月2日。

[4] 如安德森指出"人口调查、地图和博物馆就如此相互关联地共同阐明了晚期殖民地政府思考其统治领地的方式","人民、地区、宗教、语言、物产、古迹……"被"无限弹性地运用到任何在国家的真正控制下,或者国家想要控制的事物的分类框架"([美]本尼迪克特·安德森著,吴叡人译:《想象的共同体:民族主义的起源与散步》,上海:上海人民出版社,2011年,第177、178页);Perter Aronsson也曾指出古物在近代早期欧洲国家构造(State-making)中的独特作用,见Peter Aronsson. Explaining national museums: Exploring comparative approaches to the study of national museums. in: Simon J Knell, et al. National Museums: New Studies From Around the World. London and New York: Routledge, 2010, pp. 31-32.

第四章 从"国粹"到"国权":新知识群体与古物保存理念变迁(1909—1927)

热的商品。欧美各国纷纷采取措施保护本国古物,限制本国古物出口,实际又鼓励进口别国古物。如果将"古物"的流通置放在"万国"的视角下观察,即会发现民国初期以来的古物保存制度有着丰富的内涵,不仅属于内政,更牵连外交,以及观念和社会变迁等因素。1916年《保存古物暂行办法》即体现出这样的特点。

第一节 民国初期政府古物保存职能的展开

1911年10月,辛亥革命爆发,南京成立临时政府,颁布《中华民国临时政府组织大纲》并组建参议院,议决《中央行政各部及其权限》,据此制定各部官制。临时政府成立内务部,下设警务局、民治局、土木局、礼教局、卫生局、疆理局等机构,其中土木局下设四科,第四科职掌"城市房屋之改良,及拟定条例事项"和"关于古迹之保存,及庙宇之调查事项"[1],与清廷由民政部营缮司职掌古迹保存职能相似。而在北方,袁世凯令"在新官制未定以前,凡现有内外大小文武各项官署人员,均应照旧供职"[2],继续由民政部负责古迹保存。

一、民国初期内务部和教育部的双重管理

1912年2月12日,清帝退位,南北统一。4月,参议院通过新官制,其中《内务部官制》规定内务部下设民治、职方、警政、土木、礼教、卫生六司,礼教司掌管"一、关于宗教寺庙祀典行政事项;二、关于监理僧侣教士道士事项;三、关于改良礼制及整饬风俗事项;四、关于保存古迹事项",同时取消了土木司"保存古迹"的职能[3],将"古迹保存"与宗教礼制等事宜联系在一起。而

---

[1] 《南京临时政府内务部承政厅及各局办事规则》,中国第二历史档案馆编:《中华民国史档案资料汇编(第二辑)》,南京:江苏人民出版社,1979年,第38—45页。

[2] 《袁世凯致各官署布告》(1912年2月13日),中国第二历史档案馆编:《中华民国史档案资料汇编(第二辑)》,南京:江苏人民出版社,1979年,第76页。

[3] 《参议院决案汇编》甲部一册,北京大学出版社复印本,第57—60页。转引自邱远猷、张希坡:《中华民国开国法制史——辛亥革命法律制度研究》,北京:首都师范大学出版社,1997年,第451页。

同月公布的《教育部官制》则规定教育部社会教育司负责"关于通俗教育及讲演会事项；关于博物馆图书馆事项；关于动植物园等学术事项；关于美术馆美术展览会事项；关于音乐会演艺馆事项；关于通俗图书馆巡回文库事项；关于社会教育书籍编辑所事项；关于社会教育调查统计事项"〔1〕，并未赋予教育部保存古迹古物的职能。然而5、6月间，《内务部官制》与《教育部官制》皆有修订，如教育部设有社会教育司，内务部遂主张将"通俗礼仪及甄别教宗等事，划由该司掌理"，而"内务部原设之礼教司名实已觉不符，兹故改称礼俗，以示各有区别"〔2〕，而国务会议亦认为"宗教为国民精神界之事，占社会教育之一大部分"，"礼俗所含之分子，亦多隶于宗教，二者皆教育之事"〔3〕，所以对社会教育司职能有所修改。

1912年8月，新的官制相继发表，在《内务部官制》中，礼俗司职掌"关于礼制事项；关于祀典行政事项；关于祠庙事项；关于宗教事项；关于褒扬节义及其他整饬风俗事项；关于保存古物事项"〔4〕，而《教育部官制》规定社会教育司职掌"关于釐正通俗礼仪事项，关于博物馆图书馆事项，关于动植物园等学术事项，关于美术馆美术展览会事项，关于文艺音乐演剧等事项，关于调查及搜集古物事项，关于通俗教育及讲演会事项，关于通俗图书馆巡行文库事项，关于通俗教育之编辑调查规画事项"共九项〔5〕。对比4月的官制，内务部"保存古迹"

---

〔1〕《参议院决案汇编》甲部一册，北京大学出版社复印本，第83—86页。转引自邱远猷、张希坡：《中华民国开国法制史——辛亥革命法律制度研究》，北京：首都师范大学出版社，1997年，第489页。

〔2〕《临时大总统为内务部官制草案提请议决咨》（1912年6月20日），中国第二历史档案馆编：《中华民国史档案资料汇编·第三辑·政治》，南京：江苏古籍出版社，1991年，第30页。

〔3〕《国务会议审核教育部官制修正草案理由》（1912年5月），中国第二历史档案馆编：《中华民国史档案资料汇编·第三辑·政治》，南京：江苏古籍出版社，1991年，第22页。

〔4〕《内务部官制》，《政府公报》1912年8月9日第101号，第4册235页；本书所引《政府公报》均采自中国第二历史档案馆整理编辑：《政府公报》，上海：上海书店，1988年，后不赘述。

〔5〕《参议院议决修正教育部官制》，《教育杂志》1912年第4卷第6期。

第四章 从"国粹"到"国权":新知识群体与古物保存理念变迁(1909—1927)

职能由负责建筑的土木司(营缮司)转至负责宗教礼仪的礼俗司,"保存古迹"亦改为"保存古物";而教育部社会教育司的职能又增加"釐正通俗礼仪"和"调查及搜集古物"两项,教育部开始明文承担调查搜集古物职责,既然有调查搜集,便不可避免会在实际中面临如何保存的问题。所以根据1912年8月公布的新官制,围绕古物古迹的调查保存,事实上已形成内务部和教育部双重管理的二元格局。

对比晚清只有民政部明文规定古迹保存事项的历史,可知民国初年南北政府机构合并、人员重组和官制厘定的混乱,为两部以后屡次围绕古物管理权限的争论埋下伏笔。1913年12月,中央各部官制又有修订,不过依然延续了1912年8月形成的二元格局,如规定内务部民治司执掌"保存古物事项"同时,教育部社会教育司也负责"关于调查搜集古物及保存古建筑事项"[1]。故而1924年内务部拟制定《古籍古物暨古迹保存法》,教育部即表示"现行官制,乃元年依据临时约法所成者,当日国家新造,诸事草创,各部仓促之间提出官制,临时参议院又未加以综合之审议,遽予通过施行",而教育部"官制有图书馆博物馆美术馆等事项","内务部官制又有保存古物之规定","致使一种政务有二重管理之嫌","至应用时始行发见,已觉挽救无方,唯有各行其是,法律家所谓恶法亦法者,即指此类而言"[2]。

1912年7月,教育部接收了前清国子监,因国子监"内有辟雍、彝伦堂等处建筑","又藏有鼎、石鼓及前朝典学所用器具等",以及大量墓志、碑刻,遂决议在国子监官舍设立历史博物馆筹备处[3]。而内务部接收了前清的天坛、地坛、先农坛、日坛、乐坛等坛庙,并将其中"原属国有之古物"集中存放在了先农坛,于10月成立了"古物保存所",把这些古物"分类陈列"[4],以资保存。然而无论是教育部还是内务部,似乎皆未注意到民初年风风火火的古玩交

---

[1] 《中国大事记》,《东方杂志》第10卷第8号,1914年2月。
[2] 《教育部对于内务部古籍古物暨古迹保存办法草案意见书》,中国第二历史档案馆编:《北洋政府档案·教育部》,中国档案出版社,2010年,第570、571页。
[3] 《教育部筹设历史博物馆简况》(1915年8月),中国第二历史档案馆编:《中华民国史档案资料汇编·第三辑·文化》,南京:江苏古籍出版社,1991年,第275页。
[4] 《临时政府内务行政纪要》(1913),沈云龙主编:《近代中国史料丛刊三编(第二十三辑)》第222册,台北:文海出版社印行,1987年,第130页。

易市场,大宗高质量的私人藏品,恰恰就在此时被外人买走,漂洋出国,流失海外,而对此一现象做出迅速反应并提出遏止策略的,反而是外交部及美国人,这背后可能涉及美国希冀独占中国考古资源的企图。

二、民国初期外交部保存古物的努力

辛亥革命期间,各地动荡不安,众多私家藏品纷纷流出变卖,如苏州"辛亥光复之际,四民失业,众美杂出",在当地奉直会馆前有一个广场,成为居民设摊销售古物的市场,往来的日本人和西洋人纷纷搜购,古泉"品之古且佳者已不可多觏,盖为东西人士贩去矣",以致被批为"贪贾卖古,乃如卖国"〔1〕。售卖者"视骨董为货殖之物","金银在手,即将中华古物售诸外人,亦所不惜"〔2〕。熟悉中国市场的日本古董商,更是大获其利,报载"大阪京都各地骨董商,乘革党事变,欲撄巨利者不少。上海、汉口各地为数七十余人,当地骨董商亦仿效之"〔3〕,甚至还有诗文记录此现象,曰:"感觉神经锐,机微骨董商。剑寻津海去,玉觅卞和藏。汉沪旧文物,革官新战场。于兹博巨利,利用在仓皇。"〔4〕除汉口和上海,北京的日本古董商山中定次郎于1912年就从溥伟手中收购了几乎除书画之外的全部恭王府藏品,数额之大,物品之多,质量之高,连山中定次郎自己都没有想到,认为"无论哪个商人,这是一生不会再有的事情"〔5〕。这批藏品于1913年、1915年被拣选出若干在美国纽约、波士顿、伦敦等地拍卖,如在纽约拍卖的藏品有五百余件,其中二百余件后来几乎全部存留欧美与日本〔6〕。

除私人和权贵主动出售古物与外人,外国博物院也于此时来华积极收集古物,如1912年5月,美国波士顿博物馆派代表两人(都是日本人)来北京收买古

---

〔1〕《五行大布钱》,《双星》第3期,《杂俎》第6页。
〔2〕《古今骨董贾之不相及》,《双星》第4期,《笔记》第4页。
〔3〕《湖海访国》,《汉文台湾日日新报》1911年11月25日第3版。
〔4〕《实业汇载》,《汉文台湾日日新报》1911年11月26日第2版。
〔5〕鲁宁:《恭王府流失文物寻踪》,北京:北京出版社,2010年,第176页。
〔6〕[日]福田升著,赵秀敏译:《近代日本的中国艺术品流转与鉴赏》,上海:上海书画出版社,2014年,第270—273页。

第四章 从"国粹"到"国权":新知识群体与古物保存理念变迁(1909—1927)

董,并由美国公使向外交部提出能否免掉出口税。外交部不知如何办理,于5月20日发文询问税务处是否有章程可以遵循[1]。24日税务处回复称美国博物院所购物品既然"非为贸易,是欲使美国人得见中国艺术",可以通融,给予免税资格,但限定每类物品最多只能一两件,不得多运,且需提交清单[2]。28日美国使馆便提交了一份清单,根据清单,可知波士顿博物馆采购的这批古物包括唐三彩、六朝陶俑等古陶器11件,雷纹敦、汉镜等古铜器40件,宋元明书画9件,唐宋元明古瓷器18件,古代玉器71件等,总计百余件[3],这批古物最终于6月办理了免税手续而出境[4]。外人来华采买大批古物并申请免税出境的举动,引起了外交总长陆徵祥的注意,几个月后,1913年1月《申报》即载《外交长注意保存古物》,其文为:

> 外交总长陆子兴颇有思古幽情,每以中国古物流运海外为可痛惜。年前特函请教育部筹设博物院搜藏古代金石及美术等品,并会同税务处订立章程限制出口,庶使五千年中邦文物不至放失无遗,其言绝为沉痛。嗣税务处亦函致教育部,谓本处现拟订古物出口限制章程,请抄送关于此事之之案卷,盖亦陆氏之主张也。闻教育部之意,以现在经费不充,止能先办历史博物馆,徐图扩充,至限止出口一节自应会同税务处订章严禁云[5]。

由报道可知,陆徵祥鉴于1912年中国古物流失海外状况加剧,方才决意解决此问题。他的解决之道,便是在1912年12月13日向负有古物古迹保存责任的教育

---

[1] 《美国博物院代表收买古董等物由美使声请免税并询有无应遵章程希核复》,"中研院"近代史所档案馆藏,馆藏号03-19-065-01-002。

[2] 《美国博物院来京收买古董等物应准其免税并希转饬开单送处以便饬关验放馆藏号》,"中研院"近代史所档案馆藏,馆藏号03-19-065-01-003。

[3] 《美使送来巴斯敦博物院采购古董各物单录送查核办理》,"中研院"近代史所档案馆藏,馆藏号03-19-065-01-006。

[4] 《美国巴斯敦博物院收买古董应准予出口免税》,"中研院"近代史所档案馆藏,馆藏号03-19-065-01-008。

[5] 《外交长注意保存古物》,《申报》1913年1月21日第14337号第3版。

部致函,说明"各国于金石古画以及贵重之美术等品,凡系本国所特有者,莫不加意保存……近来各国博物院及考古家等纷纷来华,采购并皆满载而归",但不能对此"骤行禁止",因为"现在中国既未设立博物院自为收存,而反禁他人之代为收存,不惟于理由所谓未顺,亦恐民间自由贩运,查察无从",所以希望教育部早日成立国家博物院搜罗古物,并同税务处订立章程,限止贩运〔1〕。教育部回复说博物院经费不足,等经费核准后即"次第设施"〔2〕。两个月后,内务部发布了一则通告,要求各地民政长切实保护祠庙,其文如下:

> 1913年2月20日内务部通咨各省民政长请转饬所属切实保护祠庙咨文录下:
>
> 查祠典祠祭及古物保存,均归本部管理,现闻各省往往有营私图利之徒,或藉端侵夺祭产,或因事毁灭古迹,甚至孔庙重地,何等尊崇,亦有人觊觎改建者,若不设法保护,何以存国粹而系人心?为此通饬各省都督民政长,凡祠庙所在,不论产业之公私,不计祀典之存废,不问庑宇之新旧,一经前人建设,均为古迹,例应保存,希即转饬所属一律妥慎保护可也〔3〕。

细读文本,可知内务部保护重点仅在维护古迹,即古建筑和祠庙,而非针对可移动物品,也未对外交部提及的外人购买中国古物情形予以限制或禁止,所以1912年12月外交部和陆徵祥的呼吁似乎并未有实质性效果。

1913年7月,河南郑州因一桩古物交易引发了中法之间的一次外交事件。7月5日,外交部咨河南都督,称接到法国公使函云有法人傅康培在彰德进行古董交易被当地县知事扣押,该商人1913年6月12日来华,贩运漆器、瓷器、古铜、古瓦等物,而县知事以禁卖古董的名义将古物扣押,与当地交涉无果,遂请外

---

〔1〕《外交部致教育部称中国美术品购运出洋应设法保存由》(1912年12月13日),"中研院"近代史所档案馆藏,馆藏号03-43-015-04-001。

〔2〕《与内教两部商定保存古物案》,"中研院"近代史所档案馆藏,馆藏号03-43-015-04-000。

〔3〕《时事日志》第2页,《庸言》第1卷第8号,1913年2月20日。

第四章 从"国粹"到"国权":新知识群体与古物保存理念变迁(1909—1927)

交部饬查[1]。外交部随即给河南民政长张镇芳发函协请查明情况,张镇芳8月6日回函则称法国人傅尔甘贝(即傅康培)"在安阳车站客栈寓居已久,时来时往,平日专以收买古铜古磁及前代陶器佛像为业,不惜重赀,悬格以求,诱令无业游民,为其搜罗,无所不至,因而安阳西乡一带,寺观如灵泉寺、宝山寺、盘龙寺、上古寺及万佛沟石佛洞造像、铜佛、石炉、铜磬、宝瓶等物,各寺僧纷纷报告被抢被窃或又凿去佛头,或毁坏庙塔,发掘僧墓,顿使千数百年之灵迹荡然无存",傅尔甘贝收买之后,再暗中输出海外。此次事件,系因6月10日在安阳查获有人偷盗石佛六尊,而石佛为地方公共古迹,根据前清《保存古迹推广办法》和《地方自治章程》,应当予以保护,并对盗卖之人予以惩处。傅尔甘贝强行出头说这六尊石佛他已出价购买,"业有成说,不应扣留",地方官以"公共古物,从前部章及《地方自治章程》内均定有明文,应行保存,非同寻常古玩可比"回答,傅尔甘贝"为公理所迫,无词可对,即怏怏而去"[2],事件最终或以六尊佛像充公的结局收场。然而张镇芳在文中指出了"公共古物"和可以"自由贩卖"的私人古物有别,比如在地方官查获最后落于傅尔甘贝之手的古物中,既有"公共古物"六尊石佛,又有"自由贩卖之物"十六扇木屏风,根据规定,官府仅没收和保护了"公共古物"六尊石佛,十六扇木屏风则"准其领回",最终极有可能还是售于法国古董商,再流失海外。

民国初年的政治动荡为外国古董商造就了难得的机会,他们常借助外国人身份利用外交途径向地方官员施压,从而达到目的。如此一来,外交部便首当其冲,成为大量古物纠纷案中的要角,不堪其扰,遂成为致力推动文物保护法规以应对种种纠纷的重要力量。

3个月后,即1913年11月14日,外交部再次发函给内务部与教育部,希望制订方案,保存古物,函件称:"中国之古代金石以及图书名画不乏珍奇之品,近来各国博物院及考古家等纷纷来华采运出口,亟应设法限制,俾免本国文物尽输国外。"教育部回函称:"本部曾就旧国子监设立历史博物馆筹办处,意在网罗

---

[1]《外交部咨河南都督民政长郑州知事扣留法人所购古董希即饬查见复由》,"中研院"近代史所档案馆藏,馆藏号03-18-047-01-004。

[2]《查复法人在彰德购买古董经华官阻止情形请转法使由》,"中研院"近代史所档案馆藏,馆藏号03-18-047-01-005。

散失,加以珍护,而经费支绌,未能即日实行。"表明一旦财政部批准经费,便着手办理,意似搪塞,而内务部则似未有回应[1]。1912年以来,外人纷纷来华采买古物,并通过外交途径申请免税。"现在外人采运中国古董方物等品,就驻京各使函请本部免税放行之数,计之为数已属甚多",外交部担心"如非一面先行订立章程限止出口,则中土文物必将不克保存,所关于文化者甚大",故而试图推动内务和教育两部,希望可以快速拟定限制古物出口章程,"从速核办并见复可也"[2],可惜目前从史料上看,外交部的两封函件似乎并未引起内务部或教育部的重视,内务部、教育部也没有采取任何措施限制古物出口[3]。负有古物古迹搜集保存职责的教育部和内务部屡屡在外交部推动下被动执行自己的应有职能,可见民国初年中央政府的官僚习气和效率低下。讽刺的是,最终引起北洋政府重视文物保护的力量却来自在华的美国人。

三、马克密、中国碑碣协会与《保存古物暂行办法》

1908年,美国人马克密在北京成立了碑碣研究会(The Monuments Society),并组织在华外国人对中国古迹进行调查[4]。1912年10月,研究会一份调查报告发表在《皇家亚洲文会北中国支会会报》(*Journal of the North China Branch of the Royal Asiatic Society*)上,其中罗列了中国200处古迹碑碣的名目。这份报告引起了美国考古学会和史密斯研究院(Smith Institutions)的兴趣,遂想设立一个基础性研究项目,专门研究中国的古代物质文化遗存,这个想法得到了

---

[1] 《中国古董方物等品外人采运出口为数甚多应如何设法保存希会商核办见复》,"中研院"近代史所档案馆藏,馆藏号03-18-107-03-003。

[2] 《中国古董方物等品外人采运出口为数甚多应如何设法保存希会商核办见复》,"中研院"近代史所档案馆藏,馆藏号03-43-015-04-003。

[3] 1913年7月,发生"盗卖热河避暑山庄前清古物案";9月20日,朱启钤职掌内务部;12月,内务部筹设古物陈列所,并宣布了《古物保存协进会章程》,但"古物保存协进会"似未有任何活动,也未见制定限制古物出口的政策。可参段勇:《古物陈列所的兴衰及其历史地位述评》,《故宫博物院院刊》2004年第5期。

[4] Kin-Yee Ian Shin对The Monuments Society有所叙述,可参Making "Chinese Art": Knowledge and Authority in the Transpacific Progressive Era. Ph. D Dissertation: Columbia University, 2016, chapter 2.

第四章 从"国粹"到"国权":新知识群体与古物保存理念变迁(1909—1927) | 167

弗利尔的支持[1]。同年12月31日,美国考古学会通过决议,决定在翌年即1913年在北京建立一个美国考古学校,成立董事会和理事会,理事会成员便包括马克密。1913年1月3日,数十位发起人在史密斯研究院开会,规划了工作计划,拟定考古学校有三个目标:①开展东亚考古学研究。②为有志于研究亚洲考古学的本土或外国学生提供便利。③将中国的考古和文化物品保存在博物馆中,并且与当地组织如中国碑碣协会合作。考古学会拟派出波士顿美术馆(The Museum of Fine Arts in Boston)的华尔纳(Langdon Warner)先期来华,交与他10000美元进行前期调查工作[2]。马克密作为总务委员会成员,亦在会议上报告了中国的考古资源状况和今后的工作规划,表明中国碑碣协会将致力于推动中国保护和保存它的古迹与古物,并阻止外国人在中国的汪达尔主义破坏[3]。

1913年6月,华尔纳辞掉波士顿美术馆的工作,启程前往中国,他取道英、法、德、俄等国,拜访了大英博物馆东方艺术品管理员劳伦斯·宾阳(Laurence Binyon)、巴黎的沙畹、伯希和,并参观了克兹洛夫的中亚搜集品,9月到达北京。他在北京还得到袁世凯接见,袁世凯表示会给予精神道义上的支持[4]。随后,华尔纳考察了龙门和巩县的石窟,1914年春,他发现在北京建立美国考古学校并不会得到北洋政府的真正支持,遂于1914年下半年离开中国到达欧洲[5]。在此期间,北京以马克密为主的中国碑碣协会踊跃活动,1913年10月11日开始,马克密及中国碑碣协会会员便在《北华捷报》上连续发表题为《中国古碑碣》

---

[1] Treasures of Archeology in China. *Journal of the American Asiatic Association*. 1913, 13 (1): 5.

[2] American School of Archeology in China. *Journal of the American Asiatic Association*. 1913, 13 (1):6.

[3] Archaeology in China: New American School an Interesting Foundation, The North-China Herald and Supreme Court&Consular Gazette (1870-1941) [Shanghai]. 22 Feb 1913, p. 529.

[4] Theodore Bewie Ed. Langdon Warner Through His Letters, p44. 转自王冀青:《华尔纳与中国文物》,[美]兰登·华尔纳著,姜洪源译:《在中国漫长的古道上》,乌鲁木齐:新疆人民出版社,2001年,第308、309页。

[5] 王冀青:《华尔纳与中国文物》,[美]兰登·华尔纳著,姜洪源译:《在中国漫长的古道上》,乌鲁木齐:新疆人民出版社,2001年,第310、311页。

市场、观念与国家
近代中国文物保护制度的形成（1840—1934）

（China's Monuments）的系列文章，共计十余篇，描述了苏州、龙门、四川、陕西、云南、新疆等地古迹被破坏，以及大量中国古代文物、造像、石刻流落到欧美市场的惨景，批评外国人在中国直接用凿子盗取石刻的行为。文章先后连载于1913年10月至1914年9月的《北华捷报》上[1]，持续时间近一年，引起了较大反响。1913年10月底，中国碑碣协会还在北京举行了一次免费展览，旨在唤起公众对蔓延在中国的古迹古物破坏行为的注意，据说这已是协会的第二次展览[2]。中国碑碣协会一再致力于推动中国政府意识到古物和古迹的珍贵价值，以向政府部门甚至大总统袁世凯呈文的方式企图促使中国尽早建立文物保护体系，如果注意到20世纪初在中国新疆、内蒙古、东北开展考古调查活动的多为英、法、俄、德、日等国，便不难明白美国之所以想帮助中国建立文物保护体系和保存古物的背后，或许包含了企图染指中国文物和考古资源的目的。

无论是北京美国考古学校还是中国碑碣协会，他们的活动亦引起国人注意。如1913年12月8日《教育周报（杭州）》刊发《古物保存会志感》，作者在文章中说中国古物虽多，但国人"或者博而不专，或者精而不力，循是种种弱点，转使东西洋士大夫挟其雄厚之金资，捆载以去"，古董商"一遇紫须碧眼之客，即欣为利市"，"近闻有美国人拟于北京设一古物保存会，集中国古代旧物以广博览，呜呼，以我国自有之物而不能保存，而使外人代操是职，不重可悲乎？"[3]1914年初严复亦指出保存古代器物建筑，法国巴黎就有政府组织的美术会，而中国却没有相应机构，"仅令外人设为'中国金石会'以阻止中国旧碣名碑长向波士敦输送也耶？苟不以此为国耻，则亦无所用耻矣"[4]。这里外人所设的"中国金石会"，当为中国碑碣协会。

---

[1] China's Monuments. The North-China Herald and Supreme Court & Consular Gazette, 11 Oct 1913, p. 122; 1 Aug 1914, p. 342; 8 Aug 1914, p. 430; 15 Aug 1914, p. 507; 22 Aug 1914, p. 585; 29 Aug 1914. p. 666; 5 Sep 1914, p. 737，以上7篇作者为马克密；2 May 1914, p. 334; 25 July 1914, p. 266两篇作者不详。

[2] China's Treasures. The North-China Herald and Supreme Court&Consular Gazette (1870—1941), 1 Nov 1913, p. 310.

[3] 《古物保存会志感》，《教育周报（杭州）》第27期，1913年12月8日，第14页。

[4] 卫西琴著，严几道译：《中国教育议》，《庸言》第二卷第4号（1914年4月5日），第15页。

第四章 从"国粹"到"国权":新知识群体与古物保存理念变迁(1909—1927)

1914年6月,《东方杂志》刊发了马克密《关于中国古物被盗之谈话片及纪事》,文章录自《时报》,编辑在按语中指出马克密曾在数月前致书中国外交总长,请其调查中国古物流失状况,并表明"阻止外人损毁中国文物之机关"的中国古碑会,如果不能得到中国政府的提携,则难以进行保护工作。在马克密建议下,"中国国务院已将此项问题之全体加以讨论,旋经完全之调查研究后,由某某三部总长呈明总统","中政府目下正在筹拟办法,阻止已失古物为人利用,并保护未失之物,使不至再流入欧美市场"[1]。马克密发给外交总长孙宝琦的这封函件后来也译发在《东方杂志》上,其文为:

> 孙总长钧鉴:中国文艺会自一千九百零八年设立以来,业已竭力思设法禁止外人使不得毁坏中国文艺,惟欲禁止外人之毁坏,必与中国政府及人民合力办理,方能有效。缘中国文艺之被中国人毁坏者,较诸外人之所毁坏,其情形更为不法。如将大雕刻品毁之使裂,以便分运出洋求售是也。鄙人深知中国非仅目击所有文艺长此被毁,即被运出洋之各件,亦未征得相当之出口税。将自中国出运之雕刻品严加取缔,计阁下亦以为正当办法。鄙人拟请中国至世界各博物院及欧洲各都会之美术商店,将其中所有之中国美术古物详加考察,庶于自中国偷售之各物,可以知其性质,及其现在外洋所估之值,并可使此事受法律之制裁。鄙人又拟请中国派外交代表商请各国,禁止博物院收买毁坏私运之中国雕刻品,庶几中国之雕刻品可以保存,而私毁出售之业,亦可消灭矣。本会深盼中国之文艺美术得以保存,为中外万世之利。今所愿为阁下告者,即不得中国之助力,本会之所图,将终归无用也。
>
> 专肃敬颂公绥
>
> 中国文艺会秘书马克密上[2]

对比函件内容,可知1914年6月的"数月前",即1914年初某月,马克密向

---

[1]《关于中国古物被盗之谈话片及纪事》,《东方杂志》第10卷第12号,1914年6月。
[2]《马克密君保存中国古物办法之函件》,《东方杂志》第11卷第6号,1914年12月。

外交总长孙宝琦发过一份函件，内容即如上引，主旨是希望由中国政府出面，一方面将世界各地博物院和美术商店中的中国古物调查清楚，凡是偷售的予以调查并惩罚相关人员，同时请国外各国禁止收买毁坏私运的中国石像。1914年5月刊于《北华捷报》的一篇文章则指出，孙宝琦在山东担任民政长之时做了很好的古物保存工作，但他调动到北京后，山东的这项工作即陷入停滞[1]。查1913年9月4日，外交总长陆徵祥辞职，11日，孙宝琦获任外交总长[2]，次年2月12日，国务总理熊希龄辞职，孙宝琦以外交总长身份又代理国务总理[3]，所以马克密之所以选择给孙宝琦发函，一则或缘于孙宝琦在山东民政长任上的古物保存工作获得较高评价，二则是马克密的献策主要需依托中国外交部门的努力才能得以实现。

马克密发给孙宝琦的信函起到了相应的作用，当然也与孙宝琦在1914年2月代理国务总理一职有关。前任外交总长陆徵祥一再试图推动内务部和教育部商议制定限制古物出口的法令，努力两年均无结果。而就在1914年6月《东方杂志》刊发马克密《关于中国古物被盗之谈话片及纪事》不久后的6月13日，北洋政府便以大总统令的形式发布了《保守古物令》，令文为：

> 中国文化最古，艺术尤精，凡国家之所留贻，社会之所珍护，非第供考古之研究，实关于国粹之保存。乃闻近来多有将中国古物采运出口者，似此纷纷售运，漫无考查，若不禁令重申，何以遗传永久。嗣后关于中国古物之售运，应如何区别种类，严密稽查，规定罚例之处，著内务部会同税务处分别核议，呈候施行。并由税务处拟订限制古物出口章程，通饬各海关一体遵照。至保存古物，本系内务部职掌。其京外商民，如有嗜利私售情事，尤应严重取缔。并由各地方长

---

[1] China's Monuments, The North-China Herald and Supreme Court & Consular Gazette. 2 May 1914, p334.
[2] 《中国大事记》第5页，《东方杂志》第10卷第4号，1913年10月1日。
[3] 《中国大事记》第27页，《东方杂志》第10卷第9号，1914年3月1日。

第四章 从"国粹"到"国权":新知识群体与古物保存理念变迁(1909—1927)

官实行禁止,以防散佚,而广流传[1]。

因令文主要意在限制古物出口,并强调要税务处制定限制古物出口章程,故又以《保存古物限制出口之命令》被多种报刊转载[2]。细究文意,可知此令仅落实了自1912年底以来从陆徵祥到孙宝琦的外交部对于如何处理外国人采买古物并且要求免税的对策,而马克密的两条提议并未在令文中得到直接体现。税务处的《限制古物出口章程》亦迟迟未能出台,这也昭示着此则大总统令在民国初年政治动荡中的实际效力。以中华革命党财政部部长身份继续大做中法古董生意的张静江,便于这一年在美国纽约开设了古董行(Touying & Co Chinese Antiques),地址位于纽约第五大道660号,"营业尚称不恶"[3]。而著名的昭陵二骏,也是在此年前后从西安流入北京,最后通过古董商卢芹斋之手漂洋过海到达纽约,再至宾夕法尼亚大学博物馆[4]。美国人福开森亦继续在北京通过蔡乃煌、完颜景贤、金城等人,和琉璃厂茹古斋、论古斋、德珍斋为纽约大都会艺术博物馆、克利夫兰美术馆收集古画、古瓷、古代铜器并寄往美国,其中著名者如明仿顾恺之《会稽山水图》、唐摹《女史箴图》、齐侯四器等皆流失海外[5]。可见试图仅由税务处制定海关出口章程并没有解决古物流失问题。同样,内务部通过饬令要求各地方长官禁止古物私售行为,在操作和法理上亦不具有可行性。马克密的两条对策倒颇有眼光,似乎可以从源头遏制中国古物外流的根本原因,但对成立不久即处于多事之秋的北洋政府而言,似乎有些力不能及。总之,1914年6月的大总统令并未起到明显的遏制效果。

就在同一个月,远在大洋彼岸的纽约,可能是在中国碑碣学会及美国亚洲文

---

[1] 《政府公报》1914年6月14日第756号,第31册,145、146页;《东方杂志》第11卷第1号,1914年7月1日。

[2] 如《申报》1914年6月16日第2版;《教育周报(杭州)》第46期,1914年6月23日;《协和报》1914年第37期等。

[3] 杨恺龄:《民国张静江先生人杰年谱》,台北:台湾商务印书馆,1981年,第15页。

[4] 周秀琴:《昭陵两骏流失始末》,《碑林集刊》2002年。

[5] Lara Jaishree Netting. *A Perpetual Fire*: *John C. Ferguson and His Quest for Chinese Art and Culture*. Hong Kong: Hong Kong University Press, 2013, chapter 3, 4.

市场、观念与国家
近代中国文物保护制度的形成（1840—1934）

会等组织运作下，由于在中国建立考古学校的计划尚未完全息影，美国的各大高校、博物馆及教会与学会联名给总统袁世凯发出一封公启，试图通过当时西方沸沸扬扬要保存中国古物古迹的舆论压力，推动中国"制定新律"，将"凡国中美术及历史攸关之古物，皆定为国有，名曰公产，受国法之保护，庶使国宝精英，永留存于中土"，其文如下：

> 窃维国粹沦胥，稽古者靡所凭藉，影响所及，不免教育窳陋，文物退化，此证诸历验而无疑者也。中华立国，号称先进，典章文物，灿然具备，宫庙碑亭，勒铭金石，凡一切关于美术之属，皆前人遗泽，可以风一世而观万国。不世之珍，固泰西文明各邦同视为至宝，而不能以金资限其代价者，尔岁以来，兵燹频仍，丧失既多，而西商牟利之徒，视为奇货可居，出其奸贼手段，巧取攘夺，毁折璀璨，不复顾忌。充其恶果，不独将中华先进国之文明遗迹毁伤盗窃，势且将中国历史遗传之宝物，举世爱护之重器，千古文化之典型，国脉精华，断送净尽而后已。同人等念共和新造之邦，效声类应求之雅，开明人道，共具热忱。远大前途，方殷期望，用敢不嫌越俎，谨缮公缄。窃查盗窃官物，中国旧律原有专条，今拟请贵政府斟酌中外情形及其经验完善之遗法，订立新律。凡国中美术及历史攸关之古物，皆定为国有，名曰公产，受国法之保护，庶使国宝精华，永留存于中土。则国有即系民有，公产视同私产，人人存此工心，蔚成公德，岂不懿欤？专此联合敝国各大学校学会教会及博物院各团体等署名公启，伏维伟鉴。敬请钧安不备。
>
> 西历一千九百十四年六月，由美国国务卿兼外交总长转寄北京美使代呈[1]

揣其文义，则知在当时美国人认知中，中国古物流失和古迹被破坏的根本原因是"西商牟利之徒，视为奇货可居"，中国应当制定法律，将关于美术和历

---

[1] 闲云：《古物保存记》，《公言》第1卷第1号，1914年10月20日。

第四章 从"国粹"到"国权":新知识群体与古物保存理念变迁(1909—1927)

史的古物定为"国有"和"公产"。而美国则可通过在中国建立考古学校及用庚子赔款在北京建立博物馆群(museum quarters)的方式帮助中国政府收集和保存古物,并促使中国的古物交易可以用合法的方式展开并由政府控制。在对西方社会的宣传中,中国碑碣学会还宣称总统袁世凯是学会的名誉主席[1]。据称参与联名致信袁世凯的美国团体共有五十余,包括:

> 纽约美国历史博物院总长阿思本、亚洲商会总理思汝德书记福尔德、波士顿美国圣经会本部长巴尔敦、纽约美国地理学会副总理格林罗、太平洋美国史学分会会长米理书记毛利思、西爱特美洲考古分会委员海格特、华盛顿美洲考古学会总理席櫈理书记卡罗、芝加高美术学校总办佛朗西、博朗大学总长方思、纽约巴勒女大学校长吉德理甫女士、阿海阿省新心拉地博物总会会长格士特、马士求省克服大学总长何尔、纽约城大学署总长韦勒、纽约哥仑布大学人类学校教授法德兰、纽汉墨省达特墨士大学总长力哥士、阿海阿省旦那生大学总长钱百能、墨西根省第诧爱美术博物院书记白罗思、纽约内外圣公会教会总部长罗易、墨耳能省姜夏卜根大学校务长波尔、喀里方里亚省李能大学总务长卜郎勒、纽约美国造塑会书记孔地、纽约纽省大学总长卜朗、意鲁拿省西北大学总长梅利士、阿海阿省鄂不岭大学总长金亨利、韦士廉大学总长卫驱、阿里刚省农学大学总长克耳、纽结塞省櫈林士敦大学总长席本、美国长老会本部长亚力山大、印地亚拿省裴度大学总长司、纽吉塞省瑞结士大学总长丹马瑞思、马士求省司密女大学总长白登、偏士维里亚省士次瓦摹大学总长维音、马士求省达甫士大学署总长何斐、纽约理学总学校总长卜朗、纽约美国陆军大学校长唐士雷、喀里芳里亚省大学长巴罗思、喀省大学东方文学教授傅兰雅、芝加高大学署副总长恩教、芝加高监书长白登、新心拉地大学总长但卜雷、美术科教授钱德勒、师范科教授白耳思、实业科教授海瑞、商科教授席客士、工科教授希聂登、女科教授马克为、堪色司省

---

[1] Work of the Chinese Monuments Society. Bulletin of The American Geographical Society, Vol XLVII, 1915, New York, Geographical Record, p. 450.

大学学务处帕特生佛林特哈谱琴、密里苏达省大学总长文森、尼卜拉士格省大学总长爱为瑞、犹大省大学总长金士百瑞、华兴敦省大学东方历史校长顾文、伟士康生省大学总长汪海思罗士、潭西省万德陛大学提调客克郎、纽约妩色女大学教授麦克勒、马士求省卫士烈女大学教授潘德、阿海阿省西围大学总长苏音、马士求省威廉大学总长嘉飞、雅礼大学书记司徒启、雅礼大学东方历史教授卫廉士、纽约亚洲学会书记马克密等公启

根据落款可知参与联名的团体类型包括美国的大学、博物院、学会、教会人士，这反映了马克密等人关于保存中国古物古迹理念在西方的宣传卓有成效，亦体现出一战前夕美国社会的某些世界主义思潮。当然亦不排除功利性的因素，即美国对中国考古资源的独占，如Cohen就直接指出北京的美国考古学校很可能源于弗利尔的设想，在弗利尔规划中，考古学校"地点最好能够安排在美国公使馆院内"，"在这所学校里，中美两国的学员将接受提取和保存文物的训练。获得的艺术品将按一定比例分享，一部分被陈放在弗利尔等人有意资助的中国国家博物馆，其余的——按弗利尔的愿望——则在美国控制下运到世界其他博物馆"，"他们是在通过将艺术品的流动控制在他们掌握的渠道中来防止艺术品泛滥从而降低他们的藏品价值"[1]。

这封公函通过美国驻华公使芮恩施（Reinsch Paul Samuel）辗转呈送袁世凯，同时美国外务卿布拉仁（William Jennings Bryan）也收到了这些联合团体的一份公启，其文为：

请设法禁止美国人民在中国盗窃古物
中国人种为世界人类之最古者，故其关于人类社会之成绩，亦最大。美国人之望中国兴隆者日多，因欲保全中国连绵不绝之进步，故议设立古物学校一所，藉以研究中国之文物与古迹。惟自庚子拳乱以后，中国古迹之毁坏者日多，斯诚世界人类社会之大不幸也。同人

---

[1] 孔华润著，段勇译：《东亚艺术与美国文化》，上海：上海书画出版社，2014年，第45、46页。

第四章 从"国粹"到"国权":新知识群体与古物保存理念变迁(1909—1927) 175

等心窃伤之,故敢妄陈于阁下之前,幸垂察焉:一、美国国务部当用其权力阻止美国人民毁损中国古迹,因古迹为中国国民所有,外人不应毁损之,并宜阻止人民盗买之也。二、国务卿当饬驻华美国官员,禁止美国人民行上列种种罪恶,为中国之幸福计,亦世界之幸福计也[1]。

此封公呈发出后,据说很快就得到了布拉仁的回复,表示极力赞成,并请这些联合团体呈请国会,制定法律,阻止美国人盗买中国古物[2]。而呈送给总统袁世凯的这封6月的函件,虽然以《美国五十余团体上袁总统请保存中国古物启》的题目在1914年8月15日的《云南教育杂志》[3]和9月30日的《湖南教育杂志》[4]上刊载,11月15日成都《共和杂志》也以《请保存古物公启》[5]进行报道,但通过美国外务卿转发美国驻华公使芮恩施,芮恩施再转交外交总长孙宝琦,孙宝琦再呈送给大总统袁世凯手中时,已在当年11月。而袁世凯最终批文发下,则为1914年11月18日。孙宝琦呈送此函时称:

为美国古物研究会联名上书陈述保存古物意见据情恭呈钧览事。窃准驻京美国公使芮恩施函称本国襄助古物研究会之纽约亚细亚研究所来函谓有公函一件,请敝人转送大总统查阅。查该函语意系美国多数重要机关为欲保护中国古物特为禀明云云。敝人以个人会员名义,请将附送原函及附件暨名区官刊各一册转呈等因前来。伏查中国为数千年声名文物之邦,历来古物之流传实足为文化之表见,自互市约成,古物遂多外运,设无专章限制,其流失益将无穷。细绎该会原函,于我国历史文物均极表其宝爱之忱,而于保护古物特订法律一

---

[1] 闲云:《古物保存记》,《公言》第1卷第1号,1914年10月20日。
[2] 闲云:《古物保存记》,《公言》第1卷第1号,1914年10月20日。
[3] 《美国五十余团体上袁总统请保存中国古物启》,《云南教育杂志》第3卷第8号,1914年8月15日。
[4] 《美国五十余团体上袁总统请保存中国古物启》,《湖南教育杂志》第3卷第9期,1914年9月30日。
[5] 《请保存古物公启》,《共和杂志》第4期,1914年11月15日。

层，一篇之中，尤再三致意。美国公使芮恩施亦为该会会员，对此尤深赞助，谨将原送联名函件并名区官刊一册呈请大总统钧察[1]。

可见芮恩施是以古物研究会（中国碑碣协会）个人会员的名义转呈了这封联名信。1914年11月25日，芮恩施专程会见孙宝琦，直接询问是否将这封函件特呈给袁世凯，孙宝琦答复说已经呈上。芮恩施再次建议说美国的考古学家对于中国古物"异常注重"，希望中国能邀请他们"使之襄助，将来一一珍摹，详为记识，勒为专书，广为流传，是不仅增贵国之荣誉，抑亦进全球之知识焉"。孙宝琦回复说中国"内务部已有此意，现正筹备分类，按次编制目录，并拟译成美法洋文，以便外人之参考游览"，显然并不期望美国人介入中国的古物保存和管理。两人还谈起了不久前来华的美国考古学家沃德先生[2]，沃德当为华尔纳。通过此份档案，可以大致推断芮恩施转送的函件通过孙宝琦呈送袁世凯的时间亦不会太早，而此封函件的重点则在催促中国政府早日立法，明确将重要古物定为国有，以"公产"的形式施以法律保护。11月18日袁世凯批复"交内务部查照办理，附件并发"[3]。《申报》[4]《东方杂志》[5]等报刊都报道了此篇消息。时任内务部总长的朱启钤受命于袁世凯制定保存古物的新律，直至1916年10月，内务部正式公布《保存古物暂行办法》，并配发了《古物调查表》和相关说明书，要求各省民政长"一面认真调查，一面切实保管"。《保存古物暂行办法》内容如下：

---

[1] 《外交部呈美国古物研究会联名上书陈述保存中国古物意见谨将原送联名函件并名区官刊一册呈请钧察文并批令》，《政府公报》1914年11月18日，第44册第209页。

[2] 《请美国考古家襄助办理博物院事》，"中研院"近代史所档案馆藏，馆藏号03-11-017-03-019。

[3] 《外交部呈美国古物研究会联名上书陈述保存中国古物意见谨将原送联名函件并名区官刊一册呈请钧察文并批令》，《政府公报》1914年11月18日，第44册第209页。

[4] 《美人请保存中国古物》，《申报》1914年11月26日第15015号第6版。

[5] 《中国大事记》，《东方杂志》第12卷第1号，1915年1月。

第四章 从"国粹"到"国权":新知识群体与古物保存理念变迁(1909—1927)

一、历代帝王陵寝,先贤坟墓,在前清时曾由地方官出具保护无误册结,年终报部。然奉行不力,徒成具文。应由各属地方官于历代陵墓设法保护,或种植树株,围绕周廓,或建立标志,禁止樵刍。其有半就湮没遗迹仅存者,又宜树之碑记,以备考查。

一、古代城郭关塞,壁垒岩洞,楼观祠宇,台榭亭塔,堤堰桥梁,湖池井泉之属,凡系名人遗迹,皆宜设法保存。其有关系地方名胜者,应由地方官或公共团体筹资修葺,以期垂诸久远。其于历代有关足资考证者,亦宜树之碑记,勿使湮没不彰。

一、历代碑版造像,画壁摩崖,古迹流传至为繁赜,文艺所关尤可宝贵。凡属此类,应由地方官各就其所在地,责成公正绅士或公共团体、寺庙住持,认真保存,不得任意榻摹、毁坏或私相售运。其为私家所收藏及新发见者,即断碑残石,亦宜妥为保存。或由公家设法收买,要勿使奸商串卖,运往海外。其各处著名之石刻碑碣,历时愈久,残毁愈多,不有拓本,无从考核,应责成地方官切实搜求。凡现存者,无论完全残缺,一律拓印二份,直接邮寄本部,以备考查,仍将所拓寄之种类、数目,分别呈报该管长官备案。

一、故国乔木,风景所关,例如秦槐汉柏,所在多有,应与碑碣造像同一办法,责成所在地加意防护,禁止剪伐。

一、金石竹木,陶磁锦绣,各种器物及旧刻书帖、名人图画,既为美术所留遗,且供历史之研究。海通以来舶商购买,不惜重资,游历所及,辄事搜求。长此不图恐中国珍奇将尽流于海外。拟由各省分别搜集,择其制作最精,有关技术,著录最久,足资考证者,应筹设保存分所,或就公共场所附入陈列,严定保管规则,酌取参观资金。先就公家所有萃汇保管,其私人所藏,一时即不能收买,亦应设法取缔,以免私售外人。

以上各节,均系酌定暂行保管办法以资维持。一俟通盘筹画,略有头绪,再行釐定章程推广办理。至各该处对于各项古物如必应按习惯上特别保存方法保存者,亦可照旧办理,但须分别转报本部备案,俾资查考[1]。

---

[1] 《保存古物暂行办法》,《政府公报》第96册,第118、119页。

将此份法令与1909年清季《保存古迹推广办法》对照，可知1916年《保存古物暂行办法》增加了有关"古代城郭关塞，壁垒岩洞，楼观祠宇，台榭亭塔，堤堰桥梁，湖池井泉之属"和"故国乔木，风景所关"的内容。如前所述，1913年10月11日开始，马克密及中国碑碣协会会员在《北华捷报》上连续发表《中国古碑碣》（China's Monuments）的系列文章，内容几乎全是描述如洛阳龙门、苏州虎丘古寺、陕西昭陵和四川、云南、新疆各地古迹祠庙被破坏的事例，这不能不引起内务部的警觉和重视。1913年9月，朱启钤接掌内务部，直至1916年卸任，在此期间，朱启钤主持改造北京旧城。他拆去正阳门瓮城，并将社稷坛开辟成为中央公园，并力主将原有的先农坛、天坛等地改造成公园，陆续对民众开放。在改造过程中，朱启钤注意保存古迹，因为他自己也雅好金石，如正阳门"瓮城内旧有古庙二座，拟仍保存加以髹饰，停留古迹"〔1〕。在建设北京第一座公园——中央公园时，他"酷爱公园中之千年古柏，倍加爱护，一一记之于册，敦嘱园丁，善加护理"〔2〕。朱启钤自己写道："禁中嘉树，盘礴郁积，几经鼎革，无所毁伤。历数百年，吾人竟获栖息其下，而一旦复睹明社之旧，故国兴亡，益感怀于乔木。继自今封殖之任，不在部寺，而在群众。枯菀之间，实自治精神强弱所系。惟愿邦人君子爱护扶持，勿俾后人有生意婆娑之叹。"〔3〕由此似可知1916年《保存古物暂行办法》中强调保存古迹、古代城郭要塞、楼观祠宇和故国乔木的观念渊源。

《保存古物暂行办法》体现的"古物"定义带有明显的金石学色彩，注重历代碑版造像，画壁摩崖等。同时受"美术""艺术"观念影响，古物的工艺价值亦有强调，因而如"城廓关塞，壁垒岩洞，楼观祠宇，台榭亭塔"等古代建筑进入了保存序列。至于保存方法，依然要求地方官员或公正绅士、地方团体进行就地保护；如何解决古物的流失，则要各省分别搜集，筹设"保存分所，或就公共

---

〔1〕 朱启钤：《修改京师前三门城垣工程呈》（1914年6月23日），崔勇、杨永生选编：《营造论：暨朱启钤纪念文选》，天津：天津大学出版社，2009年，第86页。

〔2〕 朱文极、朱文楷：《缅怀先祖朱启钤》，崔勇、杨永生选编：《营造论：暨朱启钤纪念文选》，天津：天津大学出版社，2009年，第164页。

〔3〕 朱启钤：《中央公园记》，见《蠖园文存》，沈云龙主编：《近代中国史料丛刊（第二十三辑）》，台北：文海出版社，第114页。

第四章　从"国粹"到"国权"：新知识群体与古物保存理念变迁（1909—1927）　▶ 179

场所附入陈列"；为解决个人私售古物给外国人的问题，《保存古物暂行办法》要求采用收买或取缔方式将私人收藏转为"公藏"，不过没有明确指出是否允许私人或官府售卖古物给外国人，或是禁止古物出口。和清季《保存古迹推广办法》类似，1916年《保存古物暂行办法》亦缺少可操作的实质性措施，保存古物的职责几乎全部推给地方政府和公共团体，显示出内务部似乎并未认真对保存古物问题进行细致规划。

不过《保存古物暂行办法》的适时出台，为地方政府处理频繁的中外古物纠纷提供了法理依据。1918年河南洛阳一带盗墓猖獗，出土古物大量被盗卖到海外，内务部即咨文河南省长，要求该省按照《保存古物暂行办法》第一条和第三条规定，转饬洛阳县知事"严切查禁，认真保存"[1]。同年7月，山东益都县知事查获商人盗卖"古石一座，四面刻佛，委系古物中金石一系"，亦按照《保存古物暂行办法》第三条对原石拓印，得到的四份拓片送往内务部备案，并把石佛送到济南图书馆金石保存所内保存陈列[2]。1921年河北巨鹿宋瓷频出，"京津一带古玩铺往巨收买者常有十余家"，巨鹿县县长不对肆意盗卖行为进行禁止，反而强行从民间收缴古瓷，再转手卖给外国人，数量"不下两千件"。内务部遂援引《保存古物暂行办法》第五条规定，要求直隶省长对此事进行彻查，依法惩办[3]。1923年6月，美国史密斯研究院拟派代表来华"调查古时文明程度并拟考察古迹"，并想在河南进行考古发掘，中国政府则以1916年有公布《保存古物暂行办法》五条为由，予以拒绝[4]。1926年7月，北京的日本居留民欲将四块汉砖带走，捐赠给京都帝国大学建筑学教室，虽有日本公使来文希望予以放行，内务

---

[1]　《内务部关于禁止中外人等在北邙山一带挖掘古物致河南省长咨》（1918年4月27日），中国第二历史档案馆编：《中华民国史档案资料汇编·第三辑·文化》，南京：江苏古籍出版社，1991年，第202页。

[2]　《内务部就不法商贩盗售四面刻佛古石致山东省长咨》（1918年7月26日），中国第二历史档案馆编：《中华民国史档案资料汇编·第三辑·文化》，南京：江苏古籍出版社，1991年，第203页。

[3]　《内务部致直隶省长公署咨》（1921年11月），中国第二历史档案馆编：《中华民国史档案资料汇编·第三辑·文化》，南京：江苏古籍出版社，1991年，第244、249页。

[4]　《史密斯来华发掘内务部批复》，《外交公报》第27期，1916年9月。

部还是以《保存古物暂行办法》为据，要求禁止出口汉砖[1]。1926年8月，古物陈列所所长周肇祥前赴日本，发现有很多源自云岗和洛阳的石造佛头，遂给内务部呈文，要求查明原因，内务部还是以《保存古物暂行办法》为据，要求山西、河南两省军民长官"妥筹保护之方，明定管守之责，损害者从重治罪，贩卖者加以严惩"[2]。由此可见，从1916年至1928年内政部《名胜古迹古物保存条例》出台之前，《保存古物暂行办法》作为中国政府处理古物事宜的法理依据，起到了一定作用。在民国初期官方保存古物实践效果有限的同时，民间社会在此领域又发生了何等变迁？

第二节 新知识群体的兴起及古物保存理念

清社既屋，民国初建，北洋政府接收清朝。内务部和教育部分设了古物保存所和历史博物馆，希冀以此两机构行使"保存古物"的国家职能，但效果似并不见佳[3]。反而是外交部因直面古物流失，一再推动政府制定限制古物出口章

---

[1] 《北京日本居留民盗运汉砖出口有关文件》，中国第二历史档案馆编：《中华民国史档案资料汇编·第三辑·文化》，南京：江苏古籍出版社，1991年，第256页。

[2] 《内务部关于云岗、龙门造像大量外流事致山西、河南省长咨》，中国第二历史档案馆编：《中华民国史档案资料汇编·第三辑·文化》，南京：江苏古籍出版社，1991年，第205页。

[3] 如1912年10月内务部下辖的古物保存所设立之初，即"专征取我国往古物品，举凡金石、陶冶、武装、文具、礼乐器皿、服饰、锦绣以及城郭陵墓、关塞壁垒各种建设遗迹，暨一切古制作之类"，然而"限于各省古物一时骤难运之致"（《内务部古物保存所开幕通告》，中国第二历史档案馆整理编《政府公报》第8册，第817页），只能保存陈列京城中"原属国有之古物寄存各坛庙者"[《临时政府内务行政纪要（1913）》，沈云龙主编：《近代中国史料丛刊三编（第二十三辑）》，台北：文海出版社，1987年，第129页]。1914年古物保存所更名为"礼器保存所"，后于20世纪20年代逐渐消亡，礼器保存所中原有的前清古瓷、古铜、木雕、铁炉等都不知所终，遑论尚能保存全国范围内的其余古物。教育部下辖的历史博物馆，则因为经费问题和教育部的推诿，也没有起到搜集保存限制古物出口的作用。可参拙作：《北京古物保存所考略——兼论其与古物陈列所之关系》，《中国国家博物馆馆刊》2016年第9期。

第四章 从"国粹"到"国权":新知识群体与古物保存理念变迁(1909—1927)

程,最终还是在美国方面作用下,1914年6月,袁世凯下令要求内务部和税务处制定限制古物出口章程,取缔将古物私售给外国人的行为[1]。在限制古物出口章程迟迟未定的情况下,1913年12月24日,因同年7月发生"盗卖热河避暑山庄前清古物案",时任内务总长的朱启钤将热河与盛京前清宫室中的古物运送至京城,在故宫前朝武英殿成立了古物陈列所,这是内务部推行古物保存职能的体现。古物陈列所"综吾国之古物与出品二者而次第集之,用备观览,或亦网罗散失"[2],同时还成立了保存古物协进会,不过据《保存古物协进会章程》来看,这个协进会"暂时附属于古物陈列所,专事征求中国历史上应行保存之古物,以协赞陈列所之进行"[3],事实上仅起到协助管理古物陈列所的作用。

民国初年,政府权贵常将古物陈列所古物提出,用作公务交际,"或直接调取,或临时借用,或作价购买","据不完全统计,从1914年5月至1919年9月,因国务、外交之需,总统、总理、农商部长、陆军参谋长等人共从古物陈列所提用玉玺、玉册、围屏、景泰蓝、瓷器、盆景、地毯等约100件"[4],以致1920年内务部明令"嗣后此项古物务当妥慎保存以垂久远。自大总统以迄各机关一律不得提用"[5]。全国范围内的古物保存工作也未展开。至于教育部所属的历史博物馆,1915年,《国学杂志》刊登"从前教育部设历史博物馆于国子监内,派胡

---

[1] 然而及至1925年,限制古物出口章程依然未能制定出台。参1925年12月14日《税务处致内务部公函》及内务部复函,中国第二历史档案馆编:《中华民国史档案资料汇编·第三辑·文化》,南京:江苏古籍出版社,1991年,第186—188页。

[2] 《内务部令》第72号(1913年12月24日),中国第二历史档案馆编:《中华民国史档案资料汇编·第三辑·文化》,南京:江苏古籍出版社,1991年,第269页。

[3] 《保存古物协进会章程》(1913年12月24日),中国第二历史档案馆编:《中华民国史档案资料汇编·第三辑·文化》,南京:江苏古籍出版社,1991年,第270—272页。

[4] "古物陈列所1914~1927年大事记",故宫博物院藏《古物陈列所档案·行政类》第39卷;转引自段勇:《古物陈列所的兴衰及其历史地位述评》,《故宫博物院院刊》2004年第5期。

[5] "古物陈列所1914~1927年大事记",故宫博物院藏《古物陈列所档案·行政类》第39卷;转引自段勇:《古物陈列所的兴衰及其历史地位述评》,《故宫博物院院刊》2004年第5期。

玉缙为馆长，陈列者寥寥数件，曾不及琉璃厂一古董店。中国事业，一涉官场大都如此，可胜叹耶"[1]，可见两部古物保存成果。

承担古物保存职能的内务部与教育部互相推诿，反不如外交部重视古物流失问题，古物陈列所与历史博物馆的表现亦令学界失望。民国初年以来伴随知识与社会转型，新式科研机构和学者群体开始活跃，他们走上古物保存事业前台，最终促成新制度的产生和运作。

一、民国初年学界的古物保存意识

在官方将"保存古物古迹"列入政府职能，事实却未采取有效措施甚至以保存古物名义将公有古物提取以充私用的同时，学者群体逐渐意识到保存古物的重要意义，并采取了实际行动。有别于20世纪初《国粹学报》设立藏书楼征集金石古物的做法，20世纪20年代学者的作为更为专业和具体，他们从考古和美术两个新学科角度，自发推动政府进行古物保护。

1910年，梁启超在《官制与官规》中提出"欲办新政，必赖新知识"[2]，提示出制度与知识的关系。对于古物而言，制度上虽已模仿欧美建立国家保护制度，但在实际运作中，因当事官员缺乏相应知识，导致古物的价值与意义并不能彰显。而知识界对古物的认知，亦有一个变迁过程。

1912年10月，马相伯联合章太炎、严复、梁启超等，倡议建立函夏考文苑。函夏考文苑拟仿照"法国阿伽代米"（L'Academie Francaise），分为科学苑、金石词翰苑、政学道学苑、美术苑（即L'Academie des science, des Inscriptions et Belles-Lettres, des science morales et politiques, des Beaux-Arts）四苑，拟先设"金石词翰与美术"两附苑。美术苑中"设绘画、造像、金石、雕镂、织绣等，应按历史搜罗，陈列保存之"，金石词翰苑则"金石以纯璞言，器物言，与碑文体例言。词翰以韵文言，词藻言，与总集别集诸体言。故埃及之石碣，几遍欧美，

---

[1] "国学尊闻"，《国学杂志》第5期，1915年，第9页。
[2] 梁启超：《官制与官规》（1910），梁启超：《梁启超全集（第三册）》，北京：北京出版社，1999年，第2072页。

第四章 从"国粹"到"国权":新知识群体与古物保存理念变迁(1909—1927)

然则我国于名胜之区,可不及时加以保存乎?"[1]表示要对国内名胜之区承载"词翰"的"金石"予以保存。马相伯还提出函夏考文苑当"于古物之发现者保存之,并借照象以广传之","未发现者,当用埃及考古法以搜求之(培养此等人材,亦考文苑所有事也)",因为埋藏在地下的人造古代器物,"不亚于天造之矿也","古物者,古代之文明也。物产者,物质之文明也。民德者,精神之文明也"[2]。马相伯指出函夏考文苑可用"埃及考古法搜求"中国古物,事实即是通过新式学术机构在中国进行现代考古发掘,然而函夏考文苑最终成为一纸空文。

1917年,上海英籍犹太人哈同创办了仓圣明智大学,学校内附设广仓学会。广仓学会认为"中原文物,冠冕全球,彝鼎图书,彪炳日月。欧化东渐,科学繁赜,去古日远,国粹渝胥,此仓社之所宜亟立也","西清已矣,宁寿为墟,薛尚功之已亡,张京兆之不作,沧桑变异,爇火罹灾,水土沉埋,伧贾铄毁,吁可慨已",虽是套词,但亦提示出学会清晰的金石学思维取向,因为重视文字,学会才会"以崇奉仓圣,研究文字,使人人能识字明理为宗旨"[3]。学会内设立古物研究会和古物陈列所,"凡古物之有关于学术艺术者,无论会员与否,皆得送所陈列,以公鉴赏,并拟商各收藏家,不靳秘藏,月会一次,互相研究"[4]。古物的种类包括"金石书画、碑帖搨(拓)本、陶玉甲骨、版本、竹木雕漆、缔绣各美术品"。学会每月开会一次,每次开会前会员需选定一些古物送至爱俪园指定处所陈列展览[5]。广仓学会和国学保存会稍有不同,即偏重赏玩和研究,并没有迫切希望阻止古物流失海外的心理,这可能源于广仓学会的发起者哈同外国人的身份,同时亦和民初晚清遗老多以赏玩金石的方式对抗民国的

---

[1] 马相伯:《函夏考文苑议》,朱维铮主编:《马相伯集》,上海:复旦大学出版社,1996年,第124—129页。
[2] 马相伯:《仿设法国阿伽代米之意见》,上海:复旦大学出版社,1996年,第135页。
[3] 《广仓学会缘起附章程》,《广仓学会杂志》第1期,1917年9月。
[4] 《广仓学会缘起附章程》,《广仓学会杂志》第1期,1917年9月。
[5] 《广仓学会附立古物研究会缘起附章程》第1期,1917年9月。

心理有关[1]，在以遗老为主体的金石学团体中，并不认为大量金石古物流落到外国尤其是日本是件需要迫切解决的事情。

1917年冬，周湘在上海创办中华美术专门学校[2]，翌年学校专设了"古物保存馆"。周湘认为古物"有关于立国之要素者，稍知治体之人，莫不知其大且要也"，"况历史所系，文野所判，先哲精灵所寄，千百年鬼神所呵护，诚有如美人之言，可以风一世而观万国也。但今虽抱残守缺，若能亡羊补牢，亦未为晚"[3]，显示出他的古物保存理念受到美国人的影响。"保存古物之举，事本易行，不须费大钱，又不须出大力气。只要人人心中念中有保存古物之真意，随时随地便可尽保存古物之责，而达保护古物之目的"，"吾国开化最早，数千百年，所蕴蓄之美术品实繁且博。今精华虽零落殆尽，而韬光隐晦者，尚时有发见。近之如敦煌石室及中州各处新出土古雕塑之类，见者得者如真有保存之心，便可得行其保存之志"，所以他首先捐出自己藏品的一部分给古物保存馆，"一般任人参观，一般永不变卖，又拟简章数条，以为扩张之备"[4]。古物保存馆以"保存中国古物为宗旨，如新出品物可资学问者，一律保存"[5]。根据拟定章程，古物保存馆的藏品包括"美术的、历史的两部"，美术部有"字类、画类、雕刻类、陶瓷类、缣织类、书籍类"，历史部包括"金石类和车服礼器类"[6]。1918年10月，周湘又向古物保存馆捐出自己私藏的一百种善本书，如

---

[1] 《王国维全集》整理出版工作委员会：《王国维全集（第三卷）》，杭州：浙江教育出版社，2009年，第421页，一篇描述遗老的文章《海上流人录》，指出遗老玩金石风气盛行。

[2] 周湘（1871—1933年），字印侯，号隐叟，别署灌园老叟，上海人，近代画家、美术教育家，被徐悲鸿称为"在上海最早设立美术学校之人"（徐悲鸿：《中国新艺术运动的回顾与前瞻》，《时事新报》1943年3月15日），具体事迹可参《周湘年谱》，马琳：《周湘与上海早期美术教育》，天津：天津人民美术出版社，2007年，第141—168页。

[3] 周湘：《拟设古物保存馆议》，《中华美术报》第7号，1918年10月13日。

[4] 《古物保存馆试办缘起》，《中华美术报》第8号，1918年10月20日。

[5] 《中华美术学校古物保存馆简章》，《中华美术报》第8号，1918年10月20日。

[6] 《中华美术学校古物保存馆简章》，《中华美术报》第8号，1918年10月20日。

第四章　从"国粹"到"国权"：新知识群体与古物保存理念变迁（1909—1927）

钱大昕原刻《养心录》、明版《史记》等[1]。周湘的"古物保存馆"明显与同在上海的《国粹学报》属于同一脉络，即在美术观念下重新发现古代字画、雕刻、陶瓷的价值，并将以文字为主的传统金石学观念纳入古物体系中。和清季民初的政府保存理念相较，仓圣明智大学古物研究会和中华美术学校的古物保存馆既不提倡进行古物古迹调查，亦没有注意到出土器物的快速流失和限制来华外人对中国古物进行搜求。

随着现代考古学知识在中国的传播和新式学术研究机构的设立，以发掘为导向的考古学视角下，相较于此前仅仅着眼于器物本身，新式学者更注重地下遗迹和与器物有关的所有埋藏信息。20世纪初年随着欧洲东方学的转向，汉学家纷纷从"四裔侵向腹心"，面对欧洲学者的压力，国内学术民族主义情绪高涨，在整理国故运动和疑古思潮的推动下，胡适、顾颉刚、刘复、马衡、董作宾、徐旭生、李济、傅斯年等学者纷纷厕身现代考古事业，在考古学知识基础上，给古物赋予了新的定义和价值。吴新吾、滕固等美术史出身的学者，亦投入这场运动。以北大研究所国学门学者群体为核心，20世纪20年代的中国古物观念被注入了新内容。

二、北大国学门

1916年底，蔡元培接替胡仁源，出任北京大学校长。1917年初，蔡元培聘任陈独秀担任北京大学文科学长，同年还将胡适、刘复、刘文典等围绕《新青年》杂志提倡文学革命和白话文运动的学者招至北京大学，一时之际，北京大学成为新文化运动的主要阵地，并在1919年后发起了一场声势浩大的"整理国故"运动[2]。受到彼时欧洲学者研究中国成绩的刺激，蔡元培早在1914年夏就在法国指出：

> 中国之地质，吾人未之测绘也，而德人李希和为之；中国之宗教，吾人未之博考也，而荷兰人格罗为之；中国之古物，吾人未能为

---

[1]《古物保存馆启事及第一次报告》，《中华美术报》第8号，1918年10月20日。
[2] 陈以爱：《学术与时代：整理国故运动的兴起、发展与流衍》，台湾政治大学历史系博士学位论文，2001年。

有系统之研究也,而法人沙望、英人劳斐为之;中国之美术史,吾人未之试为也,而英人布绥尔爱铿、法人白罗克、德人孟德堡为之;中国古代之饰文,吾人未之疏证也,而德人贺斯曼及瑞士人谟脱为之;中国之地理,吾人未能准科学之律贯以记录之也,而法人若可侣为之;西藏之地理风俗及古物,吾人未之详考也,而瑞典人海丁竭二十余年之力考察而记录之;……庖人不治庖,尸祝越俎而代之,使吾人而尚自命为世界之分子者,宁得不自愧乎?吾人徒自愧,无补也。无已,则亟谋所以自尽其责任之道而已[1]。

这里提到了法国的沙畹、英国的劳佛(其实当为美国Berthold Laufer)、瑞典的斯文·赫定等,三人都以研究中国古物著名。1916年蔡元培执掌北京大学后,即有延揽学者,推动学术研究,与欧美争胜,"所以自尽其责任"的举动。如1918年4月29日,罗振玉到达北京,蔡元培往他下榻的燕台旅馆拜访,想在北京大学专设一古物学研究所,聘请罗振玉担任主任教员,"无教室讲演之劳,而得与同志诸教员共同研究,并以研究所之组织法及全国古物保存法请先生起草,先生颇首肯"[2],虽然罗振玉最终辞而不就,亦见1918年作为北京大学校长的蔡元培已有组建古物学研究所之意。不仅如此,他还筹划全国的古物保存事业,草定全国古物保存法。北京大学作为最重要的国立大学,蔡元培的留欧经历亦让他感受到了古物类同于"地质"作为一种学术资源的重要,或许由此萌生他以北京大学作为教育机构而推动进行保存全国古物的想法。

1919年12月1日,胡适在《新青年》发表《新思潮的意义》,提出"新思潮的根本意识只是一种新态度。这种新态度可叫做'评判的态度'",即"重新估定一切价值","对于旧有的学术思想,积极的只有一个主张,就是'整理国故'",概括说来,便是"研究问题,输入学理,整理国故,再造文明"[3]。

---

[1] 蔡元培:《〈学风〉杂志发刊词》,高平叔编:《蔡元培全集(第二卷)》,北京:中华书局,1984年,第336、337页。

[2] 《罗叔蕴先生来函》,《北京大学日刊》154号,1918年6月4日第3版第1版。

[3] 胡适:《新思潮的意义》,《新青年》第7卷第1号,1919年12月1日。

第四章 从"国粹"到"国权":新知识群体与古物保存理念变迁(1909—1927)

"整理国故"作为一面学术运动的旗帜,正式扬起[1]。

1920年7月8日,北京大学评议会通过《研究所章程》,仿照德、美两国大学之Seminar办法,筹办"专攻一种专门知识之所",成立了研究所。研究所暂分四门,为国学研究所、外国文学研究所、社会科学研究所、自然科学研究所,国学研究所"凡研究中国文学、历史、哲学之一种专门知识者属之"[2]。10月,公布《国立北京大学研究所整理国学计划书》,在计划书中,作者表示整理旧学包括整理学术和整理学术之材料两部分,其中"学术之材料"除书籍外,还包括"古器物"。《国立北京大学研究所整理国学计划书》认为:

> 治古人之书,即当考其所载之名物制度,盖考其时之名物制度,即是足以知其人所处之社会状况,而因以推见其思想学术之所由来。欧美之治学术,若历史学社会学地质学等,往往恃古器物为印证,近时日本亦注意于此,不惜巨资,潜购古器物,于吾国者,时有所闻,诚有所重也。清士夫治名物制度,亦尝恃于古金器,然犹以文字为根据者多,顾即以文字论之,昔人研究之资,专取给于字书,近世始及金石,若人孙诒让,今人罗振玉王国维,皆推及于龟甲,其于文字发明者甚多,而名物制度因龟甲文以发明者尤夥,则搜求古器物,其有助于整理国学者甚大[3]。

胡适曾言整理国故,即是用科学的方法整理旧学的材料。在《国立北京大学研究所整理国学计划书》中,古器物已和书籍并列,都成为研究国学的"材料",这个观念和清儒喜用金石文字考订名物制度的传统有关,如《国立北京大学研究所整理国学计划书》提示,从清儒到孙诒让、罗振玉、王国维,皆"以文字为根据者多",不过更受到欧美和日本学术的刺激,"欧美之治学术,若历史

---

[1] 陈以爱:《学术与时代:整理国故运动的兴起、发展与流行》,台湾政治大学历史博士学位论文,2001年,第13页。
[2] 《研究所简章》,《北京大学日刊》第673号,1920年7月30日第1版。
[3] 《国立北京大学研究所整理国学计划书(续)》,《北京大学日刊》第721号,1920年10月20日。

学社会学地质学等，往往恃古器物为印证"。《国立北京大学研究所整理国学计划书》提出搜集古器物除购买于商铺和私家之外，还当仿效古玩商，直接到出土古器物的地方"购地掘取"。而所谓的"购地掘取"，便是买下可能埋藏有古器物的土地，再将古器物挖出，"访购埋藏古器物之地而掘取之，盖出价较廉而得物可较多"[1]，这和后来李济等人注重发掘方法、讲究地层的现代考古学明显不同，提示出20世纪20年代"整理国故"运动的发源地北京大学，依然习用以古器物为本位的眼光来理解欧美和日本的现代考古学，虽然不能把握住现代考古学的核心，但古器物作为"学术之材料"的重要观念，亦由此鼎定。

1922年1月14日，《研究组织大纲》通过，确定研究所分自然科学、社会科学、国学、外国文学四门[2]。17日，《北京大学日刊》刊登《研究所国学门启事》，宣告"本门现已正式成立"[3]。国学门第一届委员会由研究所所长蔡元培、教务长顾孟余、国学门主任沈兼士、图书主任李大钊，以及马裕藻、朱希祖、胡适、钱玄同和周作人组成[4]。9月，沈兼士拟定《筹画北京大学研究所国学门经费建议书》[5]，在建议书中，沈兼士详细论述了古器物和新学术的关系。与《国立北京大学研究所整理国学计划书》不同，沈兼士开篇即用"东方学"指代"国学"，认为"东方文化自古以中国为中心，所以整理东方学以贡献于世界，实为中国人今日一种责无旁贷之任务"，"整理东方学"最终目标是要为中国在"世界学术界中争一立脚地"。然而"中国古物典籍"作为学术材料，"此等自己家业，不但无人整理之，研究之，并保存而亦不能，一听其流转散佚，不知顾惜"。沈兼士举例"如敦煌石室之秘籍发见于外人后，法、英、日本，均极重视，搜藏甚夥，且大都整理就绪。中国京师图书馆虽亦存储若干，然仅外人与私家割弃余剩之物耳；又如英人莫利逊文库，就中收藏中国史学上贵重之材料极多，中国亦以无相当机关主持收买，遂为日人岩崎氏所得，近闻已嘱诧

---

[1]　《国立北京大学研究所整理国学计划书（续）》，《北京大学日刊》第721号，1920年10月20日。
[2]　《研究所国学门重要纪事》，《国学季刊》第1卷第1号，1923年1月。
[3]　《研究所国学门启事》，《北京大学日刊》第936号，1922年1月17日。
[4]　《研究所国学门重要纪事》，《国学季刊》第1卷第1号，1923年1月。
[5]　此文后来正式刊于1923年7月《国学季刊》第1卷第3期《北京大学研究所国学门重要纪事》中。

第四章 从"国粹"到"国权":新知识群体与古物保存理念变迁(1909—1927)

东京帝国大学文学部整理研究,不久当有报告公布",表明保存古物和典籍的迫切必要。古器物作为"东方学之参考材料",同时也是"考古学之重要材料"。中国传统的古器物研究"向来皆零星向古董商人购入,于研究上之障碍甚大",因为一则发掘者毫无学识,导致古物发掘过程中屡被破坏和地层信息不明;二则古董商为糊弄鉴赏家也常常胡乱编造出土地点,给后续研究带来障碍,所以沈兼士建议"集合各专门学者组织一古物调查发掘团,应用智慧的测量,为考古学的发掘",效仿钜鹿大观故城与意大利庞贝故城的发掘,"先行设计,然后开掘,再施以科学的整理","乃于学问为真有益"。"古器物"和"东方学"既然有了关联,那么安阳甲骨、渑池石器时代之古物、流传国外的永乐大典、莫利逊文库、敦煌石室之书简古物等,皆需调查研究,同时"国内之史迹古物旧书雅记之急须调查保存整理研究者",为数更为不少,故而国学门筹备建立"风俗调查会、风俗博物馆、古迹古物调查会、考古学研究室、方言研究会等",拟进行古物调查和保存事业,而此一事业"均非有负责之机关,充分之经费,相当之人材,长久之时日,莫能举办",所以国学门限于经费,不得不向国内外申请补助[1]。

对比两年前的《国立北京大学研究所整理国学计划书》,沈兼士已明确指出考古学发掘的古器物与购买或"购地发掘"所得的古器物的不同,即附有地层信息,从操作上亦是"先行设计,然后开掘,再施以科学的整理",而不仅以挖到古器物以目的。这个转变或和安特生(Johan Gunnar Andersson)的考古发掘示范有关,1922年3月27日晚9点,安特生在协和医院做了一次《石器时代的中国文化》的演讲,同属国学门的胡适去听了这次报告,看到安特生"在河南渑池县仰韶村发掘得许多石器,有石斧,石刀,骨针,及初期的陶器",安特生还放了幻灯片,讲了两个小时[2]。4月1日,胡适又与陶孟和参观了安特生的发掘品,看到了在仰韶村出土的古石器和古陶器,包括石箭镞、石斧、石刀、鬲、尖底瓶、蒸汽炉等,胡适在日记中写道:

---

[1] 沈兼士:《筹画北京大学研究所国学门经费建议书》,沈兼士:《沈兼士学术论文集》,北京:中华书局,1986年,第362—364页。

[2] 胡适:《胡适日记全编(1919—1922)(3)》,合肥:安徽教育出版社,2001年,第595页。

安君是地质学者，他的方法很精密，他的断案也很慎重。又得袁复礼君的帮助，故成绩很好。他说：旧日考古学者发掘古物，往往重在文字方面而遗其器物（如中国宋以来的金石学者），或重在美术而遗其环境（如英国初期之埃及学者），都是错的。他自己的方法，重在每一物的环境；他首先把发掘区画出层次，每一层的出品皆分层记载；以后如发生问题，物物皆可复按[1]。

通过宣传，胡适接受了安特生的观点，明确了现代考古学视野下的古器物研究方法，无论是安特生还是胡适，均有可能对以沈兼士为代表的国学门学者群体产生影响，逐渐放弃1920年在《国立北京大学研究所整理国学计划书》中提到的仿效古董商"购地掘取"之法，而改用"组织一古物调查发掘团，应用智慧的测量，为考古学的发掘"，即不再单单着眼于古器物和文字，而强调无文字的古器物和古器物的埋藏环境——器物的层位信息。胡适还邀安特生为即将创办的《国学季刊》作一论文记录发掘原委，安特生建议由袁复礼撰写[2]，后袁复礼作《记新发现的石器时代的文化》，刊于《国学季刊》第1卷第1号。无论采取哪种办法，古器物都已是研究东方学或国学的重要"学术之材料"，引起了北京大学国学门学者群体的重视。

1922年3月，胡适结识了斯德哥尔摩大学（Stockholm University）教授西伦（Osvald Siren，今译喜龙仁），西伦以研究中国美术史而闻名，他在六国饭店将自己的著作《艺术的本质》（*Essentials in Art*）送给胡适，二人"谈的很畅快"[3]。3月22日，西伦告诉胡适"蚌埠有瑞典人某君及教士莫里斯（Morris）与他曾议组织一个古物学会，拟在滁州发掘古物。近年此地出土的古物甚多，故

---

[1] 胡适：《胡适日记全编（1919—1922）（3）》，合肥：安徽教育出版社，2001年，第601页。

[2] 胡适：《胡适日记全编（1919—1922）（3）》，合肥：安徽教育出版社，2001年，第601页。

[3] 胡适：《胡适日记全编（1919—1922）（3）》，合肥：安徽教育出版社，2001年，第585页。

第四章 从"国粹"到"国权":新知识群体与古物保存理念变迁(1909—1927)

引起时人的注意。此事尚未成,因官厅方面尚迟疑,以土匪为推托"[1],这里的"瑞典人某君",可能是活跃在津浦线建筑工地的瑞典工程师奥瓦尔·卡尔贝克(Orvar Karlbeck)[2],他以收集中国古物而闻名。外国人组织"古物学会"在中国进行发掘的行为虽被当地政府以土匪的借口而推托,但当地政府并不以古器物作为"学术研究之材料"属于"文化主权"一部分予以拒绝,反映出20世纪20年代初古器物作为新式学术研究材料而关系主权的观念亦未普及。在地方政府官员眼中,外国人在中国进行考古发掘获取古物的行径并不是一种侵犯中国主权的行为,这和稍后的北京学者群体的观念大不相同。

1923年1月,《国学季刊》创刊。胡适在《发刊宣言》中总结"明末到于今"三百年间国学的总成绩,包括"整理古书"、"发现古书"和"发现古物",清朝学者使"古物的发现、记载、收藏,都成了时髦的嗜好","鼎彝、泉币、碑版、壁画、雕塑、古陶器之类,虽缺乏系统的整理,材料确是不少了",甲骨文字的发现"给文字学添了无数的最古材料","辽阳河南等处石器时代的文化的发现,也是一件极重要的事",可见胡适将安特生的考古发现归入了"三百年古学研究"的脉络。他还提出今后研究国学的三个方向:"第一,用历史的眼光来扩大国学研究的范围。第二,用系统的整理来部勒国学研究的材料。第三,用比较的研究来帮助国学的材料的整理与解释。"[3]这里的"国学的材料",亦当包括了古器物。

---

〔1〕 胡适:《胡适日记全编(1919—1922)(3)》,合肥:安徽教育出版社,2001年,第589页。

〔2〕 奥瓦尔·卡尔贝克(Orvar Karlbeck 1879—1967),瑞典人,工程师、中国艺术品商人、收藏家,1904年瑞典皇家工程学院毕业后1908年参加津浦铁路建设,在这个过程中大量古墓被掘,激发了他收藏中国古物的兴趣,直到1927年离开中国,回到瑞典,后来他作为斯德哥尔摩远东博物馆收集者于1928年再次来到中国,受瑞典王子古斯塔夫主持的China Committee资助,在1930—1934年帮助George Eumorfopoulos、Oscar Raphael、Charles and Brenda Seligman、Louis Clarke、the Berlin State Museum、the Museum for Asiatic Art in Amsterdam、the British Museum in London等多所单位、个人搜集中国古物,著有Tsin Pu Tie Lu (1938)和Treasure Seeker in China (1957),据称在中国进行了不少盗墓行为。

〔3〕 胡适:《发刊宣言》,《国学季刊》第1卷第1号,1923年1月。

同期还刊发王国维译伯希和《近日东方古言语学及史学上之发明与其结论》一文，指出中亚研究之所以近期取得进展，乃"今由古物学与古语学之复兴，所得自较前人为优"[1]。袁复礼在《记新发现的石器时代的文化》中表示河南渑池发现的石器、骨器和陶器，是"在中国文化史上增多一件新材料"[2]。顾颉刚在《郑樵传》中大力表彰"郑樵唯一的宗旨，就是必使学问在实物上发出，不使学问在书本上发出"，"他要打破职业上文人与工人的阻隔，以为凡是做一种学问，都要亲自去认识，不能专靠在书本上"[3]。王汎森曾指出"在新史学观念的影响下，取得治学材料的方法产生了变化"，"新史学观念之所以能够落实下来并逐渐开展，对史学界带来决定性的变化，与史语所这个新的学术建制，以及与这一派史学关系密切的机构、刊物有关"[4]。事实上与'史语所'相较，北大国学门学者群体的早期宣传之功亦不可没。

成立之初，研究所国学门内分文字学、文学、哲学、史学、考古学五个研究室[5]，考古学研究室通过购买和接受外国学者赠送，1923年年中已收藏有古铜器、石刻、石器、陶器等近500件。美国国立斯密苏尼恩博物院代表毕士博（Bishop）和美国芝加哥大学教授罗佛（Laufer）皆来参观，国学门通过此二人知道美国"预定有七八年之长久计画"考察中国古迹的意向。1923年5月24日国学门决意设立"古迹古物调查会"，通过各地会员先行调查中国的古迹、古器物、古美术品，用"普通调查、探险、发掘"三种方法搜集资料，并规定在经费上"外国财团及私人所捐之款可以承受，但不得以输出发掘之物品为条件——复出品之为本会所许可者不在限"，对于能否和外国发掘财团交换物品，认为"此事极为重要，应定专章"[6]，表明虽然可以接受外国资金，但并不意味着考古

---

[1] 伯希和著，王国维译：《近日东方古言语学及史学上之发明与其结论》，《国学季刊》第1卷第1号，1923年1月。

[2] 袁复礼：《记新发现的石器时代的文化》，《国学季刊》第1卷第1号，1923年1月。

[3] 顾颉刚：《郑樵传》，《国学季刊》第1卷第2号，1923年4月。

[4] 王汎森：《什么可以称为历史证据——近代中国新旧史料观点的冲突》，《中国近代思想与学术的系谱（增订版）》，上海：上海三联书店，2018年，第396、397页。

[5] 《研究所国学门重要纪事》，《国学季刊》第1卷第1号，1923年1月。

[6] 《研究所国学门重要纪事》，《国学季刊》第1卷第3号，1923年7月。

第四章 从"国粹"到"国权":新知识群体与古物保存理念变迁(1909—1927) 193

发掘品就可输往国外。

8月,"河南新郑孟津发见周代器物甚多",国学门派出马衡前往调查购买,马衡耗时十余天,最后返京并带回购买的"铜器九十余种,六百三十余件;其中器物多不知名,大半皆为车饰",为国学门"调查古物之第一次"[1]。9月30日,国学门在城南龙树寺抱冰堂召开恳亲会,沈兼士报告说:"(国)学门一年来关于考古学方面虽着力较多,而成绩却还不甚佳","中国之考古学向无系统,古物之为用,仅供古董家之抚玩而已。我们现在虽然确已逃出这个传统的恶习范围之外,知道用科学方法去研究。但为财力所限,未能做到自行发掘,实地考证的地步。研究室所用的材料,均由市侩辗转购得,古物之出土地点及其相互联属之关系,均不易知,故进步甚难。"有明确出土地点和共存遗物的古物,"实为考古学上第一等的材料",故而河南孟津、新郑出土的古物,沈兼士希望"移归中央",交给北京大学保存。他鼓励在场的陈垣、今西龙等人在"中外报纸上多多鼓吹",用舆论的压力将古物交给北京大学保存[2]。由此可见,自新文化运动发端的"整理国故"运动,使得以胡适、沈兼士、马衡等为代表的学者群体开始用"学术之材料"的眼光认识古物,所谓的"学术",虽名为"国学",实已转变为深受欧美影响的东方学或汉学(Sinological Study)。尤为重要的,则是诸如北京大学研究所等新式学术研究机构的设置,有力团结和凝聚了学者群体,他们或创办刊物建立组织,或在报纸撰文唤起社会的古物保存意识(详后)。在新观念的传播下,不光在北京,全国范围内,学者群体逐渐成为维持古物保存事业的直接力量。

三、国学门之外的古物保存言论

1922年丁文江在上海与张元济商议古物搜集计划,得到其支持[3],1923年

---

[1]《研究所国学门重要纪事》,《国学季刊》第1卷第4号,1923年12月。
[2]《研究所国学门重要纪事》,《国学季刊》第1卷第4号,1923年12月。
[3] 张树年主编:《张元济年谱》,北京:商务印书馆,1991年,第238页。

5月，丁文江等人在北京成立"古物研究社"[1]，联名者有罗振玉、张学良、朱启钤、章鸿钊、梁启超、翁文灏和张元济。古物研究社以"发掘、搜集并研究中国之古物为宗旨"，约定"本社所发掘或搜集之标本暂时寄存地质调查所，俟有相当之博物馆时，再由社员酌定移赠，但不得分散或变卖"[2]。古物研究社似乎未有推动古物保存事业的计划，仅以发掘搜集和研究古物为目的，但它将古物视为研究的"标本"而非美术品或玩好之物，已然表现出新式眼光。

除北京城中的北大国学门和古物研究社外，南京东南大学亦集结了一批学人，在"整理国故"潮流下倡导古物保存，他们的言论集中反映在《学衡》和《史地学报》上。1923年4月，东南大学顾实起草《国立东南大学国学院整理国学计划书》，将"国学"分为两观三部，即客观中"以科学理董国故"的科学部和"以国故理董国故"的典籍部，以及主观中"客观化之主观"的诗文部。因为"中国古称左图右史，则图谱尚焉，又称制器尚象，则器物要矣。盖学说有非图谱不明者，有非器物不能证明者"，故而"科学方法理董国故"当分为"学说、图谱、器物"三端，关于器物"则取考古之方法，或共同搜罗古图谱古器物，或仿造之，改作之，不待言也"[3]，顾实的表述似乎表明他并不了解以古器物和地层学为主，意在研究古代社会文化的现代考古学知识，与同时代胡适、沈兼士等人观念大不相似，但也与上海用金石古物作为怡情之具的遗老不同，他提出要仿造或改作古器物的做法，似乎是把古器物仅仅看作证明古人学说的工具，反倒和宋代刘敞所云用古器可以使"礼家明其制度"一脉相承。与此类似，11月孙德谦在《学衡》发表《评今之治国学者》，对胡适等人进行批评，认为研究"小说

---

[1] 《科学》月刊第8卷第5期；转引自李光谟：《从清华园到史语所李济治学生涯琐记》，北京：清华大学出版社，2004年，第75页。查晓英在《保护"学问的原料"：由1923年新郑铜器发现所见中国考古学之萌芽》[《四川大学学报》（哲学社会科学版）2010年第6期]中提到毕士博1923年到华寻求与中国合作考古发掘的可能性，与颜惠庆、顾维钧、翁文灏、罗振玉、王国维等人会面，向丁文江和翁文灏建议成立一个中国考古学会。

[2] 张元济：《古物研究社简章》，《张元济全集·第5卷·诗文》，北京：商务印书馆，2008年，第84页。

[3] 顾实：《国立东南大学国学院整理国学计画书》，《国学丛刊》第1卷第4期，1923年12月；亦载于《北京大学日刊》第1420、1422号，1924年3月15、18日。

第四章 从"国粹"到"国权":新知识群体与古物保存理念变迁(1909—1927)

辞曲非学之先务矣",而所谓合乎科学方法的"考据之学","以史部之材料不足供我甄采,注意于地下之发掘,期其有如敦煌石室者再显出于世,读所未见,则彼心为之始快","岂非劳而少功"[1],均表现出对考古学的疏离而强调要先通典籍。与他们形成对比的,则是以柳诒徵、陈训慈等为代表的南京高等师范学校史地研究会学者群体。

1922年陈训慈在《组织中国史学会问题》中提出,"史学会之导源,在于考古团体。16世纪后叶,英国拍克尔主教(Archbishop Parker)发起组织一会,1572年至1707年始正式成为今之伦敦古物会(Society of Antiquaries of London)。1701年,法国有古碑铭皇家学会Royal Academy of Inscriptions and Medals(由皇家学会分立而成)。自后史学研究,日臻发达",而中国"今之究古史者,稀不注重遗蜕,而吾国于掘地发藏,无人为之,丰美史料,埋没莫泄","吾国古物,其有旧藏或发见者,多为外人收买(日本工学博士某藏中国古物至数十种),而当代之史料,又散佚无人注意",所以"收集而保存之,实史学会之责也"。他建议组织史学会,考察探险,采访古迹,掘地发藏,还要保存古物,如搜罗古钟鼎彝器、古币古瓦古书古器等[2]。稍后他还翻译了美国Damson大学教授拉多黎(Prof K. S. Latourette)的《美人研究中国史之倡导》(Chinese History a Field of Research),文中提到"书籍之外,考古学亦夙为中国人研究之资,不幸掘地事业,未能发达,故中亚诸国,克来脱Crete,意大利,及其他各处搜掘之业,为此数国古史所基者,而在中国方面,犹未见其开始也",陈训慈在译后记中大为感慨,称此文"于吾国学者,尤切望其整理国史,更进以搜掘古物,补正前史,以应西洋学者之寻求,而与中国史以适当之位置"[3]。徐则陵在介绍《近今西洋史学之发展》时,提到"西洋史学至十九世纪而入批评时代。史家乃接櫫真确二概念以为标鹄,搜罗典籍古物以为质料",新兴的人种学和"近来欧洲所发现之石器、湖上村落、洞中壁画、食余蚌壳、祀神石柱"等,"史家因得窥见原人生活之一斑"[4]。在《历史教学之设备问题

---

[1] 孙德谦:《评今之治国学者》,《学衡》第23期,1923年11月。
[2] 陈训慈:《组织中国史学会问题》,《史地学报》第1卷第2期,1922年2月。
[3] 陈训慈:《美人研究中国史之倡导》,《史地学报》第1卷第3期,1922年5月。
[4] 徐则陵:《近今西洋史学之发展》,《史地学报》第1卷第2期,1922年2月。

及其解决之方法》中，他提到为了学校里的历史教育，"吾国应有一考古学社罗致国内外好古积学之士，一方采集古物之已发现者，审定其历史的价值；一方赴各处调查史迹并调查古物之流传于外国者，分途摄影铸型"，"若更进而从事发掘，得古物之完整者，固可以保护而谨存之。即断砖残瓦，亦可以供史家意匠之缔构（restoration）"[1]。张其昀在《读〈史通〉与〈文史通义〉〈校雠通义〉》中先引章学诚关于史籍的讨论，再指出"近代史家所谓典籍（document）者，大别为二：一心理的遗迹，文字是也；二物质之遗迹，器物（remains）是也"，"近五十年，考古之学日兴，西方学者，采掘地藏，创获甚多。于是有史以前之事，向视为荒昧无稽者，今则渐有端绪可寻；千古之秘，一旦宣泄，是皆考证古物之功也"[2]，"而吾国前史多不重视器物。今后大学宜建筑并扩充历史博物馆，以藏古人物质之遗蜕，实为不容再缓之事"，收集和保存的古物包括"已发见之古物如钟鼎、龟甲、残碑、坠简、陶瓦、钱币、图版、器用等"，以及西洋大学考古发掘所得到的"骸骨、石器"之类，大学"宜及时培养地质考古之人材，以期日后结队开掘古墟"[3]，几乎都是将古物（包括石器和骸骨）作为现代史学的重要材料，不仅要搜集保存，更要整理研究。

1922年8月《史地学报》第1卷第4期出版，内中更是集中批评了中国的古物问题，从标题上看便有《国际美术史公会第二次大会纪》《维也纳东方古物展览会》《鲁省历史博物展览会》《收回已经变卖之清宫古物》《北京大学收管历史博物馆古物》《松江古墓被掘》等数篇涉及。1921年9月，在法国巴黎召开国际美术史公会第二次会，教育部外交部合派中国观象台台长高鲁参加，会议议决要联络各国从速召集古迹古物保存会，并带领会员参观了法国教育部设立的古迹保存会[4]，对比国内1922年北京雍和宫古物被蒙藏院庶务科长变卖、教育部所属之历史博物馆所存明清档案流落市场被当作废纸按斤出售、清宫密谋欲将《四库

---

[1]　徐则陵：《历史教学之设备问题及其解决之方法》，《史地学报》第1卷第3期，1922年5月。

[2]　张其昀：《读〈史通〉与〈文史通义〉〈校雠通义〉》，《史地学报》第1卷第3期，1922年5月。

[3]　张其昀：《读〈史通〉与〈文史通义〉〈校雠通义〉（续）》，《史地学报》第1卷第4期，1922年8月。

[4]　《国际美术史公会第二次大会纪》，《史地学报》第1卷第4期，1922年8月。

第四章 从"国粹"到"国权":新知识群体与古物保存理念变迁(1909—1927)

全书》售与日本的传闻、江苏松江古墓被人毁掘变卖等消息,对于学术界而言无疑是一种刺激。如当期评论即云:

> 近年以还,西国搜集史料,无所不至,而东邻炯视,尤好罗致吾国古物。国人若长此忽视,行见京中仅存之古物,尽入异邦博物院之编录。观于北京历史博物馆之无人负责,与蒙藏院对于盗卖之宽办(呈文中言姑念在职时久,从宽撤换云云),知继今流出,犹无已也。

古物被流失变卖,历史博物馆负有保存职责却不能履行,甚至监守自盗,评论呼吁在政府不作为的情况下,学者应当负担起保存古物的职责:

> 由政治之淆乱衰颓,吾学界更不必以此等事责望所谓府院部局,而当起为直接之监督。就吾之见,国中史学教授及其他学者当起而组织一清史研究馆于北京,于各种关于清代之物品案牍,皆汇集区别,妥为保存。其仍为清室所有者,或听价购回,不能则调查编记,以督令其保存。修清史之史馆可来此研究,而清史修竣后之案牍品物亦移归该馆保藏(平时或公开展览或否则可令行商酌)。绝外人之窃购,止逊君及宵小之妄售,非学者之望,而谁望?(案教部允准北大保管博物馆之案牍等,诚足见其信任学者;然限于一校,未足以示学术之大公,而增进研究之效率)。

近代以来,中国古物流失日多,倘若学术界亦不能措意于此保存古物,那么对于后人则无法交代,编者感慨道:

> 呜呼,圆明之胜,一燔于巴夏礼之火,宫禁珍宝,再劫于八国之军。累代古物,毁亡散佚,文献少征,岂始今日?犹冀仅存之物,留贻后史,乃以中华人民之众,将此区区而无保存之能力耶?[1]

---

[1] 《国人宜注意清宫古物》,《史地学报》第1卷第4期,1922年8月。

1923年《史地学报》号召学术界组织团体，指出"学术运动之中心，自必赖学者之结合，庶几集力雄厚，而收效宏远"，就史学而言，需要做的和古物相关的工作尚有：

  1、古史之开拓：西洋古史之再造，以及古文明之发现，多赖掘地事业之发达。吾国一二出土之物，（如殷墟龟甲、敦煌石室、流沙坠简等）已大有助于历史。果能从事开掘，必能多所发见，不但可以较证古代史实，且可开拓中华文化之年代，进而助世界古文化之考求焉。
  ……
  4、地方史迹之保存：各处所有古迹，加以保存表彰。其搜集所得，就各地方自设古物保存所。
  5、历史博物馆之建设：史料不仅在于文字，尤须有实物之助。故古钟鼎泉币器物，皆当搜集陈列。其不可得者，据记载以精制图片模型，以建设完备之历史博物馆[1]。

除此之外，还需"索还或赎回已入外人手中之重要古书古物"。

1923年内务部"鉴于西国保存古物，不遗余力"，连连催促各省征集古物，编辑各地金石碑记送交北京"汇萃成帙，俾资考订，而便保存"，无奈"各省送来者极少"。于是《史地学报》评论道"惟年来政局多变，阁员朝不保夕，诚恐即此近举，亦难集事"，在政局动荡政府不能正常履行保存古物职能时，学者"当思所以起而谋政府所不及也"[2]。在听闻北京大学研究所成立国学门，准备整理档案、保存古物的消息后，史地学会表示"在今日情形之下，吾人谓北大国学研究所为国史研究之中心，殆无不可也"，"本会与京都隔远，无由知其详情，惟中心向往，颇愿国人同为注意"[3]。《史地学报》还特意摘编《法国对于古物与美术品之保护》一文，指出欧洲各国，尤其是意大利、希腊和法国，都有法律明文规定保护古物，并且相关法律"尤有日趋慎密之势"。比如法国在

---

[1]　叔谅：《中国之史学运动与地学运动》，《史地学报》第2卷第3期，1923年3月。
[2]　《调查国内古物之动机》，《史地学报》第2卷第4期，1923年5月。
[3]　《北京大学研究所国学门近闻》，《史地学报》第2卷第5期，1923年7月。

第四章 从"国粹"到"国权":新知识群体与古物保存理念变迁(1909—1927)

1913年和1921年两次公布保护法令,"实为最著称而可代表一斑者":

> 法国大革命期内,已有禁止毁坏美术品条例,其后于1830年,1837年,政府又徇学者公民之要求,先后设历史古物监察官与历史古物委员会,以保护收买古建造物。其时普通法中既规定保护,继又以特种法令保护之,惟其范围多限于不动产性质者,且自公家所有以外,于私产未能兼顾。1913年,法政府始颁法令,关于古物美术品,无论其为私产公产,或动产不动产,一律与以保护。至前年(1921)十二月,法议会通过财政法,于1913年之法律,又有所增改。于是法国之古物美术品遂得全部分切实之保障。按其律令,其保护方法,先为鉴别Classment,其手续亦有公有私有之不同。鉴别之后,对于鉴别物品之输出与让与,皆有明文限制;于是轻忽毁损,亦有积极之防制。至于未经鉴别之物品,据1921年法律所增定,亦有特别之保护:即对于现存物品,悉由政府造具表册,嗣后所有者如将此项物品让与他人;政府得设法处分之;而一切美术品古物之拍卖,政府又有购买优先权。自是法国古物,不但不致流入外邦或毁坏亡失,且渐有集中政府为公共赏鉴研究之势[1]。

法国的古物保护法令较之中国起步甚早,1921年进一步完善法令,增加了"鉴定"环节,使得古物保护工作更加精确细密。而反观中国,"古物之多,远过法国;而国家无收罗之法,私产多损失之虞","清季以来,古物之流异域者日有所闻。逮至今日,上下犹不知注意及此",所以《史地学报》再次郑重呼吁,"有识学者将如何设法倡导保护也"[2]。

1924年7月,陈训慈在《史地学报》开始连载《史学蠡测》,论述了古物学对历史学的影响[3]。在这篇文章中,陈训慈将古物学(Archeaology)与生理的人类学(Physiological Anthropology)、人种学(Ethnology)一起归入广义的

---

[1] 《法国对于古物与美术品之保护》,《史地学报》第2卷第5期,1923年7月。
[2] 《法国对于古物与美术品之保护》,《史地学报》第2卷第5期,1923年7月。
[3] 陈训慈:《史学蠡测》,《史地学报》第3卷第1、2期,1923年7月。

人类学（Anthropology），提出"古物学之兴起，亦为近数百年事，其由地下遗骸遗物以考求古人类之文化，所以济文字的史料之不及以完成古史之功，尤彰彰可称"，"西人之言古物学，其研究古人遗迹往往以希腊罗马为主，或推及其远，此可谓古典的古物学（Classical Archeaology），若言广义的古物学，则固包括一切古物的研究"，其中已成专门之学的，有泉币学（Numismatic）、印章学（Sphragistic, Sigilography, or Heraldry）等[1]。陈训慈将古物学翻译为Archeaology，他对Archeaology的解释较之北京大学学者更为系统条理，且注意在西学的脉络中把握Archaeology。古物与史学有密切关系，成为南北学者共享的新观念。

即便对新文化运动持批评态度的《学衡》杂志，在保存古物理念上和京城中的学者看法亦趋于一致，如公开和胡适进行过笔战的柳诒徵，1922年5月12日在史地学会演讲时，就承认古物是一种重要史料，他说清史史料就包括"非文字的史料——实物"，具体则如宫殿牌坊、砖瓦窗棂，乃至衣服日用等[2]。在同一期杂志中，柳诒徵与章太炎点名批评了胡适和"不肯潜心读书"的"挽近少年"，却并不妨碍认同后者的某些观念[3]，后来柳诒徵提出国学当包括"经书之外，兼及子史、总专各集、释老诸书，又广之以金石古物戏剧小说"[4]。1922年5月《学衡》中刊登张其昀《刘知幾与章实斋之史学》，文章认为"近五十年来考古之学日兴，西方学者挎掘地藏，创获甚多，于是有史以前之事向视为荒昧无稽者，今则渐有端绪可寻，千古之秘，一旦宣泄，是皆考证古物之功也"，中国向来不重视器物，"今后大学宜建筑并扩充历史博物馆以藏古人物质之遗蜕，实为不容再缓之事，已经发见之古物，如钟鼎龟甲残碑坠简陶瓦钱币图版器用等，自应随时调查搜积，即西洋大学考古发掘之所得如骸骨石器之属，亦当设法征求，以资考证原人生活之概况"[5]。1923年7月，《学衡》刊登李思纯《与友人论新诗书》，李思纯称自己"居巴黎三年，法之治中国学者（西人之治中国学者，英美不如德，德不如法），其攻中国之事物凡两途，其一探讨古物，

---

[1] 陈训慈：《史学蠡测》，《史地学报》第3卷第3期，1923年8月。
[2] 《史地研究会第五届纪事（续）》，《史地学报》第1卷第4期，1922年8月。
[3] 《通讯》，《史地学报》第1卷第4期，1922年8月。
[4] 柳诒征：《解蔽》，《学衡》第49期，1926年1月。
[5] 张其昀：《刘知幾与章实斋之史学》，《学衡》第5期，1922年5月。

第四章 从"国粹"到"国权":新知识群体与古物保存理念变迁(1909—1927)

而为古物学之搜求;其一探讨政制礼俗,而为社会学之搜求"[1]。稍晚一点的陆懋德在《中国文化史》中表示"近时西人研究古史,必赖考古学之资助,即以发掘之古物,证古代之文化",中国"近因修造铁路,地下掘出古物不少,又如敦煌之发现古籍、安阳之发现甲骨、钜鹿之发现宋城、渑池之发现石器、郑州之发现铜器,皆有资于考证",出土实物推翻了诸如中国没有石器时代或商朝为石器时代的结论,"古物与古史之关系观此可见","然欲改造古史,非有大规模之发掘不可"[2]。古物与古史,及利用古物重建和改造古史的观念在20世纪20年代成为南北学者的共识。

除专业学术刊物外,《东方杂志》《晨报》《京报》《努力周报》《北新》《新语丝》等报纸亦开始刊载呼吁保存古物的言论(详后),撰稿人如李玄伯、马衡、钱玄同、吴新吾、徐旭生、胡适等亦多为和北京大学国学门有关的学者。这些言论或倡言直接借鉴国外的先进经验,或对国内由政府主导的古物保存事业进行批评,而1923年后围绕溥仪逊清小朝廷古物问题的舆论明显增多,大概正是在新式观念作用下,故宫内的古物作为学术研究的"新材料"从而成为"公器",才引起学者群体的普遍关注,最终导致故宫于1924年正式被民国政府接收和1925年故宫博物院的成立。

1920年梁启超曾在《清代学术概论》中说:

> 凡时代思潮,无不由"继续的群众运动"而成。所谓运动者,非必有意识、有计划、有组织,不能分为谁主动,谁被动。其参加运动之人员,每各不相谋,各不相知。其从事运动时所任之职役,各各不同,所采之手段亦互异。于同一运动之下,往往分无数小支派,甚且相嫉视相排击。虽然,其中必有一种或数种之共通观念焉,同根据之为思想之出发点。此种观念之势力,初时本甚微弱,愈运动则愈扩大,久之则成为一种权威。此观念者,在其时代中,俨然现"宗教之色彩"。一部分人,以宣传捍卫为己任,常以极纯洁之牺牲的精神赴之。及其权威渐立,则在社会上成为一种共公之好尚。忘其所以然,

---

[1] 李思纯:《与友人论新诗书(节录)》,《学衡》第19期,1923年7月。
[2] 陆懋德:《中国文化史》,《学衡》第41期,1925年5月。

而共以此为嗜，若此者，今之译语，谓之"流行"，古之成语，则曰"风气"[1]。

"古物"在晚清先是"美术"，再是"国粹"，但大多停留在观念层面，保存古物的职责仅由政府职司。然而随着新文化运动的展开和新式研究机构的设立，固定的建制凝聚了大批新式学者，虽然他们在对如何调和西学整理传统学问的方法上有所分歧甚至矛盾，但"古物"成为研究中国学问的重要学术材料的观念已是共识，正是在此共识之下，如何保存"学问的原料"才会成为首要解决的迫切问题。依托于新式研究机构的学者形成了各种社会组织，保存古物的力量也由政府相关部门扩展至知识界，最终由后者推动实践，为近代文物保护制度的创建提供了必要经验。

第三节　新知识群体的古物保存实践：
　　　以北京大学国学门为中心

1923年，有人观察到"近来国中之以公团名者，日增无已，曰会曰社，几成一时之风尚。其内容如何姑不论，要可知国人已明团体之重要。于是其影响于智识界者，亦有各种学会之兴起"[2]。如北京大学国学门1923年5月成立了"古迹古物调查会"，翌年5月修改章程，要以"用科学的方法调查、保存、研究中国过去人类之物质遗迹及遗物"为宗旨，更名为"考古学会"。国学门以此名义，相继进行了抗议清宫售卖古物、河南新郑孟津古物调查、抗议北京古迹拆除、大宫山遗迹保护、批驳内务部草拟古迹古物保存法、组建故宫博物院、组织中国学术团体联合会与斯文·赫定交涉等活动。国学门还主导成立了1927年中国学术团体联合会和1928年的北平文物临时维护会，最终被新成立的大学院古物保管委员会收编为古物保管委员北平分会，成为20世纪20年代推进中国古物保存事业的中坚力量。

---

[1] 朱维铮校注：《梁启超论清学史二种》，上海：复旦大学出版社，1985年，第1、2页。
[2] 《中国之史学运动与地学运动》，《史地学报》第2卷第3期，1923年3月。

第四章 从"国粹"到"国权":新知识群体与古物保存理念变迁(1909—1927)

一、故 宫

1912年清帝逊位后,根据《清室优待条件》,民国政府每年补贴清室400万元。及至1920年前后,清室财政日渐艰难。据溥仪回忆,民国十年以前,仅清室内务府的"交进"和"奉旨"支出的"恩赏"等款,年支出共达八十七万零五百九十七两,据说每年总开支在三百六十万两上下[1]。档案显示,至少从1916年起,内务府便债务缠身,先后欠恒利号、亨记号、大清银行、泰元号、中国银行等计银三十六万两,1917年、1920年、1922年、1924年亦不断从中国银行、烟酒商业银行、汇丰银行、盐业银行等举债,数额近百万两[2]。1922年1月,清室内务府公然售卖古物,并在报纸上刊登广告,称:

> 兹因经费拮据异常,现将库存古瓷、玉器、古铜约五百余件,招商出售,藉资补助。凡属殷实商号,有愿承购此项物件者,由一月七日起至十一日止,赴景山西门内务府筹备处检阅详章,交纳保证金一万元,应以本京殷实银行现银圆存单为适用,发给估价物类单一份,听候定期看物估价[3]。

根据档案,可知参与购买者包括日商龙泉堂、华商刘崇伦,还有荷兰驻华大使欧登科给内务府写信请求入内参观,不打算购买,所以想免掉所需缴纳押金[4]。大约同时,内务府还将一批古物抵押于汇丰银行,换取贷款[5]。1922年

---

[1] 爱新觉罗·溥仪:《我的前半生》,北京:东方出版社,1999年,第168、156页。
[2] 叶秀云:《逊清皇室抵押、拍卖宫中财宝述略》,《故宫博物院院刊》1983年第1期。
[3] 叶秀云:《逊清皇室抵押、拍卖宫中财宝述略》,《故宫博物院院刊》1983年第1期。
[4] 叶秀云:《逊清皇室抵押、拍卖宫中财宝述略》,《故宫博物院院刊》1983年第1期。
[5] 中国第一历史档案馆藏溥仪全宗档案一二一六号,转引自叶秀云:《逊清皇室抵押、拍卖宫中财宝述略》《故宫博物院院刊》1983年第1期。

清室的古物售卖行为似乎并未引起舆论关注，然而及至1923年北京大学国学门成立后，有志于古物保存的学者遂对逊清小朝廷此种行径进行批判，并在舆论界掀起声势，最终促使1924年11月溥仪被驱逐出故宫，未能带走的古物尽数由清室善后委员会接收，在此基础上以北京大学学者为主体发起成立了故宫博物院。

1923年6月26日，故宫建福宫大火，损失诸多古物珍宝，起火原因不明。据内务府事后统计，火灾焚毁房间120间，金像2665尊，字画1157件，古玩435件，古书数万册[1]。此次火灾引发了社会对故宫古物安全的讨论。6月28日《京报》评论起火原因是溥仪"窃据宫殿，以闭门天子自娱，作奸舞弊，盗窃遗物，火之以灭其迹"，提出"自清帝退位之日起，一切主权，已移于民国，则今番千万以上之损失，实民国国家所有之财产也……因清室不肯遵行迁让之故，使民国所应保存者皆葬送于咸阳焦土之中，其责任应谁负之？此岂可以勿问哉。宜速将溥仪及其家族为适当之处置，以杜将来祸源，而正中外观听"[2]。大约3个月后即1923年9月，日本东京地震，又有传闻说溥仪将拍卖大批古物，所得资金将用于日本赈灾以向日本示好，引发舆论热潮。9月12日，《晨报》率先刊发《溥仪大拍卖古董　望爱惜美术者速起而谋防止办法》，称：

> 清室因经费拖欠数年不发，陆续将宫内保藏古董暗售外商，闻者痛心。昨闻溥仪复拟拍卖一大批古董宝物，以资救济。日前特电招上海各大洋商来京议价，日来到京者，已大有其人。定十三日由某华人带领各洋商进宫观览，以便估价。闻溥仪预定旧价为三百万左右，足见其原价至少当在一千五百万元以上。如果价能议妥，则此一大批古董，又将浮海而西矣。据人云现时清室所保藏之古董，多为珍品，若任其随意售卖，似非保存古物之道。未知政府当局与社会上爱惜美术品者，果能设法防止否。最好能将清室古物一概封存，或暂寄古物陈列所，以备将来建筑博物馆时，一律收藏，供国人鉴赏或研究美术之

---

[1] 据内务府所说，烧毁金佛2665尊、字画1157件、古玩435件、古书几万册。究竟烧了多少东西，至今还是一个谜。爱新觉罗·溥仪：《我的前半生》，北京：东方出版社，1999年，第152页。

[2] 《亡清故宫失火之责任问题》，《京报》1923年6月28日第2版。

第四章 从"国粹"到"国权":新知识群体与古物保存理念变迁(1909—1927)

资。若听其散失,则诚为国家之大损失矣[1]。

《晨报》呼吁"政府当局与社会上爱惜美术品者"要注重保存故宫古物,未及四日,新成立不久的国学门古迹古物调查会便介入此事。9月16日,《晨报》继续刊发评论,强调"溥仪拍卖宝物应设法防止"和"北大古物调查会之崛起",文章称:

> 清室溥仪拟拍卖所藏古物一节,已志前报,顷闻北京大学研究所古物调查会得此消息,极为愤慨,以为故宫所有之古物,均系历代相传之宝器。国体变更以来,本应由民国收回,公开陈列,绝非私家什物,得以任意售卖者可比,且世界先进各国对于本国古代之遗迹古物,莫不由国家定有保护之法律,由学者加以系统的研究,其成绩斐然,有裨于世界文化者甚大。而我国于此尚不能脱离古董家玩好之习,私相授受,视为固然,其可耻孰甚。况日本经此次之大地震,遗迹古物之损失极多,我国于此担负保存及整理关于东方考古学的材料之责任因之愈加重大,该所有见于此,亟谋联络各考古学团体及学者合力起而反对,以期唤起社会之注意。至于此事根本解决之方法,则非将故宫中所有古器物悉数移交文化重心之学术机关保管整理,恐终难免入于外人之手耳[2]。

评论称溥仪拟拍卖古物的行为使北京大学研究所古物调查会"极为愤慨",因为古物本当由"学者加以系统的研究"才能获得益处,日本东京的地震导致东洋古物损失很多,所以中国"担负保存及整理关于东方考古学的材料之责任因之愈加重大",落实到具体机构,自然为北京大学研究所,故而研究所谋划"联络各考古学团体及学者合力起而反对"溥仪售卖古物的行为。当时国内的

---

[1] 《溥仪大拍卖古董 望爱惜美术者速起而谋防止办法》,《晨报》1923年9月12日第3版。

[2] 《溥仪拍卖宝物应设法防止 北大古物调查会之崛起》,《晨报》1923年9月16日第6版。

"各考古学团体",大概亦屈指可数,如北京的古物研究社和地质调查所,而专治考古学的学者,亦不外乎罗振玉、王国维和北京大学的马衡等人,考虑到罗振玉和王国维同时被聘为国学门的通讯导师,那么名义上北京大学国学门在学术界中的位置自然重要。北京大学的终极目标是"将故宫中所有古器物悉数移交文化重心之学术机关保管整理",这个文化重心的学术机关,也自然就是北京大学研究所了。

研究所国学门除在报纸上发起舆论攻势外,还专门致函国务院,称故宫古物和东方学密切相关,"我国于此担负保存及整理关于东方考古学的材料之责任,亦因之愈加重大。北京大学对于此事,似不能坐视不问,为此函请将此事提出国务会议,派员澈底清查,务须将盗卖主名者,向法厅提起诉讼,科以应得之罪。并速设法将故宫所藏之器物,悉数由民国收回公开陈列,以供众览"[1]。北京大学致国务院的公函刊登在了9月26日的《申报》[2]上,随后引起又一波反对清室售卖古物的舆论热潮,如《民国日报》[3]《晨报》[4]《益世报》[5]等多家报纸纷纷转载北京大学言论,或发表社论表示对清室售卖古物抗议,上海东方艺术界、晨光美术会、艺术师范学校和中华女子美术学校联合致函北京国立美术学校,请求北京美术学校出面阻止古物售出[6],不过北京美术学校似未有任何回应,和北京大学研究所国学门形成鲜明对比;江苏教育会也发表声明,表示要"通告全国,应请协力阻止,以资保存"[7],不过最终能将"协力阻止"落

---

[1] 《北大请禁溥仪拍卖古物但未审当局果关心及此否耶》,《晨报》1923年9月23日第6版。

[2] 《北大请禁清室盗卖古物》,《申报》1923年9月26日第7版。

[3] 如《溥仪盗卖古物反响》,《民国日报》1923年9月26日第6版;《反对拍卖古物之继起省教育会通电阻止》,《民国日报》1923年9月30日第10版;《北京大学请保存古物》,《民国日报》1923年10月10日第6版。

[4] 《美术界注意古物》,《晨报》1923年9月30日第6版;《反对溥仪拍卖古物江苏教育会通电各者》,《晨报》1923年10月3日第6版。

[5] 《清室拍卖古物之反响》,《益世报》1923年10月3日第10版;《北京大学请保存古物》,《益世报》1923年10月7日第10版。

[6] 《美术界注意古物》,《晨报》1923年9月30日第6版。

[7] 《反对溥仪拍卖古物江苏教育会通电各者》,《晨报》1923年10月3日第6版。

实为具体行动的,亦是位于京城得地利之便,且与中央政府有密切联系的国学门学者群体。10月7、10日,《益世报》与《民国日报》相继刊出《北京大学请保存古物》的报道,称"北大国学研究所对于保存古物,甚为注意"[1]。可见,自北京大学研究所国学门古物古迹调查会成立之后,故宫古物的售卖行为开始被知识界关注,在1923年下半年的舆论浪潮中,北京大学首先提出要"速设法将故宫中所藏之器物,悉数由民国收回公开陈列,以供众览"。1924年10月,冯玉祥在北京发动政变,溥仪被驱逐出清宫,故宫内的器物由民国政府组织成立"清室善后委员会"接收整理并成立故宫博物院,1925年10月10日向社会公开,可见对于故宫文物的监管、保护和未来规划,北京大学亦先发制人,早发先声,在舆论和策略上,均为故宫博物院成立奠定坚实基础。如参与者吴瀛回忆,在从故宫到成立故宫博物院期间,推动者"以北大为中坚,在最初的时期,高级一些的,都是北大的高级教职员","如李宗侗(玄伯)、沈兼士、马衡(叔平)、袁同礼(守和)、俞同奎(星枢)五位,都是后来故宫博物院掌握实权的人物,都是北大当时的重要教职员"[2],而负责办理具体事项的事务员,最初四人为庄尚严、董作宾、魏建功、潘传霖,"当时都从北京大学毕业不久,本来都在国学研究所做助教,不久(清室善后)委员会成立,遂由北大推荐,改在委员会中工作"[3]。从舆论造势到具体实施,北京大学国学门学者群体确为主导。

二、新　郑

1923年8月25日,北京大学古迹古物调查会成立不到半年,河南新郑退伍军官李锐在自家宅前菜园打井时发现"古鼎十数件",后卖掉3件。9月1日消息传到当地驻军陆军第14师师长靳云鹗处,靳云鹗认为"古物关系国粹,理应公家保

---

[1] 《北京大学请保存古物》,《益世报》1923年10月7日第10版;《北京大学请保存古物》,《民国日报》1923年10月10日第6版。

[2] 吴瀛:《故宫盗宝案真相》,北京:华艺出版社,2008年,第69页。

[3] 庄严:《前生造定故宫缘》,北京:紫禁城出版社,2006年,第31页。

存",遂派遣副官陈国昌会同县知事姚廷锦至李锐家将25件古鼎全部追缴[1],发现地下仍有"未经掘出之物",便决定派兵发掘,要将古物"搜挖净尽"全数保存"以保古物而彰国粹"[2]。消息传开,毕士博(Carl W. Bishop)很快从北京大学得知此事,9月7日赶到郑州[3],8日和文礼(A. G. Wenley)、董光忠抵达新郑发掘现场[4]。9月5日、7日、9日皆有新的古物出土,15日谘议张廷良致函靳云鹗,建议他将此次重大发现公之国人,把发掘历史、器物照片、拓片等资料汇编成册,出土的骸骨与琐碎物件、竹头木屑"皆系至宝",都应收录[5]。靳云鹗采纳了他的意见,17日便向各地寄发《河南新郑县发见古物之露布》,说明此次发现经过,强调"钟鼎重器,尊彝宝物,为先代典型所寄,为中邦文化所关,允宜归诸公家,垂诸后祀,庶于国家保存古物之定章,不致有背"[6]。然而围绕古物最终公存于何处,由谁来代表"公家"等问题,各处意见分歧,最终还是由河南省教育厅接收,存于开封文庙。

在上述过程中,北京大学国学门活动踊跃,校长蒋梦麟个人及北京大学均致

---

[1] 靳云鹗:《途次许昌上洛阳吴巡帅电文》(1923年9月1日),李汝谦:《新郑出土古器图志全编》(1923年)(《中国方志丛书》影印本),台北:成文出版社,1968年,第137页。

[2] 靳云鹗:《上洛阳吴巡帅电文》(1923年9月2日),李汝谦:《新郑出土古器图志全编》(1923年)(《中国方志丛书》影印本),台北:成文出版社,1968年,第139页。

[3] Carl Whiting Bishop. *Archaeological Research in China (1923-1924)*, Carl Whiting Bishop Papers [microform]. Leiden, IDC, 1999: 3-10;转引自查晓英:《保护"学问的原料":由1923年新郑铜器发现所见中国考古学之萌芽》,《四川大学学报》(哲学社会科学版)2010年第6期。

[4] 《王参谋灿章来函》(1923年9月9日到),李汝谦:《新郑出土古器图志全编》(1923年)(《中国方志丛书》影印本),台北:成文出版社,1968年8月,第164页。

[5] 《开封大同日报馆来函》(9月15日),李汝谦:《新郑出土古器图志全编》(1923年)(《中国方志丛书》影印本),台北:成文出版社,1968年,第182—185页。

[6] 《河南新郑县发见古物之露布》(9月17日),李汝谦:《新郑出土古器图志全编》(《中国方志丛书》影印本),台北:成文出版社,1968年,第185、186页。

电靳云鹗,希望能将这批古物予以保护,由北京大学保存、研究。19日,北京大学致函靳云鹗,称北京大学"为全国文化中心之所寄","特于研究所国学门设立考古学研究室及古迹古物调查会,延聘专家,收集材料,用科学之方法作公开之研究,以期发扬国光,有所贡献于世界",然而"国人对于古代器物之观念尚未完全脱离向来古董家赏玩之积习,而不能明了其关于学术上之价值,一听商估之盗掘拆卖而不能容学术团体为有计画之发掘,作有系统之整理,遂至古代文物于此受有意及无意的损失至为巨大",研究所派出马衡"并与贵师长商酌敝校将来收积古物调查古迹之办法"[1]。21日,马衡到达新郑,22日到现场去调查,他在报告中写道据"吴巡阅使靳师长之意",出土古物"欲归中央保存",不过由于河南地方人士力争之故,最后不得不存在省城开封。

北京大学研究所古物古迹调查会在洛阳还有调查员郭玉堂,郭玉堂查访到洛阳孟津县亦出土古器,马衡遂即在洛阳调查,知道1923年8月在孟津发现铜鼎、铜壶、铜敦等古器百余件,但因种种原因流散。马衡最终在河南购买了孟津所出铜器九十余种六百三十余件,"其中器物多不知名,大半皆为车饰"[2]。10月1日马衡回到北大,《晨报副刊》开始刊载《北京大学国学门研究所调查河南新郑孟津两县出土古物纪事》,从10月18日开始连载直到10月31日共13期[3],成为舆论热点。10月5日北京大学同时致函国务院、吴佩孚和靳云鹏,称:

> 我国号称世界古物最富之国家,而考古学之成绩反视欧美各国相差甚远。盖自来金石商估于古物出土之际,多半任情去取,随意拆卖,因鲁莽灭裂之处置,遂致损失其学术上之价值。此其弊一。文人雅士得一古董,矜为珍秘之玩好,莫肯公开以研究,因秘密爱赏之结习,遂致隐其学术上之价值,此其弊又一。本校有鉴于此,特于研究所国学门延揽中外考古学家组织古迹古物调查会,以搜罗考古学之材料,设博物馆以为系统之陈列,立研究室以行科学之研究。

---

[1] 《国立北京大学来函》(9月19日),李汝谦:《新郑出土古器图志全编》(《中国方志丛书》影印本),台北:成文出版社,1968年8月,第198—200页。

[2] 《国学门重要纪事》,《国学季刊》第1卷第4期,1923年12月。

[3] 《晨报副刊》第263号(10月18日)至277号(10月31日)。

北京大学国学门认为无论是私人还是河南省或其他机关[1]保存这批古物，皆"非妥善之办法"，因为这些机关缺乏研究能力，"与其陈之于仅供玩赏之机关，何若陈之于万国学者得共研究之学府？"北京大学有能力对这批材料研究整理，故而"置诸全国观瞻所系之首都之学术机关，整理之、陈列之，考证之，著录之，以贡献于世界，然后其物之真价值得以表襮，而我国之国华亦得藉以显扬"，显然是最好选择[2]。虽然新郑古器留在了河南，但通过此一事件，地下古物的公有观念得到宣扬和普及，而成立不久的北京大学国学门古物古迹调查会亦在涉及古物的社会公共事件中屡屡发声，掌握了话语权。

三、订　　法

1923年10月10日，《中华民国宪法》公布，其中第五章"国权"第二十四条为"由国家立法并执行或令地方执行之"的国家职能，第十三项正为"有关文化之古籍古物及古迹之保存"[3]。虽然此法因立法机关的贿选丑闻而饱受舆论诟病，如《努力周报》早在1923年2月胡适作文《这个国会配制宪吗？》称"宪法是根本法律，民治国家的法律决不是那班自己不守法律的无耻政客所能制定的。我们可以预言，吴景濂张伯烈的国会，即使定出一个宪法来，将来决不会有宪法的效能，将来不过添一张废纸"[4]。此前中国的国家古物保护职能多以内务部规章制度或大总统令的形式实现，尚未有国家出台的专门法律作为依据，1923年将"古籍古物及古迹之保存"视作国家职能而写入宪法，至少在法律文本层面开启了先河。

1924年3月，针对清室售卖古物的传闻，国会议员李燮阳、王乃昌等六十六人联名问询北洋政府孙宝琦内阁关于溥仪盗卖故宫古物事，便以1923年宪法为依据。李燮阳等称"兹据报载，清室溥仪近派郑孝胥为总理内务府大臣，金樑

---

[1]　这里的其他机关，或指教育部历史博物馆和前文提及的丁文江等所设古物研究社，可参《新郑出土古器图志全编》相关篇章。

[2]　《国立北京大学来函》，李汝谦：《新郑出土古器图志全编》（1923年）（《中国方志丛书》影印本），台北：成文出版社，1968年，第241—244页。

[3]　《中华民国宪法》，《外交公报》第29期，1923年10月10日。

[4]　《这个国会配制宪吗？》，《努力周报》第41期，1923年2月11日。

第四章 从"国粹"到"国权"：新知识群体与古物保存理念变迁（1909—1927）

（梁）为内务府大臣，东华银行经理佟济煦为内务府郎中……并闻清室现在用款，悉由郑孝胥等三人经手，将历代流传古物变卖，此外并有盗卖及隐匿情事"，而"查宪法第五章第二十四条第十三项有关文化之古籍古物及古迹之保存，则政府亟应根据宪法，向清室将所有悉数提出，交内务部派专员妥慎保存，或发交古物陈列所，以供人民观览而免消灭"[1]。李燮阳等希望北洋政府能依照出台不久的宪法行使国家古物保存职能，并以此为据将清室古物全部没收，公开保存。对此，北洋政府内务部回应保存古物为内务部职司，内务部已给清室发函声明没有内务部核准不得随意售卖清室古迹古物[2]。

针对如此敷衍且没有效力的答复，李燮阳等人于4月再次质询政府，称内务部"仅以一纸空文咨清室内务府、声明现存之古物古籍、非经该部核准、不得随意售卖"的做法真是"殊堪发噱"，因为内务部既没有清室古物的清单档案，又等于间接承认清室"尚有保存中华民国历代古物之权"，措辞滑稽且对保存古物没有"丝毫之效力"[3]。针对质疑，4月18日国务院答复国会，称内务部早已制定《保存古物暂行办法》，根据此办法，"清室现存之古物，中国政府不能不加以干涉"；据1923年10月10日新宪法，内务部"正根据宪法拟订《古籍古物古迹保存法》，以期厘定颁布。所有全国古籍古物古迹，无论何人所有，自非经由内务部核准，概不得售卖移运，以资保存"，内务部拟在新宪法基础上制定《古籍古物古迹保存法》，对于清室是否盗卖古物，"函行步军统领衙门护军管理处、暨令京师警察厅对于清室有无变卖移运古籍古物情事、随时侦查报部、以资查核"[4]，至少说明内务部已承认对清室古物负有保管之责。

然而古物的归属还是受到政治牵连。在李燮阳等国会议员的质问下，北洋政府表示对清室古物确有保管之权，针对清室的肆意盗卖自然要监管，"清室如有拍卖古物、应经该部核准、方许运搬、以示限制"。不过清室亦不甘心就此束手，他们派人到洛阳活动吴佩孚，由吴佩孚致书内阁总理孙宝琦请求通融，最终达成目的。总统曹锟听闻此事，"深滋不悦"，于5月3日特下手谕，要求制定保

---

[1] 《李燮阳质问清室盗卖古物》，《申报》1924年3月15日第7版。
[2] 《李燮阳再质问清室古物》，《申报》1924年4月16日第7版。
[3] 《李燮阳再质问清室古物》，《申报》1924年4月16日第7版。
[4] 《内部阻清室盗卖古物》，《申报》1924年4月21日第4版。

存国有古物保管办法。5日，内务总长程克在自家宅中召集冯玉祥、薛笃弼、颜惠庆、蔡廷干等曹锟选定的十名"保管清室古物专员"开会，讨论国有古物保管办法，决议国有古物将"由保管人员议订保管条例，呈由政府批准颁布"[1]。

5月5日会议之后，内务部遂启整顿古物保存事业之意。新宪法首次将古籍古物古迹保存列为国家职能，所以内务部在行文中常援引宪法中的此条作为依据[2]。不久内务部就"遵照宪法第二十四条第十三款之规定"，起草了《古籍古物暨古迹保存法草案》五十四条。在说明中，内务部称1916年虽"略定暂行办法，通行各省区遵照，其效力亦至薄弱"，"今者宪法新颁，有关文化之古籍古物暨古迹之保存，已于第二十四条第十三款明白揭载，内务部为尊重职掌维护国粹起见，用特参酌中外情形，制定法规，送交国会议决公布施行"。内务部认为古籍和古迹都属于古物，而现行官制中，也只有"内务部职掌内，仅列保存古物一项，其他各部职掌，并未列有古籍古迹字样"，所以内务部制定的保存法草案，当包括全国范围内的所有古物、古籍和古迹[3]。

内务部草案甫一公布，就引起北京大学研究所国学门的注意。1924年5月，国学门古迹古物调查会改名为考古学会，故而7月内务部草案一经报纸公布，7月26日《北京大学日刊》即以研究所国学门考古学会名义对草案进行批驳，文章出自顾颉刚之手[4]，《顺天时报》[5]《益世报》[6]随即转载，无疑扩大了北京大学国学门考古学会的影响。内务部在草案中认为保存古物职责当由内务部全权负责，对此北京大学考古学会认为内务部形如包揽，是"攘夺非分之职权，妄欲尽举所有之古籍古物暨古迹以归于一手，鲁莽灭裂，徒重劫厄，此同人不能

---

[1] 《清室古物仍难自由拍卖内务部将颁布保管条例》，《申报》1924年5月8日第7版。

[2] 《保存古迹古物之省令》，《益世报》1924年5月10日第10版。

[3] 《内务部古籍古物暨古迹保存法草案并说明》，《顺天时报》1924年8月19日（第7337号）第7版；然而根据1924年7月26日的《北京大学日刊》《研究所国学门考古学会对于内务部古籍古物暨古迹保存法草案意见书》措辞来看，该草案当于7月26日前已刊行某报，惜尚未检出。

[4] 戴逸：《顾颉刚主要著述年表》，刘俐娜：《顾颉刚学术思想评传》，北京：北京图书馆出版社，1999年。

[5] 《顺天时报》1924年7月27日第7版。

[6] 《益世报》1924年7月28日（第3058号）第7版。

第四章　从"国粹"到"国权"：新知识群体与古物保存理念变迁（1909—1927）

不辨"，在国学门看来，内务部绕过教育部和学者群体，自身又无学识和研究能力，"好古之心薄而宦达之情浓，考索之业无所知，而交结朋比之事则所优为"，若任其垄断保存之权，"文献之不至碎为齑粉者几希矣"，因为：

> 夫保存文献之责，言非一端，所以知其当保存者，所以解释而纪述之者，所以运用科学智识以为保存之法者，为从事研索之学人，故学人当负指导保存之责。关于学术之行政，教育部为最高机关，故教育部应负主管保存之责；物品所在非一地，事务之任非一类，故内务、农商、交通诸部莫不有协助保存之责；证之世界各国之行政制度，内务部协助教育部及教育机关以从事于保存之业，诚为通例[1]。

熟悉古物价值、了解如何保存古物的是学者，教育部为学术行政最高机关，故当负主管之责。而古物分散在各个领域，需内务部、农商部和交通部等协助保存，断无由内务部独揽之理。文章指出：

> 今内务部忽视学者之研索，蔑弃教育部之职权，欲以一指赅全体，在部内设立各种保管机关及审议会，其越权垄断之心业已昭然若揭。使果遂其愿，其为祸于文献将有不可言者。夫内务部原有保管古物之事矣，如坛庙保存所，如古物陈列所，何莫非该部职权所在？乃坛庙之中，日坛则拆卖，先农坛则出赁，安置礼器之所则终岁尘封，数年之内已有礼坏乐崩之叹。所谓保存，如斯而已乎？古物陈列所中所藏物品，无档册目录可见，参观者摄影固不许，铅椠写记亦不容，俨入禁地，屏息而行，所谓陈列，又如斯而已乎？使其严于防守……同人犹将以其不知学问但知监护而恕之，乃风闻陈列所自民国初年设立之后，迄于今日，潜移默换，所更已多，各种贵重物件，为显宦所提取者亦复不少……夫内务部自民国五年以来，何尝无保存古物暂行

---

[1] 《研究所国学门考古学会对于内务部古籍古物暨古迹保存法草案意见书》，《北京大学日刊》第1512号，1924年7月26日。

办法，顾其成绩如何？曾有蒐截小善之足供纪念者乎？[1]

内务部虽于1916年曾颁行《保存古物暂行办法》，但因"宦达之情"和"结交朋比"的官僚习气，并未有保存古物之实，反而做出有损国有文物之事，20世纪20年代以来，"此数年中，尚幸有各种学术机关之努力，文献粗有所归，不致随政治波澜而废坠，斯犹为幸也"，故而"内务部非保管古物之机关，该部所拟保存法草案根本上无存在之价值"，国学门号召应由"合法起草机关会同有关之学术机关合商保存古籍古物古迹之法，规定各行政机关协助保存之权限，俾继今以往，古代遗留之文物有确实之保障，学术幸甚！"[2]通观全篇，国学门的古物保存理念与内务部相较，或可归结为以下几点。

（1）内务部认为古物"可供后来学术之借鉴，尤足以激发人民爱国之心理，于精神上之文明，所关至巨也"；而在国学门学者眼中，古物首先为学术研究之材料，内务部延续了清季的话语，在20世纪20年代已似显空洞落后，不合时宜，此遂导致双方对古物价值判断并不一致。

（2）内务部试图依据新宪法将"古物"范围扩大至古籍、古迹，然后再以"官制规定"独揽保存古物权责，激起北京大学国学门及主管机构教育部的不满。教育部与内务部关于保管古物职权的争论，自清季民初一直延续，不过引而未发，以此为导火索，教育部随后便正式行文对内务部予以斥责。

（3）与内务部不同，国学门学者致力将保存古物事业视为一项学术事业，而不仅是保存实物而已，所以一再呼吁联合有关各学术机关团体共同讨论，古物不当是某种可以赠让提取的资产，而应公于社会，永久流传。

教育部亦对内务部试图独揽古物保存职权的行为予以抵制。7月31日《申报》刊登评论文章，称教育部认为"内务部此次擅行拟订《古籍古物暨古迹保存法草案》"是"误解宪法侵越权限"，教育部"职司文化，专管教育学艺事业"，所以宪法第二十四条第十三款中的"古物古籍"当由教育部保存，"古迹

---

[1]　《研究所国学门考古学会对于内务部古籍古物暨古迹保存法草案意见书》，《北京大学日刊》第1512号，1924年7月26日。

[2]　《研究所国学门考古学会对于内务部古籍古物暨古迹保存法草案意见书》，《北京大学日刊》第1512号，1924年7月26日。

第四章　从"国粹"到"国权"：新知识群体与古物保存理念变迁（1909—1927）

一项，各国成例，均归内务职掌"，教育部拟制定《保存古籍古物条例草案》六条，《奖励保存古籍古物条例草案》凡九条，因涉及与内务部的权限划分，教育部派出社会教育司第二科科长徐协贞与内务部商议，最终决定先将两部保存草案"暂行提交两部宪政实施委员会审议后，再行定期会议"。然而内务部忽于6月底直接"拟订《古籍古物暨古迹保存法草案》五十四条，加以说明，缮具清册，敬候转呈提交国会议定公布"，使得教育部"不胜骇异"，认为在两部权限未定的情况下，内务部独自出台并向国务院提交草案，显然侵犯了他部职权，草案"大致依据现行官制，以附会新颁宪法"，在法理和事实上均站不住脚，所以教育部发函国务院，声明为"尊重宪法起见，关于本案，在法律问题未解决以前，无论何部提出法案，本部皆不敢承认"[1]。有鉴于此，《古籍古物暨古迹保存法草案》最终未获通过，尚未颁布实行便胎死腹中，而最先公开指责内务部门保存古物不力，效果不佳，且以国有古物作为逢迎工具的，正是北京大学国学门考古学会。考古学会提出保存古物当由学者主导，负指导之责，事实上已提出日后乃至今日中国文物保护事业的原则，即从偏向资财性质的古物，转至注重学术研究价值的文物。

四、其　他

除上述几点外，北京大学国学门学者于1923—1924年，还进行了不少与古物保护相关的工作，如：

（1）制造舆论，唤起社会的古物古迹保存意识。如国学门中的李宗侗、徐旭生都是留法学生，归国后就职于北京大学。1923年10月，李宗侗在《晨报》刊发《保存北京的古迹古物》，以法国为例，建议不要乱拆北京的古建筑，如为电车方便就拆除东牌楼，不如学习法国在古迹旁边增开一两条线路或改建地下线，则可两全其美。李宗侗认为书籍和古物，"皆是古代文化的遗踪，古人思想的表现"，但"书籍辗转抄录，甚容易有谬误"，古物"直接出自古人，尤有真实的价值"，"中国古迹古物，近来被无识者的摧残，地方人的窃盗，外国人的诱买，恐这样下去，将来足供学者研究的，所余无几了。若是我们现在急急不暇研

---

[1]　《教部对于内部之争议》，《申报》1924年7月31日第10版。

究及此，也须留下些，为后人有力研究时的材料，否则就是后人的罪人了"。而北京电车公司拆除东牌楼，相当于巴黎为修电车拆除凯旋门，况且东牌楼的历史还要比凯旋门悠久，他建议保存北京的古迹，以免受到"后人抱怨"[1]。

然而事隔一个月，西单牌楼还是"乘夜被电车公司拆去"，因为电车公司和法国关系甚密，李宗侗联合徐旭生等留法归来后任教于北京大学的教授在报纸上公开批评电车公司，虽然法国当时以保护古迹著称，甚至专管美术古迹保存的法国教育部次长保罗·雷雍（Paul Leon）还曾鼓励过徐旭生等留法学生"要设法保存中国的古迹"，但事实证明"原来法人——至少公司当局的法国人，也会毁古迹！毁旁人的古迹"，李宗侗等要求法国电车公司归还西单牌楼的木料，并在公园或历史博物馆外重新复原牌楼[2]。

与李宗侗经历类似，留法学生专习美术的吴新吾，归国后服务于北京大学和北京美术专科学校，亦大力提倡保存古迹，吴新吾在法国留学期间，走访了意大利、瑞士、西班牙等多地，深被欧洲的古迹古物保存理念感染。1923年10月2日，吴新吾与朱希祖、叶瀚等人从北京出发调查山西大同云冈石窟。吴新吾发现石窟佛像"衣褶简单而精细，面神和蔼而清穆"，"与法国近代普通所塑之圣母像相似，真可宝贵"。可惜还是有人盗窃佛首。"盗者若为外国人，则为不道德；若为本国人，则毁灭本国文明实属罪大恶极"。1923年夏，吴新吾还调查过陕西汉武帝茂陵及霍去病墓[3]。调查归来后，吴新吾于12月提出"吾国有四千多年的文明史，古迹所在的地方到处都有，大而建筑物，小而鼎彝之类，无论为远古，或为近古，均有保存的价值"，古代美术品是研究文学、历史和美术的"极重要的资料"，并且地方如能保存古物古迹，可以吸引旅客，得到"市民经济的利益"，如瑞士、意大利和法国巴黎都是"运用地方上的古迹或风景，来招揽游客的"。中国目前虽然民智未开，不能利用古物古迹，但也不能不保存，因为民智总会有开启的时候。可惜中国国民向来不明此理，对古物古迹保存漠

---

[1] 李玄伯：《保存北京的古迹古物》，《晨报副刊》1923年10月3日第4版。
[2] 徐旭生、严季冲、李玄伯：《给电车公司一封公开的信》，《晨报副镌》1923年11月12日第4版。
[3] 吴新吾：《大同云冈游记及其感想》，《晨报五周年纪念增刊》1923年12月1日，第50页。

第四章 从"国粹"到"国权":新知识群体与古物保存理念变迁(1909—1927)

不关心:

> 自民国以来,这些古迹,都算是国民公共的财产,有共(同)保护的责任。官吏视察不周,公务太繁,国民就是古迹的主人翁,保护之责,就在国民。

至于如何保存,吴新吾提出第一是政府负责保存,国民发现有古物出土,或古建筑物损坏,要报告公开,引起国人注意,设法保存。第二为团体保存古物,要"由国民团体,协力合作,组织一个大团体,去调查他,去保护他"。1922年吴新吾倡议设立古物保存会,"此会的本旨,即在联合各界,使明了古迹的重要。凡本会会员,均负担调查、考究及保护的责任,会员不限阶级,亦不限人数及区域,各省各县,均可设立分会,任保护古迹之责",他还援引徐旭生的观点,希望在"美术专门或师范学校中,忝设一考古科,以图案、小学、博物、历史、编辑法,为必修课,以便造就博物馆人才,保存古物,才可以希望成功的"[1]。1923年底,吴新吾联合徐旭生、严季冲、沈兼士、马衡、张凤举等人,发起成立"美术保存研究会"[2],1924年2月,吴新吾不幸病逝,李宗侗在报纸上刊出《吴新吾与保存古迹》以示悼念,他说:

> 我国素来号称古国,我国民亦群以古文化自豪,但是对于保存古迹一事,注意的甚少,也真是件怪事!也真是件不幸的事!……近来间或有一二人留心这件事,然据我所知的,其毅力与知识,皆不如亡友吴新吾[3]。

---

[1] 吴新吾:《古美术品有保存之必要及其方法》,《晨报五周年纪念增刊》1923年12月1日,第52页。

[2] 李玄伯:《吴新吾与保存古迹》,《晨报副刊》1924年4月6日;另据刘海粟回忆,此会名为"古美术保存会",见刘海粟:《哀新吾先生》,朱金楼、袁志煌编:《刘海粟艺术文选》,上海:上海人民美术出版社,1987年,第85页。

[3] 李玄伯:《吴新吾与保存古迹》,《晨报副刊》1924年4月6日。

国学门中李宗侗、吴新吾、徐炳昶等留法学生，以其在法国的所见所感力图将保存古迹古物的理念移植国内，除正面宣传外，还主动出击，抨击破坏古迹的行迹。吴新吾提出保存古迹不仅有利于历史和美术研究，更可产生经济效益，他呼吁建立社会团体，联合起来进行古物古迹保存，这个想法和国学门彼此呼应，他的"美术保存研究会"中，便有不少来自国学门的学者。李宗侗亦回忆道，他从1923年进入北京大学开始，"就与第三院（在旧译学馆地址）的北大研究所国学门来往的甚为密切"，他"同研究所主任沈兼士先生，常讲说欧美保存古物的办法，因此他就请我做研究所的委员"[1]。

（2）抗议清廷破坏古迹与内务部的古物保管不力，发起保卫大宫山古迹运动。1924年5月19日，国学门古物古迹调查会开会，到会会员有叶瀚、李宗侗、陈万里、沈兼士、韦奋鹰、容庚、马衡、徐炳昶（旭生）、董作宾、李煜瀛、铎尔孟（Andre d'Hormon）、陈垣共十二人，决定更改会名为考古学会。修订后学会宗旨为"用科学的方法调查、保存、研究中国过去人类之物质遗迹及遗物。一切人类之意识的制作与无意识的遗迹，遗物，以及人类间接所遗留之家畜或食用之动物之骸骨，排泄物……均在调查、保存、研究范围之内"，学会内分"探检、发掘、鉴定、修理、保护、纪录、出版"七组，共同推进会务进行[2]。北京城西大觉寺西南有大宫，据传为明刘瑾墓，7月，清室贝勒载洵声称此地为溥仪赏赐为己有，遂拆毁了大宫附近一座明代砖塔。消息传至北京大学，7月14日北京大学考古学会遂派徐炳昶、李宗侗实地调查。7月21日，徐炳昶、李宗侗到达大宫，发现古塔名"玄同宝塔"，为明崇祯年间立，塔上甚至还贴有1924年宛平县知事张贴的"禁人毁伤古迹"的告示，而旁边就是载洵拆下的"残砖数堆"，载洵确有"擅毁砖塔并在大宫附近乱掘"[3]。考古学会归来后将调查报告公布于《申报》，提出要对大宫进行考古发掘，以解决其建造年代问题，而古塔"为三百年古物，现被伧夫拆毁下部，不治将堕，尤须急待补修

---

[1] 李宗侗：《北大教书与办猛进杂志》，《传记文学》第453期，1966年10月。

[2] 《国立北京大学研究所国学门各会章程及纪事录》，《晨报副刊》1924年6月17日第4版。

[3] 《北大拟掘京西大宫密窟》，《申报》1924年8月6日第18477号第10版。

第四章　从"国粹"到"国权"：新知识群体与古物保存理念变迁（1909—1927）　219

者也"[1]，呼吁从速对古塔进行修复。8月7日，考古学会还在《申报》上发表《北大考古学会保存大宫山古迹宣言》[2]，在宣言中，北京大学国学门考古学会直斥近代古物和古迹为"重要史材"，但"亡清遗孽，既擅将历代相传之古器物据为己有，甚且押售外人，罔恤舆论。近更有强占官产毁坏大宫山之一事"，溥仪"擅将此官产据为己有，私给载洵，载洵又妄造九龙山名目，派人拆毁古塔"，如果继续纵容，"则今日失一古迹，异日即失一史料。其事似微，而所关兹大，长此以往，西山古建筑将积渐受其摧残，史料缺遗，后来学子，考索无从，我国文化将有沦亡之惧"，考古学会明显针对清室，更是对溥仪指名道姓，号召"邦人君子，群起力争"，阻止对大宫山古迹的破坏，对于溥仪"私占官产古迹，侵夺民田"的行径，还要请法律专家裁定。此篇宣言发表于1923年清室售卖故宫古物风波之后，可见考古学会对于和清室相关的古物古迹问题的高度关注。宣言将古迹能否保存上升到事关中国文化存亡的高度，字里行间透露出对溥仪的不满。宣言甫一发表，就引发系列后果，如王国维见到宣言后，即刻致信沈兼士和马衡，对宣言处处针对溥仪表示不满，声称阅后"不胜骇异"，因为"大宫山古迹所在地是否官产，抑系皇室私产，又是否由皇室赏与洵贝勒，抑系洵贝勒自行购置，或竟如宣言书所谓强占，均有研究之余地。因洵贝勒之毁坏砖塔，而即谓其占据官产，已无根据，更因此而牵涉皇室，则尤不知学会诸君何所据也"[3]。

王国维对清室和溥仪感情颇深，事实上，他早在1924年5月就上疏溥仪，建议溥仪不要游历国外离开紫禁城，针对当时外界抵制清室售卖故宫古物的舆论，王国维建议"开放禁城离宫之一部为皇室博物馆，而以内府所藏之古器、书画陈列其中，使中外人民皆得观览，如此则紫禁城之内，民国所辖地面，既有文渊阁之四库全书，文华、武英诸殿之古器、书画，皆我皇室之重器，而皇室所辖地面，复有皇室博物馆陈列内府之重器，是禁城一隅实为全国古今文化之所萃，即

---

[1]　《北大拟掘京西大宫密窟（续）》，《申报》1924年8月7日第18478号第10版。
[2]　此宣言亦载于《北京大学日刊》1514号，1924年8月9日。
[3]　《致沈兼士、马衡》（1924年8月10日），《王国维全集》整理出版工作委员会：《王国维全集（第十五卷）》，杭州：浙江教育出版社，2009年，第859页。

与世界文化有至大之关系，一旦京师有事，万国皆有保卫之责"[1]，可见王国维并不认为清室古物当属于民国政府，要求清室向民国政府交出古物的舆论压力在王国维看来反而是"外侮"。《保存大宫山古迹宣言》发表后，王国维"大发脾气"，"怒而辞去北京大学研究所国学门导师职务，并要求将胡适、容庚索去拟刊用的文稿，宣布'停止排印'"[2]。虽然王国维认可国学门源自东方学的古物观念，即将古物、古迹视作学术研究之材料而非发扬国光之物，但在涉及清室古物的问题上，因政治立场不同而和国学门诸人发生巨大分歧。

总之，包括清室古物问题在内，凡事关古迹和古物保护，1923年以来总能看到北京大学国学门学者群体的身影，他们制造舆论，传播观念，组织团体，亲自调查，具体实践，对政府机关保存不力的状况予以尖锐抨击，事实上在古物保存领域，已形成一股独立于政府的力量。最终在斯文·赫定事件刺激下，以北京大学国学门为核心，成立了最初的中国古物保护机构——中国学术团体协会。

第四节　斯文·赫定事件与1927年中国学术团体协会的成立

1926年下半年，瑞典地理学家斯文·赫定在柏林接受德国汉莎航空（Lufthansa）公司资助，欲成立一支中亚探险队，旨在为汉莎航空公司开辟柏林到北京的航线先行探测相关地理、天文、气象等数据。根据斯文·赫定最初设想，他的探险队当由瑞典人主导，在中国境内受瑞典外交保护，队员包括一些德国飞行专家、气象学家和摄影师等，还要在中国建立一些无线电站与气象观测点，为期大概一年或一年半[3]。抱着这样的预期，他于当年10月31日从柏林出发，绕道西伯利亚到哈尔滨再到北京，已是11月20日[4]。

---

[1] 王国维：《筹建皇室博物馆奏折》，袁英光、刘寅生：《王国维年谱长编（1877—1927）》，天津：天津人民出版社，2005年，第417页。

[2] 袁英光、刘寅生：《王国维年谱长编（1877—1927）》，天津：天津人民出版社，2005年，第431页。

[3] Sven Hedin. History of the Expedition in Asia, 1927-1935. part1 1927-1928, Stockholm 1943, p. 2.

[4] Sven Hedin. History of the Expedition in Asia, 1927-1935. part1 1927-1928, Stockholm 1943, p. 4.

第四章　从"国粹"到"国权"：新知识群体与古物保存理念变迁（1909—1927）

抵达北京后，斯文·赫定联系到早在1913年就受聘农商部地质调查所的瑞典人安特生。25日，他和安特生一起拜访了地质调查研究所所长翁文灏，与其达成了初步的合作意向（内容详后）。12月初，斯文·赫定还拜会了外交总长顾维钧，在瑞典驻中国大使奥斯卡·瓦伦贝格（Oscar Ewerlöf）的帮助下，斯文·赫定当月还会见了航空所督办张厚琬与外交部次长王荫泰，以及张作霖的外交秘书，并通过张作霖获得了新疆当地政府对考察活动的支持[1]。张作霖电令新疆省长杨增新，称斯文·赫定博士"拟偕中国科学家往新、甘两省研究考古学术"，请"予以相当协助"[2]。一切都显得很顺利，在此期间，安特生与斯文·赫定拜访了丁文江和翁文灏，尤其是多次和翁文灏接触，基本确定了双方的合作方式及采集品的分配方案。12月7日，斯文·赫定致信翁文灏，表示对他们"最近所商讨的中国地质调查所"与斯文·赫定"计划中的亚洲中部科学考察队的再合作事宜"支持，并承诺在考察队中吸收一或两名中国地质学家和两位经过安特生培训的考古标本采集人，"所采集的地质、古生物和考古标本，依据中国地质调查所与瑞典王储掌管的'瑞典支持安特生在中国的科学研究委员会'所达成的未来合作协议，由中国地质调查所和瑞典东方博物馆分享"[3]。至于如何"分享"，安特生当日亦致信翁文灏，书面概括了他和斯文·赫定与翁文灏的"口头约定"，具体如下：

1、所有无脊椎动物化石和所有人类骨骼将留在北京，前者属于中国地质调查所博物馆，人类遗存将被保存在步达生博士等筹建中的新的人类研究所。

2、植物化石和脊椎动物化石将由中国地质调查所和瑞典东方博物

---

[1] Sven Hedin. History of the Expeditiond in Asia,1927-1935. part1 1927-1928, Stockholm 1943, p. 6-10.

[2] 《省政府就斯文·赫定等人拟来新疆考察事给交涉署的训令》（1927年2月10日），中国新疆维吾尔自治区档案馆、日本佛教大学尼雅遗址学术研究机构编：《中瑞西北科学考察档案史料》，乌鲁木齐：新疆美术摄影出版社，2006年，第1页。

[3] 李玉梅译，刘东生校：《翁文灏、丁文江与瑞典地质学家J. G安特生的来往书信（1923—1944）》，翁心钧等整理：《翁文灏古人类学与历史文化文集》，北京：科学出版社，2008年，第157、158页。

馆依据与我们以前所做采集工作相同的原则分配，即瑞典东方博物馆拥有第一套标本，中国地质调查所博物馆将得到第二套标本，且在质和量上尽可能地达到所有材料的半数。

3、中国型的历史时期材料，如楼兰的材料，将全部交给中国地质调查所。特别指出，每一篇中文文献都将交给中国地质调查所，由中国学者挑选出的这些历史材料的副本，晚些时候将送给瑞典。

4、史前材料由中国地质调查所和瑞典平等分配，此条也包含那些时代较晚、非中国特征、源于西方或西伯利亚的野蛮部落的材料[1]。

据此可知，斯文·赫定甫一来华选定的中国合作伙伴是中国地质调查所，这当与同为瑞典人且服务于地质调查所多年的安特生有关。地质调查所派出工作人员，斯文·赫定负责解决经费，至于采集和挖掘品，则依据性质按照不同原则分配，这个原则也是安特生之前与地质调查所的旧有做法。如1923年1月中国地质调查所代理所长翁文灏致信瑞典伯爵波恩德（Bonde），感谢他参观地质调查所博物馆和安特生的杰出工作，在信中便提到地质调查所和安特生早有约定，安特生"所获材料将由双方分配，一方为瑞典博物馆，另一方为中国地质调查所和其他几个中国研究所"[2]。

1924年10月，安特生结束了在甘肃和新疆的考古调查工作，将所收集到的考古材料运抵北京[3]，鉴于此前采集的多为动植物化石，而此次为考古学标本，安特生建议由"瑞典支持安特生在中国的科学研究委员"发表声明，和丁文江、翁文灏确认考古品的分配方式与处理动植物化石类似，即将安特生"在所考察地点发现的第一套石器和动物骨骼置于瑞典保存"，而"送至瑞典进行科学检测和

---

[1] 李玉梅译，刘东生校：《翁文灏、丁文江与瑞典地质学家J. G安特生的来往书信（1923—1944）》，翁心钧等整理：《翁文灏古人类学与历史文化文集》，北京：科学出版社，2008年，第157页。

[2] 李玉梅译，刘东生校：《翁文灏、丁文江与瑞典地质学家J. G安特生的来往书信（1923—1944）》，翁心钧等整理：《翁文灏古人类学与历史文化文集》，北京：科学出版社，2008年，第132页。

[3] 陈星灿：《安特生当年发掘的文物是如何运出中国的》，《中国文物报》2007年6月8日第7版。

第四章 从"国粹"到"国权"：新知识群体与古物保存理念变迁（1909—1927）

描述的全部收集物中，相当大的一部分随后将由安特生博士，或在他缺席的情况下，由我们（瑞典支持安特生在中国的科学研究委员）负责送给中国地质调查所"，"归还中国地质调查所的标本（包括先前交给中国研究机构的少量标本）应尽可能地达到值得保存的材料的1/2左右"[1]。根据安特生在斯文·赫定和地质调查所之间的斡旋以及他自身的经验，斯文·赫定与翁文灏达成了共识，而这个共识，在清华大学地质学教授袁复礼看来，却是"安氏（安特生）鼓动丁文江和赫定草拟一个有损中国声誉和主权的严苛协定"[2]。

事实上在斯文·赫定到北京之前，《晨报》就已刊发过关于他的消息，说他将组织考古探险队"飞行来华，游历甘肃、新疆、蒙古等地"[3]，但似未引起舆论注意。1926年12月斯文·赫定先与翁文灏谈妥了合作事宜。1927年1月他获得中国外交部正式许可。1月30日，还获张作霖亲自接见，张作霖答应全力支持他，还允诺给新疆省长杨增新发电报并给了他一份他写给杨增新的介绍信[4]。2—3月，5名德国和3名瑞典的科学家相继到达北京，斯文·赫定整装待发，预备3月启程。

不过据斯文·赫定回忆，3月6日是一个转折点。这一天下午，安特生从丁文江和翁文灏处得到一个消息，马上告知了他，称3月5日晚北京多家大学教授、学生和博物馆等研究机构代表集会，讨论的主题便是要禁止所有外国人在中国进行探险和科学考察。斯文·赫定首当其冲成为第一个攻击对象，美国纽约自然博物馆的安德鲁斯（Roy Chapman Andrews）也在被禁止之列[5]。3月初北京已有传闻说斯文·赫定会将所获材料用飞机运走，如3月6日《晨报》报道"瑞典人斯

---

[1] 李玉梅译，刘东生校：《翁文灏、丁文江与瑞典地质学家J.G安特生的来往书信（1923—1944）》，翁心钧等整理：《翁文灏古人类学与历史文化文集》，北京：科学出版社，2008年，第140—142页。

[2] 袁复礼：《三十年代中瑞合作的西北科学考察团》，《中国科技史杂志》1983年第3期。

[3] 《瑞典考古队将来华》，《晨报》1926年11月7日。

[4] Sven Hedin. History of the Expedition in Asia, 1927-1935. part1 1927-1928, Stockholm 1943, p. 8.

[5] Sven Hedin. History of the Expedition in Asia, 1927-1935. part1 1927-1928, Stockholm 1943, p. 15.

文黑顿（Sven Hedin）组织大规模之远征队，赴我国西北各省，考查地质，并特别注重采集古物，拟用飞机将所得之材料，运往国外"〔1〕，《申报》3月5日晚发出的消息亦称"瑞典人斯文黑顿近组织一大规模之探险队，赴西北各省考察地理地质，难保不有掠取我国古物之事，且据闻斯氏已与北京政府有所接洽，拟用飞机将所采得之古物奇品用飞机带往外国"。3月5日下午4点，应北京大学国学门邀请，"中华图书馆、中央观象台、天文学会、古物陈列所、历史博物馆、故宫博物院、北大研究所考古学会、清华研究所、北京图书馆、京师图书馆、中国画学会等各学术团体"在北京大学三院研究所开会讨论对策〔2〕，具体参会人员有古物陈列所兼中国画学研究会代表周肇祥，中华图书馆协会代表袁同礼，国立京师图书馆代表徐鸿宝，中央观象台代表高鲁，中国天文学会代表徐炳昶，清华学校研究院代表李济与吴其昌、姚名达等，地质学会兼北京图书馆代表李四光，国立北京大学考古学会代表袁复礼和北京大学国学门沈兼士、马衡、刘复、黄文弼、华尚严，讨论主题是"筹划发掘采集国内各种学术材料，反对外人私入中国采集诸事宜"。会议决定由参会团体组织"北京学术团体联席会议"，一方面"反对外人私入国内采集特种学术材料"，同时"筹备成立永久之机关，以筹划进行发掘采集研究国内各特种学术材料"，并发表宣言反对斯文·赫定的"瑞典远征队"〔3〕。会议确定了保存中国学术材料的六项原则，为：

> 一、凡在中国境内所有之学术材料，由后文署名之各团体及其他国内各学术团体合组一特别团体，公同设法调查或采集之。外人在中国境内调查或采集者，应由上述合组之团体陈请政府绝对禁止之，但于必要时，得容纳外国专门人材或学术团体参加，以资臂助。
>
> 二、采集所得之材料，应在中国境内妥为保存，非经上述合组之

---

〔1〕 《京内学术团体联合反对瑞典远征队并积极研究保存古物法》，《晨报》1927年3月6日。

〔2〕 《京学术团体反对瑞人探险》，《申报》1927年3月12日第8版。

〔3〕 《中国学术团体协会西北科学考察团报告》（1928年2月），王忱主编：《高尚者的墓志铭：首批中国科学家大西北考察实录（1927—1935）》，北京：中国文联出版社，2005年，第530页。

团体，特别审查及允许，绝对不得运出国外。

三、采集所得之材料，应尽量予世界学者以研究上之便利。

四、国内其他学术团体有单独调查或采集时，上述合组之团体，亦得予以帮助，但于有外国专门人材或学术团体参加时，应有相当契约，以不侵犯主权，不损失国体为原则，否则应陈请政府绝对禁止之。

五、凡外国专门人材，或学术团体，前已与国内学术团体订有契约者，其契约须经上述合组之团体确实审查，如有侵犯主权及损失国体者，即应废止或变更其契约，其契约认为合法，而有未经履行或未完全履行，上述合组之团体得助其履行。

六、凡私人或未得社会公认之学术团体，而欲采集材料者，上述合组之团体，得禁止之。凡学术团体采集材料，有不合科学方法，致损坏材料者，上述合组之团体得禁之，并得公议处以相当之惩罚，如不认为学术团体，或请官所惩办其主事人等[1]。

由上可知3月5日下午在北京大学研究所的会议由北京大学国学门发起，国学门成员如沈兼士、刘复、马衡、徐炳昶、黄文弼等亦是参会主体，人员最多。会议旨在保存中国境内的各种学术材料，这自然是"整理国故"运动观念的延续。会议目的很明确，即反对外国人在中国的私自考察与采集，应对之策是组织学术团体"北京学术团体联席会议"（以下简称联席会议）对在中国境内的考察采集行为进行监管。其中所拟六条原则中的第四、五条，明显针对斯文·赫定和地质调查所翁文灏私下协定而发。3月9日，联席会议发表《反对外人随意采取中国古物之宣言》，称：

凡一国内所有之特种学术材料，如历史材料，及希有之古生物动植矿等材料，因便利研究，尊重国权等理由，胥宜由本国各学术团体自为妥实保存，以供学者之研究，绝对不允输出国外。乃近数十年来，常有外人所组织之采集队，擅往中国各处搜掘，将我国最希有之学术材料，如甘肃新疆之经卷壁画及陶品，内蒙古之有脊动物化石，

---

[1] 《中亚调查团交涉决裂后学术团体协会之主张》，《大公报》1929年4月26日第5版。

陕甘川贵之植物，莫不大宗捆载以去，当时虽亦有人呼号反对，而政府社会置若罔闻，不惟国权丧失，且因材料分散，研究不便，致学术上受莫大之损失。兴言及此，良堪痛心。近且闻有瑞典人斯文赫丁组织大队，希图尽攫我国所有特种之学术材料。观其西文原名为Sven Hedin Central Asia Expedition已令人不能忍受。夫Expedition一字，含有搜求、远征等义，对于巴比仑，迦太基等现代不存之国家，或可一用，独立国家断未有能腼颜忍受者。试问如有我国学者对于瑞典组织相类之团体，瑞典国家是否能不认为侮蔑。同人等痛国权之丧失，惧特种学（术）材料之掠夺将尽，我国学术之前途，将蒙无可补救之损失，故联合宣言，对于斯文赫丁此种国际上学术上之不道德行为，极端反对。我国近年因时局不靖，致学术事业未能充分进行，实堪慨叹。但同人等数年来就绵力所及，谋本国文化之发展已有相当之效果，现更鉴有合作之必要，组织联合团体，作大规模之计划，加速进行，将来并可将采集或研究之所得，与世界学者共同讨论。一方面对于侵犯国权损害学术之一切不良行为，自当本此宣言之精神，联合全国学术团体，妥筹办法，督促政府严加禁止，深望邦人君子，急起直追，庶几中国文化之前途，有所保障，幸甚幸甚。

　　北京学术团体联席会议：北京大学考古学会、历史博物馆、古物陈列所、故宫博物院、清华学校研究院、中华图书馆协会、中央观象台、京师图书馆、北京图书馆、天文学会、中国画学研究会[1]。

从宣言来看，之所以反对外人采集中国古物，是因为古物属于历史材料，而历史材料和古生物、植物矿物等类似，既是研究材料，又事关"国权"，若任由外人采集，则是国权丧失，损伤本国学术。宣言认为斯文·赫定的行动是"国际上学术上之不道德行为"，故"极端反对"，列名首位的北京大学考古学会，便是国学门考古学会。

3月9日宣言公布后，丁文江与翁文灏便把文本拿给斯文·赫定，丁文江告诉

---

[1]《北京学术团体反对外人采取古物之宣言昨日业已发表》，《晨报》1927年3月10日第6版。

第四章 从"国粹"到"国权":新知识群体与古物保存理念变迁(1909—1927)

斯文·赫定抗议活动最先由北京大学两位考古学家沈兼士和马衡发起,并建议斯文·赫定给沈兼士写信约双方会谈协商。当日斯文·赫定在丁文江口述下致函沈兼士[1],声称自己仅是地质考察,并不打算携取历史资料和艺术遗物。10日,安特生和斯文·赫定专程到北京大学拜访了沈兼士、马衡、徐炳昶和刘复等人,被告知六项基本原则和其与翁文灏的协议无效。13日,联席会议召开第二次会议,认为考察活动当由中国人主办,并将此意翌日函告斯文·赫定[2]。14日,斯文·赫定接到函件后,认为沈兼士是真正的反对力量领袖,不过沈兼士因赴东京开考古学会议而把交涉事宜全部交给刘复,斯文·赫定试图在寓所邀请刘复等人协商,却无一人到场[3]。在翁文灏和安特生的帮助下[4],17日斯文·赫定致函联席会议,称愿将考察队拟定名为"北京学术团体联合组织之中国西北考察团",以看起来像是中国人主办,他也接受了联席会议提出的要由北京大学研究所国学门主任、清华学校校长、古物陈列所所长等中国学者合组理事会以管理考察队的建议,但还是希望"凡采集品中有同样者,请由北京学术机关赠于瑞典一份以报其筹集经费与聘请科学家之努力"[5]。19日,联席会议召开第三次会议,决定邀请斯文·赫定20日下午4点在北京大学第三院研究所考古学室与周肇祥、刘复、袁复礼、李济四人面谈[6],还将联席会议更名为中国学术团体协

---

[1] Sven Hedin. History of the Expedition in Asia, 1927-1935. part1 1927-1928, Stockholm 1943, p. 18.

[2] 《中国学术团体协会西北科学考察团报告》(1928年2月),王忱主编:《高尚者的墓志铭:首批中国科学家大西北考察实录(1927—1935)》,北京:中国文联出版社,2005年,第533页。

[3] Sven Hedin. History of the Expedition in Asia, 1927-1935. part1 1927-1928, Stockholm 1943, p. 21.

[4] Sven Hedin. History of the Expedition in Asia, 1927-1935. part1 1927-1928, Stockholm 1943, p. 24.

[5] 《中国学术团体协会西北科学考察团报告》(1928年2月),王忱主编:《高尚者的墓志铭:首批中国科学家大西北考察实录(1927—1935)》,北京:中国文联出版社,2005年,第534、535页。

[6] 《中国学术团体协会西北科学考察团报告》(1928年2月),王忱主编:《高尚者的墓志铭:首批中国科学家大西北考察实录(1927—1935)》,北京:中国文联出版社,2005年,第535页。

会[1]，作为永久机关并制定章程十四条，确定协会"以保存国境内所有之材料为主旨，以古物古迹美术品及其他科学上之重要及罕有材料为范围"，会址暂设北京大学研究所国学门[2]。不过在斯文·赫定的建议下，20日会谈改在六国饭店斯文·赫定的寓所进行，参与者有中国学术团体协会主席周肇祥、执行委员会主席刘复（斯文·赫定说刘复也是接下几年中国学术团体协会的真正灵魂）、清华大学袁复礼和李济，以及一个协会秘书共五人，他们共列举了十四条细节问题要斯文·赫定回答，涉及测绘地图比例、无线电使用、考察路线、交通工具、著作出版等，会谈的氛围斯文·赫定说如果不像法庭审判，那么就像是一场考试[3]。

在此期间，外交部也和斯文·赫定不断接触，说他已得到官方许可，不必理会其他人的反对。22日，斯文·赫定派出已在北京的十余位外国队员先行出发，计划25日到达包头，不料却在车站遭到拦截。23日，斯文·赫定收到刘复一封措辞激烈、情绪激昂的抗议信件，表明他和整个中国学术团体协会对斯文·赫定不遵守契约行为的不满。24日，斯文·赫定看到 The Peking Leader 头条登出消息，说中国学术团体协会已给绥远都统商震和新疆、甘肃两省长官致电，请他们阻止瑞典考察队以保卫国家主权[4]，事实上中国学术团体协会似乎只给山西与绥远两省发过类似函件[5]。斯文·赫定处境非常被动，遭受舆论攻击，外交部与丁文江皆劝他要与中国学术团体协会继续接触。

3月24日，中国学术团体协会召开第四次会议，讨论了与斯文·赫定签订

---

[1] 《中国学术团体协会西北科学考察团报告》（1928年2月），王忱主编：《高尚者的墓志铭：首批中国科学家大西北考察实录（1927—1935）》，北京：中国文联出版社，2005年5月，第530页。

[2] 《中国学术团体协会章程》，《东方杂志》第24卷第8期，1927年4月25日。

[3] Sven Hedin. History of the Expedition in Asia, 1927-1935. part1 1927-1928, Stockholm 1943, p. 26-28.

[4] Sven Hedin. History of the Expedition in Asia, 1927-1935. part1 1927-1928, Stockholm 1943, p. 29-31.

[5] 《中国学术团体协会西北科学考察团报告》（1928年2月），王忱主编：《高尚者的墓志铭：首批中国科学大西北考察实录（1927—1935）》，北京：中国文联出版社，2005年，第539页。

第四章　从"国粹"到"国权"：新知识群体与古物保存理念变迁（1909—1927）

协议的具体条款[1]。当天晚上，刘复应斯文·赫定邀请于晚饭时间和他见面详谈，斯文·赫定声称自己调整了谈判目标，因为他理解到学者们要将所有考古与艺术财富留在中国的想法是正确的。25日，刘复再访斯文·赫定，可能还有周肇祥[2]，向他出示了中国学术团体协会拟定的十五点要求，包括考察队更名为由学术团体协会组织，成立荣誉委员会，所有中外队员由荣誉委员会任命，加入五名中国科学家和十名中国学生，所有考古、古生物、地质、动物和植物学采集品归委员会保管，可酌情给予斯文·赫定部分重复品，但斯文·赫定必须将它们放在瑞典的著名博物馆中并注明是中国学术团体协会捐赠等，斯文·赫定认为这是强加在他身上的"凡尔赛条约"，双方协商近三个小时，斯文·赫定分条提出异议[3]。28日，刘复致信斯文·赫定表示感谢妥协。29日，徐炳昶与斯文·赫定会面。30日斯文·赫定和翁文灏详谈，翁文灏告诉他这次抗议活动的中心是北京大学，而北京大学中最有权力的两个人是徐炳昶和刘复[4]。

4月1日，中国学术团体协会召开第五次会议，讨论斯文·赫定提出的能否"有保证的送与瑞典一些"古物的条款，最终决定"维持原案"，并邀请斯文·赫定4月2日来北京大学研究所国学门考古学会面谈[5]。2日下午，斯文·赫定与安特生如约赴会，中方有周肇祥、刘复、徐炳昶、李宗侗参与，双方围绕中国参与考察队员人数、考察报告发表出版、摄影摄像等问题再次磋商，其中斯

---

[1]《中国学术团体协会西北科学考察团报告》（1928年2月），王忱主编：《高尚者的墓志铭：首批中国科学家大西北考察实录（1927—1935）》，北京：中国文联出版社，2005年，第539—541页。

[2] 根据《中国学术团体协会西北科学考察团报告》（1928年2月），王忱主编：《高尚者的墓志铭：首批中国科学家大西北考察实录（1927—1935）》，北京：中国文联出版社，2005年，第541—543页。

[3] Sven Hedin. History of the Expedition in Asia, 1927-1935. part1 1927-1928, Stockholm 1943, p. 32-33.

[4] Sven Hedin. History of the Expedition in Asia, 1927-1935. part1 1927-1928, Stockholm 1943, p. 37-38.

[5]《中国学术团体协会西北科学考察团报告》（1928年2月），王忱主编：《高尚者的墓志铭：首批中国科学家大西北考察实录（1927—1935）》，北京：中国文联出版社，2005年，第543、544页。

文·赫定认为最重要的问题就是考古采集品能否分给瑞典一些重复品，中方最终同意会给他一些重复品，但不会写在书面协定内[1]。4月5日，中国学术团体协会召开第六次会议通报了2日的协商成果，14、17日相继召开第七、八次会议，确认了一些细节问题，并推选徐炳昶、马衡、刘复草拟中国学术团体协会与斯文·赫定合作办法，由李四光、袁复礼、李济翻译成英文，最后在20日第九次会议[2]上获得通过，定于4月26日下午7时在北京大学研究所国学门双方签字，中国代表为周肇祥。[3]在此过程中，安特生、大卫·哈默尔（Dr Hummel）、斯文·赫定、翁文灏、李宗侗、袁同礼和裘善元也开了会，四个中国学者劝说斯文·赫定同意中方方案。21日，徐炳昶、袁复礼拜访了斯文·赫定，斯文·赫定说北京古迹被破坏情形很严重，为何中国学者不保护而先想着保存中亚古物，袁复礼答道北京古物固然要保存，但之所以要限制斯文·赫定是为了防止后来的外国人如安德鲁斯（Roy Chapman Andrews）在中国的探查行为。23日晚，周肇祥和刘复、李宗侗等把协定草案带给斯文·赫定逐条确认，斯文·赫定感慨自己是"新时代第一个在如此苛刻协定上签字的欧洲人，从此以后，再也不会有外国人在中国不受控制无条件的旅行了！"他对刘复和李宗侗抱有好感，认为他们是留学生而开通灵活，周肇祥则是老顽固。

4月26日下午，双方最终在北京大学研究所正式签字，出席者有周肇祥、马衡、历史博物馆裘善元、京师图书馆徐鸿宝、北京大学徐炳昶、黄文弼、物理学教授吴（Wu音译）老师、刘复和一个张（Chang音译）的考古学教授[4]。协定正式名称为《中瑞共同组织西北科学考察团合作办法》，正文包括十九条共

---

[1] Sven Hedin. History of the Expedition in Asia, 1927-1935. part1 1927-1928, Stockholm 1943, p. 35, p41.

[2] 《中瑞共同组织西北科学考察团合作办法》档案正文言是通过4月20日第九次大会决议，《中国学术团体协会西北科学考察团报告》云是第十次大会，可能为一年后的误记。

[3] 《中国学术团体协会西北科学考察团报告》（1928年2月），王忱主编：《高尚者的墓志铭：首批中国科学家大西北考察实录（1927—1935）》，北京：中国文联出版社，2005年，第545、546页。

[4] Sven Hedin. History of the Expedition in Asia, 1927-1935. part1 1927-1928, Stockholm 1943, p. 49-49.

第四章 从"国粹"到"国权":新知识群体与古物保存理念变迁(1909—1927)

三十七项,基本与4月2日双方协定一致,规定了西北科学考察团由中国学术团体协会组织,协会特组西北科学考察团理事会"监察并指挥该团进行一切事务",考察团设中、外团长各一名,费用全部由斯文·赫定承担,并在考察时不得购买古物,收罗或采集物件,"关于考古学者,统须交与中国团长或其委托之中国团员运归"交中国学术团体协会保存等[1]。在以北京大学国学门学者群体为核心的中国学术团体协会的努力下,斯文·赫定未能延续安特生与地质调查所平分采集品的传统,而不得不服从于中国学者的新原则,尽管他得到了政府的官方许可和保证,但还是受到学者的强力抵制,最终妥协。如他自己所说,结束了外国人在中国境内不受控制的调查、采集各种物品的历史,开启了由中国主导且坚决要将包括古物在内的一切学术材料保存在中国的新时代。

5月12日,古物陈列所所长周肇祥向主管部门内务总长呈文,总结了与斯文·赫定的交涉经过,言道:

> 窃查瑞典博士斯文·赫定前与农商部地质调查所订立办法八条,率领科学家多人来京,拟赴西北考察,名曰瑞典远征队。京师学术团体认为有碍国权,损失甚大,邀集各学术机关等组织协会,发表宣言,阻止发给护照,本所亦在被邀之列。本所责在保存古物,对于外人任意发掘,将历史上留传瑰宝携之以去,义当一致反对。协会成立后,斯文·赫定表示承认协会所主张,自愿变更名目,就我范围。协会遂提出条件,容纳其协助,肇祥被推为主席。两月之间,偕同各科学家与斯文·赫定磋商至十余次,订立办法十九条,组织西北科学调查团,办理此事……我邦为东方文明古国,外人考古者莫不视为宝库,若俄、若美,已屡在蒙古、新疆恣意掠取,失今不图,散失益甚。故此次中国学术团体协会之组织,对于斯文·赫定订立办法,非

---

[1] 《中瑞共同组织西北科学考察团合作办法》(1927年4月26日),中国新疆维吾尔自治区档案馆、日本佛教大学尼雅遗址学术研究机构编:《中瑞西北科学考察档案史料》,乌鲁木齐:新疆美术摄影出版社,2006年,第3—5页。

仅挽已失于一时，实欲示将来以准则，此项协议幸得告成[1]。

从呈文可知斯文·赫定与地质调查所的八条协定引起了"京师学术团体"的不满，而实际上最先不满并担任召集人角色的，当为北京大学研究所国学门的沈兼士、马衡、刘复、徐炳昶等人，古物陈列所本是官方赋予"保存古物"的机构，反而是受邀参加旨在反对外国人任意在中国境内搜集古物的组织，和斯文·赫定进行交涉最多的刘复、徐炳昶，亦是北京大学研究所国学门成员，甚至斯文·赫定后来也成了研究所国学门的通信员[2]。5月17日，《申报》报道："瑞典人斯文赫定前曾拟组织西北远征队，赴新疆等处探险，北京各学术团体以外人年来擅自发掘我国古物之事甚夥，故对赫定此举亦发表宣言，表示反对"，学术团体组织了"中国学术团体协会，订定会章十四条，呈报外部立案。其第七八两条，即规定外国人欲在中国调查采集时须订有详明之协定，以不伤害主权、不以物品报酬为原则，嗣乃根据此条与赫定订定协议"[3]。为了抵制以斯文·赫定为代表的外国人肆意在中国境内采取包括古物在内的各种学术材料，以北京大学研究所国学门为核心，联合历史博物馆、古物陈列所、京师图书馆、故宫博物院、中国天文学会、北京图书馆等十二家单位组建了永久机关"中国学术团体协会"，协会以保存中国境内所有之材料为主旨，虽不是官方机构，但在对外交涉事宜中反而可以占据主导，从而维护中国的学术权益乃至主权。

1931年，斯文·赫定记录西北考察期间的游记《长征记》由西北科学考察团印行，《北平图书馆馆刊》随后有书评刊发，署名为凡的作者写道：

> 近代西洋科学的趋势已经由方法和原理上的讨论而转向材料的搜集与归纳，所以西方学者对于有无数科学材料而大多数还没有发动研究的中国都非常注目。关于地理和考古方面，中国古来传统学者，一

---

[1] 《古物陈列所为加入西北科学考察团组织经过事致内务总长的呈》（1927年5月12日），中国新疆维吾尔自治区档案馆、日本佛教大学尼雅遗址学术研究机构编：《中瑞西北科学考察档案史料》，乌鲁木齐：新疆美术摄影出版社，2006年，第6页。

[2] 《教育部招待科学专家》，《申报》1929年3月3日第20095号第12版。

[3] 《各学术团体与赫定成立协定》，《申报》1927年5月17日第19461号第11版。

向多只知道在书本上研究,很少人注意到实地的考察和实物的探讨。因此,以前西方的地理学家和考古学家如斯坦因伯希和之类把中国许多古籍古物捆载而去——简直可说是盗去——而中国的学者们却不去过问,而且还不甚觉的可惜似的。于是乎外国的学者亦就以为我们中国的学者还不够程度——或者竟不懂得——作这些科学的研究,只有他们才行了。四年前瑞典人斯文赫定所领导的西北科学考察团,可算是打开这沉闷的空气,那考察团竟经我们中国学术界的反对,加入合作,而成功了!这《长征记》便是斯文赫定在这考察团里所作的旅行记[1]。

在地质和考古方面,中国传统学者很少注意对实物进行探讨,而西方学者却将中国当作一片有无数实物材料却没有发动研究的"宝地"[2],他们来中国采取各种材料,如入无人之境。然而在新文化运动之后,以北京大学国学门为中坚的学者群体改变了这一状况,他们自发组织团体,与外国交涉,维护了中国的文化和学术主权。

第五节 小 结

保存古物的观念自晚清就传入中国,在晚清民初构建新式国家的努力下,保存古物和古迹被当作国家职能之一写入宪法。民国初年拟定官制中,确立了由内务部和教育部行使保存古物职权的原则,并由政府专门设立古物保存所、古物陈列所、历史博物馆等机构统筹全国范围内的古物保存事宜。1916年在包括在华美国人等诸多力量推动下,民国政府正式出台《保存古物暂行条例》,但仅延续了清季的观念和手段,并未起到相应作用,从而导致官方的古物保存工作受到无情指责,如1922年《史地学报》评论"近年以还,西国搜集史料,无所不至,而东

---

〔1〕 《长征记》,《北平图书馆刊》第6卷第2号,1932年4月。
〔2〕 李济也有类似的观念,如1928年他说过"中国地下的材料,真是遍地黄金,一扒总可扒出些来,可是不去工作,或工作也不精密,损毁了许多固有的材料",见其《中国最近发现之新史料》,李济:《李济文集(卷一)》,上海:上海人民出版社,2006年,第324页。

邻炯视，尤好罗致吾国古物。国人若长此忽视，行见京中仅存之古物，尽入异邦博物院之编录。观于北京历史博物馆之无人负责，与蒙藏院对于盗卖之宽办，知继今流出，犹无已也"，"由政治之淆乱衰颓，吾学界更不必以此等事项责望所谓府院部局，而当起为直接之监督"[1]。《中华新报》亦言"内务部鉴于西国保存古物，不遗余力，因咨达各省，从事征求，惟各省送来者极少"，"年来政局多变，阁员朝不保夕，诚恐即此近举，亦难集事"，"此则学者所当思所以起而谋政府所不及也"[2]。教育部和内务部的古物保存事业皆被严厉批评。政治的动乱造成政府专门机构的不作为或不能作为，而新兴的学术群体此时则开始自觉承担保存中国古物的责任。

新文化运动以后，古物是重要学术材料的观念逐渐成为南北新旧学者的共识。在此基础上，保存古物和古迹也从观念落实到实际行动，此中尤以1922年成立的北京大学研究所国学门为典型。在政府不能有效行使保存古物职能的情况下，国学门学者发动舆论，就清宫售卖古物、河南新郑孟津古物调查、抗议北京古迹拆除、大宫山遗迹保护、批驳内务部草拟古迹古物保存法等问题极力宣扬古物公有和保存古物观念。在斯文·赫定来华事件的刺激下，研究所国学门联合北京古物陈列所、清华国学研究院、故宫博物院等在京学术机构，组织中国学术团体协会多次与斯文·赫定交涉，成为政府之外的重要社会力量，并取得最终胜利，结束了外国人在中国领土肆意采掘古物并运输出国的历史，同时为后来的中外联合学术考察活动树立了典范。如1930年由法国雪特龙汽车公司发起的学术考察团，便采用中法合组"一九学术考察团"的方式订立合同，规定中法双方各任命团长一人，且不能将所获标本带出国境[3]。20世纪20年代兴起的新式学术研究机构和学者群体的初露头角和巨大社会活动力，不仅成为政府以外的第三方力量，亦为今后政府出台正式法律《古物保存法》提供了非常重要的保障。

---

[1] 《国人宜注意清宫古物》，《史地学报》第1卷第4期，1922年8月。

[2] 《调查古物之动机》，《中华新报》1922年12月5日，转引自《史地学报》第2卷第4期，1923年5月。

[3] 《中法合组一九学术考查团》，《申报》1929年9月11日第20285号，第14版。

第五章 《古物保存法》：近代中国文物保护制度的形成（1928—1934）

1927年，中国学术团体协会的成立结束了以往外人来华肆意采集古物并运输出境的现象，组织起来的中国学者运用群体力量和舆论压力迫使政府与外国势力接受符合中国利益的新要求，最终推动中国文物保存事业划时代变革。与此同时，1926年广州国民政府出兵北伐，1927年南京国民政府成立，1928年伴随东北易帜，南京国民政府形式上统一全国。在随后政治动荡的年代，南京国民政府开始种种国家职能建设，其中就包括文物保护职能的规划与实现。当然，在这个过程中，既有外国因素的刺激，同时国内高涨的民族主义情绪和学者群体亦为1930年《古物保存法》的制定和出台提供了重要支持。通过考察1930年《古物保存法》的制度设计、出台过程和实地运作，或能一窥隐藏在制度条文背后政治和学术、国家与社会之间错综复杂的互动，从而对"何谓国家制度"有深入认识。

第一节 南京国民政府初期古物管理的双重系统

清季以来，保存古物的国家职能分散在内务（内政）和教育（学）两部，两部均以设立古物保存所（陈列所）或历史博物馆的形式行使此一职能，并未建立一套从中央到地方的管理体制。这种二元格局在南京国民政府初期得到继承，并因国家治理机构的扩张，使得此前制度设计中本不甚明显的弊端日益放大，最后在基层运作中反因多头管理和叠床架屋的制度构架导致效率低下。管理系统的多歧造成国家职能运作不畅，具有类似职能的教育系统和内政系统各自创设文物保护体系，造成国家财力与人力浪费，也导致地方基层无所适从。下文首先就南京国民政府的顶层制度设计展开分析。

一、大学院古物保管委员会与北平学术群体的合流

1927年4月,南京国民政府成立,6月7日,在国民党中央政治会议第102次会议上,委员蔡元培提出"请变更教育行政制度,以大学区为教育行政之单元"案,建议效法法国,改行大学区制,获得通过[1]。蔡元培认为此前教育部"处北京腐败空气之中,受其他各部之熏染,长部者又时有不知学术教育为何物,而专鹜营私植党之人,声应气求,积渐腐化"[2],故在《提议设立大学院案》中指出"近来官僚化之教育部,实有改革之必要。欲改官僚化为学术,莫若改教育部为大学院"[3],经中央教育行政委员会和国民党中央执行委员会政治会议审议,6月27日政治会议第109次会议正式通过此案,决定创设大学院。

7月4日,《中华民国大学院组织法》公布,大学院与此前教育部职能类似,但在构架上,则以"大学区"作为基本行政单元。大学院作为"全国最高学术教育机关,承国民政府之命,管理全国学术及教育行政事宜",按照制度设计,大学院"于必要时,得设学术上及教育行政上各专门委员会,其组织条例临时订定之"[4]。创建伊始,大学院就成立大学委员会、政治教育委员会、教育经费计划委员会、艺术教育委员会、艺术教育研究委员会、艺术教育编审委员会、美术展览会筹备委员会、华侨教育委员会、体育指导委员会、考试制度委员会、科学教育委员会、译名统一委员会等机构[5]。各种专门委员会"延聘全国专家,共襄盛举,完全采公开之态度",以达到大学院"教育学术化"和"学术研究会

---

[1] 高平叔:《蔡元培年谱长编(下)》,北京:人民教育出版社,1998年,第51页。

[2] 蔡元培:《发刊词》,《大学院公报》第1年第1期,1928年1月。

[3] 蔡元培:《提议设立大学院案》,高平叔编:《蔡元培全集(第五卷)》,北京:中华书局,1988年,第138页。

[4] 《中华民国大学院组织法》(1927年7月4日),《大学院公报》第1年第1期,1928年1月。

[5] 根据《大学院公报》第1年第1期相关资料整理。

第五章 《古物保存法》：近代中国文物保护制度的形成（1928—1934） ▶ 237

化"的追求[1]。10月1日，蔡元培宣誓就职，中央教育行政委员会结束，大学院正式办公[2]。除专委会外，大学院还特设中央研究院，因在蔡元培看来"现在是科学万能之世界"，故而：

> 宜先设一研究院，为研究高深学术之所，一方面纯粹的研究学理，以贡献于世界，如本国特有之矿物、生物或古物，及病理或药剂等；一方面应用于实际，如地质学之于矿产，理化学、机械学之于制造，教育学之于师范，经济学之于经济状况，与其他社会科学之于改良社会等[3]。

这里蔡元培将"古物"视为一国特有之物，并将古物与"矿物、生物"同等，均有助于"纯粹的研究学理"。他选定的历史语言研究所所长傅斯年，亦在《历史语言研究所工作之旨趣》中一再表示地下遗留的古物是重要的语言历史研究材料，并宣扬"要把历史学语言学建设得和生物学地质学等同样"[4]，显示出某种相似性，即把古物视作等同矿物、生物标本的研究材料，以供历史、语言等学科研究学理，仅做纯粹学术研究，而不以"发扬国光"或"提倡文化"为目的。蔡元培为大学院拟定了三个努力方向：一曰实行科学的研究与普及科学的方法，二曰养成劳动的习惯，三曰提起艺术的兴趣。故需建立中央研究院、劳动大学、美术展览会、美术馆等[5]，还拟设中央图书馆、自然历史博物馆、美术博

---

[1] 《大学院组织缘起》（1927年9月），中国第二历史档案馆编：《中华民国史档案资料汇编·第五辑·第一编·教育（一）》，南京：江苏古籍出版社，1999年，第31、32页。

[2] 《中华民国大学院开始办公布告》（1927年10月），《大学院公报》第1年第1期，1928年1月。

[3] 蔡元培：《新浙江之第一步》，高平叔编：《蔡元培全集（第五卷）》，北京：中华书局，1988年，第126页。

[4] 傅斯年：《历史语言研究所工作之旨趣》（1928年5月），欧阳哲生主编：《傅斯年全集（第三卷）》，长沙：湖南教育出版社，2003年，第12页。

[5] 蔡元培：《发刊词》，《大学院公报》第1年第1期，1928年1月。

物馆等机构[1]。

　　1928年2月13日，大学院接收南京古物陈列所[2]，3月又增设大学院古物保管委员会（同时还有教科图书审查委员会）并拟定《大学院古物保管委员会组织条例》九则，规定古物保管委员会"为中华民国大学院专门委员会之一，专管计划全国古物古迹保管、研究及发掘等事宜"，设委员十一人至二十人，主任委员一人，主持会务，"本会为便利会务进行起见，得于各省设委员会分会"，"全体会议每月举行一次"，"推定常务委员五人至七人，每周开常务会议一次"[3]。古物保管委员会主任为张继，常务委员包括蔡元培、张人杰（南京建设委员会）、易培基（南京农矿部）、胡适（上海极司非尔路四十九号A）、李四光（中央研究院）、李宗侗（上海中法工专），委员有傅斯年、李煜瀛（上海马斯南路九十八号）、高鲁（大学院）、徐炳昶、沈兼士、陈寅恪、李济之（中研院）、朱家骅（广州中山大学）、顾颉刚（广州中山大学）、马衡、刘复、袁复礼、翁文灏[4]。从人员结构上看，有蔡元培、张继、易培基等国民党元老，以及胡适、李宗侗、李四光、傅斯年、翁文灏等学术界骨干，明显与北京学术圈有很深关系。顾颉刚在3月19日的日记中记道："大学院中发表古物保管委员会名单，凡二十人，其一为予。予不料竟得考古之名。"[5]

　　3月25日，古物保管委员会召开了成立大会，参会委员有在南京的蔡元培、张继、高鲁、李宗侗等人，公推李宗侗为秘书。会议决定函电陕西、河南两省政府，"请禁止私人发掘古墓及有关历史之古物"，同时致函外交部要求将意大利的庚子赔款作为考古事业的专款，以保障古物保管委员会的运行。随着北伐战争的推进，北洋政府岌岌可危，北京传来王士珍等人拟将故宫博物院古物拍卖以"分润溥仪及张作霖"的传闻，对此委员会决定电函王士珍提出警告。4月3日，此函电发出，全文为：

---

[1] 《中华民国大学院组织系统图》，《大学院公报》第1年第1期，1928年1月。
[2] 《大学院接收古物陈列所》，《申报》1928年2月15日第19724号第11版。
[3] 《大学院古物保管委员会组织条例》，《大学院公报》第1年第4期，1928年4月。
[4] 《大学院古物保管委员会委员名录》，《大学院公报》第1年第4期，1928年4月。
[5] 顾颉刚：《顾颉刚日记》第二卷（1927—1932），台北：联经出版事业股份有限公司，2007年，第146页。

第五章 《古物保存法》：近代中国文物保护制度的形成（1928—1934） 239

> 北京故宫博物院王士珍、袁金铠、王式通诸先生鉴：闻尊处分院物还诸溥仪，国宝沉沦，闻者咸愤，诸君职有专负，罪无旁逃，勿自绝弃，以免国诛。
>
> 大学院古物保管委员会[1]

6月福建福州发现古墓，张继以古物保管委员会主任名义函电福建省政府，认为"古坟关系历史古物，必有巨大之价值"，要求当地"将已发掘者所有各种物件妥实保存，其未发掘者暂为保留原形，待专门学者前往考察"，福建省建设厅随后按照要求将出土陶器的清单与照片送交古物保管委员会[2]。可见古物保管委员会甫一成立，即开始规划中国的考古工作，阻止地方盗掘古墓行为，保护历史古物，要求专项经费保证，并制造舆论，保存故宫博物院古物。

根据《大学院古物保管委员会组织条例》中"本会为便利会务进行起见，得于各省设委员会分会"一条，古物保管委员会开始在各地筹设分会，其中江苏省因地利之便，推进尤为得力。在1928年3月古物保管委员会成立后，江苏分会[3]和浙江分会[4]先后组建，其中江苏还要求各县设立支会[5]，不到半年时间，及至1928年10月，吴江、江都、嘉定、奉贤、兴化等县级古物保管委员会支会纷纷创建，并开始活动[6]。

在此期间，国民政府的北伐事业取得胜利。1928年6月4日，张作霖败退东北，北伐军准备接收北京，因担心当此"过渡时间内全城市民势将出于失去保护之无政府状态"，在北京外交团提议下，"奉军撤退国军尚未正式接收之前，北京治安暂由奉将领鲍毓麟维持"[7]，同日"北京各团体联合会组织临时治安维

---

[1]　《申报》1928年4月4日第19773号第7版。
[2]　《公牍》（1928年6月27日），《福建建设厅月刊》第2卷第6期，1928年。
[3]　《古物保管会第一次会议》，《申报》1928年5月16日第19815号第10版。
[4]　《浙江将设古物保管分会》，《申报》1928年3月15日第19753号第10版。
[5]　《申报》1928年7月8日第19867号第12版。
[6]　《申报》1928年7月8日第19867号第12版；1928年8月1日第19891号第12版；1928年8月10日第19900号第11版；1928年9月8日第19929号第11版；《续修兴化县志》十五卷，第五卷，民国三十三年铅印本。
[7]　《北京治安暂由鲍毓麟维持》，《申报》1928年6月6日第19835号第9版。

持会,推王士珍为会长,汪大燮、熊希龄为副会长"[1]。6月5日,北京大学国学门刘复在奉系军阀退出北京后,发起成立北平文物临时维护会。7月5日下午,北平文物临时维护会开茶话会,招待国民政府大学院特派员,并在会上作了一月来维护北京文物状况的工作报告。7月19日下午,又召开茶话会,招待南京政府特派接收各部的委员,在会上亦报告了该会宗旨及工作情况[2]。根据参与者台静农的回忆,北平文物临时维护会委员有沈兼士、陈垣、马衡、刘复、徐森玉、周肇祥,和三个年轻人常惠(维钧)、庄尚严与台静农。其中沈兼士、陈垣、马衡、刘复"都是北京大学研究所国学门导师,国学门在北大三院工字楼",所以北京文物临时维护会就设在国学门,"维护会的大木牌也就挂在三院大门前"。北京文物临时维护会"开始工作十分紧张,每日开会讨论如何进行以外,便是分区与警察方面接洽",刘复就多次与台静农访问多处警察分局,"告诉他们的管辖地有哪些古迹,请他们随时加意保护"。北平文物临时维护会参与的重大事件有揭发东陵盗宝案和阻止美国自然历史博物馆安德鲁斯私运蒙古采掘品事件,不过因为"只是极少数的学者临时组成的机构,寿命不过两三个月,北伐军进了北京城,北京改称了北平,也就解散了"[3]。

1928年7月清东陵被盗,8月,一部分赃物流至北平琉璃厂古玩铺尊古斋处,由店主黄伯川作价约十三万元卖给外国人,"此事闻于北平文物维护会。代表马衡沈兼士具呈北平警备司令部调至中国饭店逮捕,同时卫戍司令部亦接有报告",捕得黄伯川等人进行了审问[4],并在8月7日向平津卫戍总司令和各地方大员通电,请求对相关人员"严行究办"[5]。同月,北平文物临时维护会打听到美国自然历史博物馆安德鲁斯发掘团在蒙古掘得古物八十五箱并已到察哈尔,便于8月18日电报给察哈尔都统张会诏,请他注意安德鲁斯的这批采掘品动向。28日,张会诏复电北平文物临时维护会,称已将美国人"安得思我蒙所掘得古

---

[1] 《时事日志》,《东方杂志》第25卷第15期,1928年8月,第133页。
[2] 徐瑞岳:《刘半农生平年表》,《刘半农研究》1987年8月,第181页。
[3] 台静农:《记"文物维护会"与"圆台印社"》,台静农:《龙坡杂文(增补本)》,北京:生活·读书·新知三联书店,2002年,第87页。
[4] 程行之:《东陵盗掘案记详》,《申报》1928年8月31日第19921号第21版。
[5] 《掘陵犯捕获后谭松艇由徐源泉提回文物维持会电请严办》,《益世报》1928年8月11日第4403号。

第五章 《古物保存法》：近代中国文物保护制度的形成（1928—1934）

物八十五箱已属监视"，希望北平文物临时维护会"速行交涉以重国权"。29日，北平文物临时维护会即请国民党中央执行委员会政治会议北平分会代为致电南京的大学院古物保管委员会和外交部，希望各方"一致努力，达到保存目的"[1]。9月初，大学院古物保管委员会和外交部先后通过政治会议北平分会传达给北平文物临时维护会，9月8日大学院声称已电令察哈尔都统将安德鲁斯采掘品扣押，暂缓运输，同时请古物保管委员会介入处理此事，且当援引1927年瑞典西北考察团与中国学术团体协会合作的先例，要求安德鲁斯先到北平与文物临时维护会接洽，商谈解决办法，并请文物维护会"将接洽结果查明电复为盼"[2]。9月12日，文物维护会致函古物保管委员会张继，表明了拟定的几项办法，如下：

> 安氏采得物品已在张家口扣留，敝会兹拟定办法四项如下：
> 一、安氏要求将物品运平，似可照允。
> 二、物品到平暂存公共地点，由敝会就近延专家共同审查。
> 三、拟就与安氏交涉办法计：甲、凡关于考古学之材料，应全部留存中国。乙、凡关于其他科学一切材料，如只有一份者，应留在中国。如有多份者，中美商量分配。丙、凡留在中国之物品，应交相当机关妥为整理并予原采集机关以研究上最大之便利，此物品将来拟在平觅相当处所设法保存。
> 以上是否有当，请即核复，以便就近与北平政分会、卫戍司令部接洽办理，并祈将前项办法知照外交部，以免歧异[3]。

9月初，察哈尔都统张会诏接到大学院与阎锡山电令后，已将安德鲁斯的发

---

[1] 《电南京大学院古物保管会外交部代转北平文物临时维护会电请查照核办由》（1928年8月29日），《北平政治分会会报》1929年第1期。

[2] 《函北平文物临时维护会与安德思接洽处分古物办法由》（1928年9月8日），《北平政治分会会报》1929年第1期。

[3] 《电大学院古物保管委员会张主席北平文物临时维护会因安得思所采古物已在口扣留拟定办法四项请查核由》（1928年9月12日），《北平政治分会会报》1929年第1期。

掘品扣留并开箱检查，并未发现有珍贵精美的古物，所以是否放行安德鲁斯的采集品似乎又起争议。对此，9月19日文物维护会再次复电张会诏，称虽然开箱检查没有发现直接的"有关国粹文化物品"，但采集品中"如科学材料之化石标本"亦是文物维护会致力保存的对象，所以还是请张会诏将这批古物"派员押解来平，以待解决"[1]。可能是碍于安德鲁斯和美国方面的压力，此批物品迟迟不得运送至北京，交涉对象也渐由文物维护会和安德鲁斯上升至中美两国外交部门。

9月29日，大学院古物保管委员会致函文物维护会，称张继已将此次与美国安德鲁斯交涉事宜全权委托马衡处理[2]。以马衡、刘复等人为主的文物临时维护会在1928年6月奉军撤出北京后发挥了巨大的作用，而大学院古物保管委员会根据其组织条例，认为亦有在北平设立分会的必要，所以在9月底，北平文物临时维护会便被改组为大学院古物保管委员会北平分会，分会主任由马衡担任。如有报刊称"国府大学院附有古物保管委员会，日前该会致电北平委员马衡等，从速组织，已定于9月23日开会讨论云"[3]。然而根据《申报》记录，北平分会却似在9月24日下午召开了成立大会，议决要着手进行的三项工作为"一、东陵案先追赃物；二、安竹斯古物请察都统派员运来审查；三、大学院委办之账房库事即会同市府、政分会、故宫会会查"[4]，总之在9月底，北平文物临时维护会被改组为大学院古物保管委员会北平分会[5]，所以在10月4日政治会议北平分会发

---

〔1〕《电察哈尔张都统据北平文物临时维护会电请将安得思所采古物送平审查由》（1928年9月19日），《北平政治分会会报》1929年第1期。

〔2〕《函北平文物临时维护会抄送张主席继原电由》（1928年9月29日），《北平政治分会会报》1929年第1期。

〔3〕《北平将组织古物保管委员会》，《北平特别市公安局政治训练部旬刊》1928年第2期。

〔4〕《古物保管会之决议》，《申报》1928年9月25日第19946号第8版。

〔5〕安德鲁斯说1928年北京成立了文物维护会（Society For the Preservation of Cultural Objects），1928年9月，这个组织扣留了他在张家口的采集品，后来此组织更名为国家古物保存委员会（National Commission for the Preservation of Ancient Objects），见Roy Chapman Andrews. The New Conquest of Central Asia. The American Museum of Natural History, Henry Fairfield Osborn, President, New York, 1932, Preface, p. 3.

第五章 《古物保存法》：近代中国文物保护制度的形成（1928—1934） 243

出的函电中，已将文物维护会称作大学院古物保管委员会北平分会，函电要求该会"迅速派员前往办理"，催促马衡派人员到张家口与安德鲁斯交涉[1]。10月6日，安德鲁斯做出让步，同意将他的采集品运送到北平检查，政治会议北平分会继续要求古物保管委员会北平分会派出代表，"一俟物品到平，便可定期开始审查"[2]。经过漫长的交涉，最终仿照中国学术团体协会和斯文·赫定的合作模式，安德鲁斯于1930年与古物保管委员会北平分会签字，并公布了合作协定。

由上可知，南京国民政府成立后在蔡元培革新下，1928年3月成立大学院古物保管委员会，张继担任主任，会址定在上海，还设立了江苏和浙江分会及多个县级支会，浙江分会多由省府官员组成，如省长朱家骅担任主席[3]；江苏分会委员陈去病、张一麐均有在省府从政经历，县级支会亦多由县政府及教育系统官员构成，说明了古物保管委员会的人员背景。1928年6月在奉军撤离北京后，以北京大学研究所国学门诸人为核心组织了北平文物临时维护会，文物维护会是临时组织，且没有官方身份，但因与学界关系深厚，反而发挥了切实有效的实际作用。9月底，文物维护会被改编为大学院古物保管委员会北平分会[4]。10月，因张继同时兼任国民政府司法院副院长和北平政治分会主席[5]，大学院古物保管委员会亦随之迁往北平，与古物保管委员会北平分会均设于北海团城之内。1929年刘复回忆：

> 新兴的文物机关是古物保管委员会。此有总会与北平分会之别，但均设于团城之内。总会主任委员是张溥泉先生，分会主任委员是马

---

[1] 《函大学院古物保管委员会北平分会催马代表迅速赴察办理安德思所存古物由》（1928年10月4日），《北平政治分会会报》1929年第1期。

[2] 《函古物保管委员会北平分会关于审查安得思古物一案派李秘书前往商洽由》（1928年10月6日），《北平政治分会会报》1929年第1期。

[3] 《令各市市长、各县县长古物保管委员会浙江分会迁入西泠印社开始办公饬各市县设立支会》，《浙江民政月刊》1930年第27期。

[4] 不过根据《古物保管委员会工作汇报》和刘复《北旧》一文，可知文物维护会的名字一直保留到1928年底。

[5] 张继：《张溥泉先生回忆录日记》，《近代中国史料丛刊三编（第三辑）》，台北：文海出版社，1966年，第17页。

叔平先生。这两位，一位是国家的大老，一位是考古界的老大，以任斯职，真可谓人事相宜矣[1]。

以北京大学国学门为核心的文物维护会被改组成大学院古物保管委员会北平分会，说明了教育系统的古物保存系统与北平学术团体的合流，在文物保护领域，马衡、刘复等人最终取得了官方的身份和名义。张继回顾：

> 迨国民政府成立，蔡孑民先生长大学院，设各种专门委员会，本会始获成立，聘委员若干人而属继主持之。嗣教育部成立，本会即直隶于教育部。其初会址设于上海，至十七年北伐成功，更设北平分会，以代当时私人组织之北平文物临时维护会。时军事粗定，北平文物赖以保存者尤多。嗣以北平为数百年故都，众议迁本会于北平，即以分会团城会址为本会会址[2]。

1929年7月，因大学院在推行过程中遭遇种种抵制，产生较多流弊，遂废置，国民政府重设教育部[3]，大学院古物保管委员会更名为古物保管委员会，直至1935年1月被中央古物保管委员会接收，更名为中央古物保管委员会北平办事处[4]。在此期间，大学院古物保管委员会先后办理过安德鲁斯在内蒙古私掘古物案，组织中亚考察团赴蒙古考察，与北平研究院、北京大学考古学会合组考古团赴易县发掘，追究盗卖山西天龙山北齐石刻，办理山西浑源出土铜器案等，调查了北京黄寺、柏林寺，山西大同云冈石刻，明陵、长城等多处遗迹，还新设立多个古物保管委员会分会与支会[5]。教育系统的古物保存组织与北平学术团体最终合流，并与内政部的古物保存系统相互龃龉。

---

[1] 刘复：《北旧》，《北新》第四卷第1、2期，1930年3月。
[2] 张继：《序》，《古物保管委员会工作汇报》，1935年。
[3] 《国民政府停止大学院区制令》（1929年7月1日），中国第二历史档案馆编：《中华民国史档案资料汇编·第五辑·第三编·教育（一）》，南京：江苏古籍出版社，1999年，第57页。
[4] 《中央古物保管委员会议事录》第1册，第五次常务委员会1935年1月12日。
[5] 《古物保管委员会工作汇报》，1935年。

二、内政部之保存古物系统及与教育部之争

1928年3月,大学院设立古物保管委员会。7月9日,内政部部长薛笃弼亦拟定《名胜古迹古物保存条例》,交国民政府审查,经法制局审核,9月7日确定最终版本[1],9月13日正式颁行《名胜古迹古物保存条例》十一条[2],自公布之日施行。条例首先规定适用范围是"凡在中华民国领土内,所有名胜古迹古物之保存",而何谓名胜古迹古物,条例明确如下:

> 本条例所称名胜古迹古物,分类如左:
> (甲)名胜古迹
> 一、湖山类,如名山名湖及一切山林池沼,有关地方风景之属;
> 二、建筑类,如古代名城关塞堤堰桥梁坛庙园囿寺观楼台亭塔及一切古建设之属;
> 三、遗迹类,如古代陵墓壁垒岩洞矾石井泉及一切古胜迹之属。
> (乙)古物
> 一、碑碣类、如碑碣坊表摩崖造像、及一切古石刻板片之属。
> 二、金石类、如钟鼎泉刀宝玉印玺、及一切古金石之属。
> 三、陶器类、如陶磁各器、及砖瓦土模之属。
> 四、植物类、如秦松汉柏、及一切古植物之属。
> 五、文玩类、如书帖图画、及一切古代文玩之属。
> 六、武装类、如刀剑戈矛鍪铠、及一切古代武装之属。
> 七、服饰类、如镜奁簪珥冠裳锦绣、及一切古装饰品之属。
> 八、雕刻类、如佛像雕物、及一切镂刻之属。
> 九、礼器类、如古代礼器乐器之属。
> 十、杂物类、如农工用具、及一切不属于各类之物[3]。

---

[1]《名胜古迹古物保存条例》,台湾"国史馆"藏,入藏登录号:001000001290A,数位典藏:001-012100-0011。

[2]《内部十三日公布名胜古迹古物保存条例十一条》,《申报》1928年9月14日第19935号第8版。

[3]《内政颁布名胜古迹古物保存条例》,《申报》1928年9月16日第19937号第10版。

1909年清季民政部《保存推广古迹办法》中，所言保护对象有"碑碣石幢造像之属"、"古人金石书画并陶瓷各项什物，或宋元精印书籍石拓碑版之属"、"古代帝王陵寝先贤祠墓"、"古庙名人画壁并雕刻塑像精巧之件"以及"非陵寝祠墓而为古迹者"共五类。1916年10月内务部《保存古物暂行办法》中，古物种类包括"历代帝王陵寝，先贤坟墓"、"古代城郭关塞，壁垒岩洞，楼观祠宇，台榭亭塔，堤堰桥梁，湖池井泉之属"、"历代碑版造象，画壁摩崖"、"故国乔木"和"金石竹木，陶磁锦绣，各种器物及旧刻书帖、名人书画"亦五类，不过在内容上增多了"故国乔木"的植物与"古代城郭关塞，壁垒岩洞，楼观祠宇，台榭亭塔，堤堰桥梁，湖池井泉之属"等古建筑，不过在和《保存古物暂行办法》配发的《古物调查表》中，古物则被细分为十二类，分别是：

一、建筑类：如古代城郭、关塞、堤堰、桥梁、湖渠、坛庙、园囿、寺观、楼台、亭塔及一切古建筑之属；

二、遗迹类：如古代陵墓、壁垒、池沼、岩洞、矶石、井泉及一切古名胜之属；

三、碑碣类：如碑碣、坊表、摩崖、造像及一切古石刻板片之类；

四、金石类：如钟鼎、泉刀、宝玉、印玺及一切古金石之类；

五、陶器类：如陶磁各器及砖瓦土模之属；

六、植物类：如秦松汉柏及一切古植物之属；

七、文献类：如古代书帖、图画及一切古文玩之属；

八、武装类：如刀、剑、戈、矛、鍪、铠及一切古代武装之属；

九、服饰类：如镜、查、簪、珥、冠、裳、锦、绣及一切古装饰品之属；

十、雕刻类：如佛像雕物及一切镂刻之属；

十一、礼器类：如古代礼器、乐器之属；

十二、杂物类：如农工用具及一切不隶于各类之属[1]。

---

[1] 《内务部为调查古物列表报部致各省长都统咨》（1916年10月），中国第二历史档案馆编：《中华民国史档案资料汇编·第三辑·文化》，南京：江苏古籍出版社，1991年，第201页。

将1916年10月内务部的《古物调查表》中的古物十二类和1928年9月内政部《名胜古迹古物保存条例》中的古物十类对比,可知1928年9月的《名胜古迹古物保存条例》仅是将1916年中的建筑类与遗迹类再增添"有关地方风景之属"的湖山类,三类合并称为"名胜古迹",而剩下的碑碣、金石、陶器、植物、文玩(献)、武装、服饰、雕刻、礼器、杂物十类共称为古物。1928年《名胜古迹古物保存条例》与1916年《保存古物暂行办法》在分类方法上几乎一脉相承,毫无创新,不过在具体保存手段上,《名胜古迹古物保存条例》要求"各市县政府得斟酌地方情形、组织名胜古迹古物保存会,妥拟办法、呈经该管民政厅核定、转呈内政部备案"[1],似乎有效仿大学院古物保管委员会运作方式之意味。

总体而言,自清季民政部发端的《保存古迹推广办法》,到1916年北洋政府内务部《保存古物暂行办法》,再至1928年南京国民政府内政部《名胜古迹古物保存条例》,无论在保存范围、古物分类还是在条文语句,皆有相承甚至全文沿袭的现象,显示出内政系统的古物保存理念、方法与视角皆未有太大改变,因此多遭教育系统和学术界讥讽。如1927年3月,在中国学术团体协会与斯文·赫定交涉期间,北洋政府发布大总统令,称"古物流传,文献足征,不独金石图籍有关考证者应加爱护,即宫观林木,缔构维艰,剪伐宜戒",并特意提到内务部曾拟具保存办法,但"因事立制,未有通行定章",故而要求内务部"所有京外各地方从前建筑、树木及一切古物,迄今存在者,应如何防护保存,著该管部署汇集成案,重订专章,呈请通行遵照","并著税务处妥订禁止古物出口办法,饬令海关切实稽察,以副政府范古模今,力维国粹之至意"[2]。对此有人讽刺道:

> 在内务部到处拆毁城墙,还拟砍伐日月坛古柏卖钱的时候,好人政府能够发下这个命令,虽然不免是贼出关门,也总还有几分可取。

---

[1] 《内政颁布名胜古迹古物保存条例》,《申报》1928年9月16日第19937号第10版。

[2] 《大总统令税务处妥订禁止古物出口办法令》(1927年3月26日),中国第二历史档案馆编:《中华民国史档案资料汇编·第三辑·文化》,南京:江苏古籍出版社,1991年,第188页。

但是，我所觉得奇怪的是其中"京外"二字，照这样看来，岂不是"京内"并不在内么？那么内务部（也就是"该管部署"）是可以剪伐贩卖的，不过只此一家，并无分出，别人不得仿效罢了。

内务部有了这个保障，尽可"放手做去"，拆卖一切京内宫观林木，不愁没有钱发薪水，苦的只是平民。我走过景山背后，见东边一带红墙多已拆去，剩下墙北面的许多民家，被拆去了后壁，完全暴露在外：有的用芦席遮盖，有的没有，只见三间两间的空屋，屹立在残砖断瓦之间，上梁皆露，三墙仅存，不似焚余，亦如劫后，唯或壁上尚存红笺吉语，表示日前曾有生人居住其中而已。呜呼，受者伤心，见者惨目，不图在反赤之京都而遇此现象也。虽然，此内务部之政事，又有大总统令许可，泰山可移，此案不可动矣。小民露宿，先朝露以何辞；老爷风餐，岂此风之可长？非小人无以养君子，圣训昭垂，安可违耶？[1]

内务部虽有保存古物之责，实践中却缺乏行动，既不能阻止外人在中国盗卖盗掘古物，自身反而有破坏古迹行径。官僚作风使得内务部掌管的古物陈列所亦名声不佳，如1925年张竞生就批评在内务部管理下：

> 今就北京说，我们也有城南游艺园、中央公园、北海公园等的公园，可惜落在官僚之手，一味只知收门票而不知管理为何事。况且所收门票甚贵，直可说不是市民的公园，只是一班资本家的私园。至博物馆，如三殿等（即古物陈列所），所收门票更贵，而且所排设的古物不知科学的方法去整理，使观者无多大兴趣，况且真的古物常被换为假的古董去了。幸自溥仪移居后，故宫全数开放，可惜"清室善后委员会"无钱办事，迫得也收门票一元，以为参观故宫之费。（闻每月可收数千元，其他产业尚不少，遂使内务部眼红，以致出来竞争管理，后日尚不知鹿死谁手。我当清室善后委员会发出这个争执的宣言时，尝说委员会也有不是之处……但是委员会，无论如何，总

---

[1] 岂明：《拆墙》，《语丝》第125期，1927年4月1日。

是一班公正之人，由他们办理故宫，总比归于内务部一班官僚好得万万）[1]。

实际上1926年周肇祥任古物陈列所所长后，发现所中藏品"真赝杂糅，乃设古物鉴定委员会，为之鉴定"，鉴定委员有李盛铎、徐鸿宝（森玉）、陈汉第、王禔、马衡、邵章和容庚等[2]。古物陈列所于1925年8月称"近因整顿所务，月支日增，开支不敷甚巨，自非另筹办法扩充售券地点殊不足以增收入而资挹注。拟将向来不能陈列之重大物品分别在太和、中和、保和各殿布置陈列。谨规定三殿扩充售券及东西华门附售车辆入门券"[3]。至于门票价格，"武英、文华两殿游览券各售大洋一元；太和、中和、保和三殿游览券共售大洋五角"[4]，票价达到故宫博物院的两倍，价格高昂，均遭人诟病。陈寅恪批评道：

> 关于本国艺术史材料，其佳者多遭毁损，或流散于东西诸国，或秘藏于权豪之家，国人闻见尚且不能，更何从得而研究？其仅存于公家博物馆者，则高其入览券之价，实等于半公开，又因经费不充，展列匪易，以致艺术珍品不分时代，不别宗派，纷然杂陈，恍惚置身于厂甸之商肆，安能供研究者之参考？[5]

大学院创设古物保管委员会后未及半年，内务部就匆忙出台《名胜古迹古物保存条例》，其内容、理念甚至文字亦多沿袭1916年的《保存古物暂行办法》，或有存心与教育部争夺古物保存权的可能。早在1924年7月内务部公布《古籍古

---

[1] 张竞生：《美治政策》，《京报副刊》第285号，1925年9月30日。
[2] 容庚：《西清金文真伪存佚表》，《燕京学报》第5期，1929年6月。
[3] "古物陈列所1914~1927年大事记"，故宫博物院藏《古物陈列所档案·行政类》第39卷；转引自段勇：《古物陈列所的兴衰及其历史地位述评》，《故宫博物院院刊》2004年第5期。
[4] "各门售券价目"，《古物陈列所游览指南》，古物陈列所，约1928年；转引自段勇：《古物陈列所的兴衰及其历史地位述评》，《故宫博物院院刊》2004年第5期。
[5] 陈寅恪：《吾国学术之现状及清华之职责》，陈寅恪：《金明馆丛稿二编》，北京：生活·读书·新知三联书店，2009年，第362页。

物暨古迹保存法草案》之际，教育部便批评此草案是内务部曲解宪法，并试图利用民国元年的临时官制来包揽全国的古物、古籍和古迹保存事业，既侵犯教育部职权，又与国际惯例不符，逐条进行了批驳[1]。教育部与内务部对古物保存权限的争夺亦引起媒体注意，如《申报》报道即说：

> 中国古物之急待保存，尽人皆知，宪法上已列有专条，国会议员王凤翥等亦会曾联名呈请速订专章，惟权限谁属，日来颇有争执。上月内务部曾拟定《古籍古物及古迹保存法草案》及说明书，咨呈国务院转请议决公布。教育部得到此项消息，亦咨呈国务院，据理力争，谓此事应归教育部负保存之责，内务部何得越俎代庖？日前（二十二日）北京大学研究所国学门考古学会，亦为此事开一会议讨论，结果一致反对内务部包办而且苛刻之古物保存法，主张由教育部会同有关系之学术机关协商，另订一古籍古物及古迹之保存法，规定各行政机关协助保存之权限，日内将此项宣言在各报发表[2]。

之后，《民国日报》[3]、《晨报》、《益世报》[4]及《申报》[5]又对此事多次报道，如《晨报》总结：

> 自政府接收清室，关于古物古籍保存一项，教育内务两部发生主管争议，相持莫决，教育部所持之理由，以为该项古物，实与文化有关，故应归该部主管。内务部所持之理由，谓依照内务部官制第九条所载礼俗司掌管事务，有保存古物之一项，是在该项官制，尚继续

---

[1] 《公函宪政实施筹备处法制局送本部对于内务部所订古籍古物暨古迹保存法草案之意见书》（1924年7月23日），《教育公报》第11卷第7期，1924年7月。

[2] 《保存古物之争议》，《申报》1924年7月30日第18470号第10版。

[3] 《互争古物保存权》，《民国日报》1924年7月23日第2版；《保管古物也争权》，《民国日报》1924年8月16日第3版；《内教两部争管古物》，《民国日报》1924年12月18日第3版。

[4] 《组织管理古物委员会》，《益世报》1924年11月8日第4版。

[5] 《教内两部争管清室古物》，《申报》1924年12月19日第18612号第12版。

第五章 《古物保存法》：近代中国文物保护制度的形成（1928—1934）

有效。是古物之保存，属于该部职掌。又其二该部曾于民国三年，移运奉热两处古物，设立古物陈列所，五年复拟定《保存古物暂行办法》，通行各省，遵照办理。并先后采集各省志乘，编列古物调查表，分行各省，转饬各县详细调查，填表报部，仍就地切实保管。十一十二两年，又先后通行各省调查官私旧刻书籍版片，经各省陆续调查咨部有案。是该部关于保存古物古籍，自元年以来，与各省往复公文，积案如山，从未与他部相涉云云。内教两部各执一辞，将来究应由何部主管保存，刻尚未能决定云[1]。

根据民国元年官制，教育部与内务部皆有保存古物之权限，对此教育部认为"现行官制乃元年依据临时约法所成"，"当日国家新造，诸事草创，各部仓卒之间提出官制，临时参议院又未加以综合之审议，遽予通过施行"，教育部"官制有图书馆博物馆美术馆等事项"，而内务部"官制又有保存古物之规定"，"致使一种政务有二重管理之嫌"，"迨至应用时始行发见，已觉挽救无方，惟有各行其是，法律家所谓恶法亦法者，即指此类而言。十年以来，因法令不完，发生积极或消极冲突之事不一而足，此不过其一端耳"[2]。教育部认为古物既然"有关文化"，自然该归教育部管理，内务部则坚持民国元年内务部官制中早有保存古物之明文，且自民国建立以来内务部与各省关于古物保存事项往来函件"积案如山"，"内教两部各执一辞"，迄至南京国民政府成立，此一问题仍似未能解决。

1928年3月大学院古物保管委员会成立后，在浙江、江苏、北平、天津等地建立分会和支会；9月内政部颁行《名胜古迹古物保存条例》后，也要求各市县政府组织"名胜古迹古物保存会"。据此条例，1929年山东率先成立了山东省名胜古迹古物保存委员会[3]，继而江苏、浙江、江西、广东、河北、河南、察

---

[1]　《内教两部争管古物》，《晨报》1924年12月13日第6版。
[2]　《公函宪政实施筹备处法制局送本部对于内务部所订古籍古物暨古迹保存法草案之意见书》（1924年7月23日），《教育公报》第11卷第7期，1924年7月。
[3]　《山东省名胜古迹古物保存委员会规则》（1929年11月19日），中国第二历史档案馆编：《中华民国史档案资料汇编·第五辑·第三编·文化（二）》，南京：江苏古籍出版社，1999年，第583页。

哈尔、福建、云南等省纷纷组建省级或县级保存会，如1932年广东民政厅饬令下属市县要求"凡有名胜、古迹、古物之各市县，均有组织保存会之必要"，要地方"设法组织该地古迹古物保存会，以资保存"[1]。1932年云南民政厅要求各市县设立名胜古迹古物保存会，1932—1940年，设立了昆明市保存会和富民、大理、文山、建水等六十个县级保存会[2]。1933年杭州名胜古迹古物保存会成立[3]。根据1934年内政部的一份粗略不完全统计，全国范围内省市县三级名胜古迹古物保存会至少已有五十个[4]，计有：

省级：江苏、江西、山东、察哈尔

县级：江苏盐城，河北平乡、曲阳、宛平、平山、巨鹿、广平、平谷、丰润、定县、南皮、大名、兴隆、井陉，福建闽侯、建瓯、浦城，云南富民、禄劝、文山、龙陵、永平、屏边、昆明，河南洛阳，山东鱼台、临淄，察哈尔怀安、阳原、怀来、沽源、龙关、万全、蔚县、商都、多伦、张北、宣化、赤城等。

此外见诸文献者，尚有1932年湖南桂阳[5]、浙江青田[6]、河南安阳[7]和

---

[1]《转饬组织名胜古迹古物保存会》，《广东省政府公报》1932年第191期。

[2] 云南省建设厅编：《云南省志》卷三十一《城乡建设志》，昆明：云南人民出版社，1996年，第311、312页。

[3]《杭州名胜古迹古物保存会章程》，《市政季刊》1933年第2期。

[4]《全国名胜古迹古物保存组织一览》，《内政调查统计表》1934年第5期。

[5] 1932年11月12日，县长张致元在行政会上提出组织名胜古迹古物保存会，推定7人，会址教育局，以后改名文献委员会。《桂阳县志》编纂委员会编：《桂阳县志文化卷》，1994年，第692页。

[6] 1932年10月31日，青田县名胜古迹古物保存会成立。《青田县志》编纂委员会编：《青田县志》，杭州：浙江人民出版社，1990年。

[7] 名胜古迹古物保存会，在县东街路北县萧曹庙旧址北。《续安阳县志建置志机关》卷十二，平文岚簃古宋印书局印，第2页。

孟县[1]、山西太原县[2]等地的名胜古迹古物保存会，这些保存会多以省、县政府为主导，再吸收诸如刘大鹏（山西太原县）、陈衍（福建闽侯县）等乡绅耆旧，经费来源多样，会址多设于古庙或教育机构中，其具体运作方式，尚待进一步考察。

地方根据《名胜古迹古物保存条例》第六条"各市县政府为保存辖境内名胜古迹古物、得于不抵触现行法令范围内、发布单行规则"，还制定了诸多地方性法规，如杭州1932年4月颁布《杭州市名胜古迹古物临时保存办法》[3]、山西1934年颁布《山西省各县历代先贤遗物及名胜古迹古物保管办法》[4]等。

显而易见，内政部系统的名胜古迹古物保存会和大学院（教育部）系统的古物保管委员会，从1928年始皆致力向地方基层扩展，类似的国家职能在地方上叠床架屋，通过两套系统治理，自然引起管理混乱。1935年11月《东方杂志》刊出《中国今日的几个重要行政问题》一文，作者指出"自国民政府建都南京后，各种机关应时设立，有如雨后春笋。政府的组织因而成为庞大无章，叠床架屋，运转不灵，这是今日中国行政组织问题中最严重的坏现象，是政治所以不能清明，行政不能有效率的最大原因"，作者随后列举了几个事例，如：

> 保管古物的机关，由中央直辖的有北平研究院、中央研究院，教育部的南京古物保存所，甪直唐塑保管委员会（苏州），实业部的接收东陵委员会，内政部的北平古物陈列所，北平坛庙管理所，中央古物保管委员会，故宫博物院。在地方：北平市政府、江苏省政府、河北省政府均有管理古物的机关，最令人惊异的，河北省几乎每县都有

---

[1] 名胜古迹古物保存委员会在教育馆。阮藩济修，宋立梧纂：《（民国）孟县志10卷》孟县志卷三，1932年刊本。

[2] 1932年9月29日，陈县长奉上令设立保存古迹古物委员会，而陈县长为委员长，……委予谓该会之委员。刘大鹏遗著，乔志强标注：《退想斋日记》，太原：山西人民出版社，1990年，第459页。

[3] 《杭州市名胜古迹古物临时保存办法》，《市政月刊》1932年第5期。

[4] 《山西省各县历代先贤遗物及名胜古迹古物保管办法》，《山西公报》1934年第31期；又可见于中国第二历史档案馆编：《中华民国史档案资料汇编·第五辑·第三编·文化（二）》，南京：江苏古籍出版社，1994年，第644—646页。

一个古物保管委员会的设立。机关之林立，职权之繁复，至此叹为观止矣[1]。

这种状况一直延续到全面抗战时期，1938年依然有人批评道：

> 近年有一种趋势，即对中央机关趋重集权，而于地方机关则分之，唯恐不细，唯恐不碎，以地方有限的款项，分列若干机关；以地方有限的人才，分别若干名职。即以县政府有关联的团体而论，其属于监督性质者，有县财务委员会；其属于建议性质者，有县设计委员会；其属于管理性质者，有县公款公产管理委员会，县名胜古迹管理委员会，县古物保管委员会……总之，在中央院部或省厅处有一主管科者，在县几必有一委员会，甚至县政府大门两旁，会牌悬满，几无隙地。但县长固政务丛脞，即一县公正廉明学识经验均优之士，亦不外若干人，几每会委员，均不出此若干人之外，无不以集会为苦事[2]。

内政部和教育部的权限之争导致了古物保存事业在基层的混乱，同时消耗了大量行政资源。然而在多种因素作用下，国民政府于1930年6月颁布了《古物保存法》，试图以此法统一全国古物保存事业。《古物保存法》作为首部中国政府在古物保护领域的根本大法，不仅可以作为近代中国文物保护制度创建的标志，更为日后海峡两岸文物保护事业树立了典范。

第二节 《古物保存法》的出台与实施

清季以来，国家保存古物职能多以政府出台规章或法令实现，而缺少正式法律支持。民国初年屡次对外交涉，亦因不能援引专法作为制约外人来华采集运

---

[1] 江禄煜：《中国今日的几个重要行政问题》，《东方杂志》第32卷第21号，1935年11月1日。

[2] 阮毅成：《抗战中的地方行政机构》，《东方杂志》第35卷第5号，1938年3月1日。

第五章 《古物保存法》：近代中国文物保护制度的形成（1928—1934） 255

输古物的依据，而常为外人诟病。在对内行使古物保存事宜中，执行人员因缺少国家明确法律作为保障，从而增加了工作难度。南京国民政府成立伊始，在地方政府和学术团体推动下，《古物保存法》从设想到订立再至公布，为期尚不到两年，之所以如此迅速，则涉及内部和外部多重因素，与学术与政治密切牵连。

一、省政府、外交部和古保会：立法的多元背景及文本渊源

1928年12月30日，河北省政府主席商震呈文国民政府，称河北省教育厅厅长颜智怡在省政府会议上提出：

> 中国为世界古国之一，开化最早。虽古文流传九头十纪之说，未足信据。然自炎黄而后，历代相承，实保有四千余年不断之历史纪录。即世界最古之国，如埃及者，亦所不及，余更无论矣。海通以还，外人对于我国典章文物，搜讨不遗余力，故古物流传海外极多，例如敦煌石室发掘之大篆竹简及古画具，又如掘出之殷墟甲骨等类，均为国家瑰宝，大半为外人收买，良堪痛惜。近年欧西学者有原始人种发源于蒙古之说，是以美国、瑞典、俄国均有大规模考古团在中国西北、甘陕、蒙古一带发掘地层，以搜求化石及古生物骨骼等类。在彼西人，未尝不以裨益世界文化及学术为口实，然一国之领土主权所及，不限于地表，上至天空，下及地层，均为国家管领，所有外人任意掘取古物必应为吾国法律所严禁。为此提案，拟请钧府鉴核，通令全省，嗣后无论中外人民，非得省府许可不得任意发掘古物，并予转呈国府拟定法律明令限制，以保文化而维国权[1]。

颜智怡的提议明显针对美国纽约自然历史博物院以安德鲁斯为首的考察队而发，安德鲁斯从1922—1928年，一直在蒙古高原考察，1928年受到北平文物临

---

[1] 《呈据该（河北省）府委员兼教育厅长严智怡提议请通令全省，嗣后无论中外人民非得省府许可，不得任意发掘古物，并予转呈国府拟定法律，明令限制。经议决通过，除饬属遵照外，拟请釐定法律，明令限制》，《古物保存法及施行细则案》，《国民政府档案》，"国史馆"藏，典藏号：001-012111-0004。

时维护会和大学院古物保管委员会的指责后，在争论中常以"裨益世界文化及学术"为借口，要求中国取消对他的限制。颜智怡的提案通过河北省政府转呈国民政府，遂成为标志中国文物保护制度正式创建的《古物保存法》出台之直接因由。

1929年1月初，国民政府收到商震呈文后就致函立法院，1月19日立法院收到国民政府文官处转送的呈文后，在院"第七次会议列入报告事项，并发交法制委员会审查"，法制委员会在其"第十六次常会提出讨论，佥以古物于文化有莫大之关系，而外人任意掘取古物，尤妨碍领土主权，自应严定法律，予以限制"。4月27日，立法院第二十一次会议决定由法制委员会起草《古物保存法草案》。一年后即1930年5月24日，法制委员会起草的《古物保存法》在立法院第九十二次会议上获得通过，5月28日立法院提交给了国民政府[1]，经国民政府第七十八次国务会议讨论，6月2日由国民政府公布实行[2]。

关于古物保存法出台之背景，前人虽多有探讨，但无论在史实抑或观点上，皆大有可商榷之处，如我国台湾学者黄翔瑜称1929年10月在河南安阳爆发的"何日章案"，使"国民政府眼见若不妥善处理，无疑割裂国家文化保存的事权，日后将重生难以弥补的伤害，于是火速制订'古物法'，期藉由国家法律的形式，并采中央集权的形式，确立各地考古出土物件之事权归属，用以规范中央与地方在文化保存事权上的权责"，如果通读相关史料，即会发现此一推论或有可修正之处。因为早在1929年上半年《古物保存法》雏形就已确定并采用中央集权，反倒在立法院修订后才给予地方在古物保存上的事权。作者同时根据1943年内政部试图发起中央古物保管委员会而遭到教育部抵制的一份档案，认为此事"自此揭开内政、教育两部对中央古物保管委员会管辖权之争夺，国家文化保存体制内之

---

[1] 《立法院呈关于河北省政府呈为发掘古物请拟定法律明令限制一案经付法制委员会起草嗣据拟具古物保存法十四条经议决通过录案并缮条文呈请鉴核施行》，《古物保存法及施行细则案》，《国民政府档案》，"国史馆"藏，典藏号：001-012111-0004。

[2] 《明令公布古物保存法训令知照立法院呈送古物保存法请鉴核经决议照公布其他施行细则由行政院实之》，《古物保存法及施行细则案》，《国民政府档案》，"国史馆"藏，典藏号：001-012111-0004。

第五章 《古物保存法》：近代中国文物保护制度的形成（1928—1934）

系统冲突，于焉诞生"[1]，则似忽略了1909年以来清季内务部与学部、北洋政府内务部和教育部屡屡相争的史事。事实上，通过梳理史料即会发现《古物保存法》出台的根本原因乃是受外国考古势力刺激，在制定过程中或考虑到中央与地方争权的需要，但其制法之初，本意仍是由外交部牵头试图规范外人在华采掘古物行为。前引1928年12月商震呈文，其落脚点也在禁止外人在华肆意采掘古物，以维护一国之主权，黄文着重指出商震呈文中"通令全省，嗣后无论中外人民，非得省府许可不得任意发掘古物"等语，认为是主张省府对当地考古挖掘有准驳权，故而与1929年10月的"何日章案""在立意上不仅有互通之旨，在实践上又有相承的因果关联。这也说明当时各省府似乎有意夺取该省境内之地上或地下考古物件之处分权、考古发掘权及发掘准驳权等权力"，则似过分解读，并未注意到其实早在"何日章案"爆发前三个多月的1929年6月，《古物保存法》雏形便已形成。而《古物保存法》立法之意，亦是针对在华采掘古物标本的外国人而非地方政府，这对重估20世纪30年代南京中央政府与地方政府的关系，当有一定的修正价值。

1929年1月，国民政府收到商震呈文后就转交立法院准备拟定法律。与此同时，古物保管委员会北平分会与美国自然历史博物馆（American Museum of Natural History）安德鲁斯考察团的交涉再起波澜。如前所述，1928年8月，古物保管委员会北平分会与北平文物临时维护会听闻安德鲁斯考察团在张家口存有私自采掘古物、化石、标本等八十九箱后，就通电各方，要求对其采集品先行扣押，再运至北平审查，以维护中国主权。经过交涉，10月6日，古物保管委员会北平分会派出干事齐念衡赴张家口将此批标本、化石等押运到北平协和医学校，双方进行审查，以确定何者可以出境，何者必须留存，最终达成协议，于10月20日在北平协和医学校签字，并在当日会同北平政治分会、河北省政府代表等审查，发现此批物品"属于有脊椎动物化石者，占百分之九十八，其余动物标本及无脊椎动物化石，只占百分之二"。依照协定，无脊椎动物化石全部存留中国，有脊椎动物化石则运往美国后拣选两全份标本送还中国，双方还约定"以后若组采集队，须由纽约天产博物院（按：即美国自然历史博物馆）与中国国立学术机

---

[1] 黄翔瑜：《古物保存法的制定及其施行困境》，《"国史馆"馆刊》第32期，2012年6月。

关共同参加。其规程与研究计划,须由双方协定,并须商得中国政府之同意,始得开始调查、采集或发掘"[1]。10月29日,协议签订后安德鲁斯离开中国,前往伦敦和纽约。1929年3月23日,安德鲁斯重返北京,打算继续在蒙古高原进行考察,他与考察团成员谷兰阶(Granger)和北平古物保管委员的马衡、翁文灏、刘复再次交涉[2]。古物保管委员会本着"使我国能保存一全份采集之材料(单独无复制标本在内),或于采得后即留存国内,或于研究后运回我国,但同时顾及调查团美方所担任之费用以及美国天产博物院研究时所需代表的标本"的"根本精神",拟定了六条意见草案:

第一条、中亚调查团受古物保管委员会之委托,前往蒙古调查。
第二条、团员人数以中西各半为原则,就中各任一人为团长。
第三条、采集得所学术材料,除有脊椎动物化石、如第四条所规定外,其余统应留在中国。
第四条、甲、采集所得有脊椎动物化石重复标本,咸与以前所采相同者,统留在中国。乙、其与以前所采不同,而事实上必须运往美国研究者,得酌量运往美国,其条件如下:1、中国应派专门学者前往其间工作,其往返川资及在研究期内之一切费用由中亚调查团担任。2、美国天产博物院对于此项中国学者应予以独立研究之便利。3、研究完毕后,须将原物运回中国,其有须暂留美国作参考者,陈列时应标明○○○寄存字样,并照样制模型二分,送至中国。
第五条、此项协定经中国国民政府核准后,发生效力。

---

[1] 《中央古物保管委员会致行政院公函》(4月9日)等,中国第二历史档案馆编:《中华民国史档案资料汇编·第五辑·第一编·文化》,南京:江苏古籍出版社,1999年,第652—658页。

[2] Roy Chapman Andrews, A. M., Sc. D. The New Conquest of Central Asia: A Narrative of the Explorations of the Central Asiatic Expeditions in Mongolia and China, 1921-1930, by The American Museum of Natural History Henry Fairfield Osborn, President New York 1932, p. 419, p. 421.

第五章 《古物保存法》：近代中国文物保护制度的形成（1928—1934） 259

第六条、若于条文上发生异议时，须以中国文为准[1]。

条文根本精神与中国学术团体协会与斯文·赫定所签协议类似，即在中国境内进行科学考察活动当以中国名义进行，考察团分设中国、外国两位团长，除有必要运至国外进行研究者之外，所有采集品不得运出中国。然而在安德鲁斯未返北平的2月间，谷兰阶便已致函古物保管委员会表达了类似意向，称拟邀请中国学者二人加入考察队，"有脊椎动物化石，经研究后，将重复者全份送还中国"。1929年3月间，古物保管委员会将六条意见告知安德鲁斯和谷兰阶，"二君于原则上已表示赞同，以后二次会见，惟讨论细则，如我国赴蒙调查之学者若干人（二人或三人）及赴美研究之一人，应需若干时期（一年或二年）等问题，此项细则大致业已议妥"，双方商定于4月16日进行最终会见，不过在这次会见上，安德鲁斯却态度大变，强调要把第四条完全废除，或增加条款，声明第四条所言的标本是否重复当由谷兰阶一人决定，中方代表表示不能同意，安德鲁斯遂宣布中止讨论，并在报纸上发动攻击，指责古物保管委员会阻挠美国进行学术研究[2]。古物保管委员会猜测安德鲁斯忽然转变态度，或与4月12日南京外交部电告古物保管委员会暂勿与安德鲁斯签订协议有关，而外交部又缘何试图阻止古物保管委员会和安德鲁斯的协议呢？此又与另一桩外人试图在华采掘古物的外交事件有关。

1928年10月，德国探险家克林克勤和狄德拉在新疆私掘古物，被当地政府扣留。11月22日，外交部致电新疆省主席金树仁，希望"通融办理，量予发还"，12月初金树仁据此将其私掘古物"半扣半还"，了结此案[3]。其实11月1日古物保管委员会北平分会闻知此事后，就致电金树仁，要求对所扣古物"切勿放行，

---

[1] 《安德思合同问题翁文灏赴京报告古物会发表宣言》，《民国日报》1929年4月24日第2张第3版；此协定安德鲁斯亦记有英文版，但无第五、六两条，见前揭The New Conquest of Central Asia, p. 420-421.

[2] 《安德思合同问题翁文灏赴京报告古物会发表宣言》，《民国日报》1929年4月24日第2张第3版。

[3] 《新疆省主席金树仁致外交部电》（11月29日，12月5日），中国第二历史档案馆编：《中华民国史档案资料汇编·第五辑·第一编·文化》，南京：江苏古籍出版社，1999年，第648、649页。

以维国权",并派西北科学考察团的徐炳昶、袁复礼、黄文弼就近调查。根据调查结果,1929年2月,古物保管委员会北平分会建议由大学院古物保管委员会致电行政院,请行政院"转饬外交部,以后发给外人游历护照,须先与关系机关会商,并须严重申明,除游历外,不准有发掘或采集古物等情事",行政院还需"分函各省军政机关",遇有外人游历到境,要"随时注意其行动"[1]。外交部从邦交角度主张"通融办理"的态度,遭到古物保管委员会抵制,后者通过行政院向外交部施压,希望行政院"责成外交部向德使力争,将已发还之古物并科学上之重要材料,仍行交还中国,妥加保存,以供本国及世界学者之研究"[2]。3月8日,外交部向行政院呈文称外交部"所发游历护照,原只准为游历之用,如有私掘古物情事,地方官自可随时加以禁阻",且外交部"现在会同各主管机关商订办法,以资取缔"[3],外交部表示为了防止因在华外人的私掘行为屡屡引起外交争端,决定邀请教育、内政两部共同商量办法,拟定关于采掘古物的条例,听闻古物保管委员会即将与安德鲁斯签订协议,担心双方"所订合同如与中央颁布之条例不符,恐将来发生困难",便于4月12日致电古物保管委员会,希望双方"暂缓签字"。而在外交部致电古物保管委员会之后,后者才知晓中央正"拟订采集古物暂行条例",遂要求此项活动"似应以教育部为主体,或交由本会起草,或征询本会意见,庶几于主权、学术方面两无隔阂",并在4月19日,即与安德鲁斯决裂后的第三天,拟派翁文灏赴京,并携带与安德鲁斯有关的几份协议赴南京,以做参考[4]。而翁文灏适逢代表中国出席爪哇太平洋学

---

[1] 《北平古物保管分会致中央古物保管委员会公函》(1929年2月8日),中国第二历史档案馆编:《中华民国史档案资料汇编·第五辑·第一编·文化》,南京:江苏古籍出版社,1999年,第649、650页。

[2] 《中央古物保管委员会致行政院代电》(2月16日),中国第二历史档案馆编:《中华民国史档案资料汇编·第五辑·第一编·文化》,南京:江苏古籍出版社,1999年,第650、651页。

[3] 《外交部致行政院秘书处公函》(1929年3月8日),中国第二历史档案馆编:《中华民国史档案资料汇编·第五辑·第一编·文化》,南京:江苏古籍出版社,1999年,第652页。

[4] 《中央古物保管委员会致行政院公函》(4月19日),中国第二历史档案馆编:《中华民国史档案资料汇编·第五辑·第一编·文化》,南京:江苏古籍出版社,1999年,第654—658页。

第五章 《古物保存法》：近代中国文物保护制度的形成（1928—1934） ▶ 261

术会议，须至南京办理手续，他于4月24日从北平启程，并会将古物保管委员会写成的与安德鲁斯交涉报告书"向关系各部"报告〔1〕。

由此可见，在河北省政府提议下，1929年1月立法院开始着手进行"限制外人任意掘取古物"的立法工作，河北省政府之所以有如此提议，当和安德鲁斯事件有关。同时在1929年3月，因德国人克林克勤在新疆的私掘事件，外交部在行政院催促下，亦措意联合教育部、内政部商议，准备拟定关于采掘古物条例，以规范在华外人的私掘问题，因为"关于保存古代遗物及动植矿等标本、严禁外人采掘办法、外交部以其并非单纯对外事件、其与内政及学术方面、关系甚巨、且对于本国人民、关于此类事件、亦须有相当之规定、似应由内政教育及外交三部拟定草案、呈由行政院转送立法院通过公布、俾搜觅古代遗物及各种标本之中外人民知所适从、而日后办理此事之各机关、亦可有所依据"〔2〕。不过立法院和外交部之间，以及外交部、教育部和北平古物保管委员会之间似乎缺乏及时沟通，以至古物保管委员会和安德鲁斯即将签订定条款直至4月12日，都不知外交部同时还在联合教育部、内政部进行类似工作。4月16日，古物保管委员会与安德鲁斯决裂，19日，古物保管委员会致电行政院，说明"本会保管古物，负有专职，中央现既拟订采集古物暂行条例，似应以教育部为主体，或交由本会起草，或征询本会意见，庶几于主权、学术方面两无隔阂"〔3〕，要求立法过程中的话语权。24日，翁文灏启程赴南京，而在25日下午两点，由外交部牵头，"发起组织拟订发掘古物条例委员会"，召集了内政、教育两部相关代表在外交部召开会议。参会人员有"外交部欧美司司长徐谟，帮办朱世全、与该司盛科长，及内政部土地司司长马铎、教育部社会司科长钟灵秀等"，会议由徐谟主持〔4〕。古物保管委员会同时亦向教育部提出"制定采掘古物暂行条例事宜、于文化教育前途

---

〔1〕 《安德思合同问题翁文灏赴京报告古物会发表宣言》，《民国日报》1929年4月24日第2张第3版。

〔2〕 《教部与内外两部议采取古物条例》，《申报》1929年4月26日第20150号第11版。

〔3〕 《中央古物保管委员会致行政院公函》（4月19日），中国第二历史档案馆编：《中华民国史档案资料汇编·第五辑·第一编·文化》，南京：江苏古籍出版社，1999年，第655页。

〔4〕 《三部代表会议保管古物防止采掘对于条例已酌定大纲》，《民国日报》1929年4月27日第4张第1版。

关系甚巨",要派出代表李宗侗参会,"参加拟订采掘古物条例"[1]。在会上外交、内政、教育三部交换了意见,"外交部对于采掘古物条例已酌定内容大纲,教育部对于古物保管及运输出口等项,已略定办法",决议等古物保管委员会代表李宗侗一到南京,就再次开会,并由教育部主持起草办法[2]。会后,翁文灏将外交部草拟的"采掘古物条例"寄回北平古物保管委员会,张继等人开会讨论,认为"此草案只注重于古物经济上的价格,而对于古物在学术上的地位没有体现;没有规定发掘人或团体在学术上的资格;对外国人或团体也没有特别限制"[3],遂拟写定"关于制限采掘古物条例意见书",要以邮寄方式寄呈教育部。27日,立法院召开第二十一次会议,决定由法制委员会起草《古物保存法草案》,教育部、外交部等始获悉立法院亦有制定限制外人采掘古物的计划。教育部受命负责起草"发掘古物条例"后,听闻立法院有"制定限制发掘古物法"之意,并在法制委员会"十九次常会推戴修骏、孙镜亚、刘景新为三委员起草",遂"函告立法院,请暂缓决定",建议等教育、外交、内政三部和"中央研究院、古物保管委员会草拟条例后,呈行政院转送立法院,合并讨论",立法院表示同意[4]。自此,由立法院、外交部及古物保管委员会三方各自独立进行的拟定限制外人在华采掘古物方案汇为一处,多方力量结为一体。在教育部的催促下,5月17—20日,古物保管委员会将拟定的《采掘古物条例草案》签注、《采掘古物意见书》、《古物保存条例草案》分别致函教育部、中央研究院和立法院,中央研究院院长蔡元培认为"采掘古物系有学术研究性质,责任重大,考虑宜详,与该院历史语言研究所考古组甚有关系",要求加入[5],并于29日提议成立中央古物发掘委员会,采掘古物需经中央古物发掘委员会审查,并由内政、

---

[1] 《教部与内外两部议采取古物条例》,《申报》1929年4月26日第20150号第11版。

[2] 《三部代表会议保管古物防止采掘对于条例已酌定内容大纲》,《民国日报》1929年4月27日第4张第1版。

[3] 国民政府内政部案卷:12-6-19813,南京:中国第二历史档案馆;转引自霍云峰:《〈古物保存法〉立法始末探析》,《档案》2014年第4期。

[4] 《教内外三部汇拟发掘古物法草案》,《民国日报》1929年5月22日第6版。

[5] 《教内外三部会拟发掘古物法草案》,《益世报》1929年6月3日,学术周刊第30期。

第五章 《古物保存法》：近代中国文物保护制度的形成（1928—1934）

教育两部发给护照[1]。故而这一立法过程遂由外交、教育、内政三部再加上中央研究院四机关确立。1929年6月，经过教育部主导的第二次会议，四机关正式确立"发掘古物办法"，由此奠定了《古物保存法》的基础。

1929年4月25日由外交部牵头的第一次会议结束后，"值筹备总理奉安典礼，各部事务纷繁"，直至6月5日下午，才由教育部主导"在教育部开第二次发掘古物条例会议"，参会者有中央研究院许寿裳，外交部欧美司帮办朱世全，内政部土地司司长马铎，教育部社会教育司司长陈剑翛、科长钟灵秀、陈维纶等，由陈剑翛主持会议[2]。此次会议确立了《发掘古物办法八条》，并将此八条办法"呈请行政院转咨立法院采择施行"，具体如下：

（一）凡与考古学历史学地质学及其他人文科学有关之一切品物，如古美术品自然物工艺物皆属于本办法所指之古物范围。

（二）凡埋藏地下之古物，概归国有。其在私人土地上偶然发现古物时，发现人须立即报告当地主管行政机关，呈由省政府特别市政府咨明内政教育两部收存其古物，并给相当补偿金，或以时价收买其地皮保管之。

（三）发掘古物，须先呈请呈方主管行政机关特请中央古物发掘委员会审查许可者，由内政教育两部发给执照，始可发掘。其不遵此手续者，无论为个人为团体，以盗掘论。

（四）中央古物发掘委员会之委员，由中央研究院内政部外交部教育部及古物保管委员会中央研究院各推专家三人组织之，以中央研究院院长为当然委员长。

（五）发掘古物以中央或中央所属学术机关为主体，于必要时得容纳外国专门人才或学术团体参加，但其参加人数不得超过主体机关人数，并应订定相当契约，呈经内政教育两部核准施行。

（六）发掘之古物应由中央或中央所属学术机关妥为保存，并予

---

[1] 转引自霍云峰：《〈古物保存法〉立法始末探析》，《档案》2014年第4期。文中并未标明资料出处，疑源自档案。

[2] 《四机关开发掘古物办法二次会议》，《申报》1929年6月7日第20189号第10版。

世界学者以研究上之便利。

（七）发掘之古物，经中央古物发掘委员会研究后，认为有副本时，得与外国之学术机关作相当之交换，惟须由中央古物发掘委员会联合其他作同样研究之学术机关审查后，始得实行。

（八）流通古物以国内为限，有因事实上必须运往外国研究者，由内政教育两部会同发给护照，始得启运，并得由本国派遣专门学者随往共同研究，研究后须将原物运还[1]。

如前所述，由外交部发起的"拟定限制发掘古物条例"主旨是限制外人在中国私掘古物并意图携带出口的行为，应对之法即是由参会机构组建"中央古物发掘委员会"。所有发掘活动必须经过中央古物发掘委员会审查并由内政、教育两部发给执照，否则即为盗掘。所有埋藏地下的古物皆归国有，发掘古物活动以中国中央学术机构为主体，可采用合作形式容纳外国人参加。发掘出土的古物由中央保存，并经中央古物发掘委员会等学术机关研究后，可与外国学术机关进行交换。古物流通限定在国内，若必须出境，则需有内政、教育两部会同核发的护照，并有专门学者随行，在国外研究完毕后须返还中国。此处首先对古物进行了定义，明确古物为"凡与考古学历史学地质学及其他人文科学有关之一切品物，如古美术品自然物工艺物"等，可以说几乎涵盖了包括动植物标本和化石、矿物标本及人类物质遗存在内的所有物质遗存。此一设想实质是希冀将中国境内古物的发掘权及发掘古物的审核权归于中央机关之手，事实上亦是1929年南京国民政府建立不久后意图统一中国政治理想的写照。此八条办法出台后，《益世报》评论"吾国为世界古国，文化发达最早，地下埋藏之古物，为数无量，是以近来各国多拟来华采掘古物。将来办法公布后，则政府办事，当不至再苦无应付矣"[2]，或可见当时此类外交事件频出，中央政府因缺乏明文法规而不胜其扰的"苦"态。

1929年6月，教育、内政、外交三部连同中央研究院、古物保管委员会制定了《发掘古物办法八条》，并通过行政院转交立法院，随后在立法院进行审查、

---

[1]《四机关开发掘古物办法二次会议》，《申报》1929年6月7日第20189号第10版。
[2]《教育部等议定发掘古物办法》，《益世报》1929年6月17日，学术周刊第32期。

修改，最终1930年5月24日在立法院第九十二次会议上获得通过，更名为《古物保存法》，共计十四条，内容如下：

第一条：本法所称古物，指与考古学历史学古生物学及其他文化有关之一切古物而言。前项古物之范围及种类由中央古物保管委员会定之。

第二条：古物除私有者外，应由中央古物保管委员会责成保存处所保存之。

第三条：保存于左列处所之古物，应由保存者制成可垂久远之照片，分存教育部内政部中央古物保管委员会及原保存处所。

一、直辖于中央之机关；二、省市县或其他地方机关；三、寺庙或古迹所在地。

第四条：古物保存处所，每年应将古物填具表册，呈报教育部、内政部、中央古物保管委员会及地方主管行政官署。前项表册格式由中央古物保管委员会定之。

第五条：私有之重要古物，应向地方主管行政官署登记并由该管官署汇报教育部内政部及中央古物保管委员会。前项重要古物之标准由中央古物保管委员会定之。

第六条：前条应登记之私有古物，不得移转于外人，违者没收其古物，不能没收者亦缴其价额。

第七条：埋藏地下及由地下暴露地面之古物概归国有。前项古物发现时发现人应立即报告当地主管行政官署，呈由上级机关咨明教育内政两部及中央古物保管委员会，收存其古物并酌给相当奖金。其有不报而隐匿者，以盗窃论。

第八条：采掘古物应由中央或地方政府直辖之学术机关为之。前项学术机关采掘古物应呈请中央古物保管委员会审核，转请教育内政两部，会同发给采掘执照。无前项执照而采掘古物以盗窃论。

第九条：中央古物保管委员会由行政院聘请古物专家六人至十一人，教育部内政部代表各二人，国立各研究院、国立各博物院代表一人，为委员组织之。中央古物保管委员会之组织条例另定之。

第十条：中央或地方政府直辖之学术机关采掘古物，有须外国学术团体或专门人才参加协助之必要时，应先呈请中央古物保管委员会核准。

第十一条：采掘古物，应由中央古物保管委员会派员监察。

第十二条：采掘所得之古物，得由中央或地方政府直辖之学术机关呈经中央古物保管委员会核准，于一定期间内负责保存，以供学术上之研究。

第十三条：古物之流通，以国内为限，但中央或地方政府直辖之学术机关因研究之必要须派员携往国外研究时，应呈经中央古物保管委员会核准，转请教育内政两部会同发给出境护照。携往国外之古物，至迟须于二年内归还原保存处所。前二项之规定，于应登记之私有古物适用之。

第十四条：本法施行日期，以命令定之[1]。

细究文义，可知《古物保存法》十四条和教育部主导所拟《发掘古物办法八条》有如下关系：

首先，原则上均明确埋藏在地下的古物归国家所有，《古物保存法》更补充了"由地下暴露地面之古物"的情况，此当为有过实际田野考古经验的李济等人补充。《发掘古物办法八条》主张成立"中央古物发掘委员会"，而《古物保存法》中定名为"中央古物保管委员会"，在对此会的定位和职能上，两法一脉相承，不过《古物保存法》赋予了"地方政府直辖之学术机关"采掘古物的权力，并注意吸收国立研究院和国立博物院代表加入中央古物保管委员会，而去除了教育部的名额，更加凸显此会的学术性。

其次，《古物保存法》增添了多条关于国有、私有古物如何登记如何保存的规定，如明文指出私有重要的古物当在政府进行登记，且"不得转移于外人，违者没收其古物，不能没收者亦缴其价额"，重要私人文物禁止转移到国外，如有必要赴国外研究，也须"二年内归还原保存处所"。而在限制外国人在中国私自采掘和中外合作进行考古发掘方面，《古物保存法》与《发掘古物办法》

---

[1] 《立法院通过古物保存法》，《申报》1930年5月26日第20531号第8版。

并未有区别。

可见1929年6月立法院法制委员会收到教育部、内政部等转呈的文件后,以此为基础进行增补删改,赋予了地方学术机构发掘权,并强化了主管机构"中央古物保管委员会"的学术性,最终在1930年5月24日立法院第九十二次会议上获得通过,5月28日立法院将此法提交给了国民政府[1],经国民政府第七十八次国务会议讨论,6月2日由国民政府公布[2]。与前述黄翔瑜观点恰恰相反,《古物保存法》的制定过程并非中央学术机构以立法方式试图集权,以此对抗地方权力的干扰,反倒是在法理上赋予了地方机构发掘古物的权力。由此再行思考1929年9月的河南"何日章案",其内涵可能更加丰富。

中央政府以立法手段限制规范发掘活动的消息亦传至美国。1930年5月中旬,美国自然历史博物院院长塞华德(Sheswood)和国务卿史汀生(Stimson)会见了中国驻美大使伍朝枢,请求将1928年扣押在北平的安德鲁斯古生物三十余箱归还,并提议安德鲁斯在1930年6月15日进行最后一次考察,并将按照立法院颁布的《古物保存法》进行中美合作[3],中方表示同意。1930年12月,考察队返回北平,中方对采集品进行审查,按照协议分配,未起波折。其后安德鲁斯再次提议想在1931年继续考察,并保证为最后一次,遭到中国政府拒绝,古物保管委员会称"中国政府现已组织西陲学术考察团,自行前往蒙古、甘肃、新疆各地,作种种学术上之考察",已无和外人合作必要,并请教育部转咨外交部"通令驻外各国使馆,嗣后无论何国之人,遇有请求在西北各省,如内外蒙古、甘肃、新疆、青海等处,作考古探险之工作者,务须经过西陲学术考察团"和古物

---

[1] 《立法院呈关于河北省政府呈文为发掘古物请拟定法律明令限制一案经付法制委员会起草嗣据拟具古物保存法十四条经议决通过录案并缮条文呈请鉴核施行》,《古物保存法及施行细则案》,《国民政府档案》,"国史馆"藏,典藏号:001-012111-0004。

[2] 《明令公布古物保存法训令知照立法院呈送古物保存法请鉴核经决议照公布其他施行细则由行政院实之》,《古物保存法及施行细则案》,《国民政府档案》,"国史馆"藏,典藏号:001-012111-0004。

[3] 《伍朝枢致行政院函》(6月8日),中国第二历史档案馆编:《中华民国史档案资料汇编·第五辑·第一编·文化》,南京:江苏古籍出版社,1999年,第658—661页。

保管委员会的同意才能发放护照[1]，《古物保存法》颁行之后，在限制外人私自采掘方面，可以说起到了标志性的划时代作用。

《古物保存法》对古物的定义为"与考古学历史学古生物及其他文化有关"，这和此前由民政、内务部门制定的《保存古物暂行办法》《名胜古迹古物保存条例》中看待古物的眼光大不相同，即不再用金石学的标准去判定是否为古物，以及古物价值若何；《古物保存法》中也未认定因为古物"关乎国粹"或保存古物可以"发扬国光"才要保存，而是转用现代学科学术的观念去重新赋予古物新的定义，即"与考古学历史学古生物学及其他文化有关"的材料，涉及学科包括考古学、历史学、古生物学等，值得指出，这些学科在1930年前后的中国，皆被视为标志着时代潮流的"新学术"[2]，而保存目的，也在"发扬近代科学，非为提倡固有学术"。

二、《古物保存法》的实施及其意义

1930年6月2日国民政府公布《古物保存法》后，却未宣布"此法公布后实施"，而是在第十四条中写道："本法施行日期，以命令定之"，其中因由，或可继续探讨，不过当和1930年5月爆发的国民政府与冯玉祥、阎锡山、李宗仁之间的中原大战有关，北平、河北、河南、山东、山西、绥远、察哈尔等地方政府皆持反对南京国民政府的态度，《古物保存法》即便宣布施行，亦是虚应故事，得不到地方行政系统的支持与配合。同年11月，战争结束，北方数省重新统一于国民政府旗下，《古物保存法》之实施即被提上日程，而促使《古物保存法》正式实施的事件，恰是处在中原大战后重新回归中央政府的山西集贤学校一个名叫魏尔逊的美国人的信件，愈加彰显了《古物保存法》的出台实施过程中外国因素的重要。

---

[1] 《教育部致行政院呈》（1930年12月2日，1931年6月20日），中国第二历史档案馆编：《中华民国史档案资料汇编·第五辑·第一编·文化》，南京：江苏古籍出版社，1999年，第662—664页。

[2] 如傅斯年1928年致蔡元培信中所言中研院史语所"以自然科学看待历史语言之学，此虽旧域，其命维新"。转引自《无中生有的志业——傅斯年与史语所的创立》，《新学术之路："中央研究院"历史语言研究所七十周年纪念文集》，"中研院"史语所印行，1998年，第22页。

第五章　《古物保存法》：近代中国文物保护制度的形成（1928—1934）　▶ 269

　　1931年春，山西集贤学校司库兼英文秘书美国人魏尔逊[1]到太原附近的天龙山游玩，发现天龙山内石造像损毁严重，"洞内石形人物，大半被人盗取，所余者多不完全，甚至洞内石顶，亦由古董商人以暴力夺去，现在石形人物之碎片仍多散在地上，细加检视，仍可复其原形"，归来后他就写信给集贤学校校长同时也是国民政府实业部部长的孔祥熙，希望政府对天龙山古迹"设法保护免致再遭蹂躏"，对那些已流散出去的天龙山造像，他建议重新买回来放到原来位置，并从此禁止私人收藏或贩卖乃至出口任何石造像。至于赎买和维修费用，魏尔逊表示可以去外国募捐，他很愿意效力[2]。5月16日，《申报》亦有报道称"天龙山北魏古物，在艺术上占极重要地位，竟有被人盗凿出售之说"[3]，孔祥熙综合两事，遂以实业部名义向行政院呈文，称"似此有关文献之古物，或为强暴摧残，或为奸人盗卖，损失国粹，贻笑外人良堪痛惜"，要求行政院"饬山西地方官署切实保护以免再有遗失，其已被盗取者，严行查究，勒令缴还，仍置原处"。内战期间，"其他各省市，此种毁损古物之事，亦时有所闻"，所以需中央政府"通令各省市地方政府对于境内所有古物一律设法保存，遇有私行移运者，务须严加究办。俾国内现存之古迹，幸获保全"。行政院遂即召开第二十五次院务会议讨论，提议宣布1930年6月公布的《古物保存法》可自1931年6月15日起正式施行，国民政府予以批准，同时要求内政、教育两部"妥拟实施保存及追还失物办法，通行各省市政府切实办理"[4]，所以《古物保存法》的实施日期

---

[1]　魏尔逊，字严甫，美国欧柏林大学文学士神学士，司库兼英文秘书；见《教职员题名》，《集贤学校集览》1930年6月。

[2]　《实业部提议请令饬山西地方官署切实保护古物以免再有遗失一案》，《古物保存法及施行细则案》，《国民政府档案》，"国史馆"藏，典藏号：001-012111-0004。

[3]　《天龙山北魏古物》，《申报》1931年5月16日第20874号第11版。

[4]　《实业部提议请令饬山西地方官署切实保护古物以免再有遗失一案》，《古物保存法及施行细则案》，《国民政府档案》，"国史馆"藏，典藏号：001-012111-0004；《行政院关于切实保护太原天龙山石造佛像免遭毁损事致教育部训令》（6月10日），中国第二历史档案馆编：《中华民国史档案资料汇编·第五辑·第一编·文化》，南京：江苏古籍出版社，1999年，第617、618页。

当为1931年6月15日,而非通常想当然认为的公布当月即实施[1]。

1931年6月13日,国民政府训令行政院和各直辖机关"本年六月十五日起为《古物保存法》施行日期,应即通令饬知,除明令公布并分行外,合行令仰知照,并转饬所属一体知照"[2],还要求行政院遵照《古物保存法》制定施行细则。行政院拟定了《古物保存法施行细则》,经第二十八次国务会议通过后,7月2日提交给了国民政府[3],7月4日由国民政府指令行政院公布颁行[4]。公布实施的《古物保存法施行细则》共有十九条,主要内容包括:古物登记应有专门登记簿;古物登记信息种类;已登记私有古物如要转移或受让须双方至政府登记否则无效;私有古物须至政府登记,否则进行处罚;而关于古物的登记、发现、采掘、保护、奖励等有相关事件,都须报中央古物保管委员会审核备案等。除此之外,《古物保存法施行细则》还增补一条内容,即"各省市县政府得斟酌地方情形,组织古物保存委员会及其保护古物办法,报经中央古物保管委员会核准后施行"[5]。

至此,作为中国历史上首部以保存古物为目的的法律正式实施,它由立法院会同相关机构共同起草,经法定程序审核通过后成为一部国家正式法典,结束了中国自近代以来面对外人来华肆意采掘古物,贩运出口,虽意图限制却无法可依的局面。从《古物保存法》的创建和实施过程中,可以明显看出其立法原则、法

---

[1] 如霍云峰:《〈古物保存法〉立法始末探析》,《档案》2014年第4期。

[2] 《国民政府训令》(1931年6月13日),《古物保存法及施行细则案》,《国民政府档案》,"国史馆"藏,典藏号:001-012111-0004。

[3] 《呈为遵将古物保存法施行细则由院拟定提经国务会议通过由院公布呈报》(1931年7月2日),《古物保存法及施行细则案》,《国民政府档案》,"国史馆"藏,典藏号:001-012111-0004。

[4] 《国民在政府指令第1840号》,《古物保存法及施行细则案》,《国民政府档案》,"国史馆"藏,典藏号:001-012111-0004。

[5] 《呈为遵将古物保存法施行细则由院拟定提经国务会议通过由院公布呈报》(1931年7月2日)《古物保存法及施行细则案》,《国民政府档案》,"国史馆"藏,典藏号:001-012111-0004;又见中国第二历史档案馆编:《中华民国史档案资料汇编·第五辑·第一编·文化》,南京:江苏古籍出版社,1999年,第622—625页。

律文本及相关规定的渊源所自。《古物保存法》在很大程度上源于教育部古物保管委员会拟定的《采掘古物意见书》《古物保存条例草案》等，而后者所依托的知识群体亦直接来自北京大学国学门马衡、刘复、徐炳昶等。从表面上看，《古物保存法》的制定虽直接源自河北省政府的一纸呈文，但自20世纪20年代以来，伴随中国学术观念的更新，在斯文·赫定、安德鲁斯等来华外人的屡屡刺激下，以北平学术群体为代表的学界力量逐渐崭露头角，他们或是自行建立组织保存中国古物以和外国人相抗，或是以舆论力量推动政府，与政府进行种种沟通试图推动政府早日立法保存中国古物，此种情绪与思想由来已久。1928年成立的中央研究院和历史语言研究所，在拥有进行第一次和第二次殷墟田野考古发掘经验基础上，亦加入《古物保存法》的创建工作。当然，《古物保存法》中也传承了大量袭自清季民政部以来民政系统调查与登记古物的方法，显示出旧的观念方法与新的学术形态的融合。

第三节 中央古物保管委员会及其运作

关于中央古物保管委员会，此前虽有多篇论文涉及，但在大体认识和细节方面，仍有辨析之必要。如陈盼诚认为"中央古物保管委员会是由1928年3月南京国民政府教育行政委员蔡元培主导设立的古物保管委员会演变而来，两者实为一脉相承之机构"，"可以视两者为同一个机构，有三个不同发展阶段，而非两个不同的机构"，甚至提出中央古物保管委员会成立后才"推动国民政府的文物保护立法的制定"，似与史实相悖[1]。陈世局提出"民国建立以来仅有古物保存机关，无古物行政机关。清末民初以来，各地对古物古迹的保护工作皆是各自发展，直至中央古物会成立，才有中央级的古物行政机关"[2]，则似将内务系统和教育系统的古物保管委员会剔除出历史脉络，使得中央古物保管委员会之成立有横空出世之感，故而有必要对中央古物保管委员会的组织沿革、工作内容性质及实际运作状况予以探讨。

---

[1] 陈盼诚：《中央古物保管委员会及其文物保护工作》，中山大学历史学系硕士学位论文，2013年。
[2] 陈世局：《中央古物保管委员会之研究（1934—1937）》，台湾政治大学硕士学位论文，2014年。

一、组织沿革

1932年6月18日，《中央古物保管委员会组织条例》公布实施，规定该会隶属行政院。1933年1月10日，在行政院第83次国务会议上，决议按照《古物保存法》第九条"中央古物保管委员会由行政院聘请古物专家六人至十一人，教育部内政部代表各二人，国立各研究院、国立各博物院代表一人"的规定，聘任张继、戴传贤、蔡元培、吴敬恒、李煜瀛、张人杰、陈寅恪、翁文灏、李济、袁复礼、马衡等11人为委员，再由内政、教育两部各派二人，国立研究院、国立各博物院各派代表一人为委员，会同组织中央古物保管委员会，不过这个委员会"因种种关系，未能正式成立"[1]。

陈世局认为这个"种种关系"，可能是蔡元培与李煜瀛的派系不合，因为早在1929年因派系纠纷，马叙伦就请辞教育部次长职位，1933年张继与李煜瀛不合引发故宫盗宝案。"外有日军侵华的战火，内有教育派系的隐忧，使得1933年1月中央古物会委员并没有召开任何委员会议，也没有组成中央古物会。尤其是教育派系的纷争，使日后中央古物会成立时，行政院决定由内政部常务次长傅汝霖担任主任委员，或许是有关联的。"[2]

1934年7月3日，行政院第167次会议决定改组中央古物保管委员会，聘定李济、叶恭绰、黄文弼、傅斯年、朱希祖、蒋复璁6人，内政部代表傅汝霖、卢锡荣，教育部代表滕固、舒楚石，中央研究院代表董作宾，北平研究院代表徐炳昶，北平故宫博物院代表马衡合计13位为委员，其中傅汝霖、滕固、李济、叶恭绰、蒋复璁为常务委员，傅汝霖为主席委员[3]，将这个名单与1933年1月的名单相比，少了张继、戴传贤、蔡元培、吴敬恒、李煜瀛、张人杰等诸多国民党元老，而增补的滕固、叶恭绰、蒋复璁等人派系色彩则似不明显。中央古物保管委员会于7月12日上午9时在行政院召开了第一次全会，参加会议的委员有傅汝霖、叶恭绰、李济、蒋复璁、滕固、董作宾、卢锡荣、舒楚石、朱希祖九位，行政院

---

[1]　《中央古物保管委员会成立经过》，《内政消息》1934年第3期。

[2]　陈世局：《中央古物保管委员会之研究（1934—1937）》，台湾政治大学硕士学位论文，2014年。

[3]　《中央古物保管委员会成立经过》，《内政消息》1934年第3期。

第五章 《古物保存法》：近代中国文物保护制度的形成（1928—1934） 273

派秘书长褚民谊开会致辞，开会时当场宣布中央古物保管委员会成立[1]。

7月12日成立大会后就召开了常会，讨论预算编制及会址。14日召开第二次常会，汪精卫到会场表示"此会规模须弘大，作有效保管事业，故预算经费亦须较大，如规模狭小，毋宁不办云云"[2]。8月，国民政府向中央古物保管委员会颁发铜质关防一颗，文为"中央古物保管委员会关防"；铜章一颗，文曰"中央古物保管委员会"[3]。在7月12日召开的常会上，讨论将年度经费预算定为60000元，经10月17日第3次常会议决通过，行政院开会定为"月支5000元，以用于事业为主"[4]，第一笔款项由内政部暂时拨款支用，经费落实后，中央古物保管委员会择址开始办公，办公场所暂借内政部后院，于11月1日正式启用关防[5]。1935年3月，因内政部办公场地不敷使用，中央古物保管委员会改在南京西华门头条巷24号令租场地，3月5日正式迁入办公[6]。

[1] 《呈为呈报本会成立情形请予鉴核备案并恳发印信由》（1934年11月28日），《本会成立颁发印信及启用关防》，《内政部档案》，"国史馆"藏，入藏登录号：026000015325A。《函送本会工作报告书由》（1934年11月27日），《五全大会报告书》，《内政部档案》，"国史馆"藏，入藏登录号：026000015272A。转引自陈世局硕士学位论文。

[2] 朱希祖著，朱元曙、朱乐川整理：《朱希祖日记》，北京：中华书局，2012年，第372页。

[3] 《准文官处函送中央古物保管委员会铜质关防小章各一颗，令该会查收启用由》（1934年8月21日），《本会成立颁发印信及启用关防》，《内政部档案》，"国史馆"藏，入藏登录号：026000015325A。转引自陈世局硕士学位论文。

[4] 《函送本会工作报告书由》（1934年11月27日），《五全大会报告书》，《内政部档案》，"国史馆"藏，入藏登录号：026000015272A。转引自陈世局硕士学位论文。

[5] 《呈报启用关防并择定会址由》（1934年11月1日），《本会成立颁发印信及启用关防》，《内政部档案》，"国史馆"藏，入藏登录号：026000015325A。转引自陈世局硕士学位论文。

[6] 《本会之会址已于三月五日迁至西华门头条巷二十四号新屋办公希查照由》（1935年3月6日），《本会会址迁移故派守警卫请中央博物院多建房屋为本会会所》，《内政部档案》，"国史馆"藏，入藏登录号：026000015043A。转引自陈世局硕士学位论文。

1935年6月，因节省财政支出，中央政府决定将"中央古物保管委员会及所属办事处并入内政部"，同时被合并的机关尚有"农村复兴委员会及行政院档案整理处并入行政院，南京古物保存所并入南京市政府"；遭裁撤的机关有："庶政指导委员会、外交部北平档案保管处、国语统一筹备委员会、交通部北平保管处等单位。"[1] 6月1日，中央古物保管委员会即奉行政院训令着手裁并事宜[2]，28日，中央古物保管委员许宝驹将整理好的会务资料、卷宗清单、古物清册、图书室清册、职员花名册等移交内政部总务司司长葛敬猷、礼俗司司长卢锡荣[3]。至此，原本直属行政院的中央古物保管委员会改由内政部管理，9月5日又恢复了办公，继续使用"中央古物保管委员会"[4]的关防。

中央古物保管委员会本是按照《古物保存法》第九条设立直属于行政院的机关，1935年6月改隶内政部后，《古物保存法》亦进行修订，主要删掉了第九条中的"中央古物保管委员会由行政院聘请古物专家六人至十一人"[5]一句，而在《中央古物保管委员会组织条例》中增加中央古物保管委员会"由内政部聘请

---

[1] 《奉国府令中央核定二十四年度国家普通岁入岁出总概算及执行注意事项仰知照等因训令执照并饬属知照由》（1935年5月30日），《本会归并内政部》，《内政部档案》，"国史馆"藏，入藏登录号：026000015279A。转引自陈世局硕士学位论文。

[2] 《奉国府训令关于核定二十四年度国家总概算案内应行遵办事项令院查系遵办并饬属遵办等因通令遵照办理具报由》（1935年6月12日），《本会归并内政部》，《内政部档案》，"国史馆"藏，入藏登录号：026000015279A。转引自陈世局硕士学位论文。

[3] 《会呈交接中央古物保管委员会情形，请鉴核备案由》（1935年7月15日），《中央古物保管委员会归并本部接收案》，《内政部档案》，"国史馆"藏，典藏号：026-011000-0430。

[4] 《前据呈请中央古物保管委员会继续启用印信日期一案经呈奉指令准予备案转行知照由》（1935年9月24日），《中央古物保管委员会归并本部接收案》，《内政部档案》，"国史馆"藏，典藏号：026-011000-0430。

[5] 《奉国府训令以明令训正古物保存法第九条条文通饬施行一案令仰知照并转饬所属一体知照由》（1935年11月23日），《古物保存法》，《内政部档案》，"国史馆"藏，入藏登录号：026000015005A。转引自陈世局硕士学位论文。

古物专家四至七人"[1]的文字，以符合既成事实，除此之外，还精简了中央古物保管委员的内部职能划分，把常设的文书、审核、登记三科改为临时性"于必要时得分科办事"，以节省工作人员[2]。陈世局根据档案指出，"中央古物会改隶内政部后，除了组织降级，人员缩编外，另一项改变，就是礼俗司介入中央古物会的公文流程"，与中央古物会的往来行文内政部礼俗司要先签注意见，且中央古物保管委员会的经费使用也先要经过礼俗司审批，礼俗司介入"中央古物会的运作，虽只是签注意见，再送中央古物会常务委员、主席委员核阅，但也为日后中央古物会在1937年10月暂行结束会务后，该会业务由礼俗司完全接管的情形埋下伏笔"，1937年因抗日战争全面爆发财政吃紧，10月国民政府遂下令中央古物保管委员会暂行结束会务，其职能由内政部礼俗司完成[3]。

1944年7月27日，行政院召开了"古物保存法修正草案"审查会议，在会议上，有人提出要恢复中央古物保管委员会，但复会之后隶于何部，教育与内政两部又发生激烈争执，教育部认为1928年教育部已设有大学院古物保管委员会，设立中央古物保管委员会后保管古物的权力逐渐转至内政部，若要复会，中央古物保管委员会当重归教育部管理，教育部掌管学术和博物馆，所以更应职掌古物保存权以便利工作。内政部则认为自民国初年袁世凯以来古物的保管就属内务部，根据1935年6月中央政治会议"将中央古物保管委员会及其所属办事处并入内政部"的决议，内政部保存古物权限为明文所载，况且如果古物保管者同时又是研究者，极易有"监守自盗之嫌"，所以"古物行政机关之应属于内政部，决无

---

〔1〕《奉行政院训令以国府明令修正中央古物保管委员会组织条例通饬施行一案令仰知照》（1935年12月6日），《本会组织条例》，《内政部档案》，"国史馆"藏，入藏登录号：026000015327A。转引自陈世局硕士学位论文。

〔2〕《奉行政院训令以国府明令修正中央古物保管委员会组织条例通饬施行一案令仰知照》（1935年12月6日），《本会组织条例》，《内政部档案》，"国史馆"藏，入藏登录号：026000015327A。

〔3〕《为派员接收该会文卷图书等物令仰造册移交具报备查由》（1937年10月30日），《中央古物保管委员会结束及指派委员经费计算暨其他办理各项杂类案件》，《内政部档案》，"国史馆"藏，入藏登录号：026000015251A。转引自陈世局硕士学位论文。

疑义"〔1〕，因为争议剧烈，行政院建议《古物保存法》暂不修正，古物行政事项，仍归内政部主管。

抗战胜利后，为调查战时艺术品损失工作，1945年11月，教育部设立了"清理战时文物损失委员会"，内政部亦要求恢复中央古物保管委员会进行调查，并建议由中央文化运动委员会主任张道藩担任主任委员〔2〕。行政院征求教育部意见，教育部于12月向行政院复函称中央古物保管委员会应改隶教育部，最低限度也当教育、内政"两部会同办理为宜"，否决了内政部拟定的将其置于内政部之下的中央古物保管委员会组织条例〔3〕，复会遂未成功。然而内政部还是坚持复会，并在1947年8月再次提出复会事宜，然而12月9日，行政院训令内政部，称值此战乱期间，为节省国库开支，此会暂缓恢复，委员会职能依然由内政部兼办，唯有关于古物保管采掘等行政事宜，则由内政部会同教育部办理〔4〕，至1949年，中央古物保管委员会再未恢复。

由此可知，中央古物保管委员会乃依据《古物保存法》第九条所设，初始制度设计为直属于行政院，掌管有关古物保存、发掘、调查等事项的审批权和管理权，且设置有专门分科。1931年6月《古物保存法》正式施行后，1932年6月，就公布了《中央古物保管委员会组织条例》。1933年1月10日，依照《古物保存法》和《中央古物保管委员会组织条例》，行政院聘任张继、戴传贤、蔡元培、吴敬恒、李煜瀛、张人杰、陈寅恪、翁文灏、李济、袁复礼、马衡等11人，以及

---

〔1〕 《礼俗司谨呈出席行政院古物保存法草案审查会议情形由》（1944年7月29日），《古物保存法草案》，《内务部档案》，"国史馆"藏，入藏登录号：026000015202A。转引自陈世局硕士学位论文。

〔2〕 《呈送修正中央古物保管委员会组织条例等件请鉴核提会讨论由》（1935年11月6日），《修正中央古物保管委员会组织条例草案》，《行政院档案》，"国史馆"藏，典藏号：014-050000-0058。

〔3〕 《准通知为内政部呈送修正中央古物保管委员会组织条例等件交本部核复一案复请查照转陈鉴核由》（1945年12月），《修正中央古物保管委员会组织条例草案》，《行政院档案》，"国史馆"藏，典藏号：014-050000-0058。

〔4〕 《为该部清理战时文物损失委员会建议恢复中央古物保管委员会一案应予缓议抑知照由》（1937年12月9日）《中央古物保管委员会》，《教育部档案》，"国史馆"藏，典藏号：019-030404-0017。

内政、教育两部各派二人，国立各研究院、国立各博物院各派代表一人，将会同组织中央古物保管委员会，然而限于种种原因，名单虽已发布，但委员会却迟迟未能组建，直至1934年7月3日，行政院重新改组中央古物保管委员会，并重新聘任了新的委员；7月12日，召开全体大会，中央古物保管委员会方从设想得以实现，开始运作，虽于1935年6月并入内政部，然而职能却未消失，直至1937年10月正式关闭，其职能和名义由内政部礼俗司兼代，抗战胜利后虽有复会之议，但终因内政部和教育部的争执及时局变动，最终未能复会。

二、工作内容

中央古物保管委员会1934年7月12日成立后，规定每年召开2次全体大会，每月举行1次常委会会议，目前所知从1934年7月12日到1937年左右，中央古物保管委员会共召开了14次常务委员会议、4次全体委员会议，这些会议的会议记录皆结册出版，对了解中央古物保管委员会内部运作和职能有极其重要的意义，下文即以此材料为基础，略作梳理，以把握中央古物保管委员会的运作。

总体看来，中央古物保管委员会是依照《古物保存法》设立的主管机关，在实际运作中需要配套各类具体的规则，而规则出台后需有相应组织推行管理，然后才能实现委员会的职能。中央古物保管委员会在行使职能同时，还希望在社会发起保存古物运动，唤醒民众保存古物意识，把制度内化为习惯，故而中央古物保管委员会的工作内容可分为以下四类：法规制定、组织建设、业务工作和社会宣传，详述如下。

第一类，法规制定。因古物保管委员会职掌与古物、古迹相关的几乎所有事务，所以从古物的调查、登记、采掘、保存、转让、进出境，古迹的调查、登记、维护、维修等方面，委员会皆制定了与之配套的规则和申请表，正式颁布的计有《采掘古物规则》（1935年3月16日）、《外国学术团体或私人参加采掘古物规则》（1935年3月16日）、《古物出国护照规则》（1935年3月16日）、《暂定古物之范围及种类大纲》（1935年6月15日）、《古物奖励规则》（1936年4月9日）、《非常时期保管古物办法》（1936年5月2日）、《流出国外古物办法草案》（1936年11月14日），以及《采掘古物许可执照》《采掘古物申请表》《古物出境护照》《古物出境给领护照规则》《古物调查表》《保存机关调查表》等配套表格。此外还讨论拟定了《私有重要古物之标准》《惩治盗掘地下古物单行法》《古物保存法及施行细则修正案》《古物登记制度》《古物保护规则草案》《古物交换规则》《登记公有古物暂行规则草案》《公有古物登记表草样说明》《私有重要古物之标准》《私有重要古物登记规则》《私有古物出口规则草案》《古物登记总目录草样》《古物登记表草样》等更为细化的法规和表格，可惜限于时局，未能公布施行。

　　制定了规则和各类申请表后，古物保管委员会呈请行政院通令全国对所辖区域古物保存处所、保存处所所存之古物、从未举行登记之古物、新发现之古物，按照制定表格填写送会备案[1]，计划对全国的公有、私有古物和古物保存机关进行调查汇总，还要求行政院"于《县长奖惩条例》内第四条下，加添'第十八款保存古迹古物，宣扬民族文化，著有成绩者'，第八条下，加添'第十三款纵容盗宝挖古墓毁失古迹者'"[2]，使得保护古物成为考核县长征集的标准之一。委员会亦提议须参考日本文物保护制度"从速制定《国宝法》"，李济、滕固、董作宾等提交提案，拟请行政院下令要求来京受训的民政厅厅长和督察专员切实做好古物保管委员会要求的工作，同时保护好地下文物和地上古迹的安全，"将办理之勤怠，列入考绩，以重国家文化"[3]。叶恭绰鉴于近年中国古物流失海外情形严重，建议在意大利、比利时庚子款赔偿费中拨出一部分由政府收买流失古物。马衡也建议要对出国流失古物进行调查登记，"拟请先行调查登记秘存档架，以便将来翻账清算，雪百年之奇耻，争最后之成功"[4]，通过中国驻外各使馆、留学生、中国学术机关等调查流失海外的文物情况。总之，这些制定的法案以及虽未公布但几乎覆盖今天中国文博所有领域问题的提案，显示出中央古物保管委员会委员的务实与专业。

---

[1] 中央古物保管委员会编：《中央古物保管委员会议事录》第1册，1935年，第5、6页。

[2] 中央古物保管委员会编：《中央古物保管委员会议事录》第1册，1935年，第28页。

[3] 中央古物保管委员会编：《中央古物保管委员会议事录》第2册，1936年，第2、20页。

[4] 中央古物保管委员会编：《中央古物保管委员会议事录》第2册，1936年，第29页。

第二类，组织建设。1934年7月12日中央古物保管委员会成立之初，常委会上便决定要整顿全国古物保存组织，撤销名称相同之机关。如前所述，1928年3月大学院（教育部）成立了古物保管委员会，并在江苏、浙江、河北等地成立分会和支会；同年9月内政部也公布了《名胜古迹古物保存条例》，要求各地成立名胜古迹古物委员会，山东、福建皆成立了相应机构。1931年7月颁行的《古物保存法施行细则》中，亦要求"各省市县政府得斟酌地方情形，组织古物保存委员会"，遂造成叠床架屋、机构重复设置的乱象。如1934年福建闽侯古迹古物保存会就曾呈文中央古物保管委员会，称其是依照内务部《古迹古物保存条例》成立，现在中央又设立中央古物保管委员会，颁布《古物保存法》，要求成立古物保存委员会，两会当分当合，职权如何划分？[1]对此，中央古物保管委员会与行政院磋商后认为"查各地关于名胜古迹古物保存机关，除一部分系根据前《大学院古物保管委员会条例》所设立，业已结束外，其余大部分，系根据《名胜古迹古物保存条例》设立，现中央古物保管委员会，业经成立，开始办公，所有各地之古物保存机关，除直隶于中央古物保管委员会者外，其他各地机关，应即遵照去年十一月汪院长蒋委员长三十日会衔通电，停止活动，听候中央古物保管委员会通盘筹划，予以改组或裁撤"[2]。中央古物保管委员会成立之初，便是要着手结束国内体系混杂、组织多歧的古物保存机构，建立一个权责明确、运行统一的古物保存体制。

1935年1月，教育部（大学院）古物保管委员会首先被裁撤，归并到中央古物保管委员会改组称保管委员会北平办事处，马衡担任主任（此办事处同年11月因要节约经费亦被撤销，撤销后所有事务由委员马衡直接办理）；同时筹备西安办事处，由黄文弼负责。3月，中央古物保管委员会提出"统一全国古物机关法案"，要先对全国古物保存组织进行调查，然后进行改组或接收[3]。在这个过

---

[1] 中央古物保管委员会编：《中央古物保管委员会议事录》第1册，1935年，第13页。

[2] 中央古物保管委员会编：《中央古物保管委员会议事录》第1册，1935年，第13页。

[3] 中央古物保管委员会编：《中央古物保管委员会议事录》第1册，1935年，第16、40页。

程中，委员会还制定《中央古物保管委员会办事规则》（1934年11月）、《中央古物保管委员会会议规则》（1934年11月）、《中央古物保管委员会各地办事处暂行组织通则》（1935年2月）、《中央古物保管委员会各地办事处办事细则》（1935年2月）、《修正中央古物保管委员会组织条例》（1935年11月19日），规范自身运作。1937年左右，除西安办事处外，中央古物保管委员会还在洛阳设立办事处，派人驻守，就近保护巩县石窟寺石刻[1]。

　　1934年11月30日，中央古物保管委员还倡导联合首都学术机关，如中央大学、南京古物保存所、中央研究院、中央博物院、中央图书馆等，成立首都古迹古物调查委员会，对南京周边的古迹古物进行调查。1935年8月，中央古物保管委员会出版了调查报告丛书，第一辑中便有朱希祖的《六朝陵墓调查报告》[2]，朱希祖还调查了丹阳古迹[3]，黄文弼亦建议在西安仿照南京建立一个古迹古物调查团。古物保管委员会还计划在省会城市和各大海关，"组织评鉴委员会，遴选士民之有专门学识者为委员，随时鉴定，以免纠纷"[4]，设立鉴定委员会来鉴定古物真伪和价值，解决进出口或相关问题，事实上与今天的制度设计并无二致。中央古物保管委员会还改组了被古董商人控制的安阳古物保存会。根据其1936年对全国保存古物机关的统计，"所列调查全国保存古物机关一项，曾经通函各省市饬属查报在案，迄今填报到会者，仅有山东、河北、云南、甘肃、河南、绥远、察哈尔、宁夏、西康九省，及上海、北平、南京、天津、青岛五市，而各该省中，亦多填报未齐者"[5]，由此可知至少山东、河北等九省以及北平、南京都设有相应的古物保存机关。1936年6月14日常委会上，依然有委员建议"近阅各报，古物时有出土及盗掘情事，其未见诸报章，亦往往而有，拟

---

〔1〕　《中央古物保会委修古窟寺》，《兴华》1937年第34卷第23期。
〔2〕　中央古物保管委员会：《六朝陵墓调查报告（第一辑）》，中央古物保管委员会，1935年。
〔3〕　中央古物保管委员会编：《中央古物保管委员会议事录》第1册，1935年，第19页。
〔4〕　中央古物保管委员会编：《中央古物保管委员会议事录》第2册，1936年，第7页。
〔5〕　中央古物保管委员会编：《中央古物保管委员会议事录》第2册，1936年，第23页。

请本会督促各重要地方，从速成立古物保管会，其已有此种组织者，亦请将其组织及工作概况报告本会，庶本会得明了一切情形，于进行上实多利赖"[1]。中央古物保管委员会在成立之初，即有重整全国古物保护组织的意图，在方法上采用先调查再改组的程序，设立了北平、西安两个办事处和首都古迹古物调查委员会，然而碍于国家时事和经费状况，其分支越来越萎缩，甚至最后亦被裁撤。

第三类，业务工作。围绕古物，可将中央古物保管委员会的业务分为调查采掘、维修保护、进出口管理和查办专案、社会宣传五项，分述如下。

调查采掘方面：中央古物保管委员会派遣滕固、黄文弼"赴豫陕视察盗掘古墓暨保存古迹事项"[2]。1934年12月9日他们到了安阳，参观了中研院史语所的考古工地，着重调查了安阳一带的盗墓情形，发现从1933年10月起到1934年12月止，在洹水两岸的"盗案共六十三件，较重大者五件"，盗坑累累，显然是"有大规模之组织，较长时间所为者"，提议要制定《惩治盗掘地下古物单行法》，并对相关人员严惩，甚至连坐[3]。而正规学术单位的考古发掘工作，程序上亦开始规范，如中央古物保管委员会就曾给殷墟发掘团和中央研究院、河南古迹古物研究会颁发了汲县山彪镇地方古物采掘执照，以及小屯、侯家庄的古物采掘执照。对私立大学的古物采掘行为，如华西协和大学和厦门大学的考古意向，委员会亦明文制定规则，认为私立学校不是公立学术单位，所以不能单独发掘，但可以和公立学术单位合作，援引《古物保存法》第六条"在一定条件下，允许外国学术团体或私人参加"的规定，进行考古发掘。委员会亦开始着手调查，预备编订各地现存重要公有古物名录和保存机关名录等，可惜未能实现。

维修保护方面：经中央古物保管委员会的资金支持和推动，苏州用直保圣寺，陕西肤施清凉山石佛，南京三忠祠等，河北赵县大石桥、蓟县独乐寺观音阁山门、山西云冈石窟寺、文天祥祠堂、河南龙门、白马寺兴善寺古塑、碑林，浙

---

[1] 中央古物保管委员会编：《中央古物保管委员会议事录》第2册，1936年，第32页。

[2] 中央古物保管委员会编：《中央古物保管委员会议事录》第1册，1935年，第47页。

[3] 滕固、黄文弼：《制止安阳盗掘古物案》，《中央古物保管委员会议事录》第1册，1935年，第49页。

江嘉兴朱彝尊先生捏像等大批古迹都得到保护和修复，中央古物保管委员会既提供部分修缮资金，又联合学术团体如营造学社派员调查监督。在各地施工过程中，往往有古物出土，中央古物保管委员会也负责对这些古物进行保护和分配，如江苏无锡三区南桥附近，因建筑挖土，发现晋大兴年砖；浙江温岭娄山发现古坟一座；洛阳洛神庙等出土金玉铜器等大批古物；江南铁路公司筑路员工发现古遗址下埋藏钱范；南京市政府工务局在成贤街如意里埋设水管时发现古壶、古钱等众多类似事件，中央古物保管委员会或是亲自接管古物，或是通知当地政府注意保护并将古物转至当地的古物保存机关；对于地方因为市政建设而须拆除古迹的行为，中央古物保管委员会常以函联地方省级政府的方式要求对古迹予以保存，如两次电函要求保留福建浦城的"真大儒"坊和"徐济美"坊两处牌坊等；以及抗议日本擅自拆毁长城墙砖修建军事设施的举动。

进出口管理方面：审查了美国人福开森拟出境古籍，最后准予放行；听闻日本驻杭州领事松雄藏往上林湖静子山寻访越窑故址，并采集了六大袋标本准备邮寄出境，中央古物保管委员会通知浙江省政府予以禁止；此外，还审查了北平法国人奥托美准备购买出口的定王府石狮，最终禁止此物出境；审查了西北科学考察团的斯文·赫定与巴克曼（Bergman）拟携带出口的物品，等等，初步建立了古物出口审查制度。当中央古物保管委员会获知有外国人来华游历事件，还会提前函告当地政府注意不要让外国人搜集古物出境，如1936年就严密监视了日本人浅野和梅原末治到西安洛阳考察之行。委员会还通过教育部参加了当时国际上《保护历史美术珍品公约草案》的审议工作，提出对公约中"凡妨害于吾国流入国外古物之回收者，应声明保留"[1]。

查办专案方面：中央古物保管委员会自建立之日起，即有多起涉及古物的案件需要处理，知名者如故宫盗宝案、甘肃新莽权衡器案、浑源县县长勾结劣绅盗卖古物案、开辟陕西昭陵茂陵为公园案、北平团城案、河北昌平县白庙村村长勾结匪徒盗掘古物案、洛阳金村古物盗卖案等，委员会大多参照《古物保存法》对盗卖者进行惩处，对失散古物和赃款进行追缴，再对追回的古物进行分配，收藏于中央博物院或其余保存单位。

---

[1] 中央古物保管委员会编：《中央古物保管委员会议事录》第2册，1936年，第36页。

第五章 《古物保存法》：近代中国文物保护制度的形成（1928—1934） ▶ 283

社会宣传方面：中央古物保管委员会成立伊始，在7月12日第一次全体委员大会上，就建议行政院"通令各省市，并转请军事委员会，通令所属，申明成立本会之宗旨与职权，并不得擅自挖掘古物"[1]。7月30日国民政府以行政院院长汪精卫、军事委员会委员长蒋介石名义通电"中央各院部会、北平军政两分会、各省绥靖主任、省府市府各军长师旅团长、各大学校各学术团体"，说明"政府以国家古物近年迭被摧毁，在民族精神上实为重大损失"，故中央政府设立中央古物保管委员会，由行政院聘请"李济、叶恭绰、黄文弼、傅斯年、朱希祖、蒋复璁、董作宾、滕固、舒楚石、傅汝霖、卢锡荣、马衡、徐炳昶等为委员"，并宣布委员会工作纲要有十个，分别为：①对于已设立之合法保管机关督促其保管方法之完备与改善；②对于政府未经保管之古迹或古物须偕同地方政府加以保护与修整；③对于学术机关之呈请采掘分别准驳予以相当之援助与取缔；④对于奸商地痞之私掘与盗卖予以严厉之制裁；⑤保护私家所藏古物就其重要者作精密之调查与登记；⑥各地方新发现之古物经该会检定价值后决定其保管之机关；⑦凡关于地方之古迹古物责成地方政府负保护之责；⑧凡关于学术文化之古物由该会斟酌核拨于中央各文化学术机关以供探讨；⑨对于其他已发现之古物古迹皆予以登记并妥筹保管方法；⑩对于未出土古物之发掘严密监督。宣言强调中央古物保管委员会为"国家保管古物之法定唯一机关"，要求各单位对委员会公布的《古物保存法》和施行细则"切实奉行，毋稍殆忽"[2]。1935年9月，中央古物保管委员会改隶内政部后，又再次提请汪精卫和蒋介石通电全国各机关，说明委员会虽因紧缩财政归并内政部，但其"所有职司，亦并无变易，用特再为通电，明白宣示"，要求各机关继续遵守委员会订立的法规和政策[3]。

除专门通电外，还有委员提议在全国发起古物保护运动，广为宣传，请全国学校协助委员会进行保存古物古迹事项。同时在教科书中，插入保存古迹古物之

---

［1］ 中央古物保管委员会编：《中央古物保管委员会议事录》第1册，1935年，第1页。

［2］ 《汪院长蒋委员长通电》，《中央古物保管委员会议事录》第1册，1935年，第39、40页。

［3］ 《汪院长蒋委员长通饬全国各机关等辅助保管古物之进行电文》，《中央古物保管委员会议事录》第2册，1936年，第39页。

材料，将古物保存理念写入教科书。联合中央宣传委员会，摄制南京、北平、西安的古物古迹影片，进行宣扬，唤醒民众保存古物古迹意识。

中央古物保管委员会还出版发行了刊物，初拟定名为《中华文物》，后改为《中央古物保管委员会调查报告》，编辑有朱希祖、李济、董作宾、蒋复璁、滕固，朱希祖为主编。中央古物保管委员会编译出版了《各国古物保管法规汇编》[1]和《各国古物保管法规续编》[2]，内收埃及、瑞士、法国、意大利、德国等国古物保管法规，以供国内参考。滕固在《各国古物保管法规续编》序言中称此书有三种意义：

> 第一、社会一般人常把古物保管和玩骨董混在一起，这原不能责怪，因为中国从来只有玩骨董而没有保管古物的事。近年来政府渐渐注意保管古物，而身负保管重任的人，竟亦有自处玩骨董的地位，干些私蓄、稗贩及盗换的勾当，这太令人诧异了。介绍各国古物保管法规，可使社会一般人消除谬见，并可以明了古物保管的真义。
>
> 第二、若干自命头脑清晰的人，也不免以保管古物为复古或不急之务。其实有现代意义的古物保管，在欧洲亦为近世纪的事，这是各种历史的自然的科学发达后联带滋生的一种新事业，使社会文化的发展避免偏畸而达于均齐。介绍各国古物保管法规，使误认为复古及以为不急之务的人，得以恍然。
>
> 第三、以声名文物之邦自命的中国，古物最多，然也最不善保管。自来天然的人为的毁损固不计其数，被外国人窃盗而去的更是可惊，实为文化上莫大的损失。近年来社会与政府已自觉地注意，所以有本会的产生。顾我国关于古物保管的法律尚不完备，进行的时候诸感困难，逐译各国古物保管法规，可为我国立法的参考[3]。

---

[1] 中央古物保管委员会编译：《各国古物保管法规汇编》，1935年6月。

[2] 中央古物保管委员会编译：《各国古物保管法规续编》，1935年12月。

[3] 滕固：《序文》，见中央古物保管委员会编译：《各国古物保管法规续编》，1935年，第1、2页。

宣扬新式古物观念，利用保存古物的方式修正社会文化发展的偏向，以及保存中国的古物，此既是滕固的观点，或亦可代表中央古物保管委员会中诸委员的意见。委员会还聘请了德国学者博尔士满教授[1]和美国人福开森作为顾问，显示出国际性眼光。

三、基层运作

按照中央古物保管委员会构想，"各省市县政府得斟酌地方情形，组织古物保存委员会"，事实上在中央古物保管委员会建立之前，地方政权即多按照1928年教育部（大学院）古物保管委员会和内政部《保存名胜古迹古物条例》要求，建立了基层地方古物保管组织。1931年《古物保存法施行细则》公布后，又要求各地酌情设立古物保存委员会，遂造成地方基层政府行政上的混乱。对1928年教育部和内政部之规定执行得越彻底，反而越容易举手无措。如1929年[2]福建闽侯县依据内政部《名胜古迹古物保存条例》第五条规定，以陈衍、萨镇冰等老辈为首组建了"闽侯县名胜古迹古物保存会"，采委员制，"以保存闽侯县辖境内国粹为宗旨"，会中分设"总务股、编辑股、调查股、保管股、建设股、陈列股"六股，维护修复了境内将军山古迹、泉山、越壑桥、泉山堂、禊游堂、东山堂等，经费源于会员捐助、官厅津贴和会员募集到的临时建设费[3]。1931年《古物保存法施行细则》公布后又要求地方建立"古物保存委员会"，闽侯县名胜古迹古物保存会可能以陈衍老辈作为会长的缘故，遂于1934年呈文行政院，质问两会职能一致，"应分应合、请示遵案"，并请解释两会"之职权、应如何划分"。经行政院、内政部和中央古物保管委员会审查，决定"所有各地之古物保存机关，除直隶于中央古物保管委员会者外，其他各地此项机关，应即遵照去年汪院长蒋委员长领衔通电，停止活动，听候中央古物保管委员会通盘筹划，予以

---

[1] 德国柏林大学教授，著有《中国名胜集》。
[2] 据陈衍回忆，见（民国）欧阳英修、陈衍纂《（民国）闽侯县志106卷》叙，1933年刊本。
[3] 《闽侯县名胜古迹古物保存会第一次报告》，1931年1月。

改组裁撤"[1]，基层古物保存组织系统的混乱由此可见，然而及至抗日战争全面爆发，基层古物保存组织之系统似仍未能统一。

即便是依照《古物保存法施行细则》建立起的基层"古物保管委员会"，其施行效力又如何？以山西太原县为例，刘大鹏于1932年10月29日记道："陈县长奉上令设立保存古迹古物委员会，而陈县长为委员长……委予为该会之委员"[2]，这个古迹古物委员会，当依据《古物保存法》所设，委员长为太原县县长，于1932年11月4日在县政府正式成立，名称为"保存古迹古物委员会"，委员共有9人[3]，刘大鹏在日记中又简称为"保存古物委员会"。"保存古物委员会阳历每月一号例会之期"，会议地点皆在县政府[4]，从1932年成立至少到1941年5月，刘大鹏一直充任该会委员[5]。太原县的重要古迹之一便是天龙山，刘大鹏被聘为委员后收到的第一份会议材料就是"天龙山古迹古物保存规划一份"[6]，古物保存会成立后，陈县长"令公安局委二警于本月初九日（11月6日）前来天龙，常驻寺中……守护古迹古物，以防盗贼"[7]。孰料不到一年，北平古物保管委员会听闻北平打磨厂长巷头条谦义馨客栈主人张兰亭，勾通奸人盗运山西天龙山北齐石佛两尊到了北平，遂即通知公安局将张兰亭逮捕，两尊佛

---

[1] 《各项古物保管会停止活动中央古物保管会已成立听候通盘筹划改组裁撤》，《申报》1935年3月20日第22234号第10版。

[2] 刘大鹏遗著，乔志强标注：《退想斋日记》，太原：山西人民出版社，1990年，第459页。

[3] 刘大鹏遗著，乔志强标注：《退想斋日记》，太原：山西人民出版社，1990年，第460页。

[4] 刘大鹏遗著，乔志强标注：《退想斋日记》，太原：山西人民出版社，1990年，第490页。

[5] 刘大鹏遗著，乔志强标注：《退想斋日记》，太原：山西人民出版社，1990年，第570页。

[6] 刘大鹏遗著，乔志强标注：《退想斋日记》，太原：山西人民出版社，1990年，第459页。

[7] 刘大鹏遗著，乔志强标注：《退想斋日记》，太原：山西人民出版社，1990年，第462页。

像当时已抵押给了日本人中村[1]。1933年11月22日，古物保管委员会派出董作宾、罗庸前往天龙山实地调查，25日董作宾等人到达天龙寺，见到了驻寺警察和天龙寺中的两名常住僧人，同时还听闻太原已组织了"太原县保存古物会，以石桥村人刘大鹏为正会长"。他们发现天龙寺洞内石佛造像多处被盗凿，凿痕都很新，董作宾写道：

> 天龙佛像之被盗凿，由来已非一日；而东区各窟之被毁，则确系近日所为。该太原县政府既有保存古物会之设立，且于天龙寺驻有警察，乃竟熟视无睹，任其毁坏以尽，殊不可解。前此本会在平市查获谦义馨货栈经理张兰亭盗运天龙石刻一案，与此次盗凿当有密切之关系，似应并案根追，以儆将来，而维古迹[2]。

太原县有保存古物会，且还派了警察在寺中驻守，寺内造像竟然还被盗凿，令人生疑，张继则将此意表达得更为直白：

> 造像所在，位于天龙寺之后山巅，登陟艰难，石刻坚重，断非一手一足所能盗凿，亦非一朝一夕所能为功。且运送下山必经寺门，山静人稀觉察甚易。寺中原有僧人净亮、普彼二人，及太原县派驻天龙山警察二名，常川驻内；倘非同谋盗运，则截留禁止，只须举手之劳。复查天龙寺殿前置巨大佛头一枚，据称系被盗后于山涧所拾取，则造像被盗之事，为寺人所熟知。前后参详，此项石刻之盗凿私售，寺中僧人驻警实有伙同勾串嫌疑，该管县政府亦难辞放任疏忽之责[3]。

---

[1] 《追究盗卖山西天龙山北齐石刻之始末》，《古物保管委员会工作汇报》，1935年，第55—57页。

[2] 董作宾：《天龙山石窟佛像调查报告》（1933年11月30日），《古物保管委员会工作汇报》，1935年，第151页。

[3] 《追究盗卖山西天龙山北齐石刻之始末》，《古物保管委员会工作汇报》，1935年，第56页。

盗凿佛像、运输出山，都是大工程，警察和寺僧应当有所察觉，况且僧人已发现石造像被盗，竟然未立刻通报，反而是在北平的古物保管委员会首先揭露此事，难怪张继会有"监守自盗"的猜测。

无独有偶，1931年《古物保存法施行细则》颁布后，河南洛阳、安阳县亦成立了古物保存委员会。洛阳县古物保存委员会"设执行委员七人，组织执行委员会，掌理本会一切事宜"，七名执行委员"由县政府遴聘教育局长、财务委员会委员长、第一区区长及地方正绅、考古专家担任之，由委员互推委员长一人"。古物保存会规定地方"除《古物保存法》及《古物保存法施行细则》另有规定外，亦有地方准则"，这些准则包括严禁私自采掘、暴露地面古物要报告政府再送至保存会保存给予奖励、私有重要古物须到政府登记，转让时需先提出申请否则无效，且不能私自售于外国人等[1]，和《古物保存法施行细则》基本精神相符，或能起到正面积极作用。与之相对照的，则是安阳县古物保存委员会。1934年12月，滕固和黄文弼赴安阳调查当地盗墓情形，结果发现当地盗墓盛行，并且有组织：

> 每次盗掘，自区保长以下，无不预闻者。其分润办法，地主二成，盗者三成，区保长亦各有成分。如盗众私自发掘不得区保长同意，则告官充公。如共同盗掘，而被官厅查觉，则推派一人坐牢，大家供给其生活费。似想掘一件古物，价值数千元，就坐一二年牢，亦不感受若何痛苦。因此，人民不畏犯法，大胆妄为[2]。

因为盗掘，所以古董商云集此处，将赃物收购后再运至北平、天津、上海等地卖给外国人，有时候亦有外国人直接来安阳收购。安阳当地古董商本来颇忌讳公然收买赃物，然而1931年《古物保存法施行细则》公布后，要求当地成立古物保存委员会，当地古董商遂借此机会集资五千元，捐赠成立了古物保存委员会，

---

[1] 《洛阳县古物保存委员会简章》（1931年10月）,《中央古物保管委员会致行政院公函》（4月19日），中国第二历史档案馆编：《中华民国史档案资料汇编·第五辑·第一编·文化》，南京：江苏古籍出版社，1999年，第586、587页。

[2] 滕固、黄文弼：《制止安阳盗掘古物案》，中央古物保管委员会编：《中央古物保管委员会议事录》第1册，1935年，第48页。

从此"彼等营业,遂毫无顾忌矣"。滕固等人亲自走访了安阳古物保存委员会:

> 即日上午,余等遂至古物保存会,访其主任委员裴希度,裴为本地一老八股先生。余等即询问保存会之组织经费,旋据开会人名单上自县长,下及绅商,均罗列为委员。经费由本地古董商王某、李某、邢某等共捐集五千元(或云七千元)作基金,直属于县政府。并在省政府立案,后参观其陈列室,其所陈列物品,有原来旧有者,有为盗掘物而经专员公署查出送陈者,有为本地古董商捐赠者,其来源殊不一致。但该会既经由古董商集资兴办,无形中实与人民可以盗掘盗买之暗示,不可不注意也〔1〕。

古董商与代表官方意志的古物保存委员会关系暧昧,且经常互动,古物保存委员会陈列室中的古物在滕固看来来源不一,亦种种可疑。由古董商资助的古物保存委员会,"无形中实与人民可以盗掘盗买之暗示",故而滕固建议"改组安阳古物保存会……其尤可痛心者,依古董商之捐助而成立,殊属不妥,应请河南省府令县改组,隶属适当机关,以资典守"〔2〕。

1934年4月,河南省立杞县教育实验区与淮阳师范学校联合调查了淮阳太昊陵庙会,发现当地也有一个"淮阳保存古迹委员会"的组织,不过实际上:

> 淮阳保存古迹委员会的组织,非常可笑,既不是一个官机关,也不是一个民选机关。有的人说是北大关几个没有正业的人,连合城厢几位重要士绅组织起来的,他们的目的是在发财揩油,不过选了这么一个好听的名词,以蒙蔽社会罢了。是否真是如此?不敢定,不过总有此一说。每年快到会期的时候,这几个人便组织这一个机关,既不公诸社会,也不向官方立案,成立后唯一的要务便是征地皮捐,征摊

---

〔1〕 滕固、黄文弼:《制止安阳盗掘古物案》,中央古物保管委员会编:《中央古物保管委员会议事录》第1册,1935年,第48页。

〔2〕 滕固、黄文弼:《制止安阳盗掘古物案》,《中央古物保管委员会议事录》第1册,1935年,第50页。

铺捐，数额并不固定。他们随便规定，据说抽的这些款项，是用来修理陵庙的，这捐抽得普遍，虽一个卖泥泥狗，只是提着一个篮子也非要出款不可。自开会之日起，这些先生们便觅许多帮手，开始工作，直至庙会停止之日，征收的工作完了，他们办公处的招牌便摘去了。至于这批委员和工作人员是不是从此鸟兽散，虽不敢定，不过听得说，没有庙会后，他们便各返原家，团团的自在去了。这便是淮阳保存古迹委员会的实际工作。其他倒没有什么工作表现[1]。

1931年《古物保存法施行细则》要求地方成立的保存古物会，在淮阳县竟成为当地"几个没有正业的人"和"几位重要士绅"联合起来在太昊陵庙会期间征收捐税的一个途径，名义上宣称捐税将用于"修理陵庙"，不过在调查者看来，此一组织似乎显得可疑。保存古物的理念和法律虽然由中央政府制定并且推行，然而在缺乏专业人员实施和运作的基层，难免会走形，反而成为地方势力以此敛财的一个新名目。事实上在时人看来：

> 我们的中央古物保管委员会也应时在内政部正式成立……我们为文化前途计，为古物本身计，是应该欢喜赞叹的。可是就我们的经验看来，觉得纸片上的古物保存是一事，实际上的古物保存又是一事。这已经够使人对于报纸的宣传，有隔靴搔痒之感了。再坏一点，有些古物简直为有保管之名，而得到毁坏之实，则我们对于保管委员会的组织而愈加要替古物担心[2]。

作者随后指出北平的天坛虽然由内政部专设的坛庙管理处保管，依然还是发生了坛内古柏被盗卖的事实，存留下的古树亦奄奄一息。事实上坛内的古柏正是被负有监管职责的坛庙管理所主任谭计全"捏造部令，擅自砍伐"，监守自

---

[1] 郑合成编辑：《陈州太昊陵庙会概况》（1934年），张研、孙燕京主编：《民国史料丛刊（707）》，郑州：大象出版社，2009年，第333、334页。

[2] 叔永：《保存古物做的什么》（1934年11月3日），《独立评论》第126号，1934年11月11日。

第五章　《古物保存法》：近代中国文物保护制度的形成（1928—1934）

盗[1]。这些事实说明不论在基层县级地方社会，还是中央机构，虽然《古物保存法》已颁布实施近三年，但保存古物的理念并未深入社会思想当中，虽然有法律，亦在中央和基层成立了相应机构，但因缺乏与之配套的专业人员和观念知识普及，保存古物仍然困难重重。

1942年，美术教育家黄觉寺曾在《上海艺术月刊》上刊发《关于保古》一文，谈到罗马很重视保护它的古代文明，相对而言，中国国内则是：

> 凡古迹名胜愈著名的所在，即一切新兴建筑愈多愈杂乱的所在。风雅一点的，盖别墅，构竹林茅屋，还可以过意得过去；而一辈钜贾大商，营大厦，造洋楼，把一个历史气氛充满的古迹，破坏得一些没有回味的价值。尤其使人感到无聊的，一辈唯恐没世而名不彰的孝子顺孙们，把他的列祖列宗随便乱葬于名山古迹深处，以符不欲速朽之义，更显示出即死后也有一种依附的惰性底民族性来[2]。

黄觉寺提出法国、意大利至今尚保存了不少古建筑，意大利还保护了庞贝古城及地下发掘物，而"我国近年以来，地下发掘出来的古物，也渐见其多。但这些出土的古物，好像至今还没有一条明文，确载'凡在中华民国领土，不论地面地下所有物，都为中华民国公有物而非个人所可私'一条明文"，事实上早在十年前的《古物保存法》便已明文规定"地下及暴露于地上的古物归国家所有"的原则，黄觉寺作为美术界的资深教授，亦常与古书画打交道，对于《古物保存法》却似乎不知，这也从侧面反映出《古物保存法》施行十余年后的社会认知度并不高。1934年中央古物保管委员会成立当年，国际贸易局亦公布了《五年来古玩出口统计》，称：

> 我国立国最早，历代古玩，亦较他国为多，国内珍藏者，固不乏人，以此为营业而运贩国外者，亦大有人在，因之我国古玩，年复一年，流入异土，每年统计约百余万之巨，其中多数出口美国，法国、

---

[1]　《提劾北平坛庙管理所主任谭计全捏造部令盗卖古柏案》，《检察院公报》第25期。
[2]　黄觉寺：《关于保古》，《上海艺术月刊》1942年第9期。

英国、日本、加拿大次之,兹将最近五年来出口统计列后:1929年,1 497 600关两;1930年,1 168 614关两;1931年,1 298 110关两;1932年,1 172 110国币;1933年,1 130 887国币[1]。

而此年成立的中央古物保管委员会一年的经费也只有6万[2]。1934年李济在《东方杂志》上发表了《中国考古学之过去与将来》,称:

> 中国人很早就得了一个好古的名誉,这种名誉是否值得称赞的,当然另是一个问题。不过就实际考察起来,我们民族未必真正有这种癖好。假如我们以保有古物的能力为例,我们不但比不上欧美,连日本也比不上;而日本保存古物的热心却也并不是完全仿效西洋的。由这几年的趋势看,中国毁古的能力恐怕要超过任何民族。便便大腹的古董商到处都可以作人的上宾,并且最奇怪的,为所谓学术界尊重得了不得。于是提倡风雅的也就是他们了。这里边却包含着好些悲惨的事实,是一般人所不知道的。

在李济的田野考古实践中,他可以切身感受基层社会中古董商的权势,以及古董商对现代考古事业的副作用,就《古物保存法》而言:

> 一切地下的古物完全是国家的,任何私人不能私有。现在我们政府已有好几种法令包含这种认识了,但事实上,这种法令差不多等于无效。古董商的势力现仍布满全国;在内地,他们分区的贿买各处的地痞流氓,勾结土匪军队,掘坟盗墓,私运到各大镇市,向国外输出。对于这种犯法的行为,官场中差不多是漠不相关,有时是因为这些主管的人没有实力禁止他们;有时简直是互通声气,坐地分赃;还有一般根本就以为这不值得费力去执行这种法令。这些掘出来的古

---

[1] 《五年来古玩出口统计》,《汉口商业月刊》1934年第5期。
[2] 《中央古物保管委员会二十三年度岁出经常概算》,《审计部公报》1934年第45期,第17页。

第五章　《古物保存法》：近代中国文物保护制度的形成（1928—1934）　293

物，一到城中所谓绅士的手中，就得了欣赏赞美，收藏人的社会身份反因此而加高了。所以物质上精神上作古董商的人，都有相当的排场[1]。

因为古董商的势力，《古物保存法》在事实上"差不多等于无效"，这是时人李济的亲身体会。而1929年史语所准备发掘殷墟时与河南地方发生的诸多纠纷，在李济看来，却是：

> 最初一段艰苦的奋斗，表面上是政治性的；但实际上，大半是社会性的；结果却以学术的意义最为重大。若把当时的情形作一简单的分析，安阳发掘所引起的初期纠纷，可以说是起源于古董商的"自卫"。他们为了要保护自己私人的利益，不惜用种种的手段，来破坏学术性的考古[2]。

古董商的权势让李济印象深刻，即便到1975年距离殷墟发掘已过去了近半个世纪，李济回忆起来，依然认为"我知道当时从事考古不是一件很容易的事情……地方上的势力、古董商的势力，政治上、社会上一切的势力，都不容易公开从事发掘，所谓掘人祖先灵墓的工作，这种事情并不简单"[3]。地方上的古董商与地方势力勾结，而类似卢芹斋的国际大古董商更是在国民党元老的庇护下顺利从中国出口珍贵古物，《古物保存法》自然会成为一纸虚文。如1948年夏天，卢芹斋有十七箱古物预备出口，被海关以触犯《古物保存法》查扣，卢芹斋可能找到了张静江，张静江遂致信吴稚晖，称"老友卢芹斋先生，向业古董，现有货物十七箱为海关扣留不准运美"，希望吴稚晖"设法通融运出，使彼仍能继

---

[1] 李济：《中国考古学之过去与将来》，《东方杂志》第31卷第7期，1934年4月。
[2] 李济：《安阳发掘与中国古史问题》（1968年），李济：《李济文集（卷四）》，上海：上海人民出版社，2006年，第539页。
[3] 李济：《傅所长创办史语所与支持安阳考古工作的贡献》（1975年12月），李济：《李济文集（卷五）》，上海：上海人民出版社，2006年，第234页。

续营业"[1]。张静江1928年3月就担任大学院古物保管委员会常务委员,直至1935年1月依然担任该委员会委员[2],1933年还曾获提名出任中央古物保管委员会委员,身为国民政府最高古物保存机关的元老,却委身为古董商贩卖出口中国古物到美国而说项,《古物保存法》在基层和高层中的影响与实施效力,或也能略见一斑了。

第四节 小 结

因缺乏制度保障及受官僚习气影响,北洋政府时期的古物保存事业备受诟病。1927年南京国民政府成立后,教育部与内政部先后建立了各自的文物保护体系,并自上而下设立了专门机构如古物保管委员会和名胜古迹古物保存会等,从中央政府至省、县皆设有专门机构行使古物保护职能。但同一种职能由两种以上的部门各自负责的管理体制,叠床架屋,导致基层运作效率低下。1928年受美国自然历史博物院安德鲁斯考察团事件刺激,由地方政府和外交部牵头,联合教育、内政两部,决定制定专门法律限制外人肆意来华采掘,经中央研究院、教育部古物保管委员会及北平学术圈的提议和帮助,最终于1930年6月正式出台了《古物保存法》,标志着中国文物保护制度的正式形成。《古物保存法》对古物的采掘、收集、保管等事宜做出明确规定,并确定由教育部、内务部、国立研究院、国立博物院等机构联合组建中央古物保管委员会作为全国最高的古物保管机构,且在地方设立分会。然而在制度实际运作中,因古董商、地方官员乃至中央政府与国际古董商的暧昧关系,古物保管委员会并未完全发挥制度预期中的应有作用。

---

[1] 《张人杰呈卢芹斋公司销售古物被海关扣留请准运美销售》(1948年10月15日),"国史馆"藏,典藏号:001-0802000-0001。

[2] 《古物保管委员会工作汇报》,1935年,第183页。

第六章 结　语

　　1982年通过的《中华人民共和国文物保护法》，时至今日已历经1991年、2007年、2013年、2015年、2017年五次修正，其中2016年关于再次修正《文物保护法》的争议又起〔1〕，意在增加将"将文物保护纳入（地方政府）绩效考核内容，考核结果作为领导干部综合考核评价的重要指标""文物主管部门和教育主管部门、新闻出版广播影视主管部门等，应当将文物保护纳入教育和宣传工作"等〔2〕，实际上述内容早在1935年左右中央古物保管委员会就已提出，只是未及施行。《文物保护法》何以近年来屡次修订？这当和近年博物馆事业大兴、民间收藏火爆和文物市场乱象横生的社会背景有关，日渐壮大的民间收藏者通过传媒屡屡发声，要求将此前处于灰色地带的民间收藏文物"合法化"。本书通过对晚清民国时期古物市场、古物观念及古物保护制度的形成机制和演变过程探讨，可知历史久远运作成熟的文物市场、内涵复杂面相多歧的文物收藏传统和文物观念、新兴的民族国家文物保护职能及强调来源可靠、埋藏信息充分的现代学科之间，在近代转型过程中发生了冲突与调适。各级政府、专家群体、民间收藏者、古董商人乃至外国势力等依托各自的知识观念，为不同目的进行博弈，从而促成文物保护制度的形成与运作。这个过程的意义超出文物保护领域之外，可视作近代中国市场、知识、观念、制度、国家与社会权力结构整体变迁中的一个侧影。因此对近代文物保护制度的研究，除关注文物本身的流动外，还需考察晚清以降中国市场、知识、观念、制度、国家与社会权力结构整体变迁情况，只有在此基础之上，才能更为深入地了解此一过程。

　　通过对近代中国文物保护意识的发生、文物保护制度的创建变迁史实的梳理，可得到以下几点认识。

---

〔1〕《〈文物保护法〉修订草案现争议》，《民主与法制时报》2016年1月17日第2版。

〔2〕《中华人民共和国文物保护法》修订草案（送审稿），见国务院网站http://www.gov.cn/xinwen/2015-12/28/content_5028604.htm。

市场、观念与国家
近代中国文物保护制度的形成（1840—1934）

（1）当下通行的"文物"概念及支撑此一概念的文物"科学、历史和艺术价值"，实则是"美术""科学"等新观念于晚清传入中国之后的一个新的历史建构，"文物"一词本身就属"旧词新义"。受欧美收藏传统影响，无字陶瓷、雕刻造像、汉晋陶俑、唐三彩等明器晚清之际成为受到热捧的新的收藏对象，提示出约瑟夫·阿索（Joseph Alsop）"the way of seeing"的分析工具仍具指导性。关于"the way of seeing"，约瑟夫·阿索坦言这个分析工具源于美国作家Gertrude Stein。Gertrude指出"人类一代代其实没有太大变化，除了如何看待事物和这种看待事物的方式对这代人造成的改变，而一代人和一代人的差别也仅是看待事物的方式（the way of seeing）的不同"，阿索据此认为在和艺术品（art）有关的种种现象中，人们"看到什么""如何看"则深受文化、历史、社会背景等诸多因素影响[1]。作为古代遗留品的古物，就其本身而言并未发生任何改变，然而在西学东渐的大背景下，古物不再是承载古文字资料的单纯物质载体，器物的质地和造型本身，也成为能借鉴利用的重要经济资源。因"美术""工艺"关系到"国富"，在19世纪后半期的世界博览会中，古物常作为清廷参加赛会的主要展品，又与新兴的"国家"形象日渐关联，所以私人领域内的"古物"流失海外，才会有损"国体"，可见在20世纪20年代中国现代考古学尚未诞生之际，"古物"和"国家"已然发生了联系。通过历史考察，可知"古物"开始超出私人领域，和新兴的民族国家联系在一起，其早期发生的场域正是在经济和外交层面，新文化运动之后伴随20世纪20年代中国新式学术研究机构的诞生，"古物"才和"学术""文化"密切联系，而围绕"古物"话语系统的演进，提示出近代中国由工艺、经济、外交再至文化的逐层变迁过程[2]。一言以蔽之，围绕"古物"的观念衍变实则反映出近代中国的民族主义由外交、经济再至文化、学

---

[1] Joseph Alsop. The Rare Art Traditions: The History of Art Collecting and Its Linked Phenomena Wherever These Have Appeared. London: Thames and Hudson Ltd., 1982, pp. 4-5.

[2] 傅斯年1919年亦言："中国人从发明世界以后，这一觉悟是一串的：第一层是国力的觉悟；第二层是政治的觉悟；现在是文化的觉悟，将来是社会的觉悟。"傅斯年：《时代与曙光与危机》（约1919年），台北"中研院"史语所藏傅斯年档案，转引自罗志田：《天下与世界：清末士人关于人类社会认知的转变——侧重梁启超的观念》，《中国社会科学》2007年第5期。

术的衍变趋向，以及新式民族国家逐步建立的过程。

（2）在西潮刺激下，关于古物的定义、分类、价值（经济价值、学术价值、文化价值等多重含义）等传统观念发生变化，新文化运动后，古物成为研究古代社会历史文化的"学问的原料"，因此和国家主权相关。以北京大学国学门、清华国学研究院、中研院史语所为代表的"新学术之路"，将古物（传世的和出土的）视作学术研究的材料，这和宋明以来将三代礼器视作"三代之道"的载体截然不同，"因器求道""目击先王之器，以此通性命之理"便成为缺乏学术依据的悬想，三代礼器和六经的关系也由此前的"互为表里"转变成三代礼器仅是研究先秦礼制的物质证据。"器"本身并未改变，只是传统的"三代之道"在近代被裂解。王国维1924年曾言中国"自三代至于近世，道出于一而已。泰西通商以后，西学西政之书输入中国，于是修身齐家治国平天下之道乃出于二。光绪中叶，新说渐胜，逮辛亥之变，而中国之政治学术几全为新学所统一矣"[1]，与此相适应，以"三代"为代表的理想社会典范遂不得不让位于"泰西"，由此造成的后果之一即是对中国的"过去"如何再理解。柯律格曾提出"在16、17世纪的中国，遗存下来的往昔之物是被用来赋予延续感以具体的社会形式"，具体而言中国在"古代"和"现在"之间缺乏任何意义的分离感，"中国的汉代和明代之间，发生了至少同样多的社会和文化上的彻底分离，但是，多数士绅作为一个连续不断地文化传统的秉持者，并不觉得这些分离造成他们与其他时代的断裂"[2]。不过在近代，"过去"和"现在"之间出现了鸿沟，"而鸿沟出自于确立民族为线性历史的主体"[3]。也正是接受了源自

---

[1] 王国维：《论政学疏稿》，《王国维全集》整理出版工作委员会：《王国维全集（第十四卷）》，杭州：浙江教育出版社，2009年，第212页。

[2] ［英］柯律格著，高昕丹、陈恒译，洪再新校：《长物：早期现代中国的物质文化与社会状况》，北京：生活·读书·新知三联书店，2015年，第86、87页。

[3] ［美］杜赞奇著，王宪明、高继美、李海燕等译：《从民族国家拯救历史：民族主义话语与中国现代史研究》，北京：社会科学文献出版社，2003年，第17、18页。

欧西的民族历史观念体系[1]，顾颉刚1926年才会"说到古物，真觉得我们一辈人与其他的人站在两个世界"[2]。简而言之，这种"对过去的感觉"（sense of past）在近代中国已然发生某种转变，即和"过去"隔离感的产生[3]。这个转变大概和中国近代新史学的建立及教育体系的扩张关系颇深，因涉及社会心态史（history of mentalities）研究，其具体转变面相尚待深入揭示。

（3）晚清古物外流现象起源甚早，但直至20世纪初才成为迫切需要解决的社会问题，背后则是古物价值的重审和民族国家观念的发轫。在文物保护制度的形成过程中，观念的转型和学者群体的出现是最为重要的因素。虽然清末新政以来，清廷和北洋政府就明文规定了国家古物保存职能，然而在实际推行过程中，缺乏新知识支撑的官僚体系无论是对内治理，还是对外交涉，均不能有效防治国内对古物古迹的破坏和外人在华肆意采掘。20世纪20年代之后兴起的新式学者群体，依托各类学术机构（institutions），运用团体力量和媒体作用，或是亲力亲为直接进行文保工作，或是推动政府有效行使职能，成为"国家"之外的重要力量。1922年《史地学报》评论"近年以还，西国搜集史料，无所不至，而东邻炯视，尤好罗致吾国古物、国人若长此忽视，行见京中仅存之古物，尽入异邦博物院之编录。观于北京历史博物馆之无人负责，与蒙藏院对于盗卖之宽办，知继今流出，犹无已也"，"由政治之淆乱衰颓，吾学界更不必以此等事责望所谓府

---

[1] 施耐德指出19世纪以后中国的历史思考和历史书写传统发生了转变，包括三个方面的创新："对待过去的全新的态度，全新的、革命的历史观，以及新的、普遍的历史模式。"［德］施耐德：《时间等级与道德优势——现代历史观念在20世纪中国》，孙江、刘建辉主编：《亚洲概念史研究（第一辑）》，北京：生活·读书·新知三联书店，2013年，第162—168页。

[2] 顾颉刚：《西行日记序三》，陈万里：《西行日记》，北京：朴社，1926年，第3页。

[3] Peter N. Miller与François Louis认为古物学家（antiquarians）对近代早期欧洲历史观的形成做出很大贡献，目前虽未定论，但对"过去"（past）的研究确实塑造了人们感受"过去"和"当下"（present）的方式，所以探讨物件（objects）为何（why）及如何（how）推动观念变化仍有研究必要。见Peter N. Miller, Francois Louis. Antiquarianism and Intellectual Life in Europe and China, 1500-1800. Ann Arbor: The University of Michigan Press, 2012: 4.

院部局，而当起为直接之监督"〔1〕。《中华新报》亦言"内务部鉴于西国保存古物，不遗余力，因咨达各省，从事征求，惟各省送来者极少"，"年来政局多变，阁员朝不保夕，诚恐即此近举，亦难集事"，"此则学者所当思所以起而谋政府所不及也"〔2〕，皆说明制度的颁行未必就意味着制度能有效运作，而在制度的实际运作中，知识、专家等人力资源的保障最为根本。

总之，本书通过考察中国近代文物保护制度的形成过程，发现此一制度的酝酿、肇端、创建和变迁，与晚清以来国际古物市场对国内古物市场的影响、西方收藏鉴赏传统传入和传统古物观念变迁、在华西人的作用、现代学术研究机构兴起和新式学者群体的出现均有直接关系，展现出近代中西之间频繁深刻的实物、人员、知识和观念交流的图景。宗小娜（Shana J. Brown）在研究晚清金石学之后，提出"在中国，同时也在世界别的地区，再也没有什么东西比古物更加现代了"〔3〕，源自往昔的遗迹遗物，不仅是古代社会的遗留品，更承载了现代多重意义的知识观念体系。

---

〔1〕 《国人宜注意清宫古物》，《史地学报》第1卷第4期，1922年8月。

〔2〕 《调查古物之动机》，《中华新报》1922年12月5日；转引自《史地学报》第2卷第4期，1923年5月。

〔3〕 Shana J. Brown. Pastimes: From Art and Antiquarianism to Modern Chinese Historiography. Honolulu: University of Hawai'i Press, 2011: 9.

征引文献

一、档　　案

故宫博物院明清档案部编：《清末筹备立宪档案史料》，北京：中华书局，1979年。
华中师范大学历史研究所、苏州市档案馆合编：《苏州商会档案丛编（第一辑）》，武汉：华中师范大学出版社，1991年。
台湾"国史馆"典藏档案。
台湾"中央研究院"近代史研究所档案馆馆藏档案。
中国第二历史档案馆编：《北洋政府档案》，北京：中国档案出版社，2010年。
中国第二历史档案馆编：《中华民国史档案资料汇编（第三辑）》，南京：江苏古籍出版社，1991年。
中国第二历史档案馆编：《中华民国史档案资料汇编（第五辑）》，南京：江苏古籍出版社，1994年。
中国第一历史档案馆编：《清宫万国博览会档案》，扬州：广陵书社，2007年。
中国新疆维吾尔自治区档案馆、日本佛教大学尼雅遗址学术研究机构编：《中瑞西北科学考察档案史料》，乌鲁木齐：新疆美术摄影出版社，2006年。

二、报　　刊

《申报》《晨报》《益世报》《大公报》《万国公报》《国粹学报》《新民丛报》《汉文台湾日日新报》《史地学报》《教育世界》《教育杂志》《政艺通报》《中西闻见录》《直隶教育杂志》《四川教育官报》《学部官报》《政府公报》《中国营造学社汇刊》《东方杂志》《庸言》《国学杂志》《广仓学会杂志》《中华美术报》《北京大学日刊》《新青年》《国学季刊》《学衡》《史地学报》《顺天时报》《大学院公报》《北平政治分会会报》《燕京学报》

The Chinese Repository, Journal of the North China Branch of the Royal Asiatic Society, The Chinese Recorder and Missionary Journal, The North-China Herald and Supreme Court & Consular Gazette, Journal of the American Asiatic Association.

三、文集日记年谱

陈万里：《西行日记》，北京：朴社，1926年。
陈寅恪：《陈寅恪集》，北京：生活·读书·新知三联书店，2009年。
高平叔编：《蔡元培全集》，北京：中华书局，1984年。
龚自珍：《龚自珍全集》，上海：上海人民出版社，1975年。
顾颉刚：《顾颉刚日记》，台北：联经出版事业股份有限公司，2007年。
胡适：《胡适日记全编（1919—1922）（3）》，合肥：安徽教育出版社，2001年。
李济：《李济文集》，上海：上海人民出版社，2006年。
李兴盛、齐书深、赵桂荣主编：《陈浏集》，哈尔滨：黑龙江人民出版社，2001年。
梁启超：《梁启超全集》，北京：北京出版社，1999年。
梁启超：《饮冰室合集》，北京：中华书局，1988年。
刘大鹏遗著，乔志强标注：《退想斋日记》，太原：山西人民出版社，1990年。
罗振玉：《罗振玉学术论集》，上海：上海古籍出版社，2013年。
欧阳哲生主编：《傅斯年全集》，长沙：湖南教育出版社，2003年。
任青、马忠文整理：《张荫桓日记》，北京：中华书局，2015年。
上海图书馆编：《汪康年师友书札》，上海：上海古籍出版社，1986年。
汤志均编：《康有为政论集》，北京：中华书局，1981年。
汪康年：《汪穰卿笔记》，北京：中华书局，2007年。
汪荣宝：《汪荣宝日记》，南京：凤凰出版社，2014年。
王国维：《王国维遗书》，上海：上海古籍书店，1983年。
王韬：《弢园文录外编》，北京：中华书局，1959年。
翁同龢：《翁文恭公日记不分卷》，《续修四库全书》第574册，上海：上海古籍出版社，1996年。
翁心钧等整理：《翁文灏古人类学与历史文化文集》，北京：科学出版社，2008年。

谢承仁主编：《杨守敬集》，武汉：湖北人民出版社，1988年。
谢维扬、启鑫亮主编：《王国维全集》，杭州：浙江教育出版社，2009年。
叶昌炽：《缘督庐日记》，南京：江苏古籍出版社，2002年。
俞樾：《春在堂全书》，南京：凤凰出版社，2010年。
袁英光、刘寅生编著：《王国维年谱长编（1877—1927）》，天津：天津人民出版社，2005年。
恽毓鼎著，史晓风整理：《恽毓鼎澄斋日记》，杭州：浙江古籍出版社，2004年。
张佩纶著，谢海林整理：《张佩纶日记》，南京：凤凰出版社，2015年。
张树年主编：《张元济年谱》，北京：商务印书馆，1991年。
张元济：《张元济全集》，北京：商务印书馆，2008年。
长春市政协文史和学习委员会编：《罗振玉王国维往来书信》，北京：东方出版社，2000年。
浙江古籍出版社编：《李渔全集（全二十卷）》，杭州：浙江古籍出版社，1991年。
中国国民党中央委员会党史委员会编：《张静江先生文集》，中国国民党中央委员会党史委员会出版，1982年。
中国历史博物馆编、劳祖德整理：《郑孝胥日记》，北京：中华书局，1993年。
朱维铮主编：《马相伯集》，上海：复旦大学出版社，1996年。
朱希祖著，朱元曙、朱乐川整理：《朱希祖日记》，北京：中华书局，2012年。

四、史料汇编

《景印文渊阁四库全书》，台北：台湾商务印书馆，1983年。
《清代诗文集汇编》编纂委员会编：《清代诗文集汇编》，上海：上海古籍出版社，2010年。
陈占彪编：《清末民初万国博览会亲历记》，北京：商务印书馆，2010年。
李汝谦：《新郑出土古器图志全编》（1923年），《中国方志丛书》影印本，台北：成文出版社，1968年。
李文海主编：《民国时期社会调查丛编：宗教民俗卷》，福州：福建教育出版社，2004年。
李希泌、张椒华编：《中国古代藏书与近代图书馆史料（春秋至五四前后）》，北京：中华书局，1982年。

南通博物苑编：《南通博物苑文献集》，南京：译林出版社，2015年。

桑椹编纂：《历代金石考古要籍序跋集录》，杭州：浙江古籍出版社，2010年。

上海商务印书馆编译所编纂：《大清新法令（1901—1911）》，北京：商务印书馆，2011年。

沈云龙主编：《近代中国史料丛刊》，台北：文海出版社，1966年。

舒牧、申伟、贺万贤编：《圆明园资料集》，北京：书目文献出版社，1984年。

孙殿起辑：《琉璃厂小志》，北京：北京古籍出版社，1982年。

王铁崖编：《中外旧约章汇编》，北京：生活·读书·新知三联书店，1957年。

姚贤镐编：《中国近代对外贸易史资料（1840—1895）》，北京：中华书局，1962年。

张研、孙燕京主编：《民国史料丛刊》，郑州：大象出版社，2009年。

中国第一历史档案馆编：《纂修四库全书档案》，上海：上海古籍出版社，1997年。

中国东方文化研究会历史文化分会编：《历代碑志丛书》，南京：江苏古籍出版社，1998年。

中国社会科学院近代史研究所、近代史资料编辑室编：《庚子记事》，北京：中华书局，1978年。

中国社会科学院近代史研究所等编：《义和团史料》，北京：中国社会科学出版社，1982年。

中国史学会主编：《中国近代史资料丛刊 第二次鸦片战争》，上海：上海人民出版社，1978年。

中央古物保管委员会编：《中央古物保管委员会议事录》（一、二），1935年。

中央古物保管委员会编译：《各国古物保管法规汇编》前编，1935年6月。

中央古物保管委员会编译：《各国古物保管法规汇编》续编，1935年12月。

钟叔河编：《走向世界丛书》，长沙：岳麓书社，2008年。

五、著作（含论文集）

爱新觉罗·溥仪：《我的前半生》，北京：东方出版社，1999年。

北京市政协文史资料委员会选编：《艺林沧桑》，北京：北京出版社，2000年。

蔡絛：《铁围山丛谈》，北京：中华书局，1983年。
陈芳妹：《青铜器与宋代文化史》，台北：台湾大学出版中心，2016年。
陈康琪：《郎潜纪闻初笔二笔三笔》，北京：中华书局，1984年。
陈师曾：《中国文人画之研究》，北京：中华书局，1922年。
陈星灿：《中国史前考古学史研究（1895—1909）》，北京：生活·读书·新知三联书店，1997年。
陈重远：《京城古玩行》，北京：北京出版社，2015年。
陈重远：《老古玩铺》，北京：北京出版社，2006年。
陈重远：《琉璃厂史话》，北京：北京出版社，2015年。
陈重远：《琉璃厂文物地图》，北京：北京出版社，2015年。
陈重远：《文物话春秋》，北京：北京出版社，1996年。
邓之诚：《骨董琐记全编》，北京：人民出版社，2012年。
董其昌：《骨董十三说》，兰州：金城出版社，2012年。
杜丽红：《制度与日常生活：近代北京的公共卫生》，北京：中国社会科学出版社，2015年。
方李莉：《中国陶瓷史》，济南：齐鲁书社，2013年。
冯自由：《革命逸史》，北京：中华书局，1981年。
关晓红：《晚清学部研究》，广州：广东教育出版社，2000年。
弘旿：《七品》，《稽古斋全集》卷五，《四库未收书辑刊》编纂委员会编：《四库未收书辑刊》第九辑第21册，北京：北京出版社，1998年。
洪亮吉：《北江诗话》，北京：人民文学出版社，1983年。
洪迈：《容斋随笔》，北京：中华书局，2005年。
黄濬著，李吉奎整理：《花随人圣庵摭忆》，北京：中华书局，2008年。
寂园叟：《陶雅》，济南：山东画报出版社，2010年。
江琳：《从"文物保护"到"文化保护"：近代中国文物保护的制度与实践研究（1840—1949）》，北京：新华出版社，2015年。
李光谟：《从清华园到史语所李济治学生涯琐记》，北京：清华大学出版社，2004年。
李晓东：《民国文物法规史评》，北京：文物出版社，2013年。
李晓东：《文物学概论》，北京：文物出版社，1990年。

李遇孙：《金石学录》，《续修四库全书》894，史部，金石类，上海：上海古籍出版社，2002年。
梁启超：《中国历史研究法》，上海：上海古籍出版社，1998年。
刘敞：《春秋意林》，北京：北京图书馆出版社，2006年。
刘侗、于奕正：《帝京景物略》，北京：北京古籍出版社，1983年。
刘金库：《国宝流失录》，沈阳：辽海出版社，1999年。
刘叶秋、金云臻：《回忆旧北京》，北京：北京燕山出版社，1996年。
鲁宁：《瑰宝遗珍：恭王府流失文物寻踪》，北京：北京出版社，2010年。
陆和九编：《中国金石学》，《民国丛书》第五编86册，上海：上海书店，1989年。
马敏编：《博览会与近代中国》，武汉：华中师范大学出版社，2010年。
钱婉约：《内藤湖南研究》，北京：中华书局，2004年。
钱泳：《履园丛话》，北京：中华书局，1979年。
邱远猷、张希坡：《中华民国开国法制史——辛亥革命法律制度研究》，北京：首都师范大学出版社，1997年。
阮元：《淮海英灵集》，《续修四库全书》第1682册，上海：上海古籍出版社，1996年。
桑兵等著：《近代中国的知识与制度转型》，北京：经济科学出版社，2013年。
沈德符：《万历野获编》，北京：中华书局，1959年。
沈长卿：《沈氏日旦》，《续修四库全书》第1131册，上海：上海古籍出版社，1995年。
史勇：《中国近代文物事业简史》，兰州：甘肃人民出版社，2009年。
孙江、刘建辉主编：《亚洲概念史研究（第一辑）》，北京：生活·读书·新知三联书店，2013年。
滕固编：《中国艺术论丛》，上海：商务印书馆，1938年。
汪荣祖：《追寻失落的圆明园》，南京：江苏教育出版社，2005年。
王忱主编：《高尚者的墓志铭：首批中国科学家大西北考察实录（1927—1935）》，北京：中国文联出版社，2005年。
王汎森：《中国近代思想与学术的系谱》，长春：吉林出版集团有限责任公司，2010年。
王汎森等主编：《新学术之路："中央研究院"历史语言研究所七十周年纪念文

集》，台北："中研院"史语所印行，1998年。

王冀青：《国宝流散：藏经洞纪事》，兰州：甘肃教育出版社，2007年。

王士性：《广志绎》，北京：中华书局，1981年。

王冶秋：《琉璃厂史话》，北京：生活·读书·新知三联书店，1963年。

吴明娣主编：《艺术市场研究》，北京：首都师范大学出版社，2010年。

吴明娣主编：《中国艺术市场史专题研究》，北京：中国文联出版社，2015年。

夏仁虎：《枝巢四述 旧京琐记》，沈阳：辽宁教育出版社，1998年。

谢辰生口述，李晓东、彭蕾整理：《新中国文物保护史记忆》，北京：文物出版社，2016年。

徐珂：《清稗类钞》，北京：中华书局，2010年。

徐乾学：《憺园文集》，《续修四库全书》第1412册，上海：上海古籍出版社，1996年。

徐森玉主编：《中国甲午以后流入日本之文物目录》，上海：中西书局，2012年。

徐宗亮等编：《通商约章类纂》，《近代中国史料丛刊续编》第47辑，台北：文海出版社，1977年，第470册，第3483、3484页。

杨恺龄撰编：《民国张静江先生人杰年谱》，台北：台湾商务印书馆，1985年。

杨仁恺：《国宝沉浮录》，上海：上海古籍出版社，1991年。

叶昌炽撰，柯昌泗评：《语石 语石异同评》，北京：中华书局，1994年。

叶向高：《苍霞草》，四库禁毁书丛刊编纂委员会：《四库禁毁书丛刊》第124册，北京：北京出版社，1998年。

查铎：《毅斋查先生阐道集》，《四库未收书辑刊》编纂委员会编：《四库未收书辑刊》第7辑16册，北京：北京出版社，2000年。

张伯驹：《春游社琐谈 素月楼联语》，北京：北京出版社，1998年。

张岱：《陶庵梦忆 西湖梦寻》，上海：上海古籍出版社，1982年。

张健：《国宝劫难备忘录》，北京：文物出版社，2000年。

张荫麟：《中国史纲》，上海：上海古籍出版社，1999年。

张自成主编：《百年中国文物流失备忘录》，北京：中国旅游出版社，2001年。

张祖翼：《清代野记》，北京：中华书局，2007年。

赵汝珍：《古玩指南全编》，北京：北京出版社，1995年。

震钧：《天咫偶闻》，北京：北京古籍出版社，1982年。

中国社会科学院考古研究所、广东省博物馆编：《妇好墓玉器》，广州：岭南美术出版社，2016年。

中国紫禁城学会编：《中国紫禁城学会论文集（第7辑）》，北京：故宫出版社，2012年。

周肇祥：《琉璃厂杂记》，北京：北京燕山出版社，1995年。

朱剑心：《金石学》，杭州：浙江人民美术出版社，2015年。

朱剑心：《金石学研究法》，杭州：浙江人民美术出版社，2015年。

朱启钤：《营造论：暨朱启钤纪念文选》，天津：天津大学出版社，2009年。

朱维铮校注：《梁启超论清学史二种》，上海：复旦大学出版社，1985年。

［英］柯律格著，高昕丹、陈恒译，洪再新校：《长物：早期现代中国的物质文化与社会状况》，北京：生活·读书·新知三联书店，2015年。

［英］密福特著，温时幸、陆瑾译：《清末驻京英使信札（1865—1866）》，北京：国家图书馆出版社，2010年。

［英］格林·丹尼尔著，黄其煦译：《考古学一百五十年》，北京：文物出版社，2009年。

［英］彼得·伯克著，蔡玉辉译：《什么是文化史》，北京：北京大学出版社，2009年。

［美］福开森著，张郁乎译：《中国艺术讲演录》，北京：北京大学出版社，2015年。

［美］约翰·海达德著，何道宽译：《中国传奇：美国人眼里的中国》，广州：花城出版社，2015年。

［美］孔华润著，段勇译：《东亚艺术与美国文化》，上海：上海书画出版社，2014年。

［美］亨特著，冯树铁、沈正邦译：《广州番鬼录 旧中国杂记》，广州：广东人民出版社，2009年。

［美］兰登·华尔纳著：《在中国漫长的古道上》，乌鲁木齐：新疆人民出版社，2001年。

［美］杜赞奇著，王宪明、高继美、李海燕等译：《从民族国家拯救历史：民族主义话语与中国现代史研究》，北京：社会科学文献出版社，2003年。

［美］本尼迪克特·安德森著，吴叡译：《想象的共同体：民族主义的起源与散

布》，上海：上海人民出版社，2011年。

［美］何伟亚著，刘天路、邓江风译：《英国的课业：19世纪中国的帝国主义教程》，北京：社会科学文献出版社，2007年。

［美］卡尔·梅耶、谢林·布莱尔·布里萨克等著，张建新、张紫微译：《谁在收藏中国：美国猎获亚洲艺术珍宝百年记》，北京：中信出版社，2016年。

［法］伯纳·布立赛著，高发明、丽泉、李鸿飞译：《1860：圆明园大劫难》，杭州：浙江古籍出版社，2005年8月。

［法］皮埃尔·布尔迪厄：《区分：判断力的社会批判》，北京：商务印书馆，2015年。

［法］罗拉：《卢芹斋传》，香港：新世纪出版及传媒有限公司，2013年。

［日］大庭修著，戚印平、王勇、王宝平译：《江户时代中国典籍流播日本之研究》，杭州：杭州大学出版社，1998年。

［日］富田升著，赵秀敏译：《近代日本的中国艺术品流转与鉴赏》，上海：上海书画出版社，2014年。

［日］内藤湖南著，马彪译：《中国史学史》，上海：上海古籍出版社，2008年。

［日］大隈重信等著：《日本开国史》第9册，王云五总编纂《万有文库》本，上海：商务印书馆，1929年。

［德］瓦德西著，王光祈译，刘鑫宁整理：《瓦德西拳乱笔记》，北京：中华书局，2009年。

［德］费迪南德·冯·李希霍芬著，李岩、王彦会译：《李希霍芬中国旅行日记》，北京：商务印书馆，2016年。

［加拿大］布鲁斯·G·特里格（Bruce G. Trigger）：《考古学思想史（第2版）》，北京：中国人民大学出版社，2010年。

［芬兰］尤嘎·尤基莱托著，郭旃译：《建筑保护史》，北京：中华书局，2011年。

John Haddad. The Romance of China: Excursions to China in U.S. Culture, 1776-1876. New York: Columbia University Press, 2006.

Joseph Alsop. The Rare Art Traditions:The History of Art Collecting and Its Linked Phenomena Wherever These Have Appeared. London: Thames and Hudson Ltd, 1982.

Joshua A Fogel. The Role of Japan in Modern Chinese Art. University of California

Press, 2012.

Karl E Meyer, Shareen Blair Brysac. The China Collectors:America's Century-Long Hunt for Asian art Treasures. St. Martin's Press, 2015.

Lara Jaishree Netting. A Perpetual Fire: John C. Ferguson and His Quest for Chinese Art and Culture. Hong Kong : Hong Kong University Press, 2013.

Orvar Karlbeck. Translated form the Swedish by Naomi Walford. Treasure seeker in China in China. London: The Cresset Press, 1957.

Peter N Miller, Francois Louis. Antiquarianism and Intellectual Life in Europe and China, 1500-1800. Ann Arbor: The University of Michigan Press, 2012.

Roy Chapman Andrews, A.M., Sc.D. : *The New Conquest of Central Asia*: *A Narrative of The Explorations of The Central Asiatic Expeditions In Mongolia And China, 1921-1930*, The American Museum of Natural History Henry Fairfield Osborn, President, New York, 1933.

Shana J Brown. Pastimes: From Art and Antiquarianism to Modern Chinese Historiography. Honolulu: University of Hawai'i Press, 2011.

Simon J Knell. *National Museums*: *New Study From Around The World*. London & New York: Routledge, 2011.

Sven Hedin. *History of the Expedition in Asia, 1927-1935. part1 1927-1928*, Stockholm, 1943.

六、期刊论文

鲍小会：《中国现代文物保护意识的形成》，《文博》2000年第3期。

陈梦家：《记纽约五十七街中国古董铺》，《周论》第6期，1948年。

陈梦家：《中国古代铜器怎样到美国去的》，《文物参考资料》第11期，1950年11月。

陈叔平：《古玩业经营之秘诀》，《商业杂志（上海1926）》第12期，1928年。

陈振濂：《"美术"语源考——"美术"译语引进史研究》，《美术研究》2003年第4期。

程章灿：《结古欢：晚清集古笺与石刻文献》，《中华文史论丛》2016年第1期。

程章灿：《玩物：晚清士风与碑拓流通》，《学术研究》2015年第12期。

戴叶君：《民国国内古玩贸易网络探析——以上海古玩市场为研究中心》，《收藏家》2009年第7期。

杜正胜：《古代物怪之研究——一种心态史与文化史研究》（上、二、三），《大陆杂志》第1期，2002年1月15日；第2期，2002年2月15日；第3期，2002年3月15日。

段勇：《古物陈列所的兴衰及其历史地位述评》，《故宫博物院院刊》2004年第5期。

葛剑雄：《国宝如何回家》，《时事报告》2003年第10期。

古伟瀛：《从"炫奇"、"赛珍"到"交流"、"商战"：中国近代对外关系的一个侧面》，《思与言》第3期，1986年9月。

何流：《"文物"、"文化遗产"之术语辨析》，《东南文化》2014年第1期。

洪振强：《国际博览会与晚清中国"国家"之形塑》，《历史研究》2011年第6期。

黄铭崇：《从考古发现看西周墓葬的"分器"现象与西周时代礼器制度的类型与阶段》，《"中央研究院"历史语言研究所集刊》，83本第4分，2012年12月；84本第1分，2013年3月。

黄翔瑜：《古物保存法的制定及其施行困境》，《"国史馆"馆刊》第32期，2012年6月。

黄翔瑜：《民国以来古物保存法制之诞生背景试析（1911—1930）》，《"国史馆"馆刊》第34期，2012年12月。

霍云峰：《古物保存法立法始末探析》，《档案》2014年第4期。

季剑青：《"私产"抑或"国宝"：民国初年清室古物的处置与保存》，《近代史研究》2013年第6期。

江琳：《从文化建设角度看近代中国的文物保护》，《历史教学（高校版）》2009年第18期。

江琳：《留学生与近代中国的文物保护》，《徐州师范大学学报》（哲学社会科学版）2008年第4期。

江琳：《民国高校学术群体与文物保护事业论析》，《商丘师范学院学报》2015年第4期。

江琳：《民国时期文物保护事业的体制之争》，《江苏师范大学学报》（哲学社会科学版）2014年第3期。

李爱丽：《中国参加1878年巴黎博览会述略》，《中国社会经济史研究》2003年第2期。

李慧竹：《中国博物馆与海外流失文物的回归》，《中国博物馆》2010年第4期。

李济：《古物》，《东南文化》2010年第1期。

李建：《我国文物保护法制化的发端——论清末〈保存古迹推广办法〉及其历史作用》，《山东大学学报》（哲学社会科学版）2015年第6期。

李守义：《民国初期文物保护工作的历史考察》，《中国国家博物馆馆刊》2011年第2期。

李学勤：《中国收藏和西方收藏的异同》，《美术观察》1995年第6期。

林晓照：《晚清"美术"概念的早期输入》，《学术研究》2009年第12期。

刘毅：《从金石学到考古学——清代学术管窥之一》，《华夏考古》1998年第4期。

刘毅：《"文物"的变迁》，《东南文化》2016年第1期。

刘文华：《清末民政部与近代文物保护事业——兼及主事尚秉和之功迹》，《中国国家博物馆馆刊》2020年第3期。

罗桂环：《试论20世纪前期"中央古物保管委员会"的成立及意义》，《中国科技史杂志》2006年第2期。

罗宏才：《新发现的两通陈介祺书信》，《文物》1995年第1期。

吕军：《"文物"一词浅析》，《文物春秋》1992年第1期。

马树华：《民国政府文物保护评析》，《文博》2004年第4期。

马树华：《中央古物保管委员会小考》，《文博》2007年第5期。

茅海建：《张之洞的别敬、礼物与贡品》，《中华文史论丛》2012年第2期。

乔梁、王乐乐：《相关指代"文物"概念词汇的出现与变化试析》，《文物春秋》2011年第2期。

沈辰：《海外博物馆收藏中国文物的主旨演变及时代挑战》，《中国博物馆》2015年第4期。

苏勇：《论国民政府时期的文物法令与文物保护》，《文博》1991年第2期。

谭红兵：《金石学与中国博物馆》，《四川文物》2004年第2期。

王鸿泰：《闲情雅致：明清间文人的生活经营与品赏文化》，《故宫学术季刊》

2004年第1期。

王开玺：《流失海外的圆明园文物怎样才能回归祖国——论流失文物回归的方法和途径与国际法理》，《北京师范大学学报》（社会科学版）2014年第6期。

王开玺：《圆明园收藏及流失海外文物数量别论》，《北京师范大学学报》（社会科学版）2016年第4期。

王振忠：《朝鲜燕行使者与十八世纪北京的琉璃厂》，《安徽史学》2011年第5期。

邬国义：《映堂居士究竟是何人？》，《近代史研究》2009年第6期。

吴义雄：《晚清时期西方人体生理知识在华传播与本土化》，《中山大学学报》（社会科学版）2009年第3期。

鲜乔蓥：《简论北京政府（1912—1927年）防止文物外流的措施》，《成都大学学报》（社科版）2009年第2期。

鲜乔蓥：《民国初期的文物保护政策与措施》，《西华大学学报》（哲学社会科学版）2008年第2期。

鲜乔蓥：《中国文物法制化管理的开端——简析南京国民政府的〈古物保存法〉》，《中华文化论坛》2010年第2期。

徐坚：《发现甲骨：考古学史的视角和写法》，《华夏考古》2014年第4期。

徐玲：《关乎国体：民初关于清室古物的公私属性之争》，朱英主编：《近代史学刊（第12辑）》，北京：社会科学文献出版社，2014年。

徐玲：《关乎主权：民国时期的中西文物权属之争》，《历史教学》2011年第6期。

杨伯达：《夏商出土古玉鉴考——读玉笔记之二》，《故宫学刊》2013年第1期。

杨琳：《"骨董"考源》，《长江学术》2014年第1期。

叶秀云：《逊清皇室抵押、拍卖宫中财宝述略》，《故宫博物院院刊》1983年第1期。

袁复礼：《三十年代中瑞合作的西北科学考察团》，《中国科技史杂志》1983年第3期。

查晓英：《"金石学"在现代学科体制下的重塑》，《中山大学学报》（社会科学版）2008年第3期。

查晓英：《保护"学问的原料"：由1923年新郑铜器发现所见中国考古学之萌芽》，《四川大学学报》（哲学社会科学版）2010年第6期。

赵杰：《中国历代文物保护制度述略》，《考古与文物》2003年第3期。

郑振铎：《保存古物刍议》，《大学》1947年第3、4期。

中国第一历史档案馆：《晚清中国参加日本大阪第五届劝业博览会史料》，《历史档案》2005年第4期。

朱嫦巧：《文物——一个带有时间维度的文化认同物》，《四川文物》2007年第3期。

七、学位论文

陈盼诚：《中央古物保管委员会及其文物保护工作》，中山大学历史学系硕士学位论文，2013年。

陈世局：《中央古物保管委员会之研究（1934—1937）》，台湾政治大学历史学系硕士学位论文，2014年。

陈以爱：《学术与时代：整理国故运动的兴起、发展与流衍》，台湾政治大学历史系博士学位论文，2001年。

李建：《我国近代文物保护法制化进程研究》，山东大学历史文化学院博士学位论文，2015年。

林晓照：《近代中国的"美术"：观念与学科的纠葛（1880—1927）》，中山大学历史学系博士学位论文，2008年。

马树华：《中华民国政府的文物保护》，山东师范大学历史学系硕士学位论文，2000年。

孙翊：《〈簠斋尺牍〉研究——以陈介祺的金石购藏及传拓活动为中心》，中国美术学院硕士学位论文，2013年。

查晓英：《文物的变迁：现代中国考古学的早期历史》，中山大学历史学系博士学位论文，2006年。

郑滨：《1860—2009中国文物保护历程研究》，山东大学历史文化学院硕士学位论文，2010年。

Judith Tybil Green. Britain's Chinese collections, 1842-1943 private collecting and the invention of Chinese Art. Ph. D Dissertation: University of Sussex, 2002.

Wang Yiyou. The Loouvre from China: A Critical Study of C.T. Loo and the Framing of Chinese Art in the United States, 1915-1950., Ph. D Dissertation: Ohio University, 2007.

Kin-Yee Ian Shin. Making "Chinese Art": Knowledge and Authority in the Transpacific Progressive Era. Ph. D Dissertation: Columbia University, 2016.

后　　记

　　本书从开笔撰写到修订出版，历时颇久，今付梓在即，心中感慨万千。回思来路，既多"山重水复疑无路"的困苦，更不乏"柳暗花明又一村"的欢喜，也许这正是研究的乐趣所在。在此首先感谢导师吴义雄教授的悉心指引，回想2013年攻读博士之际，与吴老师多次讨论选题，从近代关于西北的知识建构到中国近代博物馆史，再至最终的文物保护制度史，现在翻阅当年所做笔记，看到自己或是穿凿或是悬空的想法，游谈无根，真是汗颜。正是在吴老师不厌其烦的谆谆教导下，方才依稀掌握了研究历史问题的门径，从而得窥更为广阔的天地。当下重读老师当年的评语和提示，竟有了更深甚至全新的理解，当时未能领会的许多"意味深长"，现在感觉皆能受益终身。中山大学历史学系李吉奎教授、敖光旭教授、赵立彬教授、何文平教授、曹天忠教授，暨南大学历史学系刘增合教授，华南师范大学历史文化学院谢放教授、左双文教授，上海大学历史系徐坚教授，广东省社会科学院李振武研究员，或在开题答辩等场合，或是学术会议与私下交流，均给过我重要提示和中肯建议，在此一并衷心感谢。

　　攻博四年，常奔走于广州、深圳两地，期间受惠本系陈喆教授及在校同学之事多矣，如梅琳、王海岑、易锐、李彬、韦巍、叶丹丹、周晓杰、潘乐等屡次提供各类帮助，使我免于奔波。在读书会和讨论课上，周家欣、李甲新、李娜娜等给予不少启发。师母覃洪老师不仅关心学生的生活，每次聚会，她亲手烹制的点心都让人食指大动。感谢硕士生导师、广东省社会科学院王杰研究员对我学业和事业的各种关怀，人生的每个重要阶段，几乎都得到了老师的鼎力扶持。广东省社会科学院江中孝研究员，和张金超研究员、澳门理工学院陈志雄副教授、广东革命历史博物馆李兴国副馆长、季培刚博士、宾睦新博士等同门，亦为本人的工作和学业提供过重要帮助。尤其感谢所在单位深圳博物馆蔡惠尧副馆长、深圳历史文化研究部张冬煜主任对我长期的关怀与支持。郑州大学历史学院徐玲教授、吉林大学考古学院史吉祥教授、张文立教授，对我关于博物馆史的研究较为关注，时常勉励，铭感在心。兰州大学历史文化学院王建新教授、李正元副教授对我在学业事业上提供的帮助，亦永志于怀。

从初稿到付梓，中间虽屡经修订补充，但自知尚有许多不足之处。承蒙科学出版社和责任编辑张亚娜的鼓励支持与费心编校，本书方得以面世，从而有机会接受更为广泛的批评指正。亲身经历2020年一场席卷全球的新冠疫情，这样的环境中再读《瘟疫与人：传染病对人类历史的冲击》等医疗史著作，结合所见所闻，感受大不相同。与此类似，若没有对中国文博行业的充分了解，亦难以体会制度条文在地方社会具体推行时的"常情变态"。感谢深圳博物馆前馆长杨耀林、深圳博物馆馆长叶杨、副馆长郭学雷、杨荣昌研究馆员、付莹研究馆员，深圳市文物考古鉴定所张一兵研究馆员、暨远志研究馆员和吉笃学所长对我的指导帮助，使我对文博行业有了更为深刻的理解。回想"文博史"这个学术兴趣的最初萌芽之地，正是在南京大学本科就读时贺云翱教授所授的专业课课堂上，本科毕业论文的指导老师张学锋教授，导我以读书和写作论文之法，两位夫子言教殷殷，儒雅淹博，亦使我受益终身。事实上一旦回忆，在撰写本书期间给予各种帮助的师友、同事实在太多，恕不能一一列名，只能在此表达诚挚谢意。

修订本书过程中，我收获了一对可爱的"孖仔"而初为人父。年已而立，所幸父母身体健康，故乡一切安好，年过花甲的父母不辞劳苦，从早到晚几乎包办了"孖仔"的所有事务，使我得以集中时间安心工作，本书能顺利出版无疑凝结了双亲的大量付出，感谢父母。内子叶锦花教授在我人生和学问道路上，更是优秀的学侣和伴侣，在我看来，身兼了钱锺书所谓"妻子、朋友和情人"的三种角色，她也是本书第一位审阅者，事实上从开笔撰写到付梓刊行，整个过程中她都提出过很多专业建议。在读书工作之余，常能和深圳的资深茶人、书法家罗力生先生雅集畅谈，焚香煮茗，亦舒缓了不少精神压力，这些都难以忘怀。

本是考古学出身，又有志于近代史，近十年来的思考和关注，遂多集中在博物馆史、考古学史和文物保护制度史。游走在考古学和近代史的边缘，不今不古；思考着"物"与"人"的终极关系，唯物唯心。限于学力，本书难免有错漏之处，一则希望抛砖引玉，祈请方家不吝赐教；一则希望能吸引更多同好加入收藏史和中国的"antiquarianism"研究，相互切磋，以期在世界学术之林生产更多的中国知识。

2021年春于梅林山房